매산집

이 책은 2018·2019년도 정부(교육부)의 재원으로 한국고전번역원의 지원을 받아 수행된 '권역별거점연구소협동번역사업'의 결과물임.

This work was supported by Institute for the Translation of Korean Classics-Grant funded by the Korean Government.

한국고전번역원 한국문집번역총서 / 성신여자대학교 고전연구소 · (사)해동경사연구소

매산집 13

홍직필 지음 김창효 옮김

洪直弼

梅山集

일러두기

1. 이 책의 번역 대본은 한국고전번역원에서 간행한 한국문집총간 295·296집에 실린 《매산집(梅山集)》으로 하였다. 번역 대본의 원문 텍스트와 원문 이미지는 한국고전종합DB(http://db.itkc.or.kr)에서 확인할 수 있다.
2. 내용이 간단한 역주는 간주(間註)로, 긴 역주는 각주(脚註)로 처리하였다.
3. 한자는 필요한 경우 이해를 돕기 위하여 넣었으며, 운문(韻文)은 원문을 병기하였다.
4. 맞춤법과 띄어쓰기는 한글 맞춤법과 표준어 규정을 따랐다.
5. 이 책에서 사용한 부호는 다음과 같다.
   ( ) : 번역문과 음이 같은 한자를 묶는다.
   〔 〕: 번역문과 뜻은 같으나 음이 다른 한자를 묶는다.
   " " : 대화 등의 인용문을 묶는다.
   ' ' : " " 안의 재인용 또는 강조 문구를 묶는다.
   「 」: ' ' 안의 재인용을 묶는다.
   『 』: 「 」 안의 재인용을 묶는다.
   《 》: 책명 및 각주의 전거(典據)를 묶는다.
   〈 〉: 책의 편명 및 운문·산문의 제목을 묶는다.

차례

매산집 제35권

묘갈명墓碣銘

매산집 제36권

묘갈명墓碣銘

매산집 제37권

묘표墓表

묘지명墓誌銘

매산집

제35권

묘갈명 墓碣銘

외숙 자각산인 묘갈명 병서○신묘년[1]

內舅紫閣山人墓碣銘 幷序○辛卯

아아! 이곳은 호가 자각산인(紫閣山人)인 박공(朴公)[2]의 묘소이다. 공은 일찍이 과거에 장원으로 급제하여 조정에서 벼슬하였으나, 벼슬 이름으로 칭하지 않고 호(號)로 칭한 것은, 이분이 평생 수립한 덕업(德業)이 이 호(號)에 있기 때문이다.

공은 본관이 음성(陰城)으로 휘가 성한(聲漢)이고 자가 사장(士章)인데, 공의 가계(家系)는 신라의 시조 박혁거세(朴赫居世)에서 나왔다. 신라와 고려 때에 명망 있는 분들과 덕 있는 분들이 여러 분 배출되었다. 우리 조선조에 들어와서 이조 판서 충민공(忠愍公) 휘 순(淳)이 새끼가 딸린 어미 말을 이용하여 태조의 뜻을 감동시켜서, 끝내 태조의 대가(大駕)를 서울로 돌리게 하였으나, 공은 죽음을 면치 못하였는데, 이때 부인 임씨(任氏)와 아들 참판 휘 흔(昕)이 모두 공과 함께 죽어서 충, 효, 열 삼절(三節)로 정표(旌表)되었다.[3]

1 신묘년 : 1831년(순조31)으로, 매산의 나이 56세 되던 해이다.

2 자각산인(紫閣山人)인 박공 : 매산의 외숙인 박성한(朴聲漢, 1763~1821)으로, 성균관 유생 시절, 1801년(순조1) 감제시(柑製試)에서 장원을 차지하여 직부전시(直赴殿試)되어 이듬해 정시 문과에 급제하고 벼슬이 헌납(獻納)에 이르렀다. 자각은 선인(仙人)이나 은사(隱士)가 거처하는 곳을 이르는데, 서울에 있는 남산의 별칭이기도 하다.

3 이조……정표(旌表)되었다 : 충민공(忠愍公) 박순(朴淳, ?~1402)은 1388년(우왕14) 요동 정벌 때 태조(太祖) 이성계(李成桂) 휘하에서 종군한 조선의 개국공신이다.

참판공이 휘 숙달(叔達)을 낳으니 사인(舍人)으로 참의(參議)에 추증되었고, 증손 휘 연(淵)에 이르러 학행(學行)으로 천거되어 곧바로 현감에 제수되었고, 현감공이 아들 휘 유녕(有寧)을 두었는데, 유일(遺逸)로 천거되어 집의(執義)에 제수되었으니, 이분이 공의 6세조이시다. 증조 휘 성귀(聖龜)는 진사(進士)이고 조고 휘 정완(廷琬)은 지평(持平)에 추증되었다. 지평공이 두 아들을 낳으니, 장남은 휘가 양흠(亮欽)이며 호가 지족당(知足堂)으로 순수한 덕과 돈독한 효행이 세상의 모범이 되었고, 차남은 진사 휘 장흠(長欽)이다.

지족당공이 해주 정씨(海州鄭氏) 운휘(運徽)의 따님에게 장가들어 공을 낳았는데, 진사공이 은진 송씨(恩津宋氏) 필휴(必休)의 따님과 문화 류씨(文化柳氏) 철모(喆模)의 따님에게 장가들어 모두 아들이 없어서 공을 데려다가 후사(後嗣)로 삼았다.

공은 일찍부터 박사업(博士業 과거공부)을 공부하였는데, 기유년

태종이 여러 왕자들을 죽이고 왕위에 오르자, 분노한 태조는 함흥(咸興)에 머물면서 태종이 환궁을 청하기 위해 보낸 차사들을 모두 죽였다. 이에 박순이 망아지 딸린 어미말을 타고 가서 태조의 부성애를 자극하여 태조로부터 도성으로 환궁하겠다는 확약을 받고 귀로에 올랐는데, 태조의 측근들이 박순을 죽여야 한다고 극언하였다. 박순이 용흥강(龍興江)을 충분히 건넜을 것으로 짐작한 태조가 강을 건넜으면 죽이지 말라고 명하고서 추격군을 보냈는데, 박순이 귀로에서 급병으로 지체하다가 결국 잡혀 죽고 말았다. 박순의 처 장흥 임씨(長興任氏)는 함흥차사로 간 남편이 죽었다는 소식을 듣고 자결하였는데, 태종이 이들에게 묘지를 하사하였고 숙종 때에 박순에게 충신문, 장흥 임씨에게 열녀문을 내려 정표하였다. 본문에 이때 박흔(朴昕, 1403~1442)이 함께 죽었다는 것은 매산의 착각이다. 박순의 9세손 박호원(朴浩遠)이 효자로 정표되어 1725(영조1)에 효자문이 내려졌고, 11세손 박정규(朴廷珪)의 효자문이 1743년(영조19)에 내려졌는바, 이 때문에 매산이 착각한 것으로 보인다.

(1789, 정조13) 생원시에 합격하고 신유년(1801, 순조1) 감제(柑製)[4]에서 발탁되어 섭당후관(攝堂后官)[5]이 되고, 괴원(槐院 승문원(承文院))에 등용되었으며 효릉(孝陵)의 별검(別檢), 국자감의 전적(典籍), 병조의 낭관을 지내고, 선발되어 사간원 정언(正言)에 제수되고 사헌부 지평을 지냈는데, 벼슬이 헌납(獻納)에 그쳤다.

신사년(1821) 11월 5일에 장흥동(長興洞)의 자택에서 고종(考終)하니, 출생한 계미년(1763, 영조39) 정월 25일과 햇수를 따져보면 59년이 된다. 다음 해 정월에 양주(楊州) 구정리(九井里) 갑좌(甲坐)의 언덕에 장례하였다. 원배(元配) 연일 정씨(延日鄭氏)는 석환(錫煥)의 따님으로 공의 묘소 왼쪽에 부장(祔葬)하였고, 계배(繼配) 하동 정씨(河東鄭氏)는 숙림(肅霖)의 따님으로, 1남 내오(來五)를 낳았는데, 백씨(伯氏 큰형)의 양자로 보냈으며, 공은 내교(來敎)를 양자로 들였다. 내오의 아들은 승혁(承赫)이고, 내교의 양자는 민혁(民赫)이며, 두 딸은 이종신(李種信)과 한윤석(韓胤錫)에게 출가하였다.

공은 품성(稟性)이 순수하고 아름다우며 효성과 우애를 천성(天性)으로 타고났다. 8살에 지족당공을 여의자 성인(成人)처럼 상을 치렀고 양부모를 섬길 적에 능히 공경하고 삼갔다. 류 부인(柳夫人)이 하종(下

4 감제(柑製) : 황감제(黃柑製)를 이른다. 《열양세시기(洌陽歲時記)》에 "제주도는 감귤을 생산하여 매년 공물로 바친다. 동짓달과 섣달 두 달 사이에 귤이 서울에 이르면 임금은 성균관 유생들에게 감귤을 하사하고, 절일제(節日製)의 준례에 따라 친히 시험 제목을 내어 상재생(上齋生)을 뽑는데, 수석을 차지한 유생에게는 사제(賜第)한다. 이것을 황감제라고 한다."라고 보인다.

5 섭당후관(攝堂后官) : 승정원의 가주서(假注書)의 별칭으로, 주서에 결원이 생기거나 또는 필요에 따라 임명되었다.

從 아내가 죽은 남편의 뒤를 좇아 자결함)하자, 슬픔으로 몸을 훼손해서 거의 생명을 잃을 뻔하였으며, 매번 단예(丹枻)[6]를 부여잡고서 울었다. 정 유인(鄭孺人)을 정성을 다해 봉양하여 날씨에 따라 따뜻하고 시원한 의복과 음식을 몸소 챙겨 올리고, 직접 물을 길어다가 변기통을 닦았다.[7] 정 유인이 하고 싶어 하는 일은 쉽고 어렵고를 따지지 않았고, 사랑하는 사람은 신분의 귀천을 가리지 않았으며, 반드시 미리 뜻을 받들어 순종하고 위로하여 마음을 풀어주었다.

선조를 위해 묘소를 수리하고 비석을 세웠으며, 베풂이 외친(外親)에까지 미쳤고 먼 친척일수록 더욱 그 정성을 다하였다. 백씨(伯氏)를 받들기를 엄친(嚴親)과 같이 하였고 백씨의 과음(過飮)을 염려해서 항상 울면서 간하였고 혹은 글을 지어 우러러 권면하였다. 맏형수가 성품이 엄하였는데 공이 밤낮으로 공경하고 정성을 다해[8] 힘써 그 마음

6 단예(丹枻) : 무슨 의미로 쓰인 것인지 분명하지 않으나, 문맥을 감안하여 '예(枻)'를 '유(柳)'의 오기로 보면 붉은 상여(喪輿)라는 의미가 된다. 유(柳)에는 상여의 의미가 있다.

7 직접……닦았다 : 원문의 '측투(厠牏)'는 《사기(史記)》 권103 〈만석군열전(萬石君列傳)〉에 "시중드는 사람에게 물어 어버이의 속옷과 측투를 취하여 직접 빨고 청소했다.〔竊問侍者, 取親中裙厠牏, 身自浣滌.〕"라고 보이는데, 이에 대한 해석에는 여러 가지 견해가 있는바, 진작(晉灼)의 주(注)에는 '작은 적삼'이라 하였고, 서광(徐廣)의 주에는 '화장실 담장'이라 하였으며, 맹강(孟康)의 주에는 '변기통'이라 하였는데, 여기서는 맹강의 주를 취하여 변기통으로 해석하고, '칭수(秤水)'는 '물을 긷다'로 해석하였다.

8 공경하고 정성을 다해 : 원문의 '동촉(洞屬)'은 동동촉촉(洞洞屬屬)을 줄여 쓴 것으로, 《예기》 〈예기(禮器)〉에 "경대부(卿大夫)는 인군을 따라 가고, 명부(命婦)는 부인(夫人)을 따라 동동히 공경하며 촉촉히 충성한다.〔卿大夫從君, 命婦從夫人, 洞洞乎其敬也, 屬屬乎其忠也.〕"라고 보이는데, 진호(陳澔)는 《예기집설(禮記集說》에서 "동동

을 기쁘게 해서, 끝내 감화되어 서로 마음이 부합(符合)하여 비난의 말이 없었다.

질녀(姪女)를 자기 소생(所生)보다 더 감싸고 돌보았으며 시집갈 적에 가산(家產)을 다 털어 혼수를 장만해 주었다. 혹자가 지나치다고 하자, 바로 말하기를 "돌아가신 형님의 일점혈육에게 감히 지나침을 말하겠는가."라고 하였다. 여러 고모와 누이를 섬김에 더욱 돈독하고 지극하여 혹은 모셔다가 자기 집에서 봉양하여 천수(天壽)를 마치게 하였는데, 이러한 마음이 종족(宗族)과 친구에까지 미쳐서 친소(親疏)를 따지지 않고 각각 마음에 흡족하도록 해 주었으며, 가르칠 만한 자가 있으면 가숙(家塾)으로 데리고 가서 은혜로 길러주고 덕으로 가르쳐 각각 그 재주를 이루게 하였다.

문하(門下)에는 항상 멀리서 찾아오는 손님이 많아서 신발이 어지러이 놓여 있었고, 성품이 베풀기를 좋아해서 남의 위급한 일에 자신의 사사로운 일보다 더 급하게 달려갔다. 중년에 집안이 더욱 몰락하여 혹은 빚을 내어 대응하였는데도, 남을 돕는 일을 급급히 하여 마치 미치지 못할 듯이 하였다. 항상 말씀하기를 "관현악을 연주하는 것이 진실로 높은 운치이나 죽음에 처한[9] 한 사람을 살리는 것만 못하고, 수레가 가득하고 사마(駟馬)가 나란히 모여 있는 것이 진실로 성대한 모임이나 독서하는 한 명의 선비와 친하게 지내는 것만 못하다."라고

은 공경함의 안과 밖이 차이가 없는 것이고, 촉촉은 성실하여 거짓이 없는 것이다."라고 주하였다.

9 죽음에 처한 : 원문의 '전확(塡壑)'은 시신이 구렁을 메운다는 '전구확(塡溝壑)'과 같은 의미로 죽음을 비유하는 말이다.

하고는, 정성을 다하여 사람들과 천진(天眞) 그대로 사귀었는데, 회포를 열고 온 마음을 기울여 서로 취향이 달라도 이를 의식하지 않았다.

평소 아름다운 산수를 유별나게 좋아하여 홀연히 멀리 떠나가서 세속 밖에서 마음껏 노닐었으며, 마음가짐이 강직하여 과거에 급제하여 벼슬에 오른 지 20년 동안 한 걸음도 몸을 굽혀 나아가지 않았고, 거처할 적에 항상 문을 닫아서 그림자와 메아리가 모두 끊겨 조용하였다.

혹자가 공에게 스스로 높이지 말라고 권하자, 공이 웃으며 말하기를 "한단(邯鄲)의 걸음을 배우려다가 다만 옛 걸음을 잃을 뿐이니,[10] 어찌 절뚝이며 비틀거리면서 남의 구설을 받을 것이 있겠는가."라고 하니, 사람들이 이 때문에 공을 좋아하지 않아서 불우하게 일생을 마쳤으나, 또한 섭섭해하는 기색(氣色)이 조금도 없었다. 자신의 집에 '무영(無營)'이라는 편액을 걸고 매화시(梅花詩)를 읊어서 자신의 뜻을 드러내었다.

아, 공은 풍채가 좋고 키가 크며 얼굴이 관옥(冠玉)과 같았으며 마음이 중후하면서도 화락하였고 온화하고 태평하면서도 굳세고 분명하였으며, 겉으로는 온화하면서도 속은 장엄하고 말은 공손하면서도 뜻이 높아서, 모든 일상생활이 순수하여 한결같이 천진(天眞)에서 나왔다. 여러 행실이 밝고 깨끗하여 하나 둘로 다 들 수가 없으나, 모두 의도를

10 한단(邯鄲)의……뿐이니 : 자기의 본분을 버리고 맹목적으로 남의 행위를 본뜨려 들면 두 가지 모두를 잃는다는 뜻이다. 한단은 전국(戰國) 시대 조(趙)나라의 도읍으로 이 지역 사람들의 걸음걸이가 매우 우아하였는데, 연(燕)나라 수릉(壽陵) 지역에 사는 어떤 사람이 한단에 가서 걸음걸이를 배우려고 하다가 끝내 제대로 배우지도 못하고 본래의 걸음걸이마저 잊어버려서 엉금엉금 기어서 돌아왔다는 고사에서 이러한 의미가 나왔다. 《莊子 秋水》

갖지 않고 한 것이었다.[11]

공으로 하여금 뜻을 얻게 하였다면, 거의 육척(六尺)의 어린 군주를 맡길 만하고 백 리가 되는 제후국의 명(命)을 부탁할 만하며 대절(大節)에 임해서 그 절개를 빼앗을 수가 없었을 것이니, 어찌 진실로 군자다운 사람이 아니겠는가.[12]

공은 족부(族父)인 입암공(立菴公) 준흠(俊欽)[13]에게 수학하여 이미 인(仁)을 구하는 한 가지 일이 있음을 알았다. 일찍 아버지를 여의고 집안을 승계하여 독서할 겨를이 없어서 뜻과 사업을 확충하지 못한 것을 항상 한(恨)하였으니, '비록 배우지 않았다고 남들이 말하더라도 나는 반드시 배웠다고 하겠다'고 하신 자하(子夏)의 말씀[14]은 오직 공만이 해당될 수 있는 것이다. 저암(著菴) 유한준(兪漢雋)이 "진실한

11 모두……것이었다 : 이 내용은 남송의 학자 장식(張栻, 1133~1180)의 말로, 《근사록(近思錄)》 권7 〈출처(出處)11〉에 "어떤 의도를 갖지 않고 하는 것은 의리이고 어떤 의도를 가지고 하는 것은 이(利)이다.〔無所爲而爲者義也, 有所爲而爲者利也.〕"라고 보인다. 주자는 이 구절이야말로 이(利)와 의(義)의 구분을 가장 잘 표현한 말이라고 칭찬하고 자주 인용하였다.

12 육척(六尺)의……아니겠는가 : 이 내용은 《논어》 〈태백(泰伯)〉에 "육척의 어린 군주를 맡길 만하고 백리가 되는 제후국의 명을 부탁할 만하며 대절에 임해서 그 절개를 빼앗을 수 없다면, 군자다운 사람인가? 군자다운 사람이다.〔可以託六尺之孤, 可以寄百里之命, 臨大節而不可奪也, 君子人與? 君子人也.〕"라고 한 증자(曾子)의 말이 보이는데, 이를 원용한 것이다.

13 입암공(立菴公) 준흠(俊欽) : 박준흠(朴俊欽, 1719~1796)으로 입암은 그의 호이고 자는 덕여(德汝)이며 병계(屛溪) 윤봉구(尹鳳九)의 문인이다. 벼슬에 뜻을 두지 않고 성리학의 연구와 후진 양성에 전념하였다.

14 비록……말씀 : 자하(子夏)는 공자의 제자인 복상(卜商)의 자이다. 자하의 말은 《논어》 〈학이(學而)〉에 보인다.

덕과 진실한 행실로 말하면 세속의 유자(儒子)들 중에 누가 감히 그에게 미치겠는가."라고 말하자, 군자들이 도리에 맞는 말이라고 여겼다.

나는 외할머니에게 양육되어 이로 인하여 공에게 가르침을 받았으니, 마음을 참되게 쓸 곳이 있음을 일찍 안 것은 공이 내리신 가르침 덕이다. 공은 내가 몽매(蒙昧)하다고 여기지 않고 지기(知己)로 허여하였는데, 나는 백발의 노년에 이르기까지 성취한 것이 없어서 공의 인자한 은혜를 저버리고 있으니, 서주(西州)의 성문에서 채찍을 두드리는 슬픔[15]이 간절할 뿐만이 아니다.

공은 말년에 동음산(峒陰山) 산중에다가 집을 짓고 나와 함께 돌아가자고 약속하였으나, 미처 과축(薖軸)[16]하지 못하였는데, 공이 갑자

15 서주(西州)의……슬픔 : 별세한 외숙에 대한 애절한 추모의 정을 이른다. 《진서(晉書)》 〈사안전(謝安傳)〉에 "양담(羊曇)은 태산(泰山) 사람으로 어려서 사안(謝安)에게 사랑을 받았는데, 사안이 죽은 뒤에 1년 동안 음악을 그치고 길을 갈 때에도 서주(西州)의 성문을 경유하지 않았다. 일찍이 석두(石頭)에서 크게 취하여 노래를 부르며 길을 걷다가 자신도 모르게 서주의 성문에 이르렀다. 주위 사람들이 이곳은 서주의 성문이라고 알려주니, 양담이 슬퍼해 마지않으며 채찍으로 문짝을 두드리면서, 조자건(曹子建)의 '살아서는 화려한 곳에서 살다가 죽어서는 산속으로 돌아가는구나.'라는 시를 읊으며 통곡하면서 지나갔다.〔羊曇者, 太山人, 知名士也. 少爲謝安所愛重, 安薨後, 輟樂彌年, 行不由西州門. 嘗由石頭大醉, 扶路唱樂, 不覺至州門也. 左右白曰, 此西州門, 曇悲感不已, 以策扣扉, 誦曹子建詩曰:生存華屋處, 零落歸山丘, 因慟哭而去.〕"라고 보인다. 조자건은 조조의 아들 조식(曺植)으로 자건은 그의 자이다. 양담은 사안의 생질이다.

16 과축(薖軸) : 현인의 은거, 또는 은거하는 곳을 이른다. 《시경(詩經)》 〈위풍(衛風) 고반(考槃)〉의 "고반이 언덕에 있으니, 석인의 마음이 넉넉하도다.……고반이 높은 언덕에 있으니, 석인이 한가로이 서성이도다.〔考槃在阿, 碩人之薖.……考槃在陸, 碩人之軸.〕"라는 구절에서 과와 축을 취한 것이다. 고반은 은거하는 집을 이른다.

기 별세하였다. 정령(精靈 영혼)이 혁혁(奕奕)하게 동음산의 숲과 골짜기 사이에 있을 것이나 풍류를 다시 볼 수 없으니, 아! 슬프다. 다음과 같이 명한다.

아! 공의 돈독한 행실은	繄公篤行
충민공으로부터 비롯되었으니	肇自忠愍
한 가문이 삼강(三綱)[17]을 지켜	一門三綱
모두 자기 몸을 죽여 순절하였네	咸以身殉
능히 효도로 이어와서	克紹以孝
대대로 준칙이 되었는데	世世爲準
공에 이르러 드러나서	至公而著
그 명성이 크게 떨쳐졌네	厥聲方振
하늘의 거리와 구름길에	天衢雲路
걸음 따라 걸으면 나아갈 수 있었는데	信步則晉
술지게미를 먹고 탁주를 마심은	餔糟啜醨
자신의 생각이 출세에 있지 않은 것이네	非我思存
세속을 멀리하고 스스로 선(善)하게 하니	遠世自臧
그 즐거움이 참되었네	其樂斯眞
동음산은 맑고 깨끗하며	峒陰淸泠

17 삼강(三綱) : 유교에 있어 윤리의 기본이 되는 세 가지 강령이다. 군신(君臣) 간의 도리를 말하는 군위신강(君爲臣綱), 부자(父子) 간의 도리를 말하는 부위자강(父爲子綱), 부부(夫婦) 간의 도리를 말하는 부위부강(夫爲婦綱)으로 곧 충(忠), 효(孝), 열(烈)의 도리이다.

자각봉은 우뚝 솟아있네	紫閣嶙峋
그 속에서 자취 감추고 힘을 길러[18]	養晦其中
높은 뜻이 하늘에 이르렀네	抗志穹旻
어찌 과감히 세상을 잊고자 한 것이리오	詎欲果忘
다만 자기 몸의 지조를 지키려고 하였네	聊以守身
몸과 이름이 모두 완전하니	身與名完
이는 도가 펴진 것이네	是爲道伸
어떻게 정사를 폈는가	奚其爲政
한 집안에서 인을 일으켰네	一家興仁
황황(遑遑)하게 어려움에 처한 이들 구제하기를	皇皇急難
마치 물에 빠지고 불타는 사람 구하듯 하였네	如救溺焚
기린의 마음과 거북의 덕[19]	麟心龜德

18 자취……길러 : 원문의 '양회(養晦)'는 준양시회(遵養時晦)를 줄여 쓴 것으로 현재의 상황에 따라 자취를 감춘 채 역량을 축적하여 때를 기다림을 말한다. 《시경》〈주송(周頌) 작(酌)〉에 "아, 성대한 왕의 군대로 도를 따라 힘을 길러 때로 감추어 크게 밝아진 뒤에야 이에 큰 갑옷을 쓰셨도다.〔於鑠王師, 遵養時晦, 時純熙矣, 是用大介.〕"라고 보인다.

19 기린의……덕 : 기린과 거북은 네 가지 영물(靈物)에 속하는바, 이 내용은 《예기》〈예운(禮運)〉의 "무엇을 네 영물이라 이르는가? 기린과 봉황과 거북과 용을 네 영물이라 이른다.……기린을 가축으로 삼기 때문에 짐승들이 달아나지 않으며, 거북을 가축으로 삼기 때문에 사람 성정의 바름을 잃지 않는 것이다.〔何謂四靈? 麟, 鳳, 龜, 龍을 謂之四靈.……麟以爲畜故, 獸不狘, 龜以爲畜故, 人情不失.〕"라는 구절을 원용한 것으로 보인다. 매산과 교분이 돈독했던 노주(老州) 오희상(吳熙常, 1763~1833)은 "기린의 마음은 어질어 남을 해치지 않는다는 뜻이고, 거북의 덕은 그 성정(性情)이 고요하여 남이 알아줌을 구하지 않는 것이다.〔麟心以其仁而無害物之意也, 龜德以其性靜而不求人知也.〕"라고 하였다. 《老洲集 卷20 文靖公府君遺事》

옛날을 살펴도 짝할 만한 이 드무네　　在古尠倫
영지(靈芝)와 예천(醴泉)은　　靈芝醴泉
본래 근원이 있는 법[20]　　自有根源
후덕하여 광채가 후세에 흐르니　　德厚流光
그 가문이 현달하지 않겠는가　　不顯其門
용마산(龍馬山)에　　龍馬之山
집과 같은 무덤이 있네　　若堂其塋
홀로 그 온전함을 보존하고서　　獨葆其全
구천으로 돌아가니　　歸于九泉
맹세하건대 나의 글은 아첨이 아니니　　矢辭不諛
누이의 아들이 이 명문을 지었노라　　姊子述銘

20 영지(靈芝)와……법 : 영지(靈芝)는 먹으면 불로장생한다는 약초이고 예천(醴泉)은 맛이 달고 시원한 샘물인데, 영지는 그냥 나오는 것이 아니고 뿌리가 있어 나오며 예천 역시 근원이 있어 나온다는 뜻으로, 이는 곧 훌륭한 사람은 훌륭한 조상에게서 뿌리하여 태어남을 비유한 것이다. 본래 삼국 시대 오(吳)나라 우번(虞翻)이 아우에게 보낸 편지에 뛰어난 인재는 가문이나 출신에 상관없이 나오는 법이라는 뜻으로 "지초는 뿌리가 없고, 예천은 근원이 없다.〔芝草無根, 醴泉無源.〕"라고 하였는데, 뒤에 정자(程子)가 〈체설(禘說)〉에서 "혹자가 이르기를 '영지는 뿌리가 없고 예천은 근원이 없다.'라고 하는데, 물건에 어찌 뿌리가 없을 수 있겠는가.〔或謂: 靈芝無根, 醴泉無源, 物豈有無本?〕"라고 하였는바, 여기에서 연유된 것으로 보인다. 《太平御覽 卷510》, 《二程文集 卷上 附錄》

성균관 학정 홍군 묘갈명 병서○임진년[21]

成均學正洪君墓碣銘 幷序○壬辰

우리 집안의 선조이신 당성부원군(唐城府院君) 강경공(康敬公) 휘 빈(彬)이 승조(勝朝 고려조)에서 이름을 날리고 훌륭한 공적으로 기상(旂常)[22]에 기록되었는데, 강경공의 현손(玄孫) 순(淳)이 우리 조선조에 들어와서 염주백(鹽州伯)에 봉해지고 뒤에 휘 계종(啓宗)이 용사(龍蛇)의 전란(戰亂)[23]에 문도(門徒)를 거느리고 용만(龍灣 의주)으로 달려가서 행재소(行在所)를 호위하여 충성과 근실(勤實)함을 드러내어, 호성공신(扈聖功臣)에 책록되고 사복시 정(司僕寺正)에 추증되었다.

4대를 전하여 참의에 추증된 휘 하적(夏績)에 이르러 처음 강서현(江西縣)에 거주하였다. 참의공은 손자 휘 경조(景祖)를 두었고, 경조의 아드님 휘 이일(履一)은 참봉인데, 참봉이 안동 권씨에게 장가들어 군을 낳았다.

군은 휘가 용규(龍圭)이고 자가 정중(正中)이니, 임자년(1792, 정조16)에 생원시에 합격하고, 계유년(1813, 순조13)에 숭령전(崇靈殿) 참봉을 지내다가 증광 문과(增廣文科)에 병과(丙科)로 급제하였다. 국

21 임진년 : 1832년(순조32)으로, 매산의 나이 57세 되던 해이다.

22 기상(旂常) : 기(旂)는 교룡(交龍)을 그린 깃발이고, 상(常)은 해와 달을 그린 깃발인데, 옛날 국가에 훈공이 있는 신하의 이름을 여기에 기록하여 그 공적을 기렸다.

23 용사(龍蛇)의 전란(戰亂) : 임진왜란을 가리킨다. 용사(龍蛇)는 용의 해인 임진(壬辰)년과 뱀의 해인 이듬해 계사(癸巳)년을 합칭한 것으로, 간지(干支)에 있어 진(辰)은 용(龍), 사(巳)는 사(蛇)에 해당된다.

자감의 학정(學正)을 지내고 태상시(太常寺)의 봉사(奉事)를 지냈는데, 당저(當宁)[24] 16년 병자년(1816) 11월 12일에 별세하니, 태어난 정해년(1767, 영조43)과 햇수를 따져보면 50세가 된다. 용강(龍岡) 석천산(石泉山) 신좌(辛坐)에 장례하였다.

군은 천성이 효성스러웠고 일에 임하면 과감하고 행실이 말에 미치지 못하는 것을 부끄러워하였으며,[25] 검약(儉約)을 법도를 삼았으나 남에게 베풀 때에는 마치 미치지 못할 듯이 여겼다. 사람들의 혼인과 초상과 장례를 도우는 일에 오히려 때에 늦을까 근심하여 순수하고 한결같이 스스로 돌아보고 계산하지 않았다.

신미년(1811)에 관서 지방에 큰 기근이 들자 누천 금(累千金)을 내놓아 죽을 목숨을 구한 것이 만 명으로 헤아려졌다. 이때 청북(淸北) 지방[26]에 반란이 일어났다는 급보가 전해지자, 군은 같은 도에서 역적이 일어났다고 하여 울분을 품고 눈물을 뿌리고는 병사 수백 명을 모집하고 군사들을 먹일 소 수십 마리를 대진(大陣 많은 군사로 이루어진 진영)에 바치니, 이 또한 선조의 뜻을 이은 것이었다.

군은 독서하기를 좋아하여 여러 경서(經書)를 널리 섭렵하였으나 특별히 예학(禮學)에 뛰어났고, 《주역》 상수(象數)의 깊은 이치와 적

24 당저(當宁) : 현재의 임금이란 뜻으로 《예기》 〈곡례 하(曲禮下)〉의 "천자는 저를 당하여 선다.〔天子當宁而立.〕"라는 구절에서 유래하였는바, 저(宁)는 문병(門屛)의 사이를 말한다. 여기서는 순조(純祖)를 이른다.

25 행실이……부끄러워하였으며 : 이 내용은 공자께서 "옛날에 말을 함부로 내지 않은 것은 실천이 미치지 못함을 부끄러워해서였다.〔古者, 言之不出, 恥躬之不逮也.〕"라고 한 말씀을 원용한 것이다. 《論語 里仁》

26 청북(淸北) 지방 : 평안도의 청천강(淸川江) 이북 지역을 이른다.

륵(趯勒)[27]의 묘한 법에 막힘없이 다 통하였으며 이를 미루어 사람들을 가르쳤는데, 인재(人才)를 아끼기를 목마른 사람이 물을 구하듯이 하였다. 또 감식(鑑識)의 안목이 높아서 제자들을 재질에 따라 돈독히 가르쳐서, 자신들의 재능과 학식을 성취하게 하였다. 별세하자 한 고을 사람들이 마치 친척의 상을 당한 것처럼 달려와 조문하였으며, 장례 때가 되자 여러 개의 군(郡)에서 조문객이 이르렀으니, 만일 진실로 취하고 주고 승낙함에 있어 말이 진실되고 행동이 과단성이 있는 자가 아니라면 누가 능히 이렇게 할 수 있겠는가.

군의 배필은 평창 이씨(平昌李氏)이고 아들은 진제(鎭齊)이며 딸은 김용주(金龍周)에게 출가하였다. 진제의 아들은 현수(顯洙)인데 진제 또한 집안을 잘 다스려서 한 지방 사람들이 군과 같이 의지하고 중시하였다.

군의 종조제(從祖弟 재종제) 서규(瑞圭)가 군의 묘갈명을 청하였는데, 나는 능히 남을 불후(不朽)하게 할 수 있는 자가 아니다. 그러나 강경공(康敬公)이 후손들에게 넉넉한 덕을 드리워서 군에 이르러 명성이 알려진 것에 내가 깊이 감동하였고, 또 군이 기개와 의리를 좋아해서 남의 우환과 어려움을 해결해 준 것이, 군이 드러나기를 바라지 않았는데도 저절로 드러났으니, 이는 바로 한결같은 정성의 소치이다. 이로써 강경공을 닮은 훌륭한 손자가 됨에 부끄러움이 없을 것이다. 이에 명을 짓는다. 명은 다음과 같다.

27 적륵(趯勒) : 적(趯)은 구획(鉤劃)이고 늑(勒)은 횡획(橫劃)으로, 전하여 서법(書法)을 가리킨다.

오십 세는 장수(長壽)가 아니요	五旬非壽
한 번의 과거급제는 현달(顯達)이 아니네	一第非顯
현달함과 장수함은	其顯且壽
진실로 선(善)을 좋아함에 있었네	亶在好善
선을 좋아함은 어떤 것인가	好善維何
자신의 마음을 다하여 스스로 힘쓰는 것이네	盡己自勉
어찌 세인들이	詎若世人
치자(梔子)와 밀랍(蜜蠟)으로 꾸며서[28] 헛되이 자랑하는 것과 같겠는가	梔蠟虛衒
하늘의 보답이	莫云天翁
어긋났다고 말하지 말라	報施斯舛
인을 감추어 후손에게 물려주어서	藏仁賚後
이에 자손들이 번창하네	子孫昌衍
내 이 명문을 지어주어서	吾與之銘
아득한 후대에 고하노라	用詔遐緬

28 치자(梔子)와 밀랍(蜜蠟)으로 꾸며서 : 이 내용은 실속이 없는 자가 겉만 꾸며 자신을 과시함을 이르는 표현으로, 《유하동집(柳河東集)》 권20 〈고편(賈鞭)〉에 보이는 시정의 장사꾼들이 평범한 채찍에 치자물을 들여 황금빛을 내고 밀랍을 칠해 윤택하게 하여 비싸게 파는 이야기에서 유래하였다. 유하동은 당나라의 문장가 유종원(柳宗元, 773~819)을 이른다.

사헌부 감찰 박군 묘갈명 병서○갑오년[29]

司憲府監察朴君墓碣銘 幷序○甲午

노주(老洲) 오 선생이 남호(南湖) 가에서 도학(道學)을 강론하니,[30] 사방의 배우는 자들이 많이 종유(從遊)하였다. 이때 박계립(朴季立) 군 또한 편지를 올려 집지(執贄)하고 학업을 청하여 강론에 참여하여 성(性)과 도(道)의 깊은 이치를 들었는데, 선생의 말씀이 있자 곧바로 의문이 눈 녹듯 사라져서 지난날의 견해를 완전히 바꾸고 말하기를 "내가 거의 일생을 헛되이 보낼 뻔하였다."라고 하였다.

이에 선생은 그의 민첩함과 용맹함을 칭찬하여 집에 숙식(宿食)하게 하고 가르침을 베풀었다. 계립은 매양 여러 선비들에 앞서서 옷자락을 걷어잡고 경서를 가지고 앞에 나아가 반복하여 묻고 질정하여 분명하게 알지 않으면 그만두지 않았고, 학문을 전습(傳習)하여 후진들에게 가르칠 적에 한결같이 선생의 법도[31]를 따랐다. 선생은 군에게, 자신이 아는 바를 미루어서 북방의 선비들을 인도하여 자신을 이루고 남을 이루는 공(功)을 다하도록 권면하였으며, 군이 별세하자 묘도(墓道)의

29 갑오년 : 1834년(순조34)으로, 매산의 나이 59세 되던 해이다.

30 노주(老洲)……강론하니 : 노주는 오희상(吳熙常, 1763~1833)의 호이다. 남호(南湖)는 노호(鷺湖)로 지금의 노량진 일대 앞을 흐르는 한강을 이른다. 매산이 지은 〈노주 오 선생 행장(老洲吳先生行狀)〉에 "선생은 경진년에 이미 노호에 거처를 정하셨다.〔先生於庚辰已奠居于鷺湖.〕"라고 보인다.

31 법도 : 원문의 '장척(丈尺)'은 길이를 재는 단위들인데, 전하여 법도를 가리키기도 한다.

명문(銘文)을 지어서 군이 성취하지 못한 것을 애도하고 안타깝게 여겼으니, 이것으로 충분히 계립을 증명할 수 있다.

군은 휘가 명벽(命壁)이고 계립은 그의 자이다. 선계(先系)가 영해(寧海)에서 나왔으니, 비조(鼻祖)인 영해백(寧海伯) 휘 제상(堤上)이 충성을 위해 목숨을 바쳤다.[32] 병조 판서 휘 계손(季孫)에 이르러 또다시 충성으로 세상에 은둔하여 스스로 지조를 지키니,[33] 바로 그의 10대조이다. 증조(曾祖) 휘 태장(泰漳)은 숙릉 참봉(淑陵參奉)이고, 조고 휘 만주(萬株)는 동지중추부사(同知中樞府事)이고, 선고 휘 사섭(師燮)은 의금부 도사(義禁府都事)인데 전주 주씨(全州朱氏) 이극(离極)의 따님에게 장가들어 군을 낳았다.

계해년(1803, 순조3)에 진사가 되고 병자년에 처음 벼슬해서 의릉 참봉(義陵參奉)이 되었는데, 능을 잘 보수한 공로로 통례원 인의(通禮

32 제상(堤上)이……바쳤다 : 신라 눌지왕(訥祇王) 때의 충신으로 영해 박씨의 시조인 박제상(363~419)이 고구려와 왜에 볼모로 잡혀 있던 왕제(王弟)들을 차례로 고국으로 탈출시켰으나 자신은 왜국을 빠져나오지 못하고 붙잡혔는데, 왜국의 왕이 그를 신하로 삼기 위해 온갖 감언이설과 협박으로 회유했으나, 그는 신라의 개나 돼지가 될지언정 결코 왜국의 신하가 될 수 없다고 하며 끝까지 충절을 지키다가 참형을 받아 죽었기 때문에 이렇게 말한 것이다.

33 스스로 지조를 지키니 : 원문의 '자정(自靖)'은 스스로 의리에 맞게 처신하여 편안하게 여긴다는 뜻이다. 은(殷)나라 태사(太師)인 기자(箕子)가 주왕(紂王)의 서형(庶兄)인 미자(微子)에게 "스스로 의리에 편안하여 사람마다 스스로 선왕(先王)에게 뜻을 바칠 것이니, 나는 뒤돌아보지 않고 떠나가 은둔하겠다.〔自靖, 人自獻于先王, 我不顧行遯.〕"라고 보이는데, 후세에는 은둔하여 지조를 지킴을 가리키는 말로 많이 사용하였다. 《書經 微子》 세조가 왕위를 찬탈하자, 박계손이 벼슬을 버리고 단종에게 충절을 지켜 강원도 금화현(金化縣) 초막동(草幕洞)에 은거하였기 때문에 말한 것이다. 《性潭集 卷26 墓表 逋臣朴公墓表追記》

院引儀)로 승진하고 사헌부 감찰(司憲府監察)로 전직하였다.

경진년(1820)에 모친상을 당하였는데, 군이 벼슬길에 적극적으로 나아갔던 것은 자신의 평소의 뜻이 아니고 어버이를 위하여 자신의 뜻을 굽힌 것이었다. 이에 상을 마치자 다시는 벼슬하지 않고 풍수부대(風樹不待)의 슬픔[34]을 간직하여 종신토록 애통해 하였다.

정해년(1827) 3월 22일에 별세하니, 출생한 계사년(1773, 영조49)과 햇수를 따져보면 55년이 된다. 문천군(文川郡) 동쪽 구미향(九美鄕) 진좌(辰坐)의 언덕에 장례하였다. 배위(配位)인 청주 한씨(淸州韓氏)는 수(洙)의 따님인데 3남 2녀를 두었다. 세 아들은 문홍(文鈜)과 문영(文鍈)과 문감(文鑑)인데, 둘째와 막내는 요절하였고, 딸은 강홍렬(康弘烈)에게 출가하였다. 문홍의 아들은 인록(寅祿)이다.

군은 천성이 효성스러워서 지극정성으로 어버이의 시중을 들고 상냥하게 뜻을 받들었다. 집이 몹시 가난하여 콩과 물조차 자주 떨어졌으나 몸소 나무하고 불을 때어 어버이를 봉양하고 장례와 제사를 예법(禮法)대로 치러서 슬퍼함과 공경함이 모두 지극하니, 마을 사람들이 효자라고 칭하였다.

어려서 지혜가 월등하게 뛰어났고 조금 장성하자 학문을 좋아해서 여러 경서를 익혀 거의 통달하였는데, 그중에서도 사서(四書)에 대한 조예가 가장 심오하였다. 성철(聖哲)을 돈독히 믿어서 뜻을 가다듬고

34 풍수부대(風樹不待)의 슬픔 : 부모가 돌아가셔서 봉양할 수 없는 술픔을 이르는 말이다. 《한시외전(韓詩外傳)》 9권의 "나무가 고요하고자 하나 바람이 그치지 않고, 자식이 봉양하고자 하나 부모가 기다리지 않는다.〔樹欲靜而風不止, 子欲養而親不待.〕"는 구절에서 유래하였다.

도(道)를 구하여 추위와 굶주림을 잊을 지경에 이르렀다. 홀로 산 정상에 있는 절에서 거처하면서 담박하게 먹고 각고(刻苦)로 노력하여 학업을 익히고는, 언제나 "고요하고 전일(專一)한 공(功)을 얻은 것이 많았다."라고 말하고는 하였다.

항상 궁벽한 고을에서 과문(寡聞)하고 누추하게 사는 것을 꺼려서 심재(心齋) 송공(宋公)[35]에게 학업을 청하니, 송공이 그의 서실에 습재(習齋)라는 이름을 내려주었다. 또 배운 것을 근재(近齋) 박 선생에게 질정하였으며, 당세의 제현(諸賢)들을 두루 사귀어서 그 같고 다름을 포폄(褒貶)하고 평설(評說)하였다. 이에 견문이 점점 넓어지고 사색(思索)이 깊어져 점점 사리에 통달해지더니, 마침내 노주(老洲) 선생에게 찾아가 바로잡아 순일(純一)함에 이르렀다.

매양 의리는 무궁한데 시간이 부족함을 탄식하면서 옛 성인의 글을 외우고 철저히 이해하였으며 후세의 유자(儒者)들의 말을 종합하고 정리하여 손수 차기(箚記)를 기록한 것이 질(帙)을 이루었는데도 밤낮으로 게을리하지 않았다. 질문을 하는 자가 있으면 번번이 자기 마음을 다 열고 자상하고 간절하게 가르쳐서,[36] 친소(親疏)에 따라 차이를 두

35 심재(心齋) 송공(宋公) : 송환기(宋煥箕, 1728~1807)로 심재는 그의 호이고 자는 자동(子東), 본관은 은진(恩津), 시호는 문경(文敬)이며 우암 송시열의 5대손이다. 1766년(영조42) 진사시에 합격하고 음보(蔭補)로 출사하여 벼슬이 우찬성에 이르렀다. 학덕을 겸비하여 문하에 많은 제자를 두었다.

36 자상하고 간절하게 가르쳐서 : 원문의 '제이(提耳)'는 자상하고 간절하게 가르쳐주는 것을 이른다. 《시경》 〈대아(大雅) 억(抑)〉에 "대면하여 가르쳐줄 뿐만 아니라 그 귀를 잡고 말해주노라.〔匪面命之, 言提其耳.〕" 하였는데, 주자는 《집주(集註)》에서 "다만 대면하여 가르쳐줄 뿐만 아니라, 또 그 귀를 잡고 말해주니, 말해주는 것이 자상하고 또 간절한 것이다.〔非徒面命之也, 而又提其耳, 所以喩之者詳且切矣.〕"라고 주하였다.

지 않았으며 강설(講說)을 잘하여 조리가 정연하여 들을 만하였다.

사귄 지 오래된 친구들에게 돈독하였으며 남의 선(善)에 대해 말하기를 좋아하고 남의 과실에 대해 말하기를 부끄러워해서 자신에게 있는 것을 다하고 남이 자기에게 다하기를 바라지 않았다. 이 때문에 도(道)의 모든 사람들에게 존경과 신임을 받았다.

북관(北關 함경도)의 학문은, 송암(松巖)[37]을 뒤이어 나와서 명성을 얻은 자들도 있었으나, 모두 사리를 헤아려 의에 맞게 한 바가 없었다.[38] 그러므로 그 문을 얻어 들어간 자[39]가 드문데, 군에 이르러서 문로(門路)를 잘 바루었고, 말년에 펼친 명리(名理)는 탁월하여 계술(繼述)할 만해서, 남쪽 지방의 학자들 또한 혹 군보다 앞선 이가 드무니, 어찌 진실로 호걸스러운 선비가 아니겠는가.

군은 약관(弱冠) 시절에 서울로 올라와 유학(遊學)하였는데, 나의

37 송암(松巖) : 이재형(李載亨, 1665~1741)의 호이다. 자는 가회(嘉會), 본관은 전주(全州), 시호는 문간(文簡)이며, 함경도 경성(鏡城)에서 태어났다. 함경도 출신으로 우암 송시열의 제자가 된 학암(鶴菴) 최신(崔愼)을 사숙(私淑)하고, 1685년(숙종 11) 북평사(北評事)로 부임한 농암(農巖) 김창협(金昌協)을 찾아가 수학하였다. 천거로 장악원 주부(掌樂院主簿)를 지냈다.

38 사리를……없었다 : 원문은 '무소취재(無所取裁)'로, 《논어》 〈공야장(公冶長)〉에 "자로는 용맹을 좋아함이 나보다 나으나 사리를 헤아려 의에 맞게 하는 것이 없다.〔由也, 好勇過我, 無所取裁.〕"라고 한 공자의 말씀이 보인다.

39 그……자 : 학문이 깊은 경지에 이른 것을 비유한 표현이다. 숙손무숙(叔孫武叔)이 공자보다 자공(子貢)이 더 낫다고 하자, 자공이 말하기를, "궁궐의 담장에 비유하면 나의 담장은 어깨에 미쳐 집안의 좋은 것들을 다 들여다 볼 수 있지만, 부자(夫子)의 담장은 여러 길이어서 그 문을 얻어 들어가지 못하면 종묘의 아름다움과 백관의 많음을 볼 수가 없다.〔譬之宮牆, 賜之牆也, 及肩, 窺見室家之好, 夫子之牆, 數仞, 不得其門而入, 不見宗廟之美、百官之富.〕"라고 한 말을 원용하였다. 《論語 子張》

집에 머물면서 함께 어울려 학문을 닦으면서 왕왕 해를 넘겨 돌아가곤 하였다. 이에 서로의 심간(心肝)을 환히 꿰뚫어 보면서 40년을 하루같이 지냈고, 임종할 때에는 급히 편지를 보내어 영결하여, 살아서는 미처 논저(論著)하지 못하고 죽어서는 고할 만한 말이 없음을 한(恨)하였으니, 나는 영결한 편지를 들고서 구명(九冥 구천(九泉))에 들어간 군을 생각하면 항상 눈물이 흐르곤 하였다.

군의 형의 아들 문용(文鏞)이 행장을 갖추어 묘갈명을 청하니, 내 일찍이 군의 아버지와 아들의 명문을 지었는데, 지루하게도 죽지 아니하여 또다시 군의 묘에 명문을 지으니, 인간 세상에 있어 어떠하겠는가.[40] 다음과 같이 명한다.

박씨는 신라 시대에 현달하였으니	朴顯羅世
두 절개로 인을 이루었네[41]	雙節成仁
장릉에게 충성을 다하여	靖獻莊陵
포신이라고 칭하였네[42]	曰有逋臣

40 인간……어떠하겠는가 : 이 구절은 당나라의 문장가 한유(韓愈)가 지은 〈전중소감마군묘지(殿中少監馬君墓誌)〉에 "처음부터 지금에 이르기까지 40년도 못되었는데, 그들 할아버지, 아들, 손자 삼대의 죽음을 곡하였으니, 인간 세상에 있어 어떠하겠는가? 사람들이 오래도록 죽지 않고 이 세상에 살아가는 것을 보려고 하는 것은 어째서인가?〔自始至今未四十年, 而哭其祖子孫三世, 于人世何如也? 人欲久不死而觀居此世者, 何也?〕"라고 보이는데, 매산이 이를 원용하여 인간 세상의 허무함을 한탄한 것으로 보인다. 그러나 《별본한문고이(別本韓文考異)》와 《문장정종(文章正宗)》 등에서는 '우인세하여야(于人世何如也)'의 여섯 자를 연문(衍文)으로 의심하고 있다.

41 두……이루었네 : 두 절개는 시조인 박제상의 충절과 10대조인 박계손(朴季孫)이 단종에게 바친 충절을 말한 것이다. 박계손은 후일 정절(貞節)이라는 시호를 받았다.

42 장릉에게……칭하였네 : 장릉(莊陵)은 단종의 능호이다. '정헌(靖獻)'은 임금에게

운림산에 덕을 숨겨 潛德雲林
후손들에게 전해주었네 流光後人
훌륭하도다 계립이여 偉歟季立
선조의 큰 공적을 잘 간직하였네 克肧先烈
인과 효는 천성(天性)이었고 仁孝爲性
영특함과 지혜로움이 자질을 이루었네 英慧成質
게다가 학문을 좋아하여 濟以好學
근본을 돈독히 하고 실제를 실천하였으니 敦本踏實
어찌 세상의 선비들이 豈若世儒
구이의 학문[43]을 좋아하는 것과 같겠는가 口耳是悅
말년에 진전(眞傳)을 이어서 晩承眞傳
능히 실천하고 계술하였네 式克踐述
감히 자신을 믿지 않아서 不敢信已
이로써 자신을 선(善)하게 할 수 있었네 是足以臧

충성을 다한다는 뜻으로, 《서경(書經)》 〈상서(商書) 미자(微子)〉에 "스스로 마음을 편안히 가져 사람마다 스스로 선왕에게 충정을 바쳐야 한다.〔自靖, 人自獻于先王.〕"라고 한 데에서 온 말이다. '포신(逋臣)'은 도망간 신하라는 뜻으로, 주인공의 10대조인 박계손이 세조가 왕위를 찬탈하자 벼슬을 버리고 단종에게 충절을 지켜 강원도 금화현(金化縣) 초막동(草幕洞)에 은거하다가, 다시 함경도 문천군(文川郡) 운림산(雲林山) 수한동(水寒洞)에 운둔하면서 호를 포신(逋臣)으로 바꾸었기 때문에 말한 것이다. 《性潭集 卷26 墓表 逋臣朴公墓表追記》

43 구이(口耳)의 학문 : 마음속에 깊이 체인(體認)하지 않고, 그저 귀로 들은 것을 입으로 말하는 소인의 천박한 학문을 가리키는바, 《순자(荀子)》 〈권학편(勸學篇)〉의 "소인의 학문은 귀로 들어와 입으로 나간다. 입과 귀의 사이는 4치밖에 안 되니, 어떻게 7척의 몸을 아름답게 할 수 있겠는가.〔小人之學也, 入乎耳, 出乎口, 口耳之間則四寸耳, 曷足以美七尺之軀哉?〕"라는 구절에서 연유하였다.

성현(聖賢)의 은미한 말씀을 밝히고 연역하여　闡繹微言
그 글이 상자에 가득하였네　其書盈箱
부디 이것을 손에 들고서　庶幾藉手
한 지방의 후학을 창도하고　倡道一方
뛰어난 선비들을 도야하여　陶鑄髦士
황폐한 북방을 길이 열어주기를 바랐는데　永世開荒
어찌하여 뜻을 품은 채　曷爲齎志
헌 신 버리듯 이처럼 바삐 떠났는가　脫屣斯忙
유리처럼 맑은 산봉우리 높디높고　琉岫峨峨
비단 같은 강물 넘실대네　錦水湯湯
아름다운 명성 산 같고 물 같아서　休名與齊
세월 지날수록 더욱 커지리라　愈遠彌長
큰 붓으로 묘지명을 지으니　鴻筆誌隧
아! 군은 종사(宗師)로다　繄君宗師
이에 길이 전해져서　是用不朽
정이(鼎彝)에 당할 수 있으리라[44]　可當鼎彝
나는 전술하기만 하고 창작하지 않았으니[45]　我述不作
또한 부끄러울 말이 없노라　亦無愧辭

44 정이(鼎彝)에……있으리라 : '정이'는 종묘에 늘 비치해두는 청동으로 만든 솥과 제기를 말한다. 모두 한 나라의 보물로, 옛날에는 여기에다 나라에 공훈이 있는 사람들의 사적을 새겨 길이 전하였으므로 이렇게 말한 것이다.

45 나는……않았으니 : 이 내용은 《논어》 〈술이(述而)〉에 "옛것을 전술하기만 하고 창작하지 않으며, 믿고 옛것을 좋아함을 내가 속으로 우리 노팽에게 견주노라.〔述而不作, 信而好古, 竊比於我老彭.〕"라고 보이는 공자의 말씀을 원용하였다.

인촌 조공 묘갈명 병서○경자년[46]

仁村趙公墓碣銘 幷序○庚子

장릉(莊陵 단종) 1년 계유년(1453)에 이조 참의 조순생(趙順生)[47] 공이 충정공(忠定公) 황보인(皇甫仁)[48]과 충익공(忠翼公) 김종서(金宗瑞)[49] 등과 함께 화를 당하였는데, 건릉(健陵) 신해년에 이르러 이 일에 죽은 여러 신하들과 충정공의 아드님 황보석(皇甫錫), 충익공의 아드님 김승규(金承珪)를 추록(追錄)하고 장릉 옆에 단을 만들고 함께 제향하였다.[50]

46 경자년 : 1840년(헌종6)으로, 매산의 나이 65세 되던 해이다.

47 조순생(趙順生) : ?~1454. 호는 파서(坡西), 본관은 한양(漢陽)이다. 벼슬이 병조 참의에 이르렀는데 1453년(단종1) 계유정난(癸酉靖難) 때 안평대군(安平大君)의 일파로 몰려 고성(固城)으로 유배되고 다음 해 배소에서 사사(賜死)되었다.

48 충정공(忠定公) 황보인(皇甫仁) : ?~1453. 충정은 그의 시호이며 자는 사겸(四兼), 호는 지봉(芝峰), 본관은 영천(永川)이다. 1414년(태종14) 문과에 급제하고, 1452년(문종2) 영의정이 되어 문종의 고명(顧命)을 받들어 단종을 보좌하다가 1453년 수양대군(首陽大君)이 일으킨 계유정난 때 피살되었다.

49 충익공(忠翼公) 김종서(金宗瑞) : 1383~1453. 충익은 그의 시호이고 자는 국경(國卿), 호는 절재(節齋), 본관은 순천(順天)이다. 1405년(태종5) 식년 문과에 급제하여 출사하고 벼슬이 좌의정에 이르렀다. 《고려사(高麗史)》와 《세종실록(世宗實錄)》을 편찬하고 육진(六鎭)을 개척한 공로로 문종의 절대적인 신임을 받았으며, 단종 즉위 후에 문종의 고명(顧命) 신하로서 단종을 보좌하다가 1453년 계유정난 때 피살되었다.

50 건릉(健陵)……제향하였다 : 건릉은 정조를 이른다. 이 내용은 《조선왕조실록》 정조 15년(신해년) 2월 21일 기사에 보이는데, 조순생이 실록에는 기록되어 있지 않으나, 《홍재전서(弘齋全書)》 제60권 〈잡저(雜著) 7 별단(別壇) 236인〉에는 실려 있다.

조공(趙公)의 아드님 병조 정랑(兵曹正郎) 휘 명(銘)이 이 사건에 연좌되어 금산(錦山)에 유배되었다가 오랜 뒤에 목천(木川)으로 양이(量移)[51]되었는데, 조공이 혹독한 화를 당한 뒤로부터는 울부짖다가 기절하는 등 거의 생명이 온전하지 못하였다.

목천에 거주할 적에 세성산(細城山) 아래에 집을 지었는데, 공은 한 번도 거르지 않고 날마다 집 뒤에 있는 높은 산봉우리에 올라가서 동쪽을 향하여 절하고 남쪽을 향하여 통곡하였으니, 이는 단종의 능묘(陵墓)가 동쪽 영월(寧越)에 있고, 부친 참의공(參議公)이 남쪽 고성(固城)에서 후명(後命)[52]을 받았기 때문이었다.

몇 리 떨어진 곳에 깎아지른 절벽으로 된 산이 있었는데, 공은 매월 초하루와 보름에 산마루에 올라가서 관복을 입고 절하고 엎드리기를 조례(朝禮)처럼 하였고, 울음소리를 삼키고 흐느껴 울다가 밤을 새우고서야 돌아왔다. 부녀자와 어린아이와 초부와 목동들이 모두 그 곳을 가리키면서 봉우리를 정랑(正郎)이라고 이름하고 대를 망경(望京)이라 이름하고 공이 거처하는 마을을 다인(多仁)이라 이름하고는, 이어서 공을 인촌 선생(仁村先生)이라고 칭하였다. 공은 슬픔으로 몸이 훼손되어 별세하니, 정랑봉 아래 부진(負震 묘좌(卯坐))의 언덕에 장례하였다.

2백여 년이 지난 뒤에 단종이 복위되고 또 90여 년이 지나 참의공이

51 양이(量移) : 멀리 유배된 사람의 죄를 감등하여 가까운 유배지로 옮기는 것을 이른다.

52 후명(後命) : 귀양살이를 하고 있는 죄인에게 사약(賜藥)을 내리는 일을 이르던 말이다.

배향되었으며, 순종(純宗 순조) 임신년에 공을 승정원 도승지(承政院都承旨)에 추증하였다. 목천의 선비들이 또 공을 충렬사(忠烈祠)에 제향하니, 공의 뜻과 충절이 이에 더욱 드러나게 되었다. 아! 당시에는 까맣게 알려지지 않았다가 오랜 세월이 흐른 뒤에 찬란하게 드러났으니, 이로써 천도(天道)가 정(定)해짐이 있음[53]을 증명할 수 있는 것이다.

공은 자가 경부(警夫)이고 본관이 한양(漢陽)이니, 가계(家系)가 고려 때 첨의중서(僉議中書)를 지낸 휘 지수(之壽)에게서 나왔다. 이조판서로 시호가 충정공(忠靖公)인 휘 인옥(仁沃)에 이르러 태조의 묘정(廟庭)에 배향되었는데, 이분이 지돈녕부사(知敦寧府事) 절효공(節孝公) 휘 뇌(賚)를 낳으니, 바로 참의공(參議公)의 조고(祖考)와 선고(先考)이다. 참의공의 배위 원주 원씨(原州元氏)는 사정(司正) 유용(有容)의 따님이다.

공의 배위 회덕 황씨(懷德黃氏)는 지중추부사(知中樞府事) 상문(尙文)의 따님인데, 공을 따라 정부인(貞夫人)에 추증되고 공의 묘에 부장(祔葬)되었다. 아들 백형(伯亨)은 현령이고 현령의 아들 수(璲)는 대호군(大護軍)이다.

53 천도(天道)가 정(定)해짐이 있음 : '천도'는 선한 자에게 복을 내리고 악한 자에게 화를 내리는 하늘의 이치를 이른다. 춘추 시대 초(楚)나라의 대부인 신포서(申包胥)가 "사람이 많을 경우에는 하늘(천도)을 이기지만, 천도가 정해지면 또한 사람을 이긴다.〔人衆者勝天, 天定亦能勝人.〕"라고 한 말에서 나왔다. 이 구절은 신포서의 친구인 오원(伍員)이 초나라에서 억울하게 화를 당하고 오(吳)나라로 망명하여 오나라 군대를 이끌고 초나라에 쳐들어와 도성을 함락하고 죽은 초왕의 시신을 꺼내어 매질하자, 오원에게 타이른 말이다.《史記 卷66 伍子胥列傳》

공은 일찍부터 문명(文名)이 드러나서 영릉(英陵 세종)의 태평성대에 벼슬하여 직위가 병조 정랑(兵曹正郎)에 이르렀다. 병조에서 군적(軍籍 군정(軍丁)을 등록한 장부)을 잃어버리자, 낭관과 아전들이 모두 죄를 얻을까 두려워했는데, 공이 조용히 구술하여 마침내 그 장부를 완성하였다. 얼마 뒤에 잃어버렸던 군적을 다시 찾아서 살펴보았는데 한 글자도 차이가 없으니, 사람들은 모두 놀라고 탄복하였다. 그러나 세상의 화(禍)에 걸려서 그 쓰임을 다하지 못하여 세상에 보기 드문 뛰어난 재능이 조금도 드러나지 못하였으니, 애석하다.

장릉과 광릉(光陵 세조)의 사이에 어진 사대부들이 모두 충성에 목숨을 바쳤는데, 충신의 가문에 또 효자 세 분이 있었으니, 충익공(忠翼公) 김종서의 아들 승규(承珪)와 충렬공(忠烈公) 하위지(河緯地)의 아들 박(珀)이고 또 한 분은 공이다. 김승규와 하박은 처자까지 죄에 연루되어 죽었고, 공은 유배형에 그쳤기 때문에 죽지 않았다. 그러나 원통함을 가슴속에 머금고 울분을 삼키면서 죽을 때까지 임금과 어버이에게 충절(忠節)을 바치는 것은, 화를 당하여 죽는 것에 비하면 더욱 더 어려운 일이다. 가까운 때에 굽혔다가 먼 후세에 이르러 펴졌으니, 일의 처음을 근원해 따져보고 종말을 궁구해 보면 조금도 유감(遺憾)이 없다. 그렇다면 어찌 살아남은 것과 죽은 것에 차이가 있겠는가.

옛말에 이르기를 "효도는 실로 하늘의 떳떳한 도(道)이고, 충성은 아름다운 덕이 되어 백 가지의 행실에 우선하니, 한 마음으로 어기지 않았다."라고 하였으니,[54] 공이 바로 이에 가까울 것이다. 공의 후손인

54 옛말에……하였으니 : 이 내용은 남조(南朝) 양(梁)나라 무제(武帝) 때의 문신인 왕균(王筠)이 지은 〈답상동왕시충신전 전(答湘東王示忠臣傳牋)〉에 보인다.

윤흠(允欽)이 불초에게 명(銘)을 청하였는데 내가 여러 번 사양하였으나, 끝내 물리치지 못하고 마침내 연천(淵泉) 홍공(洪公)이 지은 행장[55]을 근거해서 서술하고 이어서 명을 짓는다. 명은 아래와 같다.

아버지는 충성에 목숨을 바쳤고 父死於忠
아들은 효도에 목숨을 바쳤으니 子殉於孝
효도를 다하였기 때문에 惟其孝盡
충성으로 나라에 보답한 것이네 所以忠報
마음은 동쪽 영월로 달리고 心注東越
눈은 남쪽 영남을 바라보네 目斷南嶠
망경대(望京臺)는 채미와 견줄 수 있고[56] 臺擬採薇
정랑봉(正郎峰)은 바로 측백나무 부여잡고 울부짖은 것이네[57]

55 연천(淵泉)……행장 : 연천은 홍석주(洪奭周, 1774~1842)의 호이다. 자는 성백(成伯), 본관은 풍산(豊山), 시호는 문간(文簡)으로 1795년(정조19) 춘당대 문과에 급제하고 양관 대제학(兩館大提學)을 거쳐 좌의정에 이르렀다. 호락논쟁에서는 매산과 같이 낙론을 주장하였다. 이 행장은 《연천집(淵泉集)》 권32 〈행장 하(行狀下)〉에 '병조정랑 증도승지 조공 행장(兵曹正郎贈都承旨趙公行狀)'이란 제목으로 실려 있다.

56 채미와……있고 : '채미(採薇)'는 은(殷)나라 말기의 고사(高士)인 백이(伯夷)와 숙제(叔齊) 형제가 수양산(首陽山)에 은둔하여 고사리를 캐어 먹다가 굶어죽은 일을 이른다. 백이와 숙제는 일찍이 주(周)나라 무왕(武王)이 폭군인 은나라의 주왕(紂王)을 정벌하러 가자, 말고삐를 붙잡고서 제후로서 천자국을 정벌하는 것은 옳지 못한 일이라고 간하여 대의를 밝혔으며, 무왕이 은나라를 멸망시키고 천자의 지위에 오르자, 주나라의 녹을 먹는 것을 부끄러워하여 수양산에 은둔하여 자신의 깨끗한 절개를 지키다가 굶어 죽었다. 《史記 卷61 伯夷列傳》

57 측백나무……것이네 : 억울하게 죽은 부친에 대한 애절한 마음을 이른다. 삼국 시대 위(魏)나라 왕부(王裒)의 부친 왕의(王儀)가 사마소(司馬昭)의 손에 억울하게 죽

	峯是攀栢
부끄러움이 없으니	其庶無愧
두 가지 이치가 똑같이 지극하네	二理同極
세성산(細城山)은 무너질 수 있어도	城山可崩
공의 이름은 마멸되지 않으리라	公名不泐

자, 왕부가 묘소 곁에 초막을 짓고 시묘살이를 하면서 조석으로 묘소 곁에 있던 측백나무를 부여잡고 곡하니 나무가 말라죽은 고사에서 나온 말이다. 《晉書 卷88 王裒列傳》

효자 농옹 임공 묘갈명 병서○신축년[58]

孝子聾翁任公墓碣銘 幷序○辛丑

장령(掌令)으로 이조 참판에 추증된 고(故) 서재(西齋) 임공(任公)이 충성에 목숨을 바쳤고 그 증손(曾孫)인 휘 태춘(泰春)이 또 효도에 목숨을 바쳤다. 집에 있으면 효도하고 나라에 있으면 충성을 하니, 그 이치는 동일하다. 그러므로 옛말에 이르기를 "충신은 반드시 효자의 가문에서 구한다."라고 하였고,[59] 효자는 충신의 가문에서 많이 나오니, 이 때문에 군자가 자신과 같은 부류를 높이는 것이다.[60]

공은 자가 자인(子仁)이고 자호(自號)가 농옹(聾翁)이니, 지극한 품성(品性 효성)을 타고나서 어릴 때에 잠시도 어버이 곁을 떠나지 않았고, 외출할 때마다 어버이에게 아뢰고 돌아오면 반드시 얼굴을 뵙기를 성인(成人)과 같이 하였다. 아버지와 어머니가 병환 중일 때 모두 손가락을 베어 피를 올렸고, 거상(居喪)할 적에 몸을 훼손하여 쇠약해져서

58 신축년 : 1841년(헌종7)으로, 매산의 나이 66세 되던 해이다.

59 옛말에……하였고 : 이 내용은 《후한서(後漢書)》 권26 〈위표열전(韋彪列傳)〉에 "어버이를 효도로 섬기기 때문에 충성을 임금에게 옮길 수가 있다. 그러므로 충신은 반드시 효자의 가문에서 구한다.〔事親孝故忠可移於君, 是以求忠臣必於孝子之門.〕"라고 보이므로 말한 것이다.

60 군자가……것이다 : 이 내용은 당나라의 시인이자 문신인 진자앙(陳子昂)의 문집인 《진습유집(陳拾遺集)》 권8 〈잡저(雜著) 답제문사 팔조(答制問事八條)〉에 나오는 "군자와 소인들이 각각 그 부류를 높이는 것이다.〔君子小人, 各尙其類者也〕"라는 구절을 원용한 것이다.

거의 생명을 온전히 하지 못할 지경이었으며, 묘소가 다소 멀었으나 비바람이 불고 날씨가 춥거나 덥다고 하여 성묘를 폐하지 않았다.

계비(繼妃)를 섬기기를 엄한 아버지와 같이 하여 예모(禮貌)가 공손하고 온순하여 깊은 애정이 절로 드러나니, 계비가 항상 말씀하기를 "순수하고 지극한 정성으로 나를 섬기니, 참으로 효자이다."라고 하였다. 선조의 묘소를 잘 꾸미고 집안에서 제사를 올릴 적에 능히 저존(著存)의 정성[61]을 다하였으며, 마음속에서 우러나오는[62] 우애가 돈독하여 중씨(仲氏)와 침상을 연(連)하고 이불을 함께 덮고 지내니, 화락하여 춘진(春津)의 즐거움[63]이 있었다.

공의 나이 환갑에 선고(先考)와 선비(先妣)의 묘소를 이장할 것을

61 저존(著存)의 정성 : '저존'은 재계(齋戒)에 정성을 다하여 선조의 혼령이 왕림하여 자리에 계시며 드러나는 듯함을 말한다. 《예기》〈제의(祭義)〉에 "선왕의 효도는 선조의 얼굴빛이 눈에 잊히지 않으며 선조의 음성이 귀에 끊이지 않으며 선조의 마음과 뜻과 기호(嗜好)와 하고자 하시던 것이 마음에 잊히지 않아서, 사랑을 지극히 하면 자리에 계신 듯하고 정성을 지극히 하면 드러난다. 드러나고 계신 듯함을 마음에 잊지 않으니, 어찌 공경하지 않을 수 있겠는가.〔先王之孝也, 色不忘乎目, 聲不絶乎耳, 心志嗜欲不忘乎心, 致愛則存, 致慤則著, 著存, 不忘乎心, 夫安得不敬乎?〕"라고 보인다.

62 마음속에서 우러나오는 : 원문의 '인심(因心)'은 마음에서 절로 우러나와 자연스럽게 행한다는 뜻이다. 《시경》〈대아(大雅) 황의(皇矣)〉에 "이 왕계가 마음에서 우러나와 우애한다.〔維此王季, 因心則友.〕" 하였는데, 주자는 《집주(集註)》에서 "인심(因心)은 억지로 힘쓰는 것이 아니다〔因心, 非勉强也.〕"라고 주하였다.

63 춘진(春津)의 즐거움 : '춘진'은 춘진(椿津)으로도 쓰는데, 남북조 시대 후위(後魏)의 양춘(楊椿)과 양진(楊津) 형제를 가리킨다. 두 사람은 형제간에 우애가 매우 돈독하여 양진이 자사(刺史)로 있을 적에 사철의 좋은 음식이 있으면 매번 서울에 있는 형인 양춘에게 인편을 통해 음식을 부쳤으며, 만약 보내지 못했으면 먼저 입에 넣지 않았다고 한다. 《北史 卷41 楊播列傳》

도모하였는데, 이때 공의 병환이 위중하였다. 중씨가 이장의 시기를 늦출 것을 청하였으나, 공은 허락하지 않고는 소식(素食)을 하고 약을 뿌리친 채 병을 무릅쓰고 그 일을 집행하였는데, 직접 정성과 힘을 다하고 자기 마음에 흡족한 다음에야 그만두었다.

이장하는 일이 끝나 반곡(反哭)할 적에 숨이 곧 끊어지려 하였는데도 사당을 향하여 일어나 앉아서 오열하고 눈물을 흘리며 말하기를 "부모의 체백(體魄)을 다행히 한 혈(穴)에 모시게 되었으니, 죽어도 눈을 감을 수 있다."라고 하고, 중씨에게 사후의 일을 부탁하면서 그로 하여금 염계(濂溪)[64]가 초상과 장례를 관리하고 돌본 일들을 본받도록 하고 별세하니, 바로 신미년(1811, 순조11) 3월 2일로, 이장을 마친 지 겨우 3일이 지났을 뿐이었다. 윤4월에 아산현(牙山縣)의 중죽곡(中竹谷) 선영에 부장하였다가 무술년(1838, 헌종4)에 같은 현(縣) 성산(星山)으로 옮겼고, 갑진년(1844)에 또다시 죽곡(竹谷) 임좌(壬坐)의 자리로 옮겼다.

공은 타고난 자품이 도(道)에 가까워서 자애롭고 신실(信實)하면서도 강직하고 곧았다. 집안이 어려운 일들을 많이 당하여 생계가 곤궁해져서 며칠 동안 밥을 짓지 못하는 경우도 있었으나, 조금도 궁핍한 기색을 드러내지 않았다. 말년에 더욱 곤궁하였으나 지푸라기 하나도 구차히 취하지 않으니, 향리의 이웃들 또한 그가 자주 끼니를 굶는 것을 알지 못하였다.

64 염계(濂溪) : 북송의 사상가인 주돈이(周敦頤, 1017~1073)의 호이며 자는 무숙(茂叔)이다. 정호(程顥), 정이(程頤)의 스승으로 이들 두 제자와 소옹(邵雍), 장재(張載)와 함께 '북송오자(北宋五子)'로 칭해진다.

평소 남들과 교유하는 것을 좋아하지 않아서, 비록 오래도록 사귄 친구라 할지라도 그 사람의 신분이 귀해지고 현달하면 소식을 끊었다. 항상 한 방에서 본성을 함양하여 책상에 먼지가 가득히 쌓였으며, 문 밖에 있는 사람이 적어서 그 자취를 셀 수 있었다. 말년에 과거 공부를 포기하고 오로지 학문에 전념하였는데, 근본을 사서(四書)에 두었으나, 《시경》과 《주역》에도 통달하여 이치를 깊이 연구하여 깨닫고 아는 것을 실천해서 홀로 그 오묘한 진의(眞義)를 깨우쳤다. 평소 말씀하기를 "성인의 도는 자기로부터 남에게 미치고 가까운 데로부터 먼 곳에 이르는 것이니, 어찌 자기 몸에 터득하지 못하고서 대번에 남에게 순순히 대응하려 할 수가 있겠는가."라고 하였다.

명리(名理)를 완미하고 탐구하여 늙을수록 더욱 독실하여 남은 연수(年數)가 부족함을 알지 못하였다. 항상 잡서(雜書)를 보지 않았는데, 《노자(老子)》와 《장자(莊子)》를 읽는 자들을 책망하여 말하기를 "이 책들은 족히 사람의 심술(心術)을 파괴할 수 있는데, 하필 경서(經書)를 버리고 이단(異端)을 공부하는가."라고 하였으니, 여기에서 학문의 조예(造詣)가 바름을 검증할 수 있다. 세상에 모범이 되는 공의 순일한 덕과 가정에서의 참되고 성실한 행실은 진실로 아름다운 자질에서 연유하였으나, 학문한 공효(功效)를 속일 수가 없다.

공은 본관이 서하(西河)로, 고려 때 어사대부(御史大夫)인 휘 주(澍)가 시조가 되니, 대대로 명망과 덕이 있어서 삼한(三韓)의 유명한 집안이 되었다. 지중추부사 휘 홍망(弘望)과 집의(執義) 휘 형(泂)과 장령 휘 징하(徵夏)에 이르러, 삼대가 기절(氣節 높은 기개와 충절)과 풍렬(風烈 풍교(風敎)와 덕업(德業))로 국조(國朝)의 명신(名臣)이 되었는데, 장령공(掌令公)은 상소하여 성상의 무함을 변론하다가 끝내 기화

(奇禍 뜻밖에 당하는 화)를 당하였다.[65] 장령공이 처사(處士) 휘 시구(時九)를 낳았는데, 공은 일찍부터 중망(重望)이 있었으나, 가문의 화(禍)로 인하여 스스로 은둔하였다.

처사공(處士公)이 종숙부(從叔父) 휘 창하(昌夏)에게 양자로 가서 지추공(知樞公)의 제사를 주관하였으며, 이분이 휘 신백(信白)을 낳았는데, 또한 화(禍)로 벼슬길에 나아가지 못하였다. 승지에 추증된 윤동영(尹東英)의 따님인 파평 윤씨에게 장가들어 공을 낳으니, 바로 영조 27년 12월 26일이다.

배위(配位) 연산 서씨(連山徐氏)는 한성 판윤 정익공(靖翼公) 병덕(秉德)의 따님으로 효성과 공경이 천성(天性)에서 나왔으며, 제수를 장만함에 더욱 삼가서 행하였으며 평소 굶주려서 수척하였으나 공으로 하여금 근심하지 않게 하였으니, 공이 검박함을 지킨 것은 내조에 힘입음이 컸다고 한다. 공보다 2년 먼저 태어나고 공보다 8년 뒤에 별세하여 공의 묘소 왼쪽에 부장하였으니, 향년이 71세이다.

2남 3녀를 두었는데, 아들은 영모(永模)와 천모(天模)이고 딸은 현감 김기순(金箕詢)과 교리 정도채(鄭度采), 윤증렬(尹曾烈)에게 출가하였다. 손자 중에 헌조(憲祖), 헌상(憲商), 헌익(憲益)과 성하종(成

65 장령공(掌令公)은……당하였다 : 장령공은 임징하(任徵夏, 1687~1730)로 자는 성능(聖能), 호는 서재(西齋)이다. 1726년(영조2) 2월에 사헌부 장령으로 있으면서 탕평책에 반대하고 소론(少論)을 제거할 것을 주장하는 상소문을 올렸다가 소론 측 인사들의 탄핵을 받아 유배되었는데, 1730년 6월에 사헌부의 요청에 의해 다시 의금부에서 국문을 받다가 수차례의 고문 끝에 옥사(獄死)하였다. 임징하의 상소에 경종 때의 어지러운 정치에 대한 언급이 있으므로 성상의 무함을 변론하였다고 말한 것으로 보인다.

夏鍾)의 아내는 장남 영모의 소생이고, 헌회(憲晦)와 헌명(憲明)과 박재위(朴載緯)와 이종경(李鍾絅)의 아내는 차남 천모의 소생이다. 사위 김기순의 아들은 참봉 재헌(在獻)과 재현(在顯)이고 딸은 권후인(權厚仁)에게 출가했으며, 사위 정도채의 딸은 홍승모(洪承謨)에게 출가하였고, 사위 윤증렬의 아들은 치성(致成)이다. 헌조(憲祖)의 아들은 흥교(興敎)이고, 나머지는 어리다.

공은 여러 행실이 밝게 드러나서 기술할 만한데, 모두 효행에 근원하였다. 얼굴이 다른 어버이(계모)를 잘 섬긴 자들은 옛날에도 혹 있었으나, 공과 같이 전일하게 섬긴 자는 드물다. 심지어 계비(繼妣)가 공의 상에 통곡하고 지나치게 슬퍼하였으며 일생동안 차마 잊지 못하였으니, 사람들이 흠잡는 말이 없을 뿐만이 아니었다. 만일 경학을 통달하고 이치를 연구하여 효제(孝悌)가 인(仁)을 행하는 근본이라는 뜻에 통달하지 않았다면, 또한 어떻게 이렇게 할 수가 있었겠는가. 이는 서재공(西齋公)의 손자가 됨에 부끄러움이 없어서 충과 효가 일치된 것이다.

공이 별세한 뒤 31년이 지난 신축년(1841)에 호서(湖西)의 많은 선비들이 공의 훌륭한 행실을 조정에 보고하여 그 마을에 '효자지문(孝子之門)'이라고 정표(旌表)하였다. 공은 한 가지 일로 명성을 이룬 분이 아니니, 사람을 잘 관찰하는 자는 또한 충분히 한 가지로 전체를 포괄하여 알 수 있을 것이다.

헌회가 나를 종유(從遊)하였는데, 행장을 가지고 와서 명문을 청하니, 내가 공의 집안의 명망과 의리를 기린 지가 오래 되었고 또 공의 지극한 효행에 감복하여 사양하지 않고 명을 짓는다. 명은 다음과 같다.

생 꼴 한 묶음을 주노니　生芻一束
옥처럼 아름다운 그 사람이네[66]　如玉其人
백발로 경학을 연구하여　皓首研經
입을 막고[67] 몸의 지조 지켰네　塞兌守身
이와 의를 마음으로 기뻐하니　理義悅心
그 즐거움이 참으로 진실되네　其樂斯眞
백란의 굳은 절개요[68]　伯鸞苦節
원헌(原憲)의 청빈이니[69]　原憲淸貧

66 생……사람이네 : 망자의 어짊을 사모하는 마음을 말한 것이다. 《시경》 〈소아(小雅) 백구(白駒)〉에 "생 꼴 한 묶음을 주노니, 그 사람 옥처럼 아름답네.〔生芻一束, 其人如玉.〕"라고 하였는데, 주자는 《집주(集註)》에서 "현자(賢者)가 기필코 떠나려 하여 만류할 수가 없었다. 이에 그가 흰 망아지를 타고 빈 골짜기로 들어감에 생 꼴을 묶어서 말을 먹이며, 그 사람의 덕(德)이 옥(玉)과 같이 아름답다고 탄식하였으니, 이미 아득하여 친히 할 수가 없는 것이다."라고 주하였다. 이에 후세에 현자를 사모하는 표현으로 많이 사용되었다.

67 입을 막고 : 원문의 '색태(塞兌)'는 욕심이 나오는 이목구비(耳目口鼻)를 막는 것이다. 《도덕경(道德經)》 52장에 "입을 막고 문을 닫으면 종신토록 수고롭지 않게 된다.〔塞其兌, 閉其門, 終身不勤.〕"라고 보인다.

68 백란(伯鸞)의 굳은 절개요 : 백란은 후한(後漢)의 은사인 양홍(梁鴻)의 자(字)이다. 그는 가난하였으나 학문을 좋아하고 혼란한 세상에서 벼슬하기를 원치 않아 현숙한 아내 맹광(孟光)과 함께 패릉(霸陵)의 산골에서 농사짓고 살았다. 하루는 양홍이 도성에 들어갔다가 토목공사에 백성들이 시달리는 것을 보고 〈오희가(五噫歌)〉를 지어 잘못된 국정을 개탄했는데, 이를 듣고 분노한 장제(章帝)가 사람을 보내 체포하려고 하자, 오(吳) 지방으로 도망가 남의 집에서 품팔이하며 살았기 때문에 이렇게 말한 것이다. 《後漢書 卷83 逸民列傳 梁鴻》

69 원헌(原憲)의 청빈이니 : 원헌은 공자의 제자로 자는 자사(子思) 또는 사(思)이다. 집이 몹시 가난하였지만 의지가 굳고 학문을 좋아하였다. 그는 노(魯)나라에 살

근심함도 원망함도 없어서	無悶無怨
마음에 스스로를 소중히 하였네	中以自珍
어떻게 이것을 이루었는가	何以致之
백행(百行)의 근원인 효로 이루었네	由百行源
대대로 이어온 선행(善行)을 높일 만하니	尙其世類
누가 공과 짝할 수 있을까	疇與爲倫
명문가의 어진 후손이요	名門肖子
밝은 세상의 일민[70]이었네	熙世逸民
갑자가 한 번 끝나자	甲子一終
깊은 무덤으로 돌아갔네	反于玄窀
내가 바른 글로써 명문을 지어서	我銘以貞
무궁한 후세에 고하노라	用詔無垠

때 매우 가난하여, 오두막집 마당에는 풀이 무성하고 쑥대로 만든 방문은 온전치 못했으며 깨진 독으로 구멍을 내서 들창문으로 삼아서, 위로는 비가 새고 아래는 습기가 찬 방에서 바르게 앉아 거문고를 연주했다고 한다. 《莊子 讓王》

70 일민(逸民) : 학문과 덕행이 있으면서도 세상에 나가 벼슬하지 않고 은둔해 지내는 사람을 이른다.

취국 임공 묘갈명 병서○임인년[71]

醉菊任公墓碣銘 幷序○壬寅

옛날 도연명(陶淵明)은 취석(醉石)이 있었고, 또한 국화를 좋아하여 우뚝하게 상걸(霜傑)이 되어 마음에 득실(得失)을 잊었는데,[72] 고(故) 처사(處士) 서하(西河) 임공(任公)이 신교(神交)를 시상(柴桑)에 의탁하고[73] 스스로 취국(醉菊)이라고 호하였으니, 그 누가 "국화를 사랑하는 이가 도연명 이후에 또 있다는 말을 들은 적이 거의 없다.〔菊之愛, 陶後鮮有聞.〕"[74]라고 말하는가.

공은 휘가 천모(天模)이고 자가 덕수(德叟)이며 관향(貫鄕)이 서하

71 임인년 : 1842년(헌종8)으로, 매산의 나이 67세 되던 해이다.

72 도연명(陶淵明)은……잊었는데 : 도연명(372～427)은 남북조 시대 동진(東晉)의 처사이자 시인으로, 자가 연명(淵明)이라 하기도 하고, 혹은 처음에는 이름이 연명, 자가 원량(元亮)이었는데 뒤에 은둔하고는 은둔의 의미를 써서 '잠(潛)'으로 개명하였다고 하기도 한다. 팽택령(彭澤令)을 지냈는데, 벼슬을 버리고 향리에 은거하였다. '취석'은 여산(廬山)에 있는 바위로 도연명이 술에 취하면 눕곤 하여 그 흔적이 남았다고 한다.《朱子語類 卷138》'상걸(霜傑)'은 서리 아래 호걸이라는 의미의 '상하걸(霜下傑)'을 줄여 쓴 것으로 국화를 가리키기도 한다. 도연명이 지은 시 〈화곽주부(和郭主簿)〉에 "향기로운 국화는 숲 속에서 환히 빛나고, 푸른 솔은 바위 마루에 늘어서있네. 솔의 곧고 빼어난 자태 마음속에 품으니 국화는 우뚝하게 서리 아래 호걸이 되었네.〔芳菊開林耀, 青松冠巖列, 懷此貞秀姿, 卓爲霜下傑.〕"라고 한 데서 온 말이다.《陶淵明集 卷2》

73 신교(神交)를 시상(柴桑)에 의탁하고 : '신교'는 정신적으로 사귀어 뜻이 서로 투합함을 이르고, '시상'은 도연명의 고향으로 인신하여 도연명을 가리키는 말로 쓰인다.

74 국화를……없다 : 이 내용은 북송(北宋)의 학자인 염계(濂溪) 주돈이(周敦頤)가 지은 〈애련설(愛蓮說)〉에 보이는 구절을 그대로 인용한 것이다.

(西河)이니, 명분과 의리와 풍골(風骨)과 절조(節操)로 집안을 대대로 이어왔다. 지중추부사 휘 홍망(弘望)과 집의 휘 형(泂)과 장령으로 참판에 추증된 휘 징하(徵夏)에 이르러 3대가 모두 현달하였는데, 장령공께서는 충성에 순절하였다.[75] 장령공이 휘 시구(時九)를 낳았는데 종숙부 휘 창하(昌夏)의 후사(後嗣)가 되니, 이분이 바로 공의 증조이시다. 조고는 휘가 신백(信白)이고, 선고의 휘는 태춘(泰春)인데, 모두 장령공께서 당하신 화(禍)로 인하여 스스로 폐인이 되었다. 선비(先妣) 연산 서씨(連山徐氏)는 판윤 정익공(靖翼公) 병덕(秉德)의 따님이다.

공은 천성이 효성스러워서 백씨(伯氏)를 도와 어버이를 공양(供養)하였고, 혹 자신의 집에서 봉양할 적에는 맛있는 음식으로 극진하게 모셨다. 상을 당하자 염습(殮襲)에 쓰는 물품과 관(棺)에 부장하는 물품을 스스로 마련하지 않음이 없었고, 평생 동안 애통한 마음을 품어서 기일에 곡하기를 단괄(袒括)[76]하던 때처럼 하였다.

회갑 때에 술자리를 베푸는 것을 허락하지 않았고, 몸가짐을 처자(處子)처럼 가져서 산문(山門)[77]을 넘는 일이 드물었다. 성품이 또 강

75 장령공께서는 충성에 순절하였다 : 1726년(영조2) 2월에 사헌부 장령으로 있던 임징하가 탕평책에 반대하는 상소문을 올렸다가, 이를 이유로 1730년(영조6) 6월에 옥사(獄死)한 일을 이른다. 자세한 내용은 44쪽 주65 참조.

76 단괄(袒括) : 저본에는 '창괄(裮括)'로 되어 있으나 뜻이 통하지 않으므로 문맥을 감안하여 단괄(袒括)로 보고 해석하였다. 단괄은 고대의 상례(喪禮)로 망자의 소렴이 끝난 뒤에 상주가 한 쪽의 옷을 벗고 머리를 묶는 것으로, 《예기》 〈상대기(喪大記)〉에 "소렴을 마치고 주인이 시신에 기대어 용(踊)을 하면 주부도 이와 같이 하며, 주인은 한 쪽 옷을 벗고 모(髦)를 벗기고서 삼으로 머리를 묶는다.〔卒斂, 主人馮之踊, 主婦亦如之, 主人袒, 說(脫)髦, 括髮以麻.〕"라고 보인다.

직하고 방정하여 교유(交遊)를 가려서 하였고, 향당(鄕黨)에 있을 적에는 신실(信實)하였으며,[78] 소인(小人)을 대할 적에는 험악하지 않으면서도 엄하였다. 곤궁함을 굳게 지켜[79] 익숙한 지경에 이르렀으며, 비록 자주 끼니를 굶었으나 식량을 함부로 빌리지 않았다. 젊어서는 박사업(博士業 과거공부)을 하였으나 곧바로 공령(功令)[80]을 물리치고 오직 준회(遵晦)[81]하여 몸을 보존하였으며 온 정력을 쏟아서 아들을 가르쳤다.

병이 위독해지자 사후(死後)의 일을 조처하되 조용하고 정돈되고 여유가 있게 하였다. 큰 아들에게 '장례와 제사를 예(禮)를 따라 행하며 문을 닫고 자취를 감추고 도가 있는 사람에게 취정(就正)[82]하며 농사에 힘써[83] 스스로 먹는 것을 해결하라.'고 타이르고는, 이어서 손을 저어서

77 산문(山門) : 원래 묘문(墓門)이나 사찰의 외문 등을 이르는 말인데, 여기서는 은거처의 문을 비유한 것으로 보인다.

78 향당(鄕黨)에……신실(信實)하였으며 : '향당'은 부형과 종족이 있는 향리(鄕里)를 이른다. 이 내용은 《논어》 〈향당(鄕黨)〉의 "공자께서 향당에 계실 적에는 신실하게 하셨다.〔孔子於鄕黨, 恂恂如也〕"라는 구절을 원용한 것이다.

79 곤궁함을 굳게 지켜 : 원문의 '고궁(固窮)'은 《논어》 〈위령공衛靈公〉에 "군자는 고궁이니, 소인은 궁하면 넘친다.〔君子固窮, 小人窮斯濫矣.〕"라고 하였는데, 주자는 《집주(集註)》에서 "정자는 말씀하기를 '고궁이란 궁함을 굳게 지키는 것이다.' 하셨으니, 또한 통한다."라고 주하였다.

80 공령(功令) : 과거에 사용하는 여러 가지 문체를 이르는 말인데, 직접 과거를 이르기도 한다.

81 준회(遵晦) : '준양시회(遵養時晦)'를 줄여 쓴 것으로, 현재의 상황에 따라 자취를 감춘 채 역량을 축적하여 때를 기다림을 말한다.

82 취정(就正) : 스승을 찾아가 학문의 옳고 그름을 질정(質正)하는 것을 이른다.

83 농사에 힘써 : 원문의 '명농(明農)'은 농사일에 힘쓴다는 뜻으로 명(明)은 면(勉)

부녀자들을 내보내고 태연하게 별세하니, 바로 임인년(1782, 정조6) 2월 1일로, 공이 출생한 해로부터 1주갑(周甲)이 되는 해이다.

처음에 아산(牙山)의 성산(星山)에 장례하였다가 10월에 영인산(靈仁山) 가장곡(可藏谷) 오좌(午坐)의 자리로 옮기니, 선영에 모신 것이다.

배위(配位)인 남양 홍씨(南陽洪氏)는 익화(益和)가 그 선고(先考)이다. 2남 2녀를 두었으니, 아들은 헌회(憲晦), 헌명(憲明)이고, 딸은 박재위(朴載緯)와 이종경(李鍾絅)에게 출가하였다. 헌회의 아들은 만교(萬敎)이고, 헌명의 아들은 치교(穉敎)이고, 경진(敬鎭), 민진(敏鎭), 창진(敞鎭)은 박씨 사위의 소생이다.

처음에 장령공이 상소하여 신임의리(辛壬義理)를 아뢰어서 성상(聖上 영조)께 대한 무함(誣陷)을 통렬히 변호하다가 이어 큰 화를 당하니,[84] 공은 항상 선조의 뜻을 드러내지 못하고 유문(遺文)을 그대로

과 통한다. 《서경》 〈낙고(洛誥)〉에 "왕은 낙읍에 가서 공경하소서. 저는 물러가 농사에 힘쓸 것입니다.〔汝往敬哉! 玆予, 其明農哉!〕"라고 보인다.

84 장령공이……당하니 : 이에 대한 자세한 내용은 44쪽 주65 참조. '신임의리(辛壬義理)'는 신축년(1721, 경종1)과 임인년(1722) 두 해에 걸쳐, 뒷날 영조(英祖)가 되는 연잉군(延礽君)의 세제(世弟) 책봉과 대리청정(代理聽政)을 두고 노론과 소론이 극렬하게 대립하다가 사화(士禍)로 진전되었는데, 이때 노론이 영조의 세제 책봉과 대리청정을 주장한 명분을 말한다. 남인(南人) 역관의 딸 장희빈(張禧嬪)의 소생인 경종은 남인에 동정적이던 소론의 보호를 받아왔는데, 경종이 즉위하자 과거 그의 세자 책봉을 반대했던 노론은 위기를 느껴 그의 병약함과 후사(後嗣)가 없음을 빌미로 연잉군의 세제 책봉을 추진, 이를 관철시키고 나아가 대리청정까지 추진하다가, 소론의 김일경(金一鏡) 등이 목호룡(睦虎龍)을 사주하여 노론의 사대신(四大臣)인 김창집(金昌集), 이이명(李頤命), 이건명(李健命), 조태채(趙泰采)를 역모로 무고하게 하여 신임사화를 일으켜 사대신 이하 노론의 주요 세력들을 제거하였다.

쌓아두고 있는 것을 애통히 여겨서, 재물을 모아 유문의 간행(刊行)을 도모하였다. 또 선친의 지극한 효행에 대해 조정에 아뢰었으나 정표(旌表)가 내려지지 않으니, 공은 별세할 때 이 두 가지 일이 성취되지 못한 것을 지극한 한(恨)으로 삼았다. 뒤에 헌회가 공의 유지(遺志)를 이어서 두 가지 일이 모두 이루어지니, 사람들은 공의 지극한 효성 덕분에 일이 이루어진 것이라고 말하였다.

불초가 유심(幽深)한 이치를 드러내고 은미한 사실을 밝게 나타내는[85] 뜻을 삼가 붙여서 공을 위하여 묘지(墓誌)를 지었는데, 헌회가 또다시 비석의 글[86]을 청하였다. 한 사람이 글을 두 번 짓는 것은 마땅하지 않다고 여러 번 사양하였으나, 그의 요청이 매우 간절하여 병을 무릅쓰고 "남쪽 지방의 은사(隱士)요 법가(法家 법도를 지키는 세신(世臣)의 집안)의 보필하는 어진 선비이다."라고 썼는데, 사람들이 이 월단평(月旦評)[87]에 대해 흠잡는 말이 없다. 명문은 다음과 같다.

85 유심(幽深)한……나타내는 : 원문의 '유현천미(幽顯闡微)'는 《주역》 〈계사전 하(繫辭傳下)〉의 "《주역》은 과거를 드러내고 미래를 살피며, 은미(隱微)한 사실을 드러내고 유심(幽深)한 이치를 밝혀 준다.〔夫易, 彰往而察來, 而微顯闡幽.〕"라는 구절을 원용한 것이다.

86 비석의 글 : 묘갈명을 이른다. 원문의 '이생(麗牲)'은 옛날 제사 때에 희생(犧牲)을 사당이나 묘소 앞에 세워놓은 돌에 잡아맨다는 뜻인데, 전하여 비석을 뜻하는 말로 쓰인다. 《예기》 〈제의(祭義)〉에 "종묘에 제사하는 날, 임금이 희생으로 바칠 소를 끌고 가면 세자가 이를 돕고 경대부는 차례대로 따른다. 종묘의 문에 들어가서 비석에 희생을 잡아맨다.〔祭之日, 君牽牲, 穆荅君, 卿大夫序從, 旣入廟門, 麗於碑.〕"라고 한 데서 유래하였다.

87 월단평(月旦評) : 인물에 대한 품평을 이른다. 원래 매달 초하루에 행해지는 인물에 대한 비평이란 뜻인바, 후한 영제(靈帝) 때 여남(汝南)의 명사인 허소(許劭)와 그의

사람이 국화인가	人是菊耶
국화가 사람인가	菊是人耶
부귀에 급급하지 않고	不汲汲於富貴
빈천에 근심하지 않으니	不戚戚於賤貧
이 사람과 같은 무리는	玆若人之倫
회갈의 백성과 함께 돌아가리라[88]	同歸于懷葛之民

종형제인 허정(許靖)이 매달 초하루에 지방 사람들의 인물을 평했는데, 이 인물평이 정확해서 사람들이 '여남의 월단평'이라고 부르며 높이 평가한 데서 나온 말이다.《後漢書 卷68 許劭列傳》

88 부귀에……돌아가리라 : '회갈(懷葛)의 백성'은 순박한 태고(太古) 시대의 백성이란 의미로, 회갈은 고대 전설 속의 제왕(帝王)인 무회씨(無懷氏)와 갈천씨(葛天氏)의 병칭이다. 도연명(陶淵明)이 지은 〈오류선생전(五柳先生傳)〉의 찬(贊)에 "검루가 말하기를 '빈천에 걱정하지 않고 부귀에 급급해 하지 않는다.' 하였으니, 그 말을 미루어 지극히 한다면 이 오류선생과 같은 무리일 것이다. 술에 취하여 시를 지어 자신의 뜻을 즐기니, 무회씨의 백성인가, 갈천씨의 백성인가?〔黔婁有言:不戚戚於貧賤, 不汲汲於富貴, 極其言, 玆若人之儔乎! 酣觴賦詩, 以樂其志, 無懷氏之民歟? 葛天氏之民歟?〕"라고 한 구절을 원용한 것이다.

좌승지 왕림 이공 묘갈명 병서○갑신년[89]

贈左承旨旺林李公墓碣銘 幷序○甲辰

도암(陶菴) 이 선생이 한천(寒泉)에서 후학들에게 도(道)를 강론하니, 사방의 선비들이 문하에 가득하였다. 문하의 어진 이와 어리석은 이들이 자신의 재질(材質)에 따라서 모두 유익함을 얻었는데, 실로 죽을 때까지 부지런히 섬겨서 사일(事一)의 의리[90]를 다한 분은 고(故) 처사(處士) 이행상(李行祥) 공 한 분일 것이다.

공은 특별한 자질을 타고나서 성동(成童)[91]이 되기 전에 도암 선생에게 학업을 청하였는데, 선생은 공의 행동거지가 진중(珍重)한 것을 보시고 그 뛰어남에 놀랐다. 이에 의(義)와 이(利)의 분변을 가지고 이끌고 격려해서 마음과 뜻을 도야(陶冶)하게 하니, 공은 마침내 학문에 온 정력을 쏟으면서 수사선도(守死善道)[92]의 소원을 갖게 되었다.

89 갑신년 : 1824년(순조24)으로, 매산의 나이 49세 되던 해이다.

90 사일(事一)의 의리 : 부모와 스승, 임금을 한결같이 섬기는 의리를 이른다. 진(晉)나라의 대부 난공자(欒共子)가 "사람은 부모와 스승, 임금의 세 분 밑에서 사니, 섬기기를 한결같이 하여야 한다.〔民生於三, 事之如一.〕"라고 말한 데서 유래하였다. 《國語 晉語》

91 성동(成童) : 15세 이상의 소년을 이른다. 《예기(禮記)》 〈내칙(內則)〉에 "성동이 되면 상(象)으로 춤을 추며 활쏘기와 말 모는 것을 배운다.〔成童, 舞象, 學射御.〕"라고 하였는데, 정현(鄭玄)의 주(注)에 "성동은 15세 이상이다."라고 하였다. 상(象)은 악장(樂章)의 이름이다.

92 수사선도(守死善道) : 《논어》 〈태백(泰伯)〉에 보이는 공자의 말씀으로 '죽음으로써 지키면서도 도를 잘 해야 한다.'는 의미이다.

도암 선생은 일찍이 공에게 "나를 저버리지 말라.〔莫負我.〕"라는 세 글자를 써주시며 말씀하기를 "그대가 만약 한 지방의 훌륭한 선비에 그친다면, 이것은 바로 나를 저버리는 것이다."[93]라고 하였으며, 또 "만사에 한결같이 정직하여야 한다.〔萬事一直.〕", "단맛과 흰색의 자질이라야 훌륭한 일을 할 수 있다.〔甘白之質, 可以有爲.〕"[94]는 등의 글을 써주시고 권면하였다.

공은 겉으로는 지둔(遲鈍)한 듯하였으나, 안에는 밝은 지혜가 쌓여 있어서 함장(函丈)[95]에서 스승을 모심에 있어 지극한 정성으로 힘을 다하였다. 도암 선생이 말년에 풍비(風痺 중풍으로 수족이 마비되는 병)를 앓아 말이 어둔해지자 모든 저술과 응대에 관계되는 일들을 모두 손가락으로 지시하여 조치하였는데, 공만 홀로 그 뜻을 알았다. 어두운 밤중에 깊이 잠들었다가도 선생이 공의 등에다가 잠깐 초(草)를 하면

93 그대가……것이다 : 맹자(孟子)가 "한 지방의 훌륭한 선비라야 한 지방의 훌륭한 선비들과 사귈 수 있고, 한 나라의 훌륭한 선비라야 한 나라의 훌륭한 선비들과 사귈 수 있고, 천하의 훌륭한 선비라야 천하의 훌륭한 선비들과 사귈 수 있다.〔一鄕之善士, 斯友一鄕之善士, 一國之善士, 斯友一國之善士, 天下之善士, 斯友天下之善士.〕"라고 하였으므로, 이렇게 말한 것이다.《孟子 萬章下》

94 단맛과……있다. 충신(忠信)한 자질을 가져야 훌륭한 일을 할 수 있다는 뜻이다. 《예기》〈예기(禮器)〉에 "단맛은 모든 맛의 근본이기 때문에 온갖 맛을 조화시키고, 흰색은 모든 색의 근본이기 때문에 어떤 색이나 받아들인다. 이와 마찬가지로 오직 충신한 사람이라야 예를 배울 수 있는 것이다.〔甘受和, 白受采, 忠信之人, 可以學禮.〕"라는 말을 원용한 것이다.

95 함장(函丈) : 한 길〔丈〕을 용납할 수 있는 공간이란 뜻으로 스승과 강론하는 자리, 또는 스승을 가리킨다. 《예기》〈곡례(曲禮)〉에, "만약 음식을 대접하는 손님이 아니고 스승과 강론하는 자리이면 자리를 펴되 한 길쯤 용납할 수 있는 공간을 띄운다.〔若非飮食之客, 布席, 席間函丈.〕"라는 구절에서 유래하였다.

공은 곧바로 "알았습니다."라고 하였으며, 전사(傳寫)할 때에 하나의 착오가 없었다. 이에 선생이 시를 지어 찬미하기를

난공의 가르침이 옛날에 비록 있었으나 欒公訓語古雖有
천년 동안 실천한 사람은 오직 그대일 뿐이네 千載實踐惟見爾
벙어리가 어둠 속에서 작은 글자를 쓰는데 啞夫暗中書小字
군이 아니면 그 뜻이 통하지 않네 微君莫能通其意
하늘이 이 도암을 위해 이 사람을 내렸네 天爲陶菴生此子

라고 하였다.[96]

또 말씀하기를 "내가 향리에 거처한 지 19년이 되었는데, 질박함과 정직함을 기대할 수 있는 자는 오직 이 처사(李處士) 공리(公履) 한 사람이다."라고 하셨는데, 공리는 공의 자이다. 도암께서는 이미 공에게 여러 책을 주시고도 또 삼경(三經)과 사서(四書)를 하사하여 더욱 추중(推重 높여 귀하게 여김)을 가하였다.

공은 도암 선생이 별세할 때에 촛불을 잡았으며 마치 효자와 같이 지극히 애통해 하여 그 마음이 종신토록 다하지 않았다. 스승의 은혜와 의리를 통렬히 생각하고 스승의 도를 참되고 간절하게 구하여 마침내 천식암(泉食庵)의 남쪽에 서사(書社)를 세워 도암 선생의 화상(畫像)을 걸고 매월 초하루마다 분향(焚香)하였으며 봄과 가을에 강회(講會)를 열어서 강한(江漢)과 갱장(羹墻)의 사모하는 마음[97]을 붙였다.

96 난공(欒公)의……내렸네 : 이 내용은 도암이 지은 시 〈이처사를 읊다[詠李處士]〉에서 일부를 인용한 것이다.《陶菴集 卷4 詩4》 난공은 춘추 시대 진(晉)나라의 대부 난성(欒成)으로 시호는 공자(共子)이다. 그의 가르침은 부모 · 스승 · 임금을 한결같이 섬기라는 가르침인바, 자세한 내용은 54쪽 주90 참조.

97 강한(江漢)과……마음 : 돌아가신 스승을 우러러 사모하는 마음을 뜻한다. '강한'

또 유문(遺文)을 교정하는 일에 온 정신을 다 써서, 끝내 완본(完本)을 만드는 등 사문(師門)을 위하여 힘을 바쳐서 지극한 정성을 쏟았는데, 만일 의(義)가 아닌 일에 관련되면 반드시 바로잡고서야 그만 두었으니, 유집(遺集)을 사사로이 간행하는 것을 저지하고 뇌암(雷巖)에서 멋대로 선생을 제향하려는 것을 폐하게 한 것[98]이 이것이다. 군자가 말하기를 "도암의 문하에서 이 처사를 얻어 사도(師道)가 더욱 높아졌다."라고 하니, 옳은 말이다.

공은 본관이 연안(延安)이니, 당나라 때 중랑장(中郎將)을 지낸 이무(李茂)가 초조(初祖)가 되신다. 조선조에 들어와 저헌(樗軒) 문강공(文康公) 휘 석형(石亨)이 덕업과 문학으로 당대의 명신이 되었고, 높

은, 공자가 죽은 뒤에 제자들이 동문(東門)인 유약(有若)의 모습이 공자와 비슷하다고 하여 공자를 섬기던 예로 그를 섬기려고 하자, 증자(曾子)가 반대하면서, "공자께서는 강한으로 씻는 것과 같으며, 가을볕으로 쪼이는 것과 같아서 깨끗하여 더할 수 없다."라고 한 데서 온 말이다. 《孟子 滕文公上》 '갱장(羹墻)'은 옛날 요(堯) 임금이 붕어한 뒤에 순(舜) 임금이 3년 동안 요 임금을 앙모한 나머지, 앉아 있으면 요 임금이 담장〔墻〕에서 보이고, 밥을 먹을 때면 요 임금이 국〔羹〕에서 보였다고 한 데서 온 말이다. 《後漢書 卷63 李固列傳》

98 유집(遺集)을……것 : '유집을 사사로이 간행하는 것을 저지한 일'은 도암의 종조부인 이상(李翔)의 외손(外孫)인 홍계희(洪啓禧, 1703~1771)가 도암의 문집 속에서 서찰을 빼어 버리고 간행하려던 일을 도암의 제자들이 문제 삼아 서로 다툰 일을 이른 것으로 보이며, '뇌암(雷巖)에서 멋대로 선생을 제향하려는 것을 폐하게 한 것'은 충청도 유학(幼學) 성태주(成泰柱) 등이 전의(全義)의 뇌암서재(雷巖書齋)를 서원(書院)으로 승격시켜, 도암의 증조인 이상(李翔)과 도암을 합제(合祭)하고 홍계희를 배향(配享)하고, 이어서 상주하여 원호(院號)를 내려주기를 청하자, 정조가 도암의 제자들을 불러 홍계희가 도암에게 인척이 되기 때문에 아이 시절에 가르침을 받았지만, 일찍이 문제자(門弟子)로 칭하지는 않았음을 확인하고 이를 허락하지 않고 성태주를 귀양 보낸 일을 이른 것으로 보인다. 《국역 정조실록 즉위년 5월 26일》

은 벼슬이 대대로 이어졌으니, 군이 여기에 기록할 필요가 없다. 휘 시윤(時尹)은 교관(敎官)으로 이조 참의에 추증되었고, 휘 익기(益基)는 세자익위사(世子翊衛司) 익위(翊衛)로 이조 참판에 추증되었으며, 휘 신로(莘老)는 세습으로 안창군(安昌君)에 봉해졌고, 휘 철좌(喆佐)는 통덕랑(通德郞)이니, 이분들이 바로 공의 4대의 선조이시다. 도암 선생은 일찍이 통덕공(通德公)에 대해 지닌 뜻이 구차하지 않다고 칭찬한 적이 있다. 통덕공은 평산 신씨(平山申氏)와 연일 정씨(延日鄭氏)와 창원 황씨(昌原黃氏)에게 세 번 장가들었는데, 창원 황씨의 부친은 황윤(黃鐗)이다.

공은 영조 원년 을사년(1725) 정월 3일에 태어났는데, 스승의 가르침을 지켜서 평생토록 과거에 응시하지 않았다. 갑진년(1784, 정조8)에 정조께서 장차 세자를 책봉하고자 하시면서 경학(經學)이 높은 선비를 널리 구하니, 재상들과 감사(監司)들 중 여러 분이 공을 천거하여 광릉 참봉(光陵參奉)에 제수되었으나 나아가지 않았는데, 갑인년(1794, 정조18)에 수질(壽秩)[99]로 첨지중추부사(僉知中樞府事)로 승진하였다.

경신년(1800, 순조 즉위년) 12월 29일에 별세하여 다음 해 3월에 용인(龍仁) 우명동(牛鳴洞) 선영에 부장하였다가, 을해년(1815, 순조15)에 선영 위에 있는 정좌(丁坐)의 언덕으로 이장하고 부인 광산 김씨(光山金氏)를 부장하였다. 김씨는 김태승(金泰升)의 따님으로 공보다 3년 먼저 태어나고 공보다 14년 먼저 별세하였는데, 효성과 유순함을

99 수질(壽秩) : 매년 1월에 80세 이상인 관원과 90세 이상인 서민(庶民)에게 은전(恩典)으로 내리던 벼슬로, 수직(壽職)이라고도 한다.

두루 갖추어 능히 공의 덕에 짝이 되었다.

첫째 아들 연구(延龜)는 가학을 계승하였는데 공보다 먼저 별세하였고 두 딸은 병사(兵使) 백해진(白海鎭)과 사인(士人) 성봉묵(成鳳默)에게 출가하였다. 손자는 우명(愚明), 원명(愿明), 혜명(惠明), 응명(應明)이니, 혜명은 양자로 가서 이름을 학우(學愚)로 바꿨는데 지금 벼슬이 직장(直長)이요, 그의 사위는 안병엄(安秉儼)이다. 사위 백해진의 양자는 능수(能洙)이고 그의 여서(女壻)는 이응겸(李應謙)인데 둘 다 부사(府使)이다. 사위 성봉목은 두 아들을 두었으니 재만(載萬)과 재구(載九)이고, 여서는 정숙(鄭淑)이다.

공은 기국(器局)이 돈후(敦厚)하고 성품이 굳세고 꿋꿋하며 엄숙해서 범할 수 없는 기색이 있었으나, 어버이를 섬길 때에는 즐겁고 유순한 마음으로 부모의 뜻을 미리 알아 공경히 받들었다. 어머니가 병을 앓자 손가락에 피를 내어 이를 마시게 하였고, 부모의 상을 치를 적에 겨울에는 아궁이에 불을 때지 않고 여름에는 부채질하지 않았으며, 지나친 슬픔으로 건강을 해쳐 몸이 수척해져서 거의 생명을 보존하지 못할 지경이었는데도 매일 성묘하고 묘소를 청소하여 바람이 불거나 비가 오거나 한 번도 거르지 않았다. 장남인 형님께서 병치레가 잦았는데 몸소 간호하였으며, 별세한 후에는 석담(石潭 율곡 이이)의 유법(遺法)을 따라 종부(宗婦)와 종손(宗孫)을 거두어 함께 살았는데, 제전(祭田)을 마련하여 제사를 넉넉하게 치를 수 있게 하고 별묘(別廟)를 세워서 조주(祧主)[100]를 받들었다.

100 조주(祧主) : 봉사손(奉祀孫)에 있어 대수(代數)가 다한 신주를 말한다. 이 신주는 봉사손의 집에서 장방(長房)으로 체천(遞遷)하고, 체천 받은 장방이 죽을 경우

서모(庶母)가 성품이 드세어 교화하기가 어려웠으나, 공이 정성으로 대하여 서모가 끝내 감복하였으며, 자손을 가르치고 노비를 어거함에 있어 각각 마땅하게 하여, 문정(門庭) 안이 조정(朝廷)처럼 엄숙하였다. 항상 일찍 일어나서 의관을 정제하고 무릎 꿇고 앉았으며, 곤궁하여 거친 밥조차 계속 먹을 수가 없었으나 태연하였다.

아침저녁으로 학문을 연마하여 경서의 뜻을 깊이 연구하였는데, 자신의 마음과 부합하는 곳에 이르면 여러 번 반복하여 읽기를 그치지 않았다. 《소학》과 《논어》에 더욱 힘을 써서 고령에도 공부의 과정을 폐하지 아니하여 마치 미치지 못할 것처럼 급급(汲汲)해 하였으며, 성현들의 가르침을 몸소 실천하는 가운데 검증하여 반드시 딱 맞아 차이가 없게 하였다. 성(性)·이(理)·심(心)·기(氣)의 동이(同異)를 논변함에 이르러는 전수(傳受)받은 바가 있어서 그 큰 뜻을 알았다.

공은 유자(儒者)들이 아래로 인사(人事)를 배우기를 힘쓰지 않고 고원(高遠)함에 치달리며 자신의 몸과 마음을 살피지 않고 문사(文詞)만을 잘하는 것을 병통으로 여겼으며, 또 말씀하기를 "조정에서 부질없이 유자들을 높은 반열에 올리는 것이 이미 성실하지 못한 일인데, 또 유자들은 군주를 찬양해서 한 가지도 군주의 잘못을 바로잡는 일이 없으니, 이는 더욱 수치스러울 만한 일이다."라고 하였다.

마침내 몸을 거두어 물러나 은둔해서 몸과 세상을 모두 잊고 마음을 수양하는 데에 전심(專心)하고 저술에 힘쓰지 않았다. 사시(四時)에

다음 지손(支孫)의 집으로 체천했다가, 그 자손 중에 4대 이내의 자손이 없게 되면 무덤 옆에 신주를 매안(埋安)한다. 장방은 소종(小宗) 내에 가장 항렬이 높은 연장자를 말한다.

향리의 수재(秀才)들을 모아 모임을 만들어서 자신이 직접 강론하고 가르쳤다. 이 때문에 드러나지 않게 교도한 효과의 신속함이, 마치 틀에 따라 네모나거나 둥글게 되는 것과 같았으니, 배우는 자들이 왕림 선생(旺林先生)이라고 칭하였다.

옛날 공자께서 증삼(曾參)은 노둔하다고 말씀하셨는데, 증자는 오직 노둔하였기 때문에 그 배움이 성실하고 독실해서 깊이 도에 나아갔다. 공이 실제에서 몸소 실천한 것은, 증자가 말한 '책임이 무겁고 길은 멀다.'는 것이니,[101] 아마도 공은 한천(寒泉 도암 이재) 문하의 증자일 것이다. 참으로 한천 선생을 저버리지 않았다고 이를 만하다.

화천(華泉) 이공(李公)[102]이 공을 찬양하기를

"곤궁하여도 근심하지 않았기 때문에 뜻이 깨끗하고 지킴이 요점을 얻었으며, 질박하여 화려함이 없었기 때문에 실상이 높은데도 명성은 낮았다. 의로운 행실이 자신과 집안에서 벗어나지 않고, 가르쳐 인도함이 향리와 이웃에만 미쳐서, 끝내 배운 바를 당세(當世)에 행하지 못했으니, 아마도 또한 천명인가 보다."

라고 하니, 군자들이 도리에 맞는 말이라고 여겼다.

순조(純祖) 갑신년(1824)에 대신(大臣)이 공의 덕업(德業)을 올리

101 증자가……것이니 : 이 내용은 《논어》 〈태백(泰伯)〉에 "선비는 도량이 넓고 뜻이 굳세지 않으면 안 되니, 책임이 무겁고 갈 길이 멀기 때문이다. 인(仁)으로 자기의 책임을 삼으니 임무가 또한 무겁지 않은가. 죽은 뒤에야 끝나니 또한 멀지 않은가.〔士不可以不弘毅, 任重而道遠. 仁以爲己任, 不亦重乎? 死而後已, 不亦遠乎?〕"라고 보인다.

102 화천(華泉) 이공(李公) : 도암 이재의 손자인 이채(李采, 1745~1820)로, 화천은 그의 호이고 자는 계량(季亮), 본관은 우봉(牛峯), 시호는 문경(文敬)이다. 1774년(영조50) 진사시에 합격하고 음보로 출사하여 벼슬이 호조 참판에 이르렀다.

고 표창할 것을 청하니, 특별히 승정원 좌승지를 추증하고 준례에 따라 겸직을 내렸다.

공의 손자인 학우(學愚)가 불초(不肖)에게 명문(銘文)을 청하였는데, 불초는 어릴 때부터 이미 도암 어른을 좋아하고 복종하였으며, 문하의 여러 현자들 가운데에 공을 매우 돈독하게 칭송하고 사모하였으니, 감히 늙고 병들었다고 하여 사양할 수가 없다. 이에 붓을 잡고서 명문을 짓노라. 명은 다음과 같다.

차디찬 한천이여	有洌寒泉
하늘이 우뚝한 유종(儒宗)을 내셨네	天挺宗儒
우리 훌륭한 선비들을 이르게 하여	造我髦士
전형이 되고 모범이 되게 하였네	爲型爲模
왕림이 이때 응하여	旺林應時
어린 나이에 문하에 들었네[103]	丱兮趨隅
빨리 걷고 늦게 걷고를	我疾我徐
오직 스승의 걸음을 따랐네	惟其步趨
스승에 대해 껍질이 아니요 저 골수였으며	匪膜伊髓
궤가 아니고 저 진주였네	匪櫝伊珠
곁에 나아가 봉양함에	左右就養

103 문하에 들었네 : 원문의 '추우(趨隅)'는 구석을 향해 종종걸음으로 간다는 뜻으로, 제가가 스승 앞으로 나아가 강론을 듣는 것을 말한다. 《예기》 〈곡례 상(曲禮上)〉의 "스승에게 나아갈 적에는 옷자락을 잡고 구석을 향해 종종걸음으로 가서 앉고, 반드시 응대를 삼가서 해야 한다.〔摳衣趨隅, 必愼唯諾.〕"라는 구절에서 유래하였다.

아침과 저녁이 없었으며	無朝無晡
손가락으로 지시하면 바로 마음에 통달하여	心通指畫
은미한 말씀 그대로 펼쳐내었네	微言是敷
스승의 은혜에 보답하기를 맹세하더니	矢辭報賜
임종에 곁에서 부축함에 이르렀네	至于擧扶
오직 하나의 곧을 직 자가	惟一直字
이심전심의 밀부(密付)였으니	單傳之符
밤낮으로 가슴에 새겨서	蚤夜服膺
한 푼 한 치도 변치 않았네	分寸不渝
유가(儒家)[104]의 으뜸이 되시어	闕里之宗
속되지도 어리석지도 않았네	匪嗲匪愚
깊은 산중에 몸을 숨겨서	晦身巉巖
홀로 도와 함께 하였네	獨與道俱
한 고을이 나는 듯 진작되어[105]	一鄕秋秋
앞에서 선창하고 뒤에서 화답하는 듯하였네	如喁如于
전해지는 풍모와 뛰어난 운치가	流風逸韻
경박한 지아비들을 흥기시켰는데	興起薄夫
주상(主上)께서 벼슬을 추증하시어	有贈自天
구천(九泉)의 길 아름답게 꾸몄네	賁于泉塗
소 울음소리 들리는 가까운 묘소에	牛鳴之堂

104 궐리(闕里) : 중국 산동성(山東省) 곡부(曲阜)에 있는 마을로 공자가 살던 향리인데, 여기서는 유가(儒家)의 뜻으로 쓰였다.

105 나는 듯 진작되어 : 원문의 '추추(秋秋)'는 새가 춤을 추듯이 나는 모양이다.

공의 몸 편안히 누워 계시네	公寧其軀
여기에 비명(碑銘)을 게시하니	載揭石章
내 글은 아첨이 아니고 진실이네	我筆不諛
여러 군자들은	凡百君子
이를 본받고 이를 도모하시라	是傚是圖

명탄 성공 묘갈명 병서 갑진년[106]

明灘成公墓碣銘 幷序○甲辰

신주(神州 중국)를 오랑캐가 차지한 것이 이미 2백 년이 되었다. 유독 소중화(小中華)인 우리 동방만이 한 조각의 깨끗한 땅으로 남았는데, 학사와 대부들이 평상에 안주하고 옛것에 익숙해져서 다시는 '통분을 참고 원한을 품고서 절박하여 어쩔 수 없어서 한다.〔忍痛含冤迫不得已〕'[107]는 의리가 있음을 알지 못한다.

내가 들은 바로는, 능히 자신의 한 몸을 가지고 대경대법(大經大法)을 맡아서 혼탁한 세파(世波) 속에 우뚝이 스스로 서서 아홉 번 죽음에 이르러도 후회하지 않을 분으로는, 오직 창녕(昌寧) 성공(成公) 규헌(揆憲)이 계실 뿐이다. 공은 자가 중일(仲一)이니 고려 중윤(中尹) 휘 인보(仁輔)가 시조이시다. 휘 여완(汝完)은 시중(侍中)으로 시호가 문정공(文靖公)이시고, 휘 석인(石因)은 좌찬성(左贊成)으로 시호가 정

106 갑진년 : 1844년(헌종10)으로, 매산의 나이 69세 되던 해이다.

107 통분을……한다 : 오랑캐와 화친하는 것이 비록 원통하나 형세 상 어쩔 수 없어서 하는 것이라는 말이다. 《주자대전(朱子大全)》 권24 〈여진시랑(與陳侍郎書)〉에, "자신을 낮추는 말과 후한 예물로 원수 오랑캐에게 화친을 청하여 행여 화친하게 되면 또 군주와 신하가 서로 경하하며 기탄없이 천하에 명하기를 '전날의 자잘한 일들을 내다 잊었다.'라고 한다. 이렇게 기뻐하면서 다시는 '통분을 참고 원한을 품고서 절박하여 어쩔 수 없어서 한다'는 말을 함으로써 천하의 대방(大防 예법)을 보존하는 자가 없다.〔顧爲卑辭厚禮, 以乞憐于仇讎之戎狄, 幸而得之, 則又君臣相慶而肆然以令于天下曰: 凡前日之薄物細故, 吾旣捐之矣. 欣欣焉無復豪分忍痛含冤迫不得已之言以存天下之防者.〕"라고 보인다.

평공(靖平公)이신데, 두 분 부자(父子)께서 대를 이어 현달한 지위에 올랐는데, 집안의 이러한 전통이 끊어지지 않고 이어졌다. 휘 대수(大壽)에 이르러 유일(遺逸)로 천거되었으나 벼슬에 나아가지 않았는데 사헌부 집의에 추증되었으며, 이분이 낳으신 휘 희재(希在)는 동지중추로 좌승지에 추증되었고, 이분이 낳으신 휘 호정(好正)은 호조 참판에 추증되었으니, 이분들이 바로 공의 3대의 선조이시다.

참판공(參判公)이 파평 윤씨(坡平尹氏) 언성(彦成)의 따님에게 장가들어 숭정(崇禎) 갑신(甲申) 후[108] 3년 되던 정해년(1647, 인조25) 2월 24일에 용산리(龍山里)의 집에서 공을 낳았는데, 영조 17년 신유년(1741) 6월 16일에 별세하니, 향년이 95세이다. 임종을 앞두고 미리 장례 도구를 준비하였고 별세하자 기이한 향기가 방안에 가득하니, 사람들은 공이 신선이 되었다고 말하였다. 원당(圓塘) 집 뒤에 있는 해좌(亥坐)의 언덕에 장례하니, 또한 유명(遺命)을 따른 것이었다.

모두 세 번 장가들었는데, 풍천 임씨(豐川任氏)는 생원(生員) 창립(昌立)의 따님이고, 진천 송씨(鎭川宋氏)는 문상(文相)의 따님이고 청주 한씨(淸州韓氏)는 참판에 추증된 집(鏶)의 따님인데, 모두 아들이 없어서 형의 아들 덕겸(德謙)을 양자로 삼았고, 한 분 따님은 박양채(朴亮采)에게 출가하였는데, 임씨 부인의 소생이다. 덕겸의 아들은 명우(命佑)이고, 여서(女壻)는 이시록(李蓍祿)이며, 명우는 현(晛)과 환

108 숭정(崇禎) 갑신(甲申) 후 : 숭정은 명나라 의종(毅宗)의 연호이고 갑신은 숭정 17년인 1644년으로, 의종이 자결하여 명나라가 멸망한 해이다. 조선에서는 공식적으로는 어쩔 수 없이 청나라의 연호를 사용하였으나, 민간에서는 오랑캐인 청나라의 연호를 사용할 수 없다고 하여 주로 '숭정 갑신 후 몇 년'으로 표기하였다.

(晥) 두 아들을 두었고, 여서는 심일현(沈一賢)이다. 내외증손과 현손이 모두 약간 명이 있다.

공은 어려서부터 드높은 기질이 있어서 비록 현달하여 권세가 있는 자라도 서로 다투면 조금도 굽히거나 두려워하지 않았는데, 마침내 습성(習性)을 통렬하게 갈고 닦아서 날마다 부지런히 학업에 힘썼다. 약관 시절에 우암(尤菴) 송시열(宋時烈) 선생에게 찾아가 수학하여 남계(南溪) 박세채(朴世采), 후재(厚齋) 김간(金榦), 직재(直齋) 이기홍(李箕洪) 공 등 여러 분과 도의(道義)를 강마(講磨)하였다.

그러나 공은 범상치 않는 기개(氣概)가 있어서 고지식한 유자(儒者)나 고루한 선비가 되는 것을 좋아하지 않고, 오직 고인(古人)의 아름다운 뜻과 행실을 사모해서 항상 스스로 격앙(激昂)해서 수레의 마부가 되어 훌륭한 분을 따르고자 하였다.[109]

경주(京周)를 통렬히 생각하여[110] 삶에 연연함이 없는 듯하였으며, 매번 술이 얼큰하여 얼굴이 붉어지면 슬피 노래하고 눈물을 뿌리며 말하기를 "해동(海東) 땅 천 리에 오랑캐에게 복수하고 설욕(雪辱)하고자 하는 한 명의 의사(義士)가 없단 말인가."라고 하였고, 〈몽유기

109 수레의……하였다 : 원문의 '집편(執鞭)'은 마부가 되어 말채찍을 잡고 기꺼이 그의 수레라도 끌고 싶을 정도로 상대방의 덕을 흠모한다는 말이다. 《사기》 권62 〈관안열전 찬(管晏列傳贊)〉에 "가령 안자가 지금 이 세상에 살아 있다면, 내 비록 그를 위해 말채찍을 잡는다 하더라도 기쁜 마음으로 받들어 모시겠다.〔假令晏子而在, 余雖爲之執鞭, 所忻慕焉.〕"라는 사마천(司馬遷)의 말에서 유래하였다.

110 경주(京周)를 통렬히 생각하여 : 경주는 주(周)나라의 도성이란 뜻인데 여기서는 멸망한 명나라를 의미하는 말로 사용되었다. 이 내용은 《시경》 〈조풍(曹風) 하천(下泉)〉의 "잠에서 깨어 탄식하며 저 경주를 생각하노라.〔愾我寤嘆, 念彼京周.〕"라는 구절을 원용한 것이다.

(夢遊記)〉를 지어서 자신의 뜻을 드러내었다.

과거 공부를 폐하지 않고 계속하면서 공을 세워 세상에 이름이 전해지기를 바랐는데, 숙종 15년 기사년(1689)에 인현왕후(仁顯王后)가 폐위되자, 공은 많은 선비들을 창도(唱導)해서 상소문을 써 가지고 가서 대궐 아래에 엎드렸다. 이때 충정공(忠貞公) 양곡(陽谷) 오두인(吳斗寅)과 문열공(文烈公) 정재(定齋) 박태보(朴泰輔)가 임금께 간(諫)하다가 목숨을 잃었고, 또 감히 간하는 자가 있으면 역율(逆律)로 다스리겠다는 어명(御名)이 내려지니, 중외(中外)가 모두 놀라고 두려워하였으며 대부분의 유생(儒生)들이 흩어져 달아났다.

이에 공과 약간 명의 선비들이 상소문을 올렸으나 후원(喉院 승정원)에서 저지되었다. 공은 상소문의 말미에 후원이 성상(聖上)의 이목을 가리는 것을 지탄하였으나 또다시 저지당하니, 마침내 통문을 만들어 관학(館學)과 오부(五部)[111]와 방방곡곡에 통고하고 서로 이끌고 대궐을 지키면서 모여서 곡할 것을 약속하였다. 공은 소두(疏頭 연명(連名)하여 올린 상소문에서 맨 먼저 이름을 적은 사람)로 3일 동안 대죄(待罪)하다가 엄한 교지(敎旨)를 받고 전리(田里 고향)로 돌아갔다.

갑술년(1694, 숙종20)에 성상께서 크게 잘못을 깨닫고 후회하시어 중궁(中宮)을 복위시키고, 공에게 선공감 감역(繕工監監役)을 제수하셨는데, 얼마 후에 이현명(李顯命)의 상소문을 대신 지은 일로 진도(珍島)에 유배되었다. 공은 한포재(寒圃齋) 이공(李公)[112]과 절친한 사이

111 관학(館學)과 오부(五部) : 관학은 성균관(成均館)과 서울 안에 있는 동학(東學)·서학(西學)·남학(南學)·중학(中學)의 사부학당(四部學堂)을 이르고, 오부(五部)는 서울을 동부·서부·중부·남부·북부로 나누어 설치한 행정구역을 이른다.

였고 일찍이 남구만(南九萬)이 장희재(張希載)의 사인(私人)이었음을 논하였으니,[113] 그 의리를 지킴이 엄정함을 알 수 있다.

2년 뒤에 사면을 받고 평시서 봉사(平市署奉事)에 제수되었는데, 당대의 폐단과 성(城)을 지키는 방략(方略)을 상소하자, 성상께서 우비(優批)[114]를 내려 장려하시고 한성부 참군(漢城府參軍)으로 승진시켰으나, 정언(正言) 이명준(李明俊)의 탄핵을 받아 파직되었다. 이에 온 가족을 데리고 수춘(壽春 지금의 춘천)의 산중으로 들어가서 대명탄(大明灘) 가에 집을 짓고 스스로 '명탄(明灘)'이라 호하였으며, 당(堂)에는 '명나라의 해와 달, 주나라를 존숭하는 의리〔大明日月, 尊周義理.〕'라는 여덟 자를 써서 걸어놓고, 〈대명당기(大明堂記)〉를 지어서 자신의 일에 대해 스스로 서술하였으며, 또 '경하여 안을 곧게 하고 의로 밖을 바르게 하며 나라의 치욕을 설욕하고 임금의 은혜에 보답한다.〔敬直內義方外, 國恥雪君恩報.〕'라는 열두 자를 등에 먹물로 새

112 한포재(寒圃齋) 이공(李公) : 이건명(李健命, 1663~1722)으로 한포재(寒圃齋)는 그의 호이고 자는 중강(仲剛), 본관은 전주, 시호는 충민(忠愍)이다. 1686년(숙종 12) 춘당대 문과에 급제하고 벼슬이 좌의정에 이르렀다. 경종 초 신임사화(辛壬士禍)에 화를 입은 노론 사대신 중의 한 명으로 전라도 흥양(興陽)의 나로도(羅老島)에 위리안치되고, 그해 8월에 참수형에 처해졌다.

113 남구만(南九萬)이……논하였으니 : 장희재(張希載)는 희빈(禧嬪) 장씨(張氏)의 오라비이고 '사인(私人)'은 개인적인 이익 때문에 서로 붙좇는 사람을 이른다. 남구만은 갑술환국(甲戌換局)에 영의정으로 등용되었는데, 희빈 소생인 왕세자(후일의 경종)의 외가를 보호할 생각으로 장희재의 잘못을 불문에 붙이려 하였으므로 이렇게 말한 것이다.

114 우비(優批) : 신하가 올린 글에 대하여 임금이 좋은 말로 비답을 내리던 일, 또는 그 비답을 이른다.

겼다.

항상 향을 피우고 묵묵히 앉아서 신명(神明)을 대하듯이 지냈는데, 혹 검(劍)을 어루만지며 질타하여 슬픈 마음을 스스로 이기지 못하니, 사람들은 공이 무슨 생각을 갖고 있는지 헤아리지 못하였다. 사탄(史呑)[115]의 바위와 폭포를 좋아해서 정자를 지어 여기에 거처하였고 석벽에 '와룡암(臥龍巖)'이라고 새겼는데, 이는 제갈공명(諸葛孔明)을 배우고자 해서였다. 삼연(三淵) 김창흡(金昌翕) 선생이 자주 이곳에 찾아오니, 두 분은 깊이 의기가 투합하였다.

영조 2년 병오년(1726)에 대질(大耋)[116]로 첨지중추부사(僉知中樞府事) 겸 조사오위장(曹司五衛將)에 제수되자 소명(召命)에 응하여 대궐에 나아갔는데, 성상께서 가마를 타고 오도록 명하셨으니, 특별한 예우였다. 이때 조참(朝參)[117]이 열리자 공이 7조목을 아뢰니, 그 내용은 바로 성상께서 성학(聖學)에 힘쓰실 것〔懋聖學〕, 붕당을 타파할 것〔破朋黨〕, 백성의 부역을 경감할 것〔蠲民役〕, 사치를 금할 것〔禁奢華〕, 병기를 비축할 것〔儲戎器〕, 성과 해자를 수리할 것〔修城池〕, 시변(時變)을 살필 것〔察時變〕이었다.

한 가지씩 아뢺에 성상(聖上)의 안색이 순정하고 온화하니, 공은

115 사탄(史呑) : 지금의 화천군에 소재한 화악산(華岳山)의 북쪽에 있는 계곡이다

116 대질(大耋) : 해가 기울듯 인생이 얼마 남지 않은 노년기를 이르는 말로 흔히 80세를 이른다. 《주역》 〈이괘(離卦) 구삼(九三)〉에 "서산에 해가 기우는 형상이니, 질장구 치고 노래 부르지 않는다면 이는 노년을 한탄함이니, 흉하도다.〔日昃之離, 不鼓缶而歌, 則大耋之嗟, 凶.〕"라고 한 데서 온 말이다.

117 조참(朝參) : 조선 시대 중앙에서 근무하는 백관(百官)이 정전(正殿)에 모여 임금에게 문안하고 정사를 아뢰던 일로, 한 달에 네 번 시행되었다.

빙그레 웃으며 말하기를 "지난 번 성상의 하교에서도 나라를 걱정하고 군주를 사랑하는 마음을 인정해 주셨습니다."라고 하고 다시 반복하자, 성상의 유시(諭示)가 정중하였다.

승지가 공의 말이 번거롭고 외람되다고 하여 추고(推考)를 청하자, 공이 큰소리로 말하기를 "신이 비록 미관말직이나 자신의 소회를 아뢰었는데, 대번에 탄핵을 청하니, 이는 바로 성상의 이목을 가리는 간신입니다. 주운(朱雲)이 검을 빌려달라고 청한 것[118]은 진실로 이 때문일 겁니다."라고 하니, 조정에 있던 모든 신하들이 놀라 혀를 내둘렀다. 성상께서 크게 웃으면서 공을 '확삭옹(矍鑠翁)'[119]이라고 칭하시고 따뜻한 유시를 내려 위로하고 마음을 풀어주셨다.

정미년(1727, 영조3) 12월에 공은 뜻밖의 변란을 경계할 것을 아뢰기 위해 특별히 상소를 올렸으나 유중(留中)[120]되었다. 다음 해 봄에 역적 이인좌(李麟佐) 등이 군대를 거느리고 반란을 일으켰는데, 공은

118 주운(朱雲)이……것 : 주운은 전한(前漢) 원제(元帝)·성제(成帝) 때의 강직한 간관(諫官)이다. 주운이 성제 앞에서 총신인 장우(張禹)를 지목하면서, 상방(尙方)에서 제조한 참마검(斬馬劍)을 빌려 주면 아첨하는 간신의 목을 베어 다른 사람을 경계시키겠다고 말한 일이 있으므로 이렇게 말한 것이다. 《漢書 卷67 朱雲傳》

119 확삭옹(矍鑠翁) : 원기가 왕성하고 몸이 날랜 노인이란 의미이다. 후한의 명장 마원(馬援)이 교지(交趾)를 정벌하는 큰 공을 세우고, 62세의 노령(老齡)으로 다시 무릉(武陵)의 오랑캐를 진압하기를 청하자, 광무제(光武帝)가 연로하다 하여 윤허하지 않았다. 이에 마원이 갑옷을 입고 말안장에 올라 몸을 가볍게 놀려 아직 건재하다는 것을 보이자, 광무제가 "건장하고 날래구나. 이 노인이여.〔矍鑠哉! 是翁也.〕"라고 찬탄한 데서 온 말이다. 《後漢書 卷24 馬援列傳》

120 유중(留中) : 왕이 상소문을 읽고 처리할 필요가 없다고 생각하여 상소문을 승정원 등에 놓아두고 조정의 해당 관청에 내려 보내지 않음을 이른다.

변란의 소식을 듣자마자 달려가 문후(問候)를 드렸고, 또 본진(本陳)이 적을 막을 대책과 난민을 불러 위로하는 방책을 아뢰고자 두 번에 걸쳐 글을 올렸으나, 성상에게 통하지 못하였다.

뒤에 성상께서 성 아무개가 지금 어느 곳에 있는가를 묻자 경연관이 이미 죽었다고 답하였으니, 이는 공을 저지하기 위해 숨긴 것이었다. 병진년(1736, 영조12)에 상신(相臣 영의정, 좌의정, 우의정을 통틀어 이르는 말)이 경연에서 아뢰자, 특별히 동지중추부사로 승진시켰으니, 이것이 공의 출처(出處 출사와 은퇴를 아울러 이르는 말)의 대략의 내용이다.

공은 키가 작고 체구가 왜소하였으나 눈빛이 형형(炯炯)하여 정채(精彩)가 사람을 놀라게 하였고, 기개가 당당하여 밥 짓는 연기가 자주 끊겼으나 근심하는 모습을 보이지 않았다. 충심과 효성이 천성(天性)에서 나와서 방상(方喪 국상(國喪))에 예를 다하였으며, 백가의 기예(技藝)에 통달해서 악기(握奇)와 주비(周髀)[121] 같은 것에 대해서도 모두 익숙하게 알았다. 서법에 있어 더욱 뛰어나서 일찍이 편액(扁額)을 쓴 일로 숙종(肅宗)의 칭찬을 받았고, 문장이 물 흐르듯 유창하여 붓을 잡으면 그 자리에서 문장을 이루었는데, 유고가 집안에 보관되어 있다.

아! 공의 경륜(經綸)은 이용후생(利用厚生)[122]에 충분하고 공의 뜻

121 악기(握奇)와 주비(周髀) : '악기'는 황제(黃帝)의 신하였던 풍후(風后)의 병법에 나오는 군진(軍陣)의 이름이다. 9개의 진(陣)이 있는데 정군(正軍)과 기군(奇軍)이 4개씩으로 사정(四正)과 사기(四奇)가 팔진(八陣)이 되고 나머지 1개의 진이 악기로 대장이 관할하면서 팔진에 위급한 상황이 발생하면 구원하였다. 《握奇經》 '주비'는 중국 고대 천체학설(天體學說)의 하나인 개천설(蓋天說)을 가리키는 말이다. 천체의 구조가 하늘은 자루 없는 우산의 형상이고 땅은 덮개 없는 쟁반의 형상이라는 주장으로, 이러한 관점으로 천체를 설명한 책이 《주비산경(周髀算經)》이다.

과 절개는 하늘과 신명을 감동시키기에 충분하며, 구덩이를 만나면 멈추고 흐름을 타면 흘러가서[123] 때에 맞게 진퇴한 것으로 말하면 또 충분히 그 바름을 잃지 않았으니, 어찌 다른 사람들이 미칠 수 있는 것이겠는가. 공은 아마도 중봉(重峯) 조헌(趙憲) 선생[124]의 유풍을 들으신 분이실 것이다.

부제학(副提學) 김근순(金近淳) 공이 공의 묘지명을 지어 이르기를 "일생동안 주(周)나라를 존숭하는 의리를 돈독히 해서 천하 사람들이 황제가 있음을 알았고, 3일 동안 대궐을 지키며 통곡하여 우리나라가 국모(國母)가 없는 지경을 면하였다. 기미를 환히 알고 상주하여 무신년(1728, 영조4)이 되기 전에 무신년의 난이 일어날 줄을 알았으니, 시귀(蓍龜)[125]의 신묘함이 또 어찌 이보다 더 할 수 있겠는가."라고 하

122 이용후생(利用厚生) : 기물(器物)의 사용을 편리하게 하고 재물을 풍부하게 하여 백성의 생활을 윤택하게 하는 것으로, 《서경》 〈대우모(大禹謨)〉에 보인다.

123 구덩이를……흘러가서 : 원문은 '감지유행(坎止流行)'으로 마치 물이 지형에 따라 흐르고 멈추듯 자신의 출처와 진퇴를 정황(情況)에 따라 자연스럽게 한다는 뜻이다. 《한서(漢書)》 권48 〈가의전(賈誼傳)〉의 "흐름을 타면 흘러가고 구덩이를 만나면 멈춘다.〔乘流則逝, 得坎則止.〕"라는 구절에서 나온 것이다.

124 중봉(重峯) 조헌(趙憲) 선생 : 1544~1592. 중봉은 그의 호이고 자는 여식(汝式), 본관은 배천(白川)이다. 이이(李珥), 성혼(成渾)의 문인으로, 1567년(명종22) 식년문과에 급제하고 1587년(선조20) 공주(公州)의 주학 제독관(州學提督官)으로 있으면서 정여립(鄭汝立), 이산해(李山海) 등을 논박하는 상소를 올렸으나 받아들여지지 않자 사직하였다. 1592년에 임진왜란(壬辰倭亂)이 일어나자 옥천(沃川)에서 문인 이우(李瑀), 김경백(金敬伯), 전승업(全承業) 등과 의병을 모아 청주(淸州)에서 왜적을 격파하고, 이어 금산(錦山)의 전투에서 의병 700여 명과 함께 전사하였다.

125 시귀(蓍龜) : 주역점을 치는 시초(蓍草)와 거북점을 치는 거북껍질로, 여기서는 선견지명(先見之明)의 의미로 쓰였다.

니, 군자들이 지언(知言 사리에 맞는 말)이라고 하였다.

순조 14년 갑술년(1814)에 온 강원도의 선비들이 공의 명분과 의리를 칭송해서 공을 곡운사(谷雲祠)[126]에 배향하였다. 공이 상소하여 모후(母后 인현왕후)를 변호할 적에 우리 선조 형제분께서 실로 공과 상소문에 연명(聯名)하였으니, 내가 이 때문에 공의 풍절(風節)을 탄복하여 마지않았다.

이제 공의 후손인 치구(致龜)가 공의 생석지문(牲石之文 묘갈문)을 청하니, 내 비록 늙어서 붓과 먹을 버려두고 있으나 감히 공을 위하여 일하는 것을 꺼리겠는가. 이에 병을 무릅쓰고 명문을 짓는다. 명은 아래와 같다.

동방에 한 훌륭한 선비가 있으니	東方一士
바로 성공이시네	曰有成公
기개 드높고 영걸(英傑)하니	倜儻英偉
간기[127]가 모여 태어난 분이네	間氣攸鍾
방종함을 거두고	斂時跅弛
스스로 도야(陶冶)를 이루었네	自就陶鎔
머리 굽혀	不肯屈首
훤주(暖姝)하는 풍조[128] 좋아하지 않았네	暖姝之風

126 곡운사(谷雲祠) : 곡운 김수증(金壽增)을 모신 사원으로 지금의 강원도 화천에 있는데, 곡운서원으로도 불린다.

127 간기(間氣) : 세상의 영웅호걸들이 받아 태어나는 천지의 빼어난 기운을 말한다. '세대를 걸러 나온다〔間世而出〕'는 의미로 이렇게 쓰인다.

뛰어난 재주와 천진(天眞)한 마음을 지켜서　懷奇抱朴

스스로 참된 천성(天性)을 보존하였네　自葆性眞

상수[129]의 비결(秘訣)을 사용하고　秘用象數

널리 역사책을 취하였으며　博取史文

병서(兵書)[130]를 정밀하게 연구하고　硏精韜鈐

예원에 마음을 두었네　抽心藝園

이는 공의 여사이니　是公餘事

스스로 진퇴할 수 있었네　能自屈伸

천하 사람들보다 먼저 근심하고 뒤에 즐거워하니[131]　先憂後樂

128 훤주(暖姝)하는 풍조 : 원문의 '훤매(暖妹)'는 훤주(暖姝)의 전사의 오류로 보인다. '헌주'는 《장자(莊子)》 〈서무귀(徐無鬼)〉에 보이는데, 스스로 흡족하게 여기는 모습 또는 유순한 모습이라는 의미이며, 일설에는 비굴하게 아첨하는 모습이라는 주장도 있다.

129 상수(象數) : 《주역》의 괘(卦)에 나타나는 형상과 변화를 말한다.

130 병서(兵書) : 원문의 '도금(韜黔)'은 도검(韜鈐)과 같은 뜻으로 보인다. '도검'은 고대의 병서(兵書)인 《육도(六韜)》와 《옥검편(玉鈐篇)》을 병칭한 것으로 병서의 범칭으로 쓰인다.

131 천하……즐거워하니 : 이 구절은 언제나 나라와 백성을 걱정하여 노심초사(勞心焦思)함을 이른다. 북송의 명상(名相)인 범중엄(范仲淹)이 지은 〈악양루기(岳陽樓記)〉의 "옛 어진 분들은 남 때문에 기뻐하지 않으며 자기 때문에 슬퍼하지 않아 묘당(廟堂 조정)의 높은 곳에 처하면 백성들을 걱정하고 강호에 처하면 그 군주를 근심하니, 이는 나가도 또한 근심하고 물러나도 또한 근심하는 것이다. 그렇다면 어느 때에나 즐거워할 수 있는가? 반드시 천하 사람들이 근심하기에 앞서 근심하고 천하 사람들이 즐거워한 뒤에 즐거워할 것이다.〔不以物喜, 不以己悲, 居廟堂之高, 則憂其民, 處江湖之遠, 則憂其君, 是進亦憂, 退亦憂. 然則何時而樂耶? 其必曰: 先天下之憂而憂, 後天下之樂而樂歟.〕"라는 글의 마지막 구절을 원용한 것이다.

뜻이 백성을 장수하게 함[132]에 있었네	志在壽民
먼저 그 큰 것을 확립하니	先立其大
우리 《춘추》를 가슴에 품었네	抱我春秋
등에 문신하고 마음에 새겨서	涅背銘心
주나라 서울을 높였네	用尊京周
양구[133]의 나쁜 운을 만나	運値陽九
곤극[134]이 장차 기울려하자	坤極將傾
대궐을 지키며 울부짖어서	守闕號泣
우는 소리가 창령[135]에까지 통하였네	聲徹蒼靈
환란을 막으려 미리 대비하니	備豫防患
충성스러운 말이 조정에 떨쳐졌네	忠言颺廷

132 백성을 장수하게 함 : 원문은 '수민(壽民)'으로, 백성들에게 선정을 베풀어 잘 살게 해서 오래 살도록 해주는 것을 말한다. 북송의 대학자인 이천(伊川) 정이(程頤)가 지은 〈단약(丹藥)을 보내 준 왕전에게 사례한 시〔謝王佺寄丹〕〉에 "지성은 조화에 통하고 약은 신령과 통하는데, 멀리서 약을 보내어 노쇠한 늙은이의 병든 몸을 구제하네. 내게도 단약이 있는데 그대 믿을 수 있는가? 때맞춰 잘 쓴다면 이 백성을 장수하게 할 수 있다네.〔至誠通化藥通神, 遠寄衰翁濟病身. 我亦有丹君信否? 用時還解壽斯民.〕" 라고 하였는바, 여기의 마지막 구절에서 나온 말이다. 《性理羣書句解 卷4 謝王佺寄丹》

133 양구(陽九) : 큰 액운을 이른다. 양(陽)의 액운이 5이고 음(陰)의 액운이 4여서 합하여 9가 되므로 말한 것이라 하나, 설이 분분하여 자세하지 않다.

134 곤극(坤極) : 왕후를 이르는 말로, 여기서는 인현왕후(仁顯王后)를 가리킨다.

135 창령(蒼靈) : 중국 고대 신화의 다섯 천제(天帝) 중의 하나인 청제(青帝)로, 동쪽에 있으면서 봄을 관장하는 신이다. 다섯 천제는 오방(五方)의 천제로 봄을 관장하는 동방(東方) 목(木)의 청제, 여름을 관장하는 남방(南方) 화(火)의 적제(赤帝), 중앙 토(土)의 황제(黃帝), 가을을 관장하는 서방(西方) 금(金)의 백제(白帝), 겨울을 관장하는 북방(北方) 수(水)의 흑제(黑帝)이다.

어떻게 미리 알았는가	何以前知
실로 지성에서 나왔네[136]	寔由至誠
복수와 설욕을 마음에 맹세하여	矢心復雪
황명의 신하가 되었고	爲皇明臣
종신토록 충성을 바쳐서[137]	沒身靖獻
국모(國母)가 있는 백성이 되었네	爲有母人
움츠리지 않고 피하지 아니하여[138]	不撓不逃
마음에 도리를 다하고자 하였네	志欲盡倫
숨었다가 나타남이 용과 같으니	潛見猶龍
자방과 장원이었네[139]	子房長源

136 어떻게……나왔네 : 이 내용은 《중용장구》 제24장의 "지성의 도(道)는 미리 알 수 있으니, 국가가 장차 일어나려 할 적에는 반드시 상서로운 조짐이 있으며 국가가 장차 망하려 할 적에는 반드시 요괴스러운 일이 있다.〔至誠之道, 可以前知, 國家將興, 必有禎祥, 國家將亡, 必有妖孽.〕"라는 구절을 원용하였다.

137 충성을 바쳐서 : 원문의 '정헌(靖獻)'은 《서경》 〈미자(微子)〉에 "스스로 마음을 편안히 하여 사람마다 스스로 선왕에게 충성을 바쳐야 한다.〔自靖, 人自獻于先王.〕"에서 나온 말로, 신하가 임금에게 충성을 바치는 것을 말한다.

138 움츠리지……아니하여 : 원문의 '불요불도(不撓不逃)'는 《맹자》 〈공손추 상(公孫丑上)〉의 "북궁유가 용(勇)을 기른 것은 피부가 찔려도 움츠리지 않고 눈동자가 찔려도 피하지 않았다.〔北宮黝之養勇也, 不膚撓, 不目逃.〕"는 구절의 '불부요(不膚撓), 불목도(不目逃)'를 줄여 원용한 것인데, 주자는 《집주(集註)》에서 "부요(膚撓)는 피부가 찔림을 당하여 흔들리고 움츠러드는 것이고, 목도(目逃)는 눈이 찔림을 당하여 눈동자를 굴려 피하는 것이다."라고 주하였다.

139 자방(子房)과 장원(長源)이었네 : 자방은 한나라의 개국공신인 장량(張良)의 자이고, 장원은 당나라의 명상(名相)인 이필(李泌)의 자이다. 장량은 한나라의 천하통일이 완성되자 한고조(漢高祖)의 옆을 떠나 은거하였고, 이필은 덕종(德宗)이 태자를

이 또한 시중[140]이니 是亦時中

어찌 괴력난신(怪力亂神)[141]에 빠지겠는가 詎涉怪神

성기가 서로 감응함은 聲氣相感

화양옹에 있었네[142] 于華陽翁

비록 스스로 수립하였으나 雖則自樹

사우의 공로에서 연유한 것이네 由師友功

우뚝한 원당(圓塘)의 언덕에 有屹圓阜

네 자의 봉분이 있으니 四尺其封

청하의 기이한 뜻[143]이 青霞奇意

폐하려할 때 간절하게 충간하여 이를 중지시킨 적이 있으므로, 망자의 덕에 비유한 것으로 보인다.

140 시중(時中) : 때에 따라 중도(中道)에 맞게 처신하는 것을 이른다. 《중용장구》 제2장에 "군자가 중용을 함은 군자이면서 시중하기 때문이다.〔君子之中庸也, 君子而時中.〕"라고 보인다.

141 괴력난신(怪力亂神) : 이 내용은 《논어》 〈술이(述而)〉에 "공자께서는 괴이함과 용력(勇力)과 패란(悖亂)과 귀신을 말씀하지 않으셨다.〔子, 不語怪力亂神.〕"라고 보인다.

142 성기(聲氣)가……있었네 : '성기가 서로 감응한다'는 것은 서로 간의 의기(意氣)가 잘 들어맞음을 표현하는 말로, 《주역》 〈건괘(乾卦) 문언전(文言傳)〉에 "같은 소리끼리 서로 응하고 같은 기운끼리 서로 찾는다.〔同聲相應, 同氣相求.〕"라는 구절에서 나왔다. '화양옹(華陽翁)'은 명탄의 스승인 우암 송시열로, 우암이 충북 괴산(槐山)의 화양동(華陽洞)에서 살며 강학하였으므로 이렇게 칭한 것이다.

143 청하(青霞)의 기이한 뜻 : 망자의 높고 원대한 지취를 비유한 말이다. 남조 시대 제(齊)나라 시인 강엄(江淹)의 〈한부(恨賦)〉에 "푸른 노을의 기이한 뜻이 울창하였으나 긴 밤의 어두움으로 들어갔네.〔鬱青霞之奇意, 入脩夜之不暘.〕" 하였는데, 이선(李善)이 풀이하기를 "푸른 노을의 기이한 뜻은 의지가 높은 것이다.〔青霞奇意, 志意高也.〕"라고 하였다.

모두 이 묘소 속에 맺혀 있네 鬱結在中
가을 측백나무 시들지 않고 秋柏不死
공의 준걸스런 백골 향기 남아 있네 俊骨留馨
내가 감춰진 광채를 드러내어 我發潛光
묘소에 밝히노라 用昭玄扃
백세에도 여전히 전할 것이니 百世尙傳
명탄 선생이시네 明灘先生

이조 참의에 추증된 이공 묘갈명 병서○갑진년[144]

贈吏曹參議李公墓碣銘 幷序○甲辰

경종 4년 갑진년(1724)에 영조께서 새로 즉위하셨는데, 이때 흉악한 무리들이 아직도 국가의 권세를 잡은 채 조정에 가득하였다. 이들은 스스로 자신들의 죄가 용서받기 어렵다는 것을 알았고, 또 성상의 영명(英明)함을 시기해서 서로 의심하고 두려워하였으나, 여전히 걸핏하면 선왕을 칭하여 성상을 위협하였다. 그러나 성상께서는 힘써 이들을 길러주고 포용하였다.

마침 겨울에 우레가 있자 이로 인하여 구언(求言)[145]하였는데, 포의(布衣)의 이의연(李義淵) 공이 교지에 응하여 다음과 같이 아뢰었다.

"대행대왕(大行大王)[146]께서 대성(大聖)의 자질이셨으나 불행히 권근(倦勤)[147]의 병이 있으시니, 우리 전하(殿下)를 저위(儲位)에 책봉하여 나라의 큰 근본을 정해서 여러 정무(政務)들을 대리청정하게

144 갑진년 : 1844년(헌종10)으로, 매산의 나이 69세 되던 해이다.

145 구언(求言) : 나라에 재앙이 있을 때나 혹은 국정에 필요할 경우 임금의 정치의 잘잘못에 대하여 널리 신하들로부터 비판의 말을 구함을 이르는데, 대부분 정책에 반영하였다.

146 대행대왕(大行大王) : 임금이 승하한 뒤 시호(諡號)를 아직 올리기 전의 칭호로, 여기서는 경종을 가리킨다.

147 권근(倦勤) : 부지런히 해야 할 정사(政事)에 게으르다는 뜻으로, 《서경》〈대우모(大禹謨)〉에 "짐이 제위에 있은 지가 33년인데 늙어서 부지런히 해야 할 정사에 게으르니, 그대는 태만히 하지 말아서 짐의 무리를 거느리도록 하라.〔朕宅帝位, 三十有三載, 耄期, 倦于勤, 汝惟不怠, 總朕師.〕"라고 보인다.

하셨습니다. 이는 진실로 요순 시대의 훌륭한 일인데, 오직 저 소인들은 틈을 엿보아 흉계를 멋대로 펼쳐서, '한 밤중에 창황히 서둘렀다.〔半夜蒼黃〕'라는 말과 '몰래 왕위를 옮기려 한다.〔陰移天位〕'라는 등의 말로 민심을 동요시켰으며, 끝내 북궐(北闕 경복궁)로 은밀히 들어가 그 계책을 실행하여 성상의 이목을 가리고 불의의 화(禍)를 엮어서 교목세가(喬木世家)[148]가 남김없이 주륙(誅戮)을 당하여 심지어는 '금정접혈(禁庭蹀血)'[149]이란 말이 나오기까지 하였으니, 그 심계(心計)의 음흉(陰兇)하고 참독(慘毒)함은 차마 말로 다 할 수 없습니다.

전하의 책무에 있어서 가장 먼저 하셔야 할 일은 바로 여러 소인들이 실정을 은폐하고 조정을 어지럽힌 죄를 급히 바로잡아서 신축년(1721, 경종2) 이후의 일[150]이 모두 우리 선대왕(先大王)의 본의가

148 교목세가(喬木世家) : 여러 대 동안 중요한 직책을 맡아서 국가와 운명을 같이한 집안을 이르는 말이다. 《맹자》〈양혜왕 하(梁惠王下)〉에 "이른바 오래된 나라라는 것은, 높은 나무가 있음을 말한 것이 아니라 여러 대 동안 벼슬한 신하가 있음을 말한 것입니다.〔所謂故國者, 非謂有喬木之謂也, 有世臣之謂也.〕"라고 한 데서 나온 말이다.

149 금정접혈(禁庭蹀血) : 이 구절은 1722년(경종2) 9월 21일에 경종이 전국에 반포한 교서(敎書) 가운데 있는 '금정지접혈(禁庭之蹀血)'이라는 구절을 가리킨다. 이 교서는 임인옥사를 마무리하면서 내린 토역반교문(討逆頒敎文)으로, 당시 홍문관 제학이었던 김일경(金一鏡)이 지어 올린 것이다. 대궐 뜰에 유혈이 낭자하여 이를 밟고 건널 정도였다는 뜻인데, 이는 아우인 영조가 형인 경종을 잔인하게 죽이고 왕위를 차지했다는 뜻이 들어 있는 말이다. 당나라 고조(高祖)가 큰 아들 이건성(李建成)을 태자로 세우자, 아우 이세민(李世民)이 군대를 동원하여 현무문(玄武門)으로 들어가 이건성을 죽이니, 대궐 문에 유혈이 낭자하여 이를 밟고 다닐 정도였다고 한 기사에서 나온 말이다.《資治通鑑 卷191 唐紀7 高祖神堯大聖光孝皇帝下之下》

150 신축년 이후의 일 : 신임사화(辛壬士禍)를 이른다. 신축년은 1721년 경종 1년으

아님을 밝히시고, 또 여러 소인들의 음흉하고 참독한 죄를 바로잡아서 죄를 반드시 토벌하는 《춘추》의 의리를 밝히셔야 할 것입니다. 그러나 임어(臨御)하신 지가 몇 달이 되었는데도 한결같이 느슨한 마음으로 계시어,[151] 신명과 사람의 분노가 이 때문에 풀어지지 못하고 천지의 기운이 이 때문에 화합하지 못하니, 상제(上帝)께서 경고하는 것이 당연하지 않겠습니까.

원로(元老)가 무고(誣告)를 당하자 바람과 우레가 벼를 쓰러뜨렸고, 간신이 정사를 어지럽히자 벽력(霹靂)이 나무를 뽑아 버렸으니,[152] 재이(災異)의 연유가 예로부터 그러합니다. 지금 전하께서

로 이해에 신축환국(辛丑換局)이, 이듬해 임인년에 임인옥사(壬寅獄事)가 발발하였는데, 이 두 사건을 합쳐 신임사화라고 일컫는다. 1720년 숙종이 승하하고 경종이 33세의 나이로 즉위하였는데, 후사가 없고 병이 많자 노론의 주도하에 연잉군(延礽君 영조)을 세제(世弟)로 책봉하고 세제의 대리청정을 강행하려 하였다. 이에 소론인 사직(司直) 김일경(金一鏡) 등이 노론의 행위를 경종에 대한 불충으로 몰아 노론의 사대신(四大臣)을 파직시켜 유배보냈으며, 이외에도 많은 노론들을 삭직시키고 소론을 등용하니, 이 사건이 바로 신축환국이다. 이듬해 임인년 3월에 목호룡(睦虎龍)이, 노론이 세자 시절의 경종을 시해하려 했다고 고변하고 옥사를 일으켜, 유배된 노론의 사대신을 사사(賜死)하고 대다수의 노론을 제거하였는바, 이 사건이 바로 임인옥사이다. 사대신은 네 명의 대신으로 영의정 김창집(金昌集)·영중추부사 이이명(李頤命)·판중추부사 조태채(趙泰采)·좌의정 이건명(李健命)을 이른다.

151 느슨한 마음으로 계시어 : 원문의 '예예(泄泄)'는 《시경》 〈대아(大雅) 판편(板篇)〉에 "하늘이 막 주나라 왕실을 쓰러뜨리려 하니, 그렇게 느긋해하지 말지어다.〔天之方蹶, 無然泄泄.〕"라고 보이는데, 주자는 《집주(集註)》에서 "예예(泄泄)는 답답(沓沓)과 같으니, 이완(弛緩)의 뜻이다."라고 주하였다.

152 원로(元老)가……버렸으니 : 이 내용은 《서경》 〈금등(金縢)〉의 "하늘이 크게 천둥번개를 치고 바람이 부니, 벼가 모두 쓰러지고 큰 나무가 뽑혔다.〔天大雷電以風, 禾盡偃, 大木斯拔.〕"라는 구절을 원용한 것으로, 원로는 주공(周公)을 이른 것인데,

스스로를 반성하고 정사를 닦아서 놀랍고 두려워하는 마음으로 생각을 고치셔서 여러 소인들의 죄를 바로잡고 선왕의 뜻을 드러내어 《춘추》의 의리를 밝히고 신과 사람의 분노를 풀어주신다면, 민심이 바르게 되어 천지의 마음 또한 바르게 될 것이고, 민심이 화합하여 천지의 마음 또한 화합할 것입니다. 이렇게 하신다면 형혹성(熒惑星)이 궤도를 옮기고, 요망한 뽕나무가 말라 죽은 일[153]이 어찌 아름다움을 홀로 독차지하겠습니까.

사문(斯文)의 시비(是非)로 말하면 숙종께서 남기신 가르침이 분명하고 분명하거늘, 흉악한 무리들은 기탄없이 우암(尤菴) 선생을 출향(黜享)시켰고,[154] 윤지술(尹志述)이 충직함으로 원통함을 품은

여기서는 중의적으로 신임사화에 억울하게 사사된 노론 사대신을 가리킨 것이다.

153 형혹성(熒惑星)이……일 : 형혹성은 화성(火星)의 별칭인데, 이 별이 나타나면 재난이 발생한다고 한다. 춘추 시대에 송나라의 분야(分野)에 형혹성이 나타나자 송 경공(宋景公)이 이를 크게 걱정하였다. 천문을 담당한 자위(子韋)가 "정승에게 재앙을 돌리소서."라고 청하자 경공은 "정승은 나의 고굉(股肱)이다."라고 하며 거절하였고, 다시 "재앙을 백성에게 돌리소서."라고 하자 경공은 "군주는 백성이 있어야 한다."라고 거절하였고, 또다시 "연사(年事)에 돌리소서."라고 하자 경공은 "연사가 흉년이 들면 백성들이 굶주리게 되니, 내가 어떻게 군주 노릇을 하겠는가."라고 하며 거절하였다. 이에 자위는 "군주께서 군주다운 말씀을 세 번 하셨으니, 반드시 형혹성이 옮겨 갈 것입니다." 하였는데, 과연 형혹성이 궤도를 바꿨다고 한다. 《史記 卷38 宋微子世家》 요망한 뽕나무는 은(殷)나라 태무(太戊) 임금 때에 뽕나무와 닥나무가 서로 붙은 이변을 이른다. 이 나무가 조정의 뜰에 나서 크게 자라니, 태무가 두려워 재상 이척(伊陟)에게 묻자, 이척이 "요망한 것은 덕(德)을 이기지 못합니다. 혹 임금님의 정사에 잘못이 있을 수 있으니, 임금께서는 덕을 닦으소서."라고 하여 태무가 덕을 닦자, 그 나무가 말라 죽었다고 한다. 《史記 卷三 殷本紀》

154 사문(斯文)의……출향(黜享)시켰고 : '사문의 시비'는 우암 송시열과 명재(明

일[155]로 사림(士林)들이 지금까지도 눈물을 흘리고 있는데, 서원에 다시 배향하는 은전(恩典)과 충직함을 표창하는 조처가 아직도 거행되지 않고 있으니, 이것이 어찌 재앙을 부른 하나의 원인이 아니겠습니까."

상소문이 들어갔으나 비답(批答)이 내리지 않았다. 이때 흉악한 무리들이 곁에서 눈을 부릅뜨고 엿보다가 공의 상소를 얻자 난폭하게 다투어 승부를 겨루고자 하여 유봉휘(柳鳳輝), 이광좌(李光佐), 이거원(李巨源), 이명언(李明彦) 등이 번갈아 나서서 큰 소리로 위협하며 아뢰기를 "이 자는 전하의 부형(父兄 경종)의 원수입니다."라고 하니, 성상께서 부득이 절도(絶島) 유배를 명하였다. 여러 적신(賊臣)들이 더욱 강력히 다투어서 마침내 국문(鞫問)이 열렸으나, 공의 진술이 조금도 흔들리지 않으니, 여러 적신들이 서로 돌아보며 말하기를 "독하

齋) 윤증(尹拯)의 반목에 따라 발생한 회니시비(懷尼是非)를 이른 것으로, 이에 대해 숙종은 1716년(숙종42)에 윤증의 잘못이라는 처분을 내렸으므로 이렇게 말한 것이다. '흉악한 무리들이 기탄없이 우암 선생을 출향(黜享)시켰다'는 것은, 1723년(경종3) 3월 13일에 관학 유생 김범갑(金范甲) 등이 상소하여 조광조를 모신 도봉서원(道峰書院)에 배향되고 있던 송시열의 위패를 출향(黜享)시키기를 청하였는데, 뒤에 경종이 이를 받아들여 출향시킨 일을 이른다. 《景宗實錄》

155 윤지술(尹志述)이……일 : 윤지술(1697～1721)은 자가 노팽(老彭), 호가 북정(北亭), 본관이 칠원(漆原), 시호가 정민(正愍)이다. 1720년(경종 즉위년) 성균관의 장의(掌議)로 있으면서, 이이명(李頤命)이 편찬한 숙종(肅宗)의 지문(誌文)에 1701년(숙종27) 장희빈을 사사(賜死)한 신사처분(辛巳處分)과 1716년 윤선거(尹宣擧)의 문집을 훼판(毁板)한 병신처분(丙申處分)이 의리상 중대한 사안임에도 불구하고 누락되거나 애매하게 기재되었다고 상소하고, 유생들을 이끌고 권당(捲堂 동맹휴학)을 주동하였는데, 이듬해 신임사화(辛壬士禍) 때에 김일경(金一鏡) 등 소론(少論)의 탄핵으로 사형에 처해졌다.

도다. 이 사람이여!"라고 하였다.

유봉휘가 심문하는 위관(委官)이 되어 부당한 형벌을 혹독하게 가하여 끝내 12월 5일에 감옥에서 별세하니, 공이 태어난 임신년(1692, 숙종18)과 햇수를 따져보면 33년이 된다. 이때 김일경(金一鏡)과 목호룡(睦虎龍)이 복주(伏誅)되니, 이광좌가 성을 내고 원망하여 두 사람에 대해서는 한마디 말도 성토하지 않고, 오직 공을 매우 급하게 압박하여 공을 두 역적과 같은 반열에 두어서 그 화가 장차 지하의 무덤에까지 미치게 되었는데, 성상께서 허락하지 않았다.

처음 공이 국문을 당할 때에 장령 임징하(任徵夏) 공이 반대의 소를 올려 이르기를 "이모(李某)가 충의(忠義)의 분한 마음으로 격동되어 전하를 위하여 한 번 죽고자 하였으니, 이는 성고(聖考 숙종)께서 선비들의 기개를 배양하시어, 우리 전하께서 그 보답을 받으신 것입니다."라고 하니, 송상윤(宋相允)과 박지혁(朴趾赫)이 이어서 말하기를 "이 아무개가 한 번 죽음을 감당하여 아이들이 함께 외는 충언(忠言)을 감히 아뢰었습니다."라고 하였고, 또 말하기를 "이광좌가 병신년(1716)의 처분(處分)에 대해서 아직도 선왕의 본래의 뜻이 아니라고 하니, 이 아무개에게 내린 형률(刑律)을 어찌 이광좌에게 먼저 가하지 않습니까?"라고 하였다.

문충공(文忠公) 민진원(閔鎭遠)이 수차(袖箚)[156]를 올려 아뢰기를 "흉악한 무리들이 선왕의 질병을 숨기고서 금지하고 막는 법을 만들었으며, 심지어는 전하로 하여금 글을 올린 자를 장살(杖殺)하게 하고서도 저들의 독한 마음이 여전히 그치지 않고 있으니, 그 연고는 무엇입

156 수차(袖箚) : 임금을 뵙고 직접 바치던 상소를 말한다.

니까?"라고 하였다.

뒤에 성상께서 민 문충공에게 이르시기를 "이 아무개의 일은, 처음부터 그를 죽이려는 뜻이 없었는데, 두 차례의 형벌로 죽음에 이른 것은 내가 헤아리지 못한 바이다. 선왕의 본래의 뜻이 아니라는 것을 단안(斷案)으로 삼은 것이 무슨 죄이겠는가?"라고 하시자, 민 문충공이 아뢰기를 "성상께서 이미 그의 원통함과 억울함을 아셨으니, 명백한 처분을 내리시지 않으면 안 됩니다."라고 하였다. 성상께서 말씀하시기를 "내 그를 구원하고자 하였으니, 지금 생각해도 서글프다. 그러나 지금 우선 가볍게 의논할 수가 없으니, 뒤에 마땅히 잘 헤아려서 하교하겠다."라고 하셨다.

을해년(1755, 영조31)에 신임사화를 일으킨 흉도들의 잔당인 윤지(尹志)[157] 등이 모반(謀叛)을 꾀하다가 복주(伏誅)되었을 때, 윤급(尹汲) 공이 아뢰기를 "지금 천토(天討)[158]가 크게 행해져 난신적자(亂臣賊子)들이 죽임을 당하였으니, 무엇보다 우선하여 충절(忠節)을 표창하고 장려하여야 합니다. 고(故) 유사(儒士) 이모(李某)가 난신적자들이 성상을 무함하는 것을 보고 한 편의 상소문으로 대궐문에서 호소

157 윤지(尹志) : 1688~1755. 자는 사심(士心), 본관은 함안(咸安)이다. 1723년(경종3) 문과에 급제하여 벼슬이 지평에 이르렀다. 소론 급진파로 영조 즉위 후에 부친 윤취상(尹就商)이 사형에 처해지고 자신은 제주도에 유배되었다. 향리에 머물면서 나주 목사 이하징(李夏徵), 이효식(李孝植) 등과 모의하여 소론 급진파 인물들을 규합하여 민심을 혼란시키기 위해 1755년(영조31) 나라의 정사(政事)와 노론을 비방하는 글을 나주의 객사에 붙였다가 소행이 발각되어 처형되었다.

158 천토(天討) : 하늘을 대신하여 임금이 죄인을 응징하고 다스린다는 뜻이다. 《서경》 〈고요모(皐陶謨)〉에 "하늘이 죄 있는 이를 토벌한다.〔天討有罪.〕"라고 보인다.

하였는데, 그 글이 엄정하고 그 뜻이 공정하였습니다. 그러나 불행히 충성이 도리어 죄가 되고 상(賞)이 주벌(誅罰)로 바뀌었으니, 관직을 특별히 추증하고 예로 보답해서 마땅히 성상께서 잘못을 후회하는 뜻을 보이셔야 합니다."라고 하니, 성상께서 자손을 거두어 임용하라고 명하였다.

정조 정유년(1777, 정조1)에 경연관이 아뢰기를 "이 아무개가 하찮은 일개 서생으로, 대의(大義)를 맨 먼저 창도(唱導)하다가 끝내 형틀에서 죽어서, 사림(士林)들이 지금까지도 슬퍼합니다."라고 하니, 성상께서 "풍교(風教)를 부식(扶植)하는 일이 달려있으니, 이 사실을 민멸(泯滅)시킬 수 없다."라고 하시고 특별히 사헌부 집의(司憲府執義)를 추증하였다.

갑진년(1784, 정조8) 8월에, 이해가 영조께서 등극하신 갑자(甲子)라고 하여,[159] 정조께서 선원전(璿源殿)에 배알하시면서 하교하시기를 "이륜(彝倫 사람으로서 떳떳하게 지켜야 할 윤리도덕)이 이 때문에 실추되지 않고 흉적(凶賊)들이 이 때문에 간담이 서늘해진 것을, 과인이 이 아무개의 상소에서 보았으니, 중승(中丞 사헌부 집의)을 추증한 것이 어찌 수립한 업적에 걸맞겠는가." 하시고는, 특별히 통정대부(通政大夫) 이조 참의를 추증하였으니, 이것이 공이 굴신(屈伸)한 대략의 내용이다.

공은 자가 방숙(方叔)이고 호가 유시재(有是齋)이다. 세계(世系)가 선원(璿源 이씨 왕조의 세계(世系))에서 나왔으니, 선릉(宣陵 성종(成宗))의 별자(別子 서자)인 경명군(景明君) 휘 침(忱)을 시조로 삼는다. 진사로 좌승지에 추증된 휘 생인(生寅)에 이르러 정인홍(鄭仁弘)을 배척하는

159 이해가……하여 : 영조는 60년 전인 갑진년(1724)에 즉위하였다.

상소를 올려 사림에 명망이 높았으니 실로 공의 증조(曾祖)이시다. 조고(祖考) 휘 제형(齊衡)은 집의로 참판에 추증되었는데 효도와 청렴으로 고을의 사우(祠宇)에 제향되었고, 선고 휘 유석(有錫)은 좌승지에 추증되었는데, 이분이 경주 이씨(慶州李氏) 군수 수익(壽翼)의 따님에게 장가들어 공을 낳았다.

공은 타고난 자품이 매우 뛰어나서 일찍 부모를 여의였으나 문예(文藝)를 일찍 성취하였고 서법(書法)이 전아(典雅)하였다. 성품이 엄하고 깨끗해서 평소 무릎 꿇고 앉아서 자신을 검속(檢束)하기를 마치 미치지 못할 듯이 하였으며, 부부간에 서로 손님처럼 공경하여 집안이 화목하였다.

유봉휘(柳鳳輝)는 공의 부인 조씨와 가까운 인척이기 때문에 서로 잘 알고 지냈는데, 유봉휘가 죄악을 쌓자 마침내 절교하면서 이르기를 "충(忠)과 역(逆)의 큰 관건이다."라고 하였고, 공이 글을 올리면서 부인에게 경계해서 서로 통하지 못하게 하였으니, 공이 혹독한 화를 당한 것은 유봉휘를 거슬렀기 때문이다.

부인은 함안 조씨(咸安趙氏)이니, 중려(重呂)의 따님이고 교리 휘 근(根)이 증조부가 되신다. 엄하고 굳세고 민첩하고 통달해서 여사(女史)의 유풍이 있었는데, 공보다 4년 뒤에 태어나고 공보다 46년 뒤에 별세하여, 공의 묘에 부장하였다. 묘는 파주(坡州) 옥석리(玉石里) 자좌(子坐)의 언덕에 있다.

아들은 관수(觀秀)이고, 두 따님은 한구석(韓九錫)과 유한부(兪漢復)에게 출가하였다. 관수의 아들은 도혁(道赫)인데 처음 관직에 제수되었으나 나아가지 않았고, 종혁(宗赫)은 수사(水使)이며, 여서(女壻)는 남궁흡(南宮翕)이다. 한명홍(韓命洪)과 한경홍(韓敬洪), 이창순

(李昌純)의 아내는 사위 한구석의 소생이고, 유갑주(兪甲柱), 수사(水使)인 유석주(兪碩柱)와 이익수(李益秀), 유휘존(柳輝存), 이종문(李鍾文)의 아내는 사위 유한부의 소생이다. 도혁의 계자(繼子)는 원재(元在)로 전 현감(縣監)이고 딸은 최정주(崔挺柱)에게 출가하였으며, 종혁의 아들은 원재와 수사인 형재(亨在)이다. 원재의 아들은 종원(鍾遠), 종호(鍾浩)이고 여서는 박원우(朴遠愚)이며, 형재의 아들은 전 선전관(宣傳官)인 종준(鍾俊)이고 여서는 김병규(金炳奎)이며, 나머지는 어리다.

처음에 경종께서 병환이 있고 후사(後嗣)가 없자, 여러 흉악한 무리들이 오원(奧援)[160]을 믿고 환관과 궁첩들과 결탁하여 국가의 권력을 도둑질했으며, 제멋대로 죄를 얽어 옥사(獄事)를 조작하여 충성스럽고 어진 신하들을 살해하고 이극(貳極 왕세제)을 해칠 것을 도모해서, 마침내 하늘에 이르는 화(禍)를 만들었는데, 공의 상소문이 나오자 여러 적신(賊臣)들의 진짜 속내가 다 드러나니, 이것이 기어이 공을 죽이고서야 그만둔 이유였다.

공은 살아서 성상의 얼굴을 알지 못했으나, 성상에 대한 무함(誣陷)이 망극하고 국가의 운명이 면류관에 매달린 구슬[161]처럼 위태로움을

160 오원(奧援) : 궁중 안에서 암암리에 도와주는 힘 또는 그 사람을 이르는 말이다. 《신당서(新唐書)》 권174 〈이봉길열전(李逢吉列傳)〉에 "정주가 왕수징에게 총애를 받자, 이봉길이 조카 이훈을 정주에게 보내 뇌물을 주고 왕수징과 결탁하여 오원으로 삼았다. 이때부터 마음이 방자해져 꺼리는 것이 없었다.〔鄭注得幸於王守澄, 逢吉遣從子訓賂注, 結守澄爲奧援, 自是肆志無所憚.〕"라고 보인다. 여기서는 경종의 비로 당시 소론의 후원자였던 선의왕후(穆宣懿王后)를 이른다.

161 면류관에 매달린 구슬 : 원문은 '철류(綴旒)'로 나라의 위태로움을 비유하는 말이

통탄하여, 만 번 죽을힘을 내어 포효하는 호랑이의 기세를 범하면서 끓는 가마솥 속에 달려가기를 편안히 집에 들어가듯이 여겨서 생사존망의 위기를 밟으면서도 돌아보지 않았다.

옛 사람이 말하기를 "죽는 것이 어려운 것이 아니요 죽음에 어떻게 대처하느냐가 어려우니, 충절을 위해 죽는 것이 진실로 그 마땅함에 부합된다면 의로운 선비가 어찌 그 죽음을 아낄 것이며, 나라를 위해 생명을 바치는 것이 만일 제자리를 찾는 것이라면 열사(烈士)는 그 생명을 아끼지 않는다."라고 하였으니,[162] 아마도 공을 두고 한 말일 것이다.

옛날 진동(陳東)과 구양철(歐陽澈)[163]이 죽었을 적에 천하 사람들이 모두 슬퍼하였는데, 이들은 호오(好惡)의 바름을 얻은 것에 불과하다. 그러나 공은 맨 먼저 흉악한 역도들을 토죄해서 성상의 깊은 마음을

다. 《문선(文選)》에 수록된 반욱(潘勖)의 〈책위공구석문(冊魏公九錫文)〉에 "이러한 때를 당하여 마치 철류처럼 위태로웠다.〔當此之時, 若綴旒然.〕" 하였는데, 장선(張銑)의 주에 "유는 면류관 옆에 늘어놓는 구슬로서, 면류관에 매달아 놓은 것이다. 황실의 위급함이 유가 매달린 것과 같다는 뜻이다.〔旒, 冠上垂珠, 而綴於冠者. 言帝室之危如旒之懸.〕"라고 하였다. 《六臣註文選 卷35》

162 옛……하였으니 : 이 내용은 《진서(晉書)》 권89 〈충의열전(忠義列傳) 서(序)〉에 보인다.

163 진동(陳東)과 구양철(歐陽澈) : 남송의 태학생들로, 태학생들을 이끌고 상소하여, 나라를 위태롭게 한 채경(蔡京)·양사성(梁師成)·이언(李彦)·주면(朱勔)·왕보(王黼)·동관(童貫) 등의 육적(六賊)을 죽여야 한다고 청하였으며, 금(金)나라와의 화친을 반대하는 주전론자(主戰論者)인 이강(李綱)이 고종(高宗) 때에 황잠선(黃潛善)·왕백언(汪伯彦)·장준(張浚) 등 화친론자들에 의해 밀려나자, 이강을 옹호하다가 연좌되어 참형을 당하였다. 《宋史 卷455 忠義列傳10 陳東, 歐陽澈》

깨우쳐 서서히 경화(更化)[164]를 이루어 의리가 크게 밝아졌으니, 이 어찌 공이 한 번 죽은 공력(功力)이 아니겠는가. 공과 진동과 구양철은 똑같이 포의(布衣)로서 죽었으나, 공의 죽음이 더 위대하니, 이것이 《주역》 〈대과괘(大過卦) 상육(上六)〉의 효사(爻辭)에서 말한 "지나치게 건너 이마까지 빠지니, 흉하나 허물은 없다.〔過涉滅頂, 凶無咎.〕"라는 것이 아니겠는가. 선비가 몸을 바치지 않으면 충성이 되지 않는다는 것이 아니겠는가.

불초는 어렸을 때부터 공의 상소문을 외우면서 눈물을 흘리지 않은 적이 없었는데, 공의 증손 원재(元在)가 공의 묘갈문을 부탁하였다. 의기가 서로 감동하니 공을 위해 말채찍을 잡는 것도 사양하지 않을 터인데, 하물며 이름을 의탁하는 것을 영광으로 삼을 수 있음에 있어서이겠는가. 이에 붓을 떨쳐 명문을 짓는다. 명은 다음과 같다.

천지의 바른 기운이	天地正氣
모여서 사람이 되니	鍾而爲人
열렬한 이공이여	烈烈李公
보통사람보다 크게 뛰어났네	拔類出倫
그 뜻을 우뚝하게 세워	踸踔其志
뜨거운 피로 대궐에 하소연하였네	熱血籲閽
나라를 위하여 국난에 달려가니	爲國急難
오직 군주가 있음을 알 뿐이었네	秖知有君
모든 생명들	凡百有生

164 경화(更化) : 잘못된 정치를 고쳐 새로운 교화를 편다는 의미이다.

타고난 선한 천성은 똑같지만	秉彝維均
오직 공만이 이를 잃지 않아서	惟公勿喪
스스로 순국할 수 있었네	能自殉身
내가 나의 의리를 지키니	吾秉吾義
어찌 이로움과 어려움을 돌아보겠는가	奚顧利屯
호랑이와 표범이 구중(九重)의 대궐문 지키면서	虎豹九關
물어뜯으며 으르렁거렸네	啄害狺狺
겁화가 곤륜산(崑崙山)을 태우니	劫火崑岡
아름다운 옥이 함께 불탔네	良玉同焚
가을 서리 밝은 해와 같은	秋霜白日
정기가 푸른 하늘에 이르렀네	氣薄蒼旻
형틀 속에 죽어도 올바른 명이니	桎梏正命
이것이 살신성인(殺身成仁)이네[165]	是爲成仁
인자(仁者)와 지사들이	仁人志士
혹 번거로워 억울함 말하지 못했으니	莫或煩寃
공의 죽음이 아니었으면	靡公一死
나라의 역적[166]이 구분되지 못했으리라	漢賊莫分

165 형틀……살신성인(殺身成仁)이네 : 원문의 '질곡(桎梏)'은 형틀을 이르고, '살신성인'은 자신의 몸을 희생하여 인(仁)을 이룸을 말한다. 《맹자》 〈진심 상(盡心上)〉에서 맹자가 "그 도를 다하고 죽는 것은 올바른 명이요, 질곡으로 죽는 것은 올바른 명이 아니다.〔盡其道而死者, 正命也. 桎梏死者, 非正命也.〕"라고 하였는데, 이것을 역으로 원용하여, 나라를 위해 희생하여 살신성인하였으니, 형틀 속에서 죽었어도 올바른 명이라고 한 것이다.

166 나라의 역적 : 원문은 '한적(漢賊)'인데, 한은 유비(劉備)를, 적은 조조(曹操)로

묵묵히 성상의 마음을 유도해서	默誘聖衷
종묘사직이 보존되었네	宗祊以存
한죽[167]에 명성을 드리워서	垂聲汗竹
길이 천추(千秋)에 고하네	永詔千春
우뚝한 묘소가	有屹堂斧
옥석의 언덕에 있네	玉石之原
푸른 피와 붉은 마음[168]이	碧血丹心
어두운 묘혈을 찬란히 비추네	炳烺玄窀
공의 열렬함을 내가 명으로 지어	我銘其烈
비석에 새기니	用鐫貞珉
후일 지나가는 자들로 하여금	俾後過者
이 참된 의리를 외우게 하노라	誦義斯眞
백세에 걸쳐 공이 있음을 알 것이니	百世知有
원릉[169]의 충신이네	元陵忠臣

나라의 역적을 가리킨다. 제갈양(諸葛亮)이 지은 〈후출사표(後出師表)〉의 "한과 적은 양립하지 못한다.〔漢賊不兩立.〕"라고 보인다.

167 한죽(汗竹) : 역사책을 이른다. 옛날 글씨를 쓸 수 있도록 대나무를 불에 쪼여 살청(殺靑)한 죽간으로 역사책을 만들었는데, 대나무의 물기를 제거하는 살청의 과정을 대나무에서 땀이 나온다고 표현한 것이다.

168 푸른……마음 : '푸른 피〔碧血〕'는 억울하게 죽은 충신의 피를 뜻한다. 주(周)나라 영왕(靈王) 때에 장홍(萇弘)이 참소를 당하여 촉(蜀)으로 쫓겨나 자살하였는데, 그 피가 3년 만에 푸르게 변했다는 고사에서 나왔다. 《莊子 外物》 '붉은 마음〔丹心〕'은 변치 않는 충성심을 이른다.

169 원릉(元陵) : 영조의 능호(陵號)로 여기서는 바로 영조를 가리킨 것이다.

서급재 신공 묘갈명 병서○을사년[170]

徐汲齋申公墓碣銘 幷序○乙巳

과재(過齋) 김 선생(金先生)이 정산(貞山)에서 도학을 강론하였는데, 이때 막 집안의 화를 겪게 되자,[171] 사람들이 모두 팔을 흔들며 떠나갔으나, 고(故) 처사(處士) 신공(申公) 휘 재응(在應)은 경전(經典)을 들고 학업을 청하고는 선생을 부친처럼 섬겼다.

선생께서 공에 대해 기대한 것이 매우 컸었는데, 공이 젊은 나이에 지은 〈심성정찬(心性情贊)〉을 보고 말씀하기를 "핵심을 잘 파헤쳤으니, 후일의 성취를 점칠 만하다."라고 하시고, 아들과 조카들에게 말씀하기를 "신 아무개는 너희들의 친구가 될 만한 사람이 아니니, 그를 존경해야 할 것이다."라고 하였다.

공이 매번 하직하고 물러날 때마다 선생은 언제나 전별의 시를 지어 주고 떠나는 모습을 끝까지 보며 전송하였으며 또 '천천히 서두르지

170 을사년 : 1845년(헌종11)으로, 매산의 나이 70세 되던 해이다.

171 과재(過齋)……되자 : 과재 김 선생은 김정묵(金正默, 1739~1799)으로, 과재는 그의 호이고 자는 이운(而運), 초명은 두묵(斗默), 본관은 광산(光山)이며, 사계(沙溪) 김장생(金長生)의 후손이다. 조부 김운택(金雲澤)이 신임사화 때에 화를 당한 것을 애통히 여겨 학문에만 전념하여 성리학과 예설(禮說)에 일가를 이루었다. 뒤에 유일(遺逸)로 천거되어 돈녕부 참봉, 사헌부 지평 등에 제수되었으나 사양하고 나아가지 않았다. '집안의 화'는 친족인 김하재(金夏材)가 1784년(정조8) 영희전 고유제(永禧殿告由祭)의 헌관(獻官)으로 분향할 적에, 정조의 실덕(失德)을 적은 글을 예방 승지(禮房承旨) 이재학(李材學)에게 건네주었다가, 대역부도죄(大逆不道罪)로 죽임을 당하고 집안이 적몰(籍沒)된 일을 이른다. 《국역 정조실록 8년 7월 28일》

말고 일에 전념하되 과감하고 확고하게 하라.〔徐徐汲汲果而確〕'는 일곱 자를 써서 권면하고 이어서 공의 서재에 편액하기를 '서급(徐汲)'이라고 하였다.

과재 선생이 별세하시자, 공은 심상(心喪)을 입어 예를 다하였고, 《도규수록(刀圭隨錄)》[172]을 편정(編定)하였다. 이 책의 원고는 과재 선생이 지으신 것이나 미처 수정(修整)하지 못하고 있었는데, 공을 기다려 수정을 마치고 책이 이루어지니, 공은 여기에다가 안설(按說)을 가하여 스승의 뜻을 드러내어 밝혔다. 또 과재 선생의 말씀을 기록한 《승당기문(升堂記聞)》을 지었는데, 이는 이른바 '스승의 모범을 그대로 행하고 스승의 취향을 따른다.'는 것과 '스승이 편안히 있어도 배우는 공효가 배가 된다'는 것일 것이다.[173]

공은 자가 시숙(時叔)이며 평산 신씨(平山申氏)인데, 신씨는 장절공(壯節公) 휘 숭겸(崇謙)을 시조(始祖)로 삼는다. 14대를 전하여 사간공(思簡公) 휘 호(浩)에 이르러, 우리 태조(太祖)께서 왕위를 선양(禪讓) 받을 때에 옥새를 던지며 충절을 굽히지 않았으며, 9대를 전하여 태복시 정(太僕寺正)에 추증된 휘 흘(仡)에 이르러 인륜을 어지럽힌

172 도규수록(刀圭隨錄) : 김정묵의 문집인 《과재유고》의 권6부터 권9까지에 실려 있는데, 《남당집차변(南塘集箚辨)》이라고도 한다. 남당(南塘) 한원진(韓元震)의 여러 학설을 반박하기 위해 쓴 것으로, 남당의 학설이 율곡 이이, 우암 송시열의 취지와 어긋나는 점이 많음을 9개 조목으로 나누어 변증한 것이다.

173 이는……것이다 : '스승의 모범을 그대로 행하고 스승의 취향을 따른다'는 말은 후한(後漢)의 학자이자 문신인 채옹(蔡邕, 133~192)이 지은 〈문범선생진중궁명(文範先生陳仲弓銘)〉에 보인다. 《蔡中郎集 卷5》 '스승이 편안히 있어도 배우는 공효가 배가 된다'는 말은 《예기》 〈학기(學記)〉에 보인다.

혼조(昏朝 광해군)의 때를 당하자 역신(逆臣)인 이이첨(李爾瞻)을 배척하고 관계를 끊었다. 계해년(1623, 광해군15)의 반정(反正)에 제현들이 공을 끌어들여 함께 하려고 하였으나, 공은 이에 응하지 않고 안동(安東)의 구담(九潭)에 은둔하니, 바로 공의 6세조이시다.

고조는 휘가 호(鎬)이고, 증조는 휘가 사국(思國)이며, 조고 휘 엽(曄)은 생원(生員)이고, 선고 휘 광집(光集) 또한 생원으로 호(號)가 호은(湖隱)인데, 효행과 경학으로 지평(持平)에 추증되었다. 진사(進士) 관해(觀海)의 따님인 덕수 이씨(德水李氏)에게 장가들어 공을 낳았다.

공은 총명하고 지혜로운 자질을 받고 태어나서 남이 글 읽는 소리를 들으면 이를 전하여 외울 수 있었으며, 평소에도 용모를 함부로 하지 않았고 앉을 때는 반드시 단정히 무릎을 꿇었다. 5세에 스승을 따라 학습하였는데 글자마다 그 뜻을 물었으며, 6세에 가뭄을 읊은 시를 지어 "백운이 하늘 가운데서 일어난다.〔白雲天中起.〕"라고 하니, 장자(長者)들이 공에게 치택(致澤)의 뜻[174]이 있음을 인정하였다. 10세에 종조(從祖)인 신재공(新齋公) 위(暐)에게 수학하여 날마다 수 백 줄의 글을 외웠는데 반드시 모든 구절의 뜻을 깊이 연구하였다.

과재 선생을 스승으로 삼자 격앙된 마음으로 분발하여 육경(六經)의 이치의 깊은 뜻에 연구하지 않은 것이 없었고 또 하도(河圖)와 낙서(洛書), 선천도(先天圖)과 후천도(後天圖), 태극도(太極圖)와 인도심도(人道心圖)[175]를 손수 써서 병풍을 만들어 마음을 기울여 연구하였으

174 치택(致澤)의 뜻 : '치택'은 '치군택민(致君澤民)'을 줄여 쓴 것으로, 임금을 바른 길로 인도하여 성군(聖君)으로 만들고 백성에게는 은혜를 베푼다는 뜻이다.

며, 삼성(三省)과 사물(四勿), 구용(九容)과 구사(九思)[176]에 대해서 밤낮으로 체험하여 마치 부결(符訣 부적과 비결)처럼 여겼다.

175 하도(河圖)와……인도심도(人道心圖) : '하도'는 복희씨(伏羲氏) 때 황하(黃河)에서 용마(龍馬)가 지고 나온 도면으로 복희씨가 이것을 보고 《주역》의 팔괘(八卦)를 그었다 하며, '낙서(洛書)'는 우(禹) 임금 때 낙수(洛水)에서 나온 거북 등에 새겨진 도면을 말하는데, 우 임금이 이것을 보고 《서경》의 홍범구주(洪範九疇)를 만들었다 한다. '선천도(先天圖)'는 복희씨가 그렸다는 선천팔괘도(先天八卦圖)를 이르고 '후천도(後天圖)'는 문왕(文王)이 만들었다는 후천팔괘도(後天八卦圖)로, 모두 《주역》에 실려 있다. '태극도(太極圖)'는 북송(北宋)의 염계(濂溪) 주돈이(周敦頤)가 우주의 근본과 만물이 발전하는 이치를 도해로 밝힌 것이고, '인도심도'는 《서경》 〈대우모(大禹謨)〉에 보이는 인심(人心)과 도심(道心)을 도해로 나타낸 것이다.

176 삼성(三省)과……구사(九思) : '삼성'은 날마다 세 번 반성하는 것으로, 《논어》 〈학이(學而)〉에 "나는 날마다 세 가지로 나의 몸을 살피노니, 남을 위하여 일을 도모해 줌에 충성스럽지 못한가, 붕우와 더불어 사귐에 성실하지 못한가, 전수받은 것을 복습하지 않는가 하는 것이다.〔吾日三省吾身, 爲人謀而不忠乎? 與朋友交而不信乎? 傳不習乎?〕"라고 한 증자(曾子)의 말씀에 보이고, '사물(四勿)'은 《논어》 〈안연(顏淵)〉에 "예가 아니면 보지 말고 예가 아니면 듣지 말고 예가 아니면 말하지 말고 예가 아니면 행동하지 말라.〔非禮勿視, 非禮勿聽, 非禮勿言, 非禮勿動.〕"라고 한 공자의 말씀에 보인다. '구용(九容)'은 군자가 마땅히 지녀야 할 아홉 가지 몸가짐으로, 《예기》 〈옥조(玉藻)〉에 "군자의 발걸음은 무겁고 손놀림은 공손하며, 눈길은 단정하고 입은 조용하며, 말소리는 고요하고 머리 모양은 곧으며, 숨 쉬는 모습은 엄숙하고 서있는 모양은 덕이 있으며 얼굴빛은 장엄해야 한다.〔足容重, 手容恭, 目容端, 口容止, 聲容靜, 頭容直, 氣容肅, 立容德, 色容莊.〕"라고 보이며, '구사'는 군자가 마땅히 지녀야 할 아홉 가지 마음가짐으로, 《논어》 〈계씨(季氏)〉에 "볼 때는 밝음을 생각하고, 들을 때는 귀 밝음을 생각하고, 얼굴빛은 온화함을 생각하고, 모습은 공손함을 생각하고, 말할 때는 충성스러움을 생각하고, 일할 때는 경건함을 생각하고, 의심스러울 때는 질문할 것을 생각하고, 화를 낼 때는 어려울 것을 생각하고, 재물을 얻을 때는 의리에 합당한가를 생각한다.〔視思明, 聽思聰, 色思溫, 貌思恭, 言思忠, 事思敬, 疑思問, 忿思難, 見得思義.〕"라고 보인다.

공은 효성과 우애를 천성으로 타고나서 어렸을 때부터 어머니가 병환을 자주 앓으시는 것을 염려해서 어머니를 대신하여 우물에서 물을 길어오고 절구질하는 노고(勞苦)를 다하였다. 상을 당하자 성인(成人)처럼 상을 치렀으며, 묘소가 약간 멀었으나 초하루와 보름에 가서 곡하는 일을 날씨가 춥거나 덥다고 해서 폐하지 않았다. 부친 호은공(湖隱公)이 여묘(廬墓)를 하시자, 공은 집에서 궤전(饋奠 상식)을 올리고 궤전이 끝나면 반드시 여막에 가서 부친이 음식을 드시는 것을 살피고 온돌에 불을 지폈는데, 이와 같이 하기를 3년을 하루같이 하였다.

호은공이 상중(喪中)에 병이 들어서 한 달이 넘도록 악화되고 차도가 없자, 공은 밤중에도 띠를 두른 채로 병을 간호하였고, 하늘에 기도하고 북두성에 축원하였으며, 호은공의 병이 위독해지자 손가락을 깨물어 피를 내어 올렸다. 대고(大故 부모상)에 이르자 거친 밥을 먹으면서 여묘를 해서 몸이 훼손되어 거의 생명이 온전하지 못할 지경이 되니, 사우(士友)들이 서로 말하기를 "아무개 공이 거상(居喪)에 예제(禮制)를 넘게 슬퍼해서 장차 생명을 잃게 되었으니, 사문(斯文)을 어찌한단 말인가."라고 하였다.

공은 상복을 벗자 마침내 과거공부를 포기하고는 전심(專心)으로 도(道)를 구하고 후학들을 가르쳤는데, 학생들에 대한 고과(考課)에 법도가 있었으며 몸에 병이 나도 수업을 조금도 게을리하지 않았다. 아들과 조카를 각각 그들의 재주에 맞게 가르쳤으며, 효도와 공경을 근본으로 삼아서 아주 간곡하게 경계하고 신칙하였다. 병환이 더욱 위독해졌으나 정신이 조금도 쇠하지 않았고, 부축을 받아 자리에 앉자 〈동명(東銘)〉과 〈서명(西銘)〉, 〈옥산강의(玉山講義)〉[177]를 외웠는데 한 글자도 틀리지 않았다. 선친의 사적(事蹟)을 쓴 글을 다시 고치고 형제와 친척들과 영결(永訣)하였는데, 이때 목소리가 아주 단정하고 조용하고 여유가 있어서 병들지 않았을 때와 똑같았다.

백씨(伯氏)가 죽을 먹으라고 권하자, 공이 한숨을 쉬며 말씀하기를 "한 가닥 실낱같은 목숨이 아직 끊어지지 않았으니, 감히 형님께서 명하는 바를 받들지 않을 수 있겠습니까."라고 하였고, 다시 중씨(仲氏)와 계씨(季氏)를 위해 각각 한 수저씩을 들고 이어서 자리를 바르게 하고 별세하니, 바로 병자년(1816, 순조16) 8월 9일이었다. 공이 출생한 계사년(1773, 영조49)과 햇수를 헤아려 보면 44년이 된다. 처음에 용궁(龍宮) 기동(杞洞)에 장례하였다가 기축년(1829)에 염송(廉松)의 오향(午向)의 언덕으로 이장하였다.

배위(配位)인 광산 김씨(光山金氏)는 군수 두열(斗烈)의 따님이니, 군수공은 과재 선생의 형님의 아들이시다. 공보다 한 해 먼저 태어났고, 공보다 5년 먼저 별세하여 공의 묘 왼쪽에 부장하였는데, 공이 부인의 행실을 기술하여 그 덕을 드러내었다. 아들은 석준(錫準)이고 딸은 이주명(李周命), 강처중(姜處重), 김석규(金錫奎)에게 출가하였다. 계배(繼配) 고성 이씨(固城李氏)는 공보다 24년 늦게 태어났는데, 친척들이 그 어짊을 칭송하였으나 자식을 두지 못하였다.

공은 타고난 자품이 도(道)에 가까웠고 가정의 교훈을 몸에 잘 익혀서 취향(趣向)이 저절로 바르게 되었으며 스승의 가르침을 돈독히 믿

177 동명(東銘)과 서명(西銘) 옥산강의(玉山講義) : 〈동명〉과 〈서명〉은 북송의 학자인 횡거(橫渠) 장재(張載)가 지은 명(銘)들이고, 〈옥산강의〉는 주자가 옥산현(玉山縣)에 가서 현령 사마방(司馬迈)의 요청으로 현의 학당(學堂)에서 강의하면서 학문의 방향과 도(道)의 요체를 제시한 글이다. 《朱子大全 卷74 雜著》

어서, 공이 명리(名理)를 논한 글에는 왕왕 탁월한 식견과 절묘한 해석이 많았다.

공은 계선성성(繼善成性)을 사덕(四德)으로 통합하여 말하였고,[178] 형기(形氣)의 상하(上下)를 세 등급으로 나누었으며, 또 생지위성(生之謂性)의 성(性)이 기질지성(氣質之性)에 속한다고 하였고, 오행(五行)이 각각 하나씩 간직한 성(性)은 본연지성(本然之性)이 아니라고 하였으며,[179] 오상(五常)은 인(人)과 물(物)이 똑같은 것이니, 오상에 흠궐(欠闕)이 있다고 말하는 것은 잘못이라고 하였다.[180] 허령(虛靈)은

178 계선성성(繼善成性)을……말하였고 : '계선성성'은, 한 번 음(陰)이 되고 한 번 양(陽)이 되는 것이 도(道)인데, 이러한 반복 운동을 끊임없이 계속하여 만물을 낳아 기르는 것이 바로 완전무결한 자연의 조화〔善〕이고 도에 의해 이루어진 만물은 도의 본체 즉 성(性)을 갖추고 있음을 말한다. 《주역》 〈계사전 상(繫辭傳上)〉에 "한 번 양(陽)하고 한 번 음(陰)하는 것이 도이니, 이것을 계속하는 것이 선(善)이고 이것을 이루는 것이 성(性)이다.〔一陰一陽之謂道, 繼之者善也, 成之者性也.〕"라고 보인다. '사덕(四德)'은 《주역》의 원(元)·형(亨)·이(利)·정(貞)을 가리키는데, 이 네 가지가 하늘에 있으면 봄·여름·가을·겨울의 사계절이 되고 사람에게 있으면 인(仁)·의(義)·예(禮)·지(智)의 본성이 된다.

179 오행(五行)이……하였으며 : 염계 주돈이의 〈태극도설(太極圖說)〉에 "오행이 생겨남에 각각 그 성(性)을 하나씩 간직한다.〔五行之生也, 各一其性.〕"라고 한 구절의 성이 본연지성(本然之性)이 아니고 기질지성(氣質之性)임을 말한 것이다. '오행'은 수(水)·화(火)·목(木)·금(金)·토(土)의 다섯 기운을 이른다. '본연지성'은 사람이 본래 가지고 있는 성으로 순선(純善)하여 사리사욕이 조금도 없는 천부(天賦)의 심성을 말하고 '기질지성'은 태어날 적에 기질이 개입되어 선악이 뒤섞여 있는 성을 이른다.

180 오상(五常)은……하였다 : '오상'은 사람의 본연지성에 갖추어진 인(仁)·의(義)·예(禮)·지(智)·신(信)의 다섯 가지 본성을 이른다. 이 내용은 인물성동이(人物性同異) 논쟁에 있어 낙론(洛論)의 주장이다. 조선 후기에 심(心)과 성(性)에 대한 이해의 문제로 성리학자들이 대립하였는데, 주로 서울·경기 지역에 거주한 농암 김창

성인(聖人)과 범인(凡人)이 다르지 않으니, 허령에 분수(分數)가 있다고 말하는 것은 옳지 않다고 하였으며,[181] 성(性)과 이(理)를 둘로 보는 것은 옳지 않으며 심(心)과 기(氣)를 하나로 보는 것은 타당하지 않다고 말하여, 경학을 공부하는 학생과 제자들로 하여금 마치 손바닥에 놓고 가리키듯 명료하게 알게 하였다.

예(禮)에 더욱 조예가 깊어서 삼례(三禮)[182]로부터 거슬러 올라가서 우리나라 학자들의 설(說)에 이르기까지 자세히 이해하고 꿰뚫어 통하지 않음이 없었는데, 사계(沙溪)와 우암(尤菴) 두 선생의 극(極)으로 돌아와서[183] 혹 두 분 선생이 남긴 가르침과 견해가 다른 경우가 있으면 글을 지어서 변론하였는데, 그 말씀이 다 계술(繼述)할 만하였다. 평소 밤에 촛불을 밝히고 쓴 글 중에도 전할 만한 것이 많았으나 미처 책으로

협, 삼연 김창흡, 외암(巍巖) 이간(李柬) 등이 한 파를 이루어 이를 낙론 또는 낙파라 하였으며, 충청 지역에 사는 남당(南塘) 한원진(韓元震) 등이 또 한 파를 이루어 이를 호론 또는 호파라 하였다. 낙론은 본연지성(本然之性)은 이(理)와 같으므로 사람과 물건의 성은 같다는 인물성동론(人物性同論)과 미발(未發)한 마음의 본체에는 선악이 없다는 주장을 폈으며, 호론은 이에 반대하여 현실에 드러나는 본연지성은 기질의 맥락 속에 있을 수밖에 없으므로 사람과 물건의 성은 다르다는 인물성이론(人物性異論)과 미발한 마음의 본체에도 기질의 선악이 존재한다는 주장을 폈다.

181 허령(虛靈)은……하였으며 : '허령'은 텅 비어있고 신령스럽다는 의미로 마음〔心〕의 본모습을 표현한 말인데, 이는 명덕(明德)을 풀이한 주자의 말로 《대학장구》 경(經) 1장에 보인다. '분수(分數)'는 많고 적음의 정도(程度)가 있음을 가리키는 말로, 이 내용은 낙론의 주장이다.

182 삼례(三禮) : 《주례(周禮)》, 《의례(儀禮)》, 《예기(禮記)》를 가리킨다.

183 극(極)으로 돌아와서 : 원문의 '귀극(歸極)'은 《서경》 〈홍범(洪範)〉의 '귀기유극(歸其有極)'을 줄여 쓴 것으로, 극이 있는 곳으로 들아온다는 뜻인데, 여기서 극은 치우침이 없는 바른 표준을 이른다.

만들지 못하였는데, 남은 원고가 집에 보관되어 있다.

공은 효행과 절의가 세상에 모범이 될 만하고 문장이 세상에 명성을 떨칠 만하고 학문은 한결같이 올바른 길을 따랐는데, 액운으로 단명하여 뜻과 사업을 이루지 못했으니, 애석하다.

그러나 일찍부터 장덕(長德)[184]들에게 추중(推重)을 받았으니, 성담(性潭) 송 문경공(宋文敬公)[185]은 "높은 식견과 해박한 지식은 이미 속유(俗儒)들의 조박(糟粕)[186]이 아니다."라고 하였고, 과재 선생 또한 항상 공의 몸가짐과 어른을 섬기는 도를 칭찬하였고 또 말씀하기를 "경전(經傳)의 의리(義理)에 있어서 그 명목(名目)을 듣기만 하면, 바로 혼자서 종지(宗旨)를 터득한다."라고 칭찬하였다.

오촌(鰲村) 송 문간공(宋文簡公)[187]은 공과 한 스승에게 배워서 공의

184 장덕(長德) : 나이가 많고 덕행이 뛰어난 사람을 이르는 말이다.

185 성담(性潭) 송 문경공(宋文敬公) : 송환기(宋煥箕, 1728~1807)로 성담은 그의 호이고, 문경은 그의 시호이며, 자는 자동(子東)으로 우암 송시열의 5대손이다. 1762년(영조38) 생원시에 합격하고, 벼슬이 예조 참판에 이르렀다. 인물성에 대한 호락의 논쟁 때 남당(南塘) 한원진(韓元震)의 설을 지지하였다.

186 조박(糟粕) : 술을 다 짜고 버리는 찌꺼기를 가리키는 말로, 학문과 예술 등에 있어 옛사람이 다 밝혀내어 전혀 새로움이 없는 것을 비유한다. 춘추 시대 제나라 환공(桓公)이 글을 읽고 있는데, 마침 수레바퀴를 깎고 있던 장인이 환공에게 읽고 있는 것이 무슨 내용인지를 물었다. 환공이 성인(聖人)의 말씀이라고 대답하니, 그가 또 성인이 살아 있느냐고 물어, 환공이 이미 돌아가셨다고 대답하자, 장인이 "그렇다면 임금께서 읽으시는 것은 옛사람의 조박일 뿐입니다.〔然則君之所讀者, 古人之糟粕已夫.〕"라고 한 데서 온 말이다. 《莊子 天道》

187 오촌(鰲村) 송 문간공(宋文簡公) : 송치규(宋穉圭, 1759~1838)로 문간은 그의 시호이고 자는 기옥(奇玉), 호는 강재(剛齋), 본관은 은진(恩津)으로 우암 송시열(宋時烈)의 6대손이며, 오촌은 그가 만년에 거주하던 향리의 이름이다. 유일(遺逸)로 여러

덕을 가장 깊이 알았는데, 공의 학문을 "세상에 늘 있는 학문이 아니다."라고 인정하였고, 공의 상(喪)에 "명운(命運)에 굽힌 것이다."라고 애도하였으니, 세 분 현자는 구차하게 없는 말을 만들어 남을 칭찬할 분들이 아니니, 여기에서 공이 공이 되신 소이를 알 수 있다.

공의 족형(族兄)으로 고(故) 판서(判書) 재식(在植)[188] 씨가 불초에게 공의 훌륭함을 여러 번 칭찬하였는데, 불초는 같은 세대를 살면서도 서로 알고 지내지 못한 것을 한탄했었다. 지금 공의 형의 아들 석범(錫範)이 공의 묘갈문을 청하니, 늙고 병든 몸이 차마 사양하지 못한 것은 구천(九泉)에서 공과 정신적인 교유를 맺기를 바라서이다.

마침내 다음과 같이 짓는다. 명은 다음과 같다.

높고 높은 정산[189]이여	嵂嵂貞山
당대의 유종(儒宗)이 되었네	爲時宗儒
세상을 멀리하고 스스로를 선하게 하여	遠世自臧
홀로 도와 함께 하였네	獨與道俱
공은 약관의 나이에	公在妙齡
옷자락을 잡고 먼저 가서 배웠네	袪衣先摳

번 벼슬에 천거되었으나 평생 동안 사양하고 나아가지 않았는데, 72세가 되던 1830년(순조30)에 왕의 간곡한 부름을 받아 세손의 시강원 찬선으로 나아가 대사헌 및 이조참판을 역임하였다.

188 판서 재식(在植) : 1770~?. 자는 중립(仲立), 호는 취미(翠微), 시호는 문청(文淸)이다. 1805년(순조5) 별시 문과에 급제하고 벼슬이 이조 판서에 이르렀다.

189 정산(貞山) : 망자 신재응(申在應)의 스승인 과재(過齋) 김정묵(金正默)을 이른 것으로, 정산에서 강학하였기 때문에 이렇게 칭한 것이다.

반드시 삼간 것이　非直必愼
대답과 걸음걸이만이 아니었네　唯諾步趨
종을 칠 적에 힘껏 소리를 내어　叩鍾盡聲
능히 스승의 모범을 이었네　克紹師模
뜻을 계술하고 가르침을 익혀서　踐述傳習
말로만 하지 않았네　不涉言詮
목숨을 버리고 도를 호위하여　舍命衛道
당에 올라 현자가 되었네[190]　爲升堂賢
뜻이 높고 행실이 깨끗하며　志高行潔
순수한 학문으로 몸을 보존하고 지하로 돌아갔네　學粹歸全
내가 그 그윽한 광채를 드러내어　我發潛光
무덤에 밝게 게시하노라　揭章玄阡
훌륭한 명성 끝내 없어지지 아니하여　令名不泐
스승과 제자가 함께 전해지리라　師弟同傳

190 당에……되었네 : '당에 오른다'는 것은 학문의 심오한 경지에 이르렀음을 비유한다. 공자가 제자 자로(子路)의 경지를 두고 말하기를 "당에는 올랐고 아직 방안에는 들어가지 못했다.〔升堂矣, 未入於室也.〕"라고 하였다. 《論語 先進》

판중추 증 우의정 권공 묘갈명 병서○을사년
判中樞贈右議政權公墓碣銘 幷序○乙巳

순조대왕(純祖大王) 24년(1824) 겨울 12월 16일에 판중추부사(判中樞府事) 권공(權公)께서 하정사(賀正使)로 연경(燕京)에 가다가 별세하였다. 부음(訃音)이 알려지자 성상께서 하교하시기를 "사폐(辭陛)[191] 하던 날에 과인이 그의 건장한 모습을 보았는데, 지금 중도에 갑자기 별세했다고 하니, 놀랍고 애석한 마음을 이루 다 말할 수 있겠는가. 이 또한 국사(國事)에 죽은 것이다." 하시고는, 이어서 대광보국 숭록대부 의정부 우의정(大匡輔國崇祿大夫議政府右議政)을 추증하고 준례(準例)대로 겸직을 내렸다. 또 그의 고손(孤孫)을 녹용(錄用)하도록 명하고 다른 경우보다 부의(賻儀)를 더 많이 내렸으며, 다음 해에 상여가 돌아오자 사신을 보내어 제사를 지내주었다. 3월에 정산(定山) 건지동(乾芝洞) 부계(負癸)의 언덕에 장례하니, 선영에 모신 것이다.

20년 뒤에 공의 서자(庶子) 정리(正履)가 묘소에 갈(碣)[192]을 세우려고 할 적에, 나에게 글을 부탁하였다. 내가 "공은 지위가 상경(上卿)이니 법으로 보면 마땅히 큰 비(碑)를 세워야 하는데, 비를 세우지 않고 갈을 세우는 것은 어째서인가?"라고 물었더니, 대답하기를 "이것은 선

191 사폐(辭陛) : 외국에 사신으로 가거나 지방으로 떠나는 관원이 임금에게 하직 인사를 올리는 것을 말한다.

192 갈(碣) : 빗돌의 윗머리에 지붕 모양으로 만들어 얹은 것을 '비(碑)'라 하고, 지붕 없이 다만 머리 부분을 둥그스름하게 만든 작은 비석을 '갈'이라고 한다.

친의 유지(遺志)입니다." 하였다. 비단 예로부터 대대로 맺어 온 집안 간의 정의(情誼)가 있을 뿐만 아니라 어려서부터 공에게 지우(知遇)를 입었으니, 나는 감히 늙고 병들었다고 하여 사양할 수가 없었다.

삼가 살펴보니, 공은 휘가 상신(常愼)이고 처음 휘는 선(禩)이며 자가 경호(絅好)이고, 호가 젊어서는 일홍당(日紅堂)이었는데 말년에는 서어(西漁)를 사용하였다. 공의 선조 태사(太師) 휘 행(幸)이 나라에 공을 세워 권(權)이란 성을 하사받고 안동(安東)에 식읍(食邑)을 받으니, 이 일로 인하여 자손들이 안동을 관향(貫鄕)으로 하였는데, 고려가 끝날 때까지 명성과 덕망이 찬란하였고, 우리 조선조에 들어와서는 문충공(文忠公) 휘 근(近)이 경학과 문장으로 중국에까지 명성이 알려졌다.

5세(世)를 지나서 휘 벽(擘)에 이르러 예조 참의를 지냈으며, 이분이 휘 겹(韐)을 낳았는데 주부 벼슬을 지내다가 아우 석주(石洲) 공의 시화(詩禍)[193]를 만나서 한산(韓山)에 은둔하였다. 또 2세를 지나서 휘 양(讓)에 이르러 집의에서 염퇴(恬退)하였는데,[194] 이 일로 특별히

193 석주(石洲) 공의 시화(詩禍) : 석주는 권필(權韠, 1569~1612)의 호로, 자는 여장(汝章)이며, 송강(松江) 정철(鄭澈)의 문인이다. 시문으로 명성이 높아 추천으로 제술관(製述官)이 되고 또 동몽교관(童蒙教官)에 제수되었으나 끝내 나아가지 않았으며 강화(江華)에서 유생들을 가르쳤다. 임숙영(任叔英)이 광해군의 비(妃) 유씨(柳氏)의 아우 유희분(柳希奮) 등의 방종한 행동을 나무라는 내용으로 책문(策問)을 지어 광해군의 뜻을 거슬러 삭과(削科)된 사실을 듣고 〈궁류시(宮柳詩)〉를 지어 풍자하였다가 광해군의 노여움을 사서 장형을 받고 해남(海南)으로 유배 가던 도중에 별세하였다.

194 휘 양(讓)에……염퇴(恬退)하였는데 : '염퇴'는 명예나 권세에 뜻이 없어 벼슬을 내놓고 물러나는 것을 이른다. 권양(權讓, 1628~1697)은 자가 예경(禮卿), 호가 지족당(知足堂)으로 1656(효종7) 별시 문과에 급제하여 출사하였는데, 벼슬에 뜻이 없어,

도승지에 추증되니, 바로 공의 고조이시다. 증조 휘 업(㦤)은 좌참찬이니, 영조(英祖) 정미년(1727)년에 글을 올려 충역(忠逆)과 시비를 분변(分辨)하고 시골집으로 물러가서 나오지 아니하여, 두 형인 문정공(文貞公), 정간공(貞簡公)[195]과 함께 삼현(三賢)으로 일컬어진다. 조고 휘 도(導)는 예조 판서이니 선조의 아름다움을 이어서 당대의 명경(名卿)이 되었다. 선고 휘 지(搘)는 훌륭한 지조와 행실이 있었으나 일찍 별세하여, 신재(新齋) 홍 문청공(洪文淸公)[196]이 그의 묘에 명문을 지었는데, 공이 귀하게 됨에 따라 이조 판서에 추증되었다. 선비(先妣)는 정부인(貞夫人)에 추증된 완산 이씨(完山李氏)이니, 정랑(正郎) 정황(廷煌)이 선고이시다.

공은 태어날 때부터 총명하고 지혜로웠으며, 장성하자 학업을 힘써서 약관이 되기 전에 증광시(增廣試) 초시에 합격하여 화려한 명성이 이미 자자하였다. 연달아 장원을 차지하고 태학에 올라 병오년(1786, 정조10)에 진사시에 장원하였으며 무신년(1788)에 정릉 참봉(靖陵參奉)에 제수되었다가 동몽 교관(童蒙敎官)으로 옮기고 의금부 도사, 사

집의에 제수되자 한산(韓山)에 머물면서 오랫동안 응하지 않다가 상소하여 충간(忠諫)을 올리고 사직하니, 임금이 칭찬하며 받아들였다. 《국역 숙종실록 20년 11월 5일》

195 문정공(文貞公) 정간공(貞簡公) : 문정공은 권변(權忭, 1651~1726)으로 자가 이숙(怡叔), 호가 수초당(遂初堂)이며, 1689년(숙종15) 증광 문과에 급제하고 벼슬이 대사간에 이르렀다. 정간공은 권성(權惺, 1653~1730)으로 자가 경중(敬仲), 호가 제월재(霽月齋)이며, 1687년 알성 문과에 장원으로 급제하고 벼슬이 공조 판서에 이르렀다.

196 신재(新齋) 홍 문청공(洪文淸公) : 홍낙명(洪樂命, 1722~1784)으로 신재는 그의 호이고, 문청은 시호이며, 자는 자순(子順), 본관은 풍산(豊山)이다. 1754년(영조30) 증광 문과에 급제하고 벼슬이 이조 판서에 이르렀다.

헌부 감찰로 승진하였다.

신해년(1791)에 모친상을 당하고 또 승중(承重)으로 조고이신 판서공의 상복을 입었는데, 상복을 벗자 조지서 별제(造紙署別提), 형조 정랑에 제수되었다. 병진년(1796)에 강동 현감(江東縣監)에 제수되었는데, 이때 호서지방(충청도)의 선비들 간에 쟁송(爭訟)이 일어나자, 성상께서 특별히 명하여 남포 현감(藍浦縣監)으로 옮겨서 쟁송하는 일을 조정(調停)하게 하였다. 남포현에는 주자천(朱子川)이 있는데, 공이 선비들을 권고해서 회암영당(晦菴影堂)을 창건하니, 많은 선비들이 흥기되고 감동하였다.

무오년(1798)에 부름을 받아 호조 정랑이 되고, 겨울에 신천 군수(信川郡守)에 제수되었다. 신유년(1801, 순조1)에 사도시 첨정(司䆃寺僉正)으로 있으면서 증광 문과에 장원하고 또 전시(殿試)에서도 장원하니, 사람들이 '삼장장원(三場壯元)'이라고 불렀다. 준례에 따라 통정대부(通政大夫)로 품계가 오르고 병조 참지와 참의, 동부승지에 제수되었으며, 뒤에 여러 번 제수되어 좌승지에 이르고 또 형조와 호조의 참의에 제수되었다.

계해년(1803)에 동지부사(冬至副使)로 연경에 다녀와서 복명(復命)하고 대사간(大司諫)에 세 번 제수되고 대사성(大司成)에 네 번 제수되었다. 을축년(1805)에 여주 목사(驪州牧使)에 제수되었다가 일이 있어 파직되었다. 병인년(1806)에 아경(亞卿)으로 발탁되어 형조, 호조, 예조, 병조, 공조 5조의 참판(參判)을 지내고, 한성부 좌윤과 동지의금춘추경연(同知義禁春秋經), 부총관(副摠管), 사도시 제조(司䆃寺提調) 등을 지내니, 이것이 공의 이력이다.

경오년(1810)에 경기 감사(京畿監司)에 제수되었는데 곧바로 독자

(獨子)를 잃고는 슬픔으로 병이 들어 해직(解職)을 청하였으나, 윤허(允許)를 받지 못하여 끝내 정무(政務)를 보았다. 상소를 올려 삼정(三政)의 폐해를 들고 아울러 백성들을 편하게 하고 재정을 풍족하게 하는 방법을 아뢰었으나 끝내 시행되지 못하니, 식자(識者)들이 한스럽게 여겼다.

공은 아들의 참척(慘慽)을 당한 뒤로부터 실의에 빠져서 벼슬길에 뜻이 없어져서, 마침내 집안 식구들을 다 거느리고 한산(韓山)으로 돌아가서, 날마다 고을 사람들과 집안사람들과 함께 술을 마시고 시를 읊으며 스스로 즐겼으며, 벼슬을 제수하는 명(命)이 있더라도 나아가지 않았다.

정축년(1817)에, 공의 조고와 증조 2대의 유애(遺愛)[197]가 있는 충청도의 감사에 제수되니, 공은 마침내 명에 응하여 나아가서 밤낮으로 노고를 다하여 정사를 게을리하지 않았다. 큰 비가 내려 감영의 다리가 무너지고 집들이 떠내려갔는데, 공이 자신의 녹봉을 털어 수리하였으니, 뒤에 홍수의 재해를 당해서도 백성들이 수재(水災)의 곤경을 면하게 되었다. 이에 백성들이 이 일을 전당(錢塘)의 서호(西湖)에 백거이(白居易)가 쌓은 백공제(白公堤)에 비교하였다. 공은 백성들의 고통을 가엾게 여기고 병기를 수선하는 데에도 뛰어난 업적이 많았으니, 백성들이 송덕비를 세워 공의 은혜를 칭송하였다.

무인년(1818)에 자헌대부(資憲大夫)의 품계로 승진되자 상소를 올려 사직을 청하고 겸하여 유학을 높이고 도를 보위하는 방법을 아뢰었

197 유애(遺愛) : 지방관으로 부임한 지방에서 선정(善政)을 베풀어 백성들에게 끼친 은혜가 있음을 이른다.

다. 기묘년(1819)에 공조 판서로 옮겼다가 곧바로 병조 판서와 지경연의금(知經筵義禁)으로 옮겼다. 인사를 맡은 병조에 있으면서 공정함을 지키니, 당시의 여론이 한결같이 칭송하였는데, 광주 유수(廣州留守)에 제수되었다.

임오년(1822)에 헌릉(獻陵)의 제각(祭閣)을 짓는 일을 감독한 공로로 정헌대부(正憲大夫)로 승진하고 예조 판서와 한성부 판윤으로 옮겼으며, 계미년(1823)에 대사헌이 되자 상소하여 예(禮)를 논한 두 유신(儒臣)을 구원하려 하다가[198] 임금의 뜻을 거슬러 영변(寧邊)으로 유배되었는데, 3개월 만에 사면되어 돌아왔다. 우참찬(右參贊)과 도총관(都摠管)에 제수되고 다시 도헌(都憲 대사헌)과 사구(司寇 형조판서), 사역원(司譯院)과 사직서(社稷署)의 제조를 역임하였다. 갑신년(1824)에 하정사(賀正使)에 차임되어 판중추부사가 되고, 압록강을 건너 봉천부(奉天府)의 고교보(高橋堡)에 이르렀는데 언덕과 습지의 험한 여정에 말을 달려 길을 재촉하다가 한질(寒疾 감기)에 걸려 마침내 일어나지 못하니, 공이 출생하신 기묘년(1759, 영조35)으로부터 66년이 되는데, 임종할 때에 죽음을 서글퍼하는 뜻이 없었다. 이때 공은 서제(庶弟)를 수행하게 하면서 말씀하기를 "이 사람이 나를 반함(飯含)[199]할 자이다." 하였는데, 그 말씀이 과연 그대로 들어맞았으니, 또한 기이하게 여길 만한 일이다.

공은 천성이 효성스러워서 7세에 부친을 여의였는데 복상(服喪)하

198 예(禮)를……하다가 : '두 유신(儒臣)'은 교리 엄도(嚴燾)와 부수찬 권돈인(權敦仁)을 이른다. 이 일은 《순조실록》 1822년 12월 29일과 1823년 1월 1일 기사에 보인다.

199 반함(飯含) : 사자(死者)를 염습할 때 입에 구슬과 쌀을 물리는 일을 이른다.

기를 마치 성인(成人)과 같이 하였고, 할아버지를 섬김에 효성을 다해서 할아버지의 뜻을 미리 알아서 받들고 순종하였으며, 큰 누님을 어머니처럼 받들고 여러 생질(甥姪)들을 자식처럼 여겼다. 큰 아드님이 독신(獨身)으로 병치레가 잦았는데도 직접 몸으로 가르치는 일을 게을리하지 않았으며 친인척들을 대할 적에 곡진히 은혜를 베풀려는 뜻이 있으니, 모두 그 덕을 칭송하였다.

벗과 사귀는 도리를 높이고 돈독히 하였으며 말로 승낙하는 것을 무겁게 여기고 베풀기를 좋아하여 상대방의 빈궁과 영달, 신분의 귀천을 이유로 달리 보지 않았다. 이 때문에 사람들이 모두 공과 종유(從遊)하기를 좋아하여, 벗들과 술잔을 기울이며 날마다 유유자적하게 지냈다.

문 앞에 손님들의 신발이 항상 가득하였으나 혹 의롭지 않은 일을 요구하는 자가 있으면 친애하는 사이라도 너그럽게 받아들이지 않았다. 흉금이 넓고 활달하여, 벼슬길에 부침(浮沈)이 있어서 혹 높고 귀한 관직을 차지하지 못하더라도 근심하지 않았다. 집에 거처할 적에는 집안 살림이 넉넉한지 부족한지를 따지지 아니하여 왕왕 궁핍해서 빚을 얻어 썼으나 또한 돌아보지 않았다. 문예(文藝)가 일찍 이루어져서 칭찬이 세상에 넘쳤으며, 여러 번 반제(泮製)[200]에 뽑혔다.

정조께서 조고인 판서공(判書公)을 대하실 적에 공이 지은 시나 문장이 얼마나 많은지를 물으시고, 이어서 "경의 손자는 용모가 훌륭하니 오래지 않아서 응당 대과에 급제할 것이다."라고 칭찬하셨으니, 이것으로 공의 조예(造詣)를 징험할 수 있으나, 정조의 시대가 지난 뒤에

200 반제(泮製) : 성균관에서 공부하는 유생들에게 보이는 제술 시험을 이른다.

대과에 급제하여, 정조께서 아름답게 교화를 행하는 성대함을 돕지 못했으니, 애석하다.

공의 시문은 그 문세가 웅장하고 성대하고 섬세해서 각각 그 묘함을 지극히 하여 문원(文苑)의 여러 공들에게 추앙을 받았다. 또 손수 제자백가(諸子百家)를 초록(抄錄)하여 지은 책이 집에 가득하니, 사람들이 '육가(陸家)의 서재'[201]라고 일컬었다. 공이 저술한 《서어집(西漁集)》과 《국조대학연의(國朝大學衍義)》가 집에 보관되어 있다.

배위(配位)는 정경부인(貞敬夫人)에 추증된 풍산 홍씨(豐山洪氏)로, 이조 판서 낙명(樂命)의 따님인데, 공과 같은 해에 출생하고 공보다 33년 먼저 별세하였다. 규범(閨範)이 단정하고 장중하며 부도(婦道)가 효성스럽고 순순하였는데 처음 공주(公州) 당곡(棠谷)에 장례하였다가 옮겨서 공의 묘 오른쪽에 부장(祔葬)하였다. 아들 경리(敬履)는 진사였는데 일찍 죽었고, 딸은 승지 오치우(吳致愚)에게 출가하였다.

계배인 정경부인 한양 조씨(漢陽趙氏)는 흥원(興源)의 따님으로 공보다 17년 뒤에 태어났고 공보다 11년 뒤에 별세하였다. 단정하고 공손하며 법도가 있어서 공의 집안의 규범을 이끌었는데, 공의 묘 왼쪽에 부장하였다. 한 명의 딸은 군수 홍한주(洪翰周)에게 출가하였다. 측실(側室)의 아들 정리(正履)는 진사인데, 한 명의 딸은 이증우(李曾愚)

201 육가(陸家)의 서재 : '육유(陸游)의 서재〔陸游書巢〕'를 말한 것으로 보인다. 〈육유서소〉는 남송의 대표적인 시인이자 문신인 육유(1125~1210)가 지은 고문이다. 육유는 호가 방옹, 자가 무관(務觀)으로 보장각 대제(寶章閣待制)의 벼슬을 지냈으나, 조정이 부패하자 은퇴하고 향리에서 시작(詩作)에 전념하여 거의 1만 수(首)에 달하는 시를 남겨 중국 시사상(詩史上) 최다작의 시인으로 꼽힌다.

에게 출가하였다. 아들 정리의 계자(繼子) 사철(思喆)은 음직(蔭職)으로 돈녕부 판관에 제수되었는데 또한 일찍 죽고 자식이 없어서 족자(族子)인 형규(衡圭)를 데려다가 후사로 삼았다. 오씨 사위의 소생은 만선(晩善)과 창선(昌善), 진사 김동빈(金東賓)의 아내이고, 홍씨 사위의 소생은 홍우창(洪祐昌), 홍우승(洪祐昇)과 교리 심희순(沈熙淳), 이돈하(李敦夏), 이승유(李承游)의 아내이다.

공은 풍모가 훤칠하고 수려하며 기국이 준걸스럽고 시원해서 세속과 반목하거나 유순히 따르는 태도가 없었다. 담론(談論)에 뛰어나서 그 말씀이 마치 바람이 일듯 거침이 없었으며 사물을 이끌어 비유하는 것이 왕왕 놀랄 만큼 빼어나서 자리에 있는 모든 사람들이 경도(傾倒)되곤 하였다. 평소 금상지벽(禽尙之癖)[202]이 있어서 기이한 언덕과 골짝을 만나면 나막신을 신고 깊은 곳까지 찾아들어 갔는데, 때로는 표연히 홀로 가서 날이 마치도록 돌아올 줄을 잊었다.

관직이 크게 현달하였으나, 스스로를 포의(布衣)와 같이 여겨서 작은 나귀에 잔약한 마부를 데리고 호서 별장을 왕래하고, 강물 위에 떠 있는 집을 지어 초계(苕溪)와 삽계(霅溪) 사이를 오가고자 하는 취미[203]가 있었으며, 혹은 어부나 낚시꾼들 사이에 끼어들어 도롱이를

202 금상지벽(禽尙之癖) : 금상은 왕망(王莽) 때에 출사하지 않고 은거한 금경(禽慶)과 상장(尙長)의 병칭이고, 벽은 무엇을 치우치게 즐기는 성벽(性癖)을 이른다. 상장은 《노자(老子)》와 《주역(周易)》 등에 밝은 학자로 벼슬하지 않고 은거하였는데 친구인 북해(北海)의 금경과 함께 오악(五嶽) 등의 명산을 두루 주유(周遊)하다가 자취를 감추었다고 한다. 《後漢書 卷83 逸民列傳》

203 강물……취미 : 이는 당나라의 은사이자 시인인 장지화(張志和, 732~810)의 취미를 말한 것이다. 장지화가 당시 호주 자사(湖州刺史)로 있던 안진경(顔眞卿)을 방문

입고 자리를 다투니, 사람들이 이분이 재상인지를 알지 못하였다.

내가 공의 초남정(草南亭)에 오를 때마다, 공이 몸을 굽히고 왕림하시어 산수의 아름다운 경치를 함께 품평하여, 공의 풍류와 문채가 산림과 천석(泉石)에 찬란하였다. 그런데 공이 현석(玄石)에 있는 옛 정자로 가서 노년을 보내게 되니, 공의 소탈한 흉금과 넓은 도량을 돌이켜 추억할 뿐, 다시 정자에 올라 공을 뵈올 수가 없다. 그러나 공의 혁혁(奕奕)한 정신이 그 사이에 보존되어 강호에 여운(餘韻)이 있는 듯하다. 다음과 같이 명한다.

정조께서 재위하실 때	健陵在宥
큰 도(道)가 때에 맞게 올라가니	大猷時升
문채로써 인재를 양성하여	用文造士
크게 나라를 빛냈네	賁飾龐弘
공이 도야(陶冶)되어	公被陶鑄
덕행과 재능을 능히 떨쳤네	克闡賢能
삼장에 장원하여	三場壯元
세상의 부러움과 칭찬을 받으니	爲世艷稱
실제와 명성이 부합하여	實以副華
성상의 은총을 실로 받들었네	華袞寔承
중외의 관직을 차례로 시험함에	歷試中外

한 자리에서 "강물 위에 뜨는 집을 지어 초계(苕溪)와 삽계(霅溪) 사이를 오가고자 합니다.〔願爲浮家泛宅, 往來苕霅間.〕"라고 하였다.《新唐書 卷196 隱逸列傳 張志和》 초계와 삽계는 호주의 경내에 있는 계천(溪川)들로 태호(太湖)로 흘러든다.

공적이 이미 융성하였네 功用旣興

한산이 더욱 중해지고[204] 漢山增重

금강(錦江)은 맑음이 드높아졌네[205] 錦水揚淸

병조(兵曹)에서 공적을 이루어 厎績夏官

공평한 선발로 인사를 바르게 하였네 正我權衡

여러 사람들 좇는 벼슬길에서 衆趨之途

홀로 스스로 깨어 있었네 獨自喚醒

광풍제월(光風霽月)[206]의 맑은 흉금이요 風月襟懷

강호의 성정(性情)이었네 江湖性靈

이것을 시가(詩歌)로 읊으니 發之聲詩

패옥소리처럼 낭랑하였네 玉佩鏗鏘

국사를 맡기자 사양하지 아니하여 當事不讓

두 번이나 이역만리 땅을 건넜네 再涉殊方

요동 벌에 쌓인 얼음과 눈으로 遼野冰雪

생명을 상하게 되었네 用致傷生

204 한산(漢山)이 더욱 중해지고 : 한산은 남한산성(南漢山城)을 가리킨 것으로, 망자가 광주 유수(廣州留守)를 지냈기 때문에 이렇게 말한 것으로 보이나 분명하지 않다.

205 금강(錦江)은 맑음이 드높아졌네 : 원문의 '금수(錦水)'는 금강을 가리킨 것으로, 망자가 충청도 감사를 지내면서 선정을 베풀었기 때문에 이렇게 말한 것으로 보이나 분명하지 않다.

206 광풍제월(光風霽月) : 비갠 뒤의 깨끗한 바람과 밝은 달이란 뜻으로, 맑은 마음을 비유하는 말이다. 황정견(黃庭堅)의 《산곡집(山谷集)》 권1의 〈염계시(濂溪詩)〉의 서문에, "용릉 주무숙은 인품이 매우 높아서 흉중의 쇄락함이 마치 광풍제월과 같다.〔舂陵周茂叔, 人品甚高, 胸中灑落, 如光風霽月.〕"라고 한 데서 온 말이다. 무숙은 주돈이(周敦頤)의 자이며, 용릉은 그가 살던 고을 이름이다.

나라 위해 한 번 죽고자 하니	爲國一死
이것이 공의 평소 마음이었네	是公素情
근본이 보존되니	本之則存
대대로 돈독한 충정이었네	世篤忠貞
효를 미루어 충성을 하여	推孝爲忠
집안의 명성을 떨치니	用振家聲
집안의 명성을 떨칠 뿐 아니라	非直家聲
진실로 세상의 법이 되었네	允爲世程
찬란히 빛나는 건지동(乾芝洞)의 숲에	煌煌芝林
우뚝한 그 언덕이 있네	有屹其岡
노을 위로 솟구치는 기이한 기운을	凌霞奇氣
묘 속에 갈무리하였네	戢于玄堂
내 아름다운 행적을 기술하여	我述徽蹟
돌에 새겨 게시하네	用揭石章
후손들에게서 징험되니	維後之徵
찬란한 덕이로다	維德之光

대사간 김공 묘갈명 병서○정미년[207]

大司諫金公墓碣銘 幷序○丁未

순조(純祖)께서 즉위하신 지 3년에 이병모(李秉模)[208]를 원보(元輔 영의정)로 거듭 복상(卜相)하자, 대신(臺臣)인 연안(延安) 김공(金公)이 막 식사를 하다가 숟가락을 던지며 말하기를 "내가 명색이 간관(諫官)인데, 이 사람을 이 지위에 있게 하려는 일에 어찌 한마디 말이 없을 수 있겠는가." 하고는, 당장에 수천 자로 된 상소문을 기초(起草)하여 이병모의 평생을 낱낱이 열거해서 염치가 없는 비부(鄙夫)이고, 명분과 의리를 잃은 간사한 사람이라고 배척하니, 강직한 명성이 조야(朝野)를 진동하였다.

이때 정순왕후가 수렴청정(垂簾聽政)하고 있었는데 공을 남해(南海)로 유배 보내도록 명하였고, 성상께서도 거듭 엄한 하교를 내리셨다. 삼사(三司)가 연이어 공을 변론하여 구원하려 하였으나, 성상께서는 모두 살펴보지 않았다. 남해의 섬에 있을 적에 청정함을 지키고 부지런히 책을 읽으며 말하기를 "이곳이 참으로 진세(塵世)에서 조금이나마 편안히 머물 수 있는 곳이다."라고 하였다. 이에 군자들이 말하기를 "옛날의 유직(遺直)[209]이니, 조정에 훌륭한 사람이 있다."라고 하

207 정미년 : 1847년(헌종13)으로, 매산의 나이 72세 되던 해이다.

208 이병모(李秉模) : 1742~1806. 자는 이칙(彝則), 호는 정수재(靜修齋), 본관은 덕수(德水), 시호는 문익(文翼)이다. 1773년(영조49) 증광 문과에 급제하고 벼슬이 영의정에 이르렀다.

였다.

공은 휘가 후(鍭)이고 자가 수민(秀民)이니, 연안 김씨는 고려 때 사문박사(四門博士)를 지낸 섬한(暹漢)에게서 시작되었다. 나복산인(蘿葍山人) 휘 도(濤)[210]에 이르러 명나라 조정에 들어가 홍무(洪武) 연간의 제과(制科)에 급제하였으며, 우리 조선조에서는 판서 문정공(文靖公) 휘 자지(自知)와 영의정 충정공(忠貞公) 휘 전(詮)이 가장 현달하였다.

3대를 전하여 연흥부원군(延興府院君) 의민공(懿愍公) 휘 제남(悌男)에 이르러 혼조(昏朝) 때에 혹독한 화를 당하였으니,[211] 바로 공의 7대조이시다. 한성부 우윤 휘 횡(澋)과 사복시 정(司僕寺正)에 추증된

209 유직(遺直) : 올곧은 도를 행하여 고인(古人)의 유풍(遺風)을 지닌 신하를 말한다. 공자가 진(晉)나라의 숙향(叔向)을, "옛날의 유직이다.〔古之遺直也.〕"라고 칭찬한 데서 유래하였다.《春秋左氏傳 昭公 14年》

210 나복산인(蘿葍山人) 휘 도(濤) : 고려 말의 문신인 김도(金濤, ?~1379)로, 자는 장원(長源)이다. 1370년(공민왕19) 8월 정조사(正朝使) 권균(權鈞)을 따라 명나라에 가서 이듬해에 제과(制科)에 급제하고 동창부(東昌府) 구현(丘縣)의 승(丞)에 제수되었으나, 늙은 부모를 모시기 위해 벼슬을 사퇴하고 귀국하였다. 공민왕은 예(禮)로 맞이하고 "우리나라 사람으로 제과에 오른 자는 진실로 드물다. 이 사람은 이름이 한때에 드날려 천하 사람들로 하여금 우리나라에 인재가 있음을 알게 하였다."라고 칭찬하고는, '김도장원나복산인(金濤長源蘿葍山人)'이란 여덟 글자를 써서 하사하였다.《東史綱目 卷15》 나복산은 화순(和順) 동복(同福)에 있다.

211 연흥부원군(延興府院君)……당하였으니 : '혼조(昏朝)'는 광해군을 이른다. 김제남(1562~1613)은 선조의 계비인 인목왕후(仁穆王后)의 아버지로 1597년(선조18) 별시 문과에 급제하고 벼슬이 영돈녕부사(領敦寧府事)에 이르렀는데 1613년(광해군5) 이이첨(李爾瞻) 등에 의해 인목왕후 소생인 영창대군(永昌大君)을 추대하려 했다는 모함을 받아 사사(賜死)되었으므로 이렇게 말한 것이다.

휘 상백(相伯)과 공조 정랑으로 이조 참의에 추증된 휘 형(炯)과 통덕랑(通德郎) 휘 재혁(載奕)은 바로 공의 고조, 증조, 조고, 선고이시다. 통덕랑 공이 파평 윤씨(坡平尹氏) 통덕랑 윤밀(尹峚)의 따님에게 장가드니, 간신(諫臣)인 윤광천(尹光天)이 그 조고이시다.

공은 타고난 자질이 매우 뛰어나서 취학하자마자 문예가 날로 진전되었다. 약관 시절부터 명성이 자자하여 연이어 대소과(大小科)의 초시에 합격하였고, 무오년(1798, 정조22)에 진사시에 합격하고 또 추도기(秋到記)에 장원하여 직부전시(直赴殿試)되었다.[212] 경신년(1800) 정시(庭試)에 정조께서 평대(平臺)에 나와 앉으셔서 정시 급제자들에게 술을 하사하시면서, 공에게 얼굴을 들라고 명하고는 준수하다고 칭찬하시고 훌륭한 인재를 얻었다고 매우 기뻐하셨다. 바로 승문원(承文院)에 분관(分館)되었다가 강제초계문신(講製抄啓文臣)[213]에 선발되었는데, 경연(經筵)에 오를 때마다 번번이 은혜로운 칭찬을 받았다.

212 추도기(秋到記)에 장원하여 직부전시(直赴殿試)되었다 : '추도기'는 사학(四學)의 유생 대표들과 성균관의 하재(下齋)에 기숙하는 유생 중에 도기(到記)의 원점(圓點)이 50도(度) 이상 되는 유생들에게 매년 봄·가을로 보이던 시험 중 가을 시험을 이른다. '도기'는 식당에 비치한 출석부인데, 아침과 저녁 두 끼 식사에 참석하면 1도(度)를 받았다. 임금의 특지(特旨)가 있으면 시험을 치렀으며 장원한 자는 직부전시하였다. '직부전시'는 해당 인물을 바로 급제시켜 임금이 친히 임하여 치르는 최종 시험인 전시에 곧바로 나아가게 하는 것인데, 식년 문과의 경우 33명의 급제자를 복시(覆試)에서 결정하고 전시에서는 그 석차(席次)만을 결정하였다.《銀臺條例 禮典 春秋到記》

213 강제초계문신(講製抄啓文臣) : 정조 때 인재 양성을 목적으로 37세 이하의 당하문신(堂下文臣) 중에서 우수한 자를 뽑아 규장각에 소속시키고 학문에 전념하게 하던 문신을 이른다. 이들에게는 매달 강경과 제술로 시험을 보였고, 40세가 되면 자동으로 초계문신에서 제외시켰다.《大典通編 禮典 獎勸》

순조 1년 신유년(1801)에 천거로 승정원 주서에 제수되고 임술년(1802)에 6품으로 승진하였으며, 계해년(1803)에 성균관 전적으로 있다가 사헌부 지평에 제수되고 실록 기주관(實錄記注官)을 겸하였다. 공은 성품이 강직해서 사람들을 나쁘게 대하지 않으면서도 엄격하니, 관서의 아전들이 감히 횡포를 부리지 못하였다.

임금의 총애를 받던 권신이 승지와 사관을 기다리지 않고 사사로이 임금을 뵙는 것을 보고 옛날의 바른 도리를 들어 힐난(詰難)한 적이 있었는데, 이 권신이 그때의 일로 원한을 품고서 공이 한림원(翰林院 승문원)에 천거되는 것을 막았으나, 1년이 못되어서 그 사람의 저지가 끝내 실패로 돌아갔다. 공은 포의(布衣) 시절부터 본래 이병모를 색성소인(索性小人)[214]이라고 말하며 미워하였는데, 처음 간관의 자리에 들어가자 통쾌하게 그의 죄를 성토하다가 먼 남쪽 변방으로 유배되었으나, 아홉 번 죽어도 후회하지 않는 뜻이 있었다.

을축년(1805)에 사면을 받아 돌아오고, 기사년(1809)에 부수찬(副修撰) 겸 금위영종사관(兼禁衛營從事官)에 제수되었다. 처음 공이 적소(謫所)에 있을 적에, 정승 서용보(徐龍輔)가 모함을 당하여 또한 도성을 떠난 적이 있었는데, 성상께서 이병모를 돈독히 권면하시기를 "서용보 판중추부사가 무함을 당하게 돼서야 비로소 경이 모욕을 치른 일은 시험 삼아 먼저 속마음을 넌지시 떠보기 위한 것임을 알겠다."라고 하였다.

이때에 이르러 공이 상소하여 변론하였는데 그 말씀이 자못 준절(峻

214 색성소인(索性小人) : 급한 성격으로 어떤 일을 너무 빠르게 결정하는 사람을 낮추어 부르는 말이다.

切)하였다. 이때 이병모가 이미 별세한 뒤여서, 아들 이노익(李魯益)이 상소하여 아버지의 일을 해명하였는데, 공이 올린 계해년의 상소를 다른 사람의 사주를 받아 올린 것으로 돌렸다. 공은 "저 사람의 말은 사사로운 감정으로 속이고 매도하는 것이니, 굳이 여러 말로 변론할 필요가 없습니다."라고 말하여, 성상께 그 상소에 대응하여 결백을 다투고[215] 싶지 않다는 뜻을 아뢰었다. 비답에 이르기를 "그래도 스스로의 잘못을 우기려는 것보다는 낫다.〔猶賢乎遂非.〕"라고 하시고, 또 '말이 막히고 논리가 부족하니 죄를 자복한 것이나 다름없다.〔窮屈自服.〕'는 하교가 있었는데, 마침 금위영의 일로 인하여 파직되었다.

경오년(1810)에 호남 좌도(湖南左道)에서 과거를 관장하고 신미년(1811)에 부교리(副校理)로 소를 올려 예전에 올린 상소문의 남은 뜻을 변론하기를

"신이 재작년 여름에 곤욕을 당한 것은, 저 이노익이 부모의 말이 다 옳다는 지극정성 때문에 반드시 저를 죽이고자 하는 사사로운 감정을 가지고 격분하는 말을 쏟아내면서 전혀 가리고 재량하지 않았기 때문입니다. 그러나 사람은 누구나 피부 속에 《춘추》의 포폄을 가지고 있으니,[216] 일단의 참다운 시비(是非)는 본래 그 자취를 완전히 없앨 수가 없습니다. 그러므로 신은 지난 이야기를 제기하

215 결백을 다투고 : 원문은 '교설(較挈)'인데, 설(挈)은 혈(絜)과 통하므로 교혈(較絜)로 보고 번역하였다.

216 피부……있으니 : 겉으로 표현하지는 않으나 마음속에 시시비비를 가리는 마음을 분명히 가지고 있음을 말한다. 진(晉)나라 때 대신(大臣) 환이(桓彝)가 벼슬이 정토대도독(征討大都督)에 이른 저부(褚裒)에 대해 평하기를 "계야는 피부 속에 《춘추》가 있다.〔季野有皮裏春秋.〕"라고 한 데서 온 말로, 계야는 저부의 자(字)이다.

여 타인의 선친의 옛일을 논하고 싶지 않았기 때문에 다만 '다른 사람의 말에 대해 군이 여러 말로 변론할 필요가 없습니다.'라고 아뢰어서, 신의 마음을 스스로 돌이켜 봄에 부끄러움이 없음을 밝혔는데, 비답을 받자오니 '스스로의 잘못을 우긴다.〔遂非〕'라는 말씀을 하시고 또 '말이 막히고 논리가 부족하다〔窮屈〕'라고 하셨으니, 비(非)는 옳지 못하다는 것이고 굴(屈)은 정직하지 못하다는 것이니, 정직하지 못하고 옳지 못한데, 장차 무엇을 손에 들고 군주를 섬기겠습니까?"

라고 하였다.

공은 이어서 호남 백성들의 여러 일을 아뢰고 군액(軍額 군인의 숫자)을 정리하여 백성들의 족징(族徵)과 이징(里徵)[217]을 면제해 줄 것을 주청하였다.

이노익이 다시 상소를 올려 공의 죄를 날조하였는데, 심지어는 성상(聖上)의 하교에 말대꾸를 하였으니, 크게 불경(不敬)한 일이라고 하였다. 이에 명을 내려 공을 군위(軍威)로 귀향 보냈는데, 몇 달 만에 사면을 받고 돌아와 임신년(1812)에 서용(敍用)되어 교리에 제수되었다.

지방관으로 나가 북평사(北評事)가 되고 관례에 따라 감시 어사(監市御史)를 겸하였는데 호령(號令)이 엄격하고 분명하니, 시장사람이

217 족징(族徵)과 이징(里徵) : '족징'은 지방 고을의 이속(吏屬)들이 조세를 내지 못하는 사람의 조세를 그 친족에게 대신 납부하게 하던 일이고, '이징'은 체납된 조세를 마을 전체 주민들에게 납부하게 하던 일을 말한다. 여기서는 앞의 군액이란 말로 보아 군역(軍役)에 따른 군포(軍布)를 이른 것으로 보인다.

두려워하여 나쁜 짓을 하지 못하였으며, 선비들을 뽑아 조용한 곳에 모아 함께 공부시켜 뛰어난 인재로 만들었다.

계유년(1813)에 부수찬(副修撰)으로 자리를 옮겼는데, 소를 올려 북관(北關 함경북도)의 사의(事宜) 10여 조항을 진언하였다. 모두 당시의 폐단을 구제할 수 있는 시급한 일들이었으나, 이것이 모두 시행되지는 못하니, 식자(識者)들이 한(恨)스럽게 여겼다. 또 호남 좌도에서 과거를 관장하고 돌아와 덕천 군수(德川郡守)에 제수되었으나 부임하지 않았다.

갑술년(1814)에 필선(弼善)에 제수되자 정성을 다하여 계옥(啓沃)[218]하니, 익묘(翼廟)[219]께서 깊이 사랑하였다. 집의와 사복시 정으로 승진하고 서장관(書狀官)으로 차임되었으나 미처 떠나기 전에 원릉(元陵)[220]의 제사에서 집사로 수고한 공로가 인정되어 통정대부의 품계에 오르고 돈녕부 도정(敦寧府都正)에 제수되었다.

을해년(1815)에 병조의 참지(參知)가 되었다가 안동 부사(安東府使)에 제수되었는데, 백성들을 사랑하고 토호(土豪)와 교활한 아전

218 계옥(啓沃) : 신하가 진력하여 임금을 계도하고 보좌하여 선도(善道)로 이끌어 감을 말한다. 《서경》 〈열명(說命)〉에 은(殷)나라 고종(高宗)이 부열(傅說)에게 "네 마음의 물줄기를 열어 내 마음에 대도록 하라.〔啓乃心, 沃朕心.〕"라고 한 말에서 유래하였다.

219 익묘(翼廟) : 익종(翼宗)으로 추존된 효명세자(孝明世子, 1809~1830)를 이른다. 1812년(순조12)에 왕세자에 책봉되고, 1827년부터 대리청정하여 형옥(刑獄)을 삼가고 정사에 힘썼으나 4년 만에 서거하였다. 아들 헌종이 즉위하자 왕으로 추존되고 시호를 돈문현무인의효명(敦文顯武仁懿孝明), 능호를 수릉(綏陵)이라 하였다.

220 원릉(元陵) : 조선 제21대 왕 영조와 그의 계비 정순왕후 김씨의 능이다.

들을 억제하여 은혜와 위엄이 모두 이루어져, 안동 고을이 잘 다스려졌다.

정축년(1817)에 행주(涬州)에 있는 강가의 누대로 돌아와서 꽃과 대나무 사이를 소요(逍遙)하고 어부와 낚시꾼과 자취를 함께 하니, 사람들이 이분이 이전에 학사(學士)였음을 알지 못하였다. 동부승지에 제수되고, 이로부터 여러 번 은대(銀臺 승정원)에 들어가서 우승지에 이르렀는데 혹은 취임하고 혹은 취임하지 않았다.

무인년(1818)에 공조 참의에 제수되고 경진년(1820)[221]에 승지가 되어, 강연(講筵)에 실제가 없는 폐해를 진언하고 성상께서 먼저 마음을 잡아 보존하는 공부에 착수하고 역행(力行)을 손수 체험할 것을 주청하였다. 신사년(1821)에 대사간(大司諫)에 제수되자 사직소를 올리면서 자신의 심정을 아뢰고 이어서 지방 수령들이 서울에 계속 머무는 것을 금하고 신칙시킬 것을 주청하였다.

건릉(健陵)을 천장(遷葬)할 적에 분병조 참지(分兵曹參知)가 되어서 병을 무릅쓰고 힘들게 공무를 수행하였는데, 혹자가 사직할 것을 권하자, 공은 사양하며 말씀하기를 "망극한 은혜를 입고 다시 현화(玄和)[222]를 우러러 보게 되었으니, 온 몸의 기력을 다하여 일을 마치는 것이 이 몸의 소원이다. 감히 병 때문에 이를 사양하겠는가." 하였다.

이때 요사한 기운(전염병)이 크게 성행하였는데, 공은 병이 위독하였으나 의원이 진맥하는 것을 허락하지 않고 말씀하기를 "정해진 운명

221 경진년 : 저본에 경인(庚寅)으로 되어있으나 착오이므로 바로잡았다.

222 현화(玄和) : 화(和) 자에 관의 양쪽 끝에 불거진 부분을 뜻하는 관제(棺題)의 의미가 있는바, 무덤의 관을 이른 것으로 보이다.

이니, 세상에 오래 사는 것이 어찌 즐거움이 되겠는가."라고 하였다. 8월 25일에 세상을 버리시니, 출생하신 을유년(1765, 영조41) 9월 4일과 햇수를 따져보면 57년이 된다. 상하(上下)가 슬퍼하고 마음 아파하지 않는 이가 없었으니, 이는 공이 훌륭한 명망을 지니고 있으면서도 자신의 재능을 다 펼치지 못했기 때문이었다.

교하현(交河縣) 내면(內面) 자좌(子坐)의 언덕에 장례하였다가, 다음 해 3월 8일에 몇 걸음 위에 있는 곳으로 이장하였는데, 또한 자좌(子坐)이다.

공은 모두 세 번 장가를 들었으니, 첫 번째 부인인 전주 이씨는 통덕랑 이동직(李東直)의 따님으로 판서 이기익(李箕翊)이 고조이신데, 규문의 법도를 모두 구비하여 실로 많은 내조를 하였다. 공과 같은 해에 출생하였고, 공보다 25년 먼저 별세하여, 처음 고양(高陽)의 문봉(文峰)에 장례하였다가 이장하여 공의 묘 오른쪽에 부장하였는데, 별도로 묘지(墓誌)가 있다.

아들은 박연(博淵)이고 딸은 승지 이재학(李在鶴)과 진사 조기순(趙基淳)에게 출가하였다. 박연의 양자는 응수(應秀)이고, 서녀(庶女)는 이인구(李麟求)에게 출가하였다. 이재학의 아들은 교현(敎鉉), 경현(敬鉉), 서현(叙鉉), 민현(敏鉉)이고, 사위는 정희조(鄭憙朝)이다. 조기순의 아들은 병구(秉球), 병위(秉瑋), 병완(秉琬), 병선(秉璿)이고, 사위는 김희현(金禧鉉), 이▨로(李▨老)이다.

두 번째 부인인 전의 이씨는 이석배(李碩培)의 따님이고, 청강(淸江) 이제신(李濟臣)의 후손이니, 또한 부덕(婦德)이 있었다. 공보다 15년 뒤에 출생하였고 공보다 21년 먼저 별세하여, 고양 문봉의 돌아가신 시아버지 묘역에 부장하였는데, 공이 일찍이 묘지(墓誌)를 지었다.

세 번째 부인인 경주 정씨는 참봉 정혁신(鄭赫新)의 따님이고 계림군(鷄林君) 정효상(鄭孝常)의 후손인데, 자녀를 낳았으나 모두 요절하였다. 서녀는 이희간(李羲榦)에게 출가하였고, 나머지는 다 기록하지 않는다.

공은 타고난 자품이 영특하고 풍도(風度)가 의젓하여 정직한 기개가 있었다. 일을 당하면 그 처리가 과감하여, 마치 만 길의 낭떠러지에서 물이 아래로 떨어지는 것처럼 다시는 막힘이 없어서, 바라보면 범할 수 없을 것 같았다. 그러나 술자리에서 흉금을 터놓게 되면 풍류가 크고 넓어서 성대하여 볼만하였다.

효성과 우애가 천성에서 나와서 어버이를 섬김에 그 뜻을 공손히 따랐으며, 일찍 모친을 여의고는 종신토록 애통한 마음을 간직하였다. 계비(繼妣)인 이씨 부인에게 양육되었는데, 한 번은 외갓집에 가자 이모가 "계모도 어미이냐."라고 놀렸다. 공이 대성통곡하고 다시는 외갓집에 가지 않으며 말하기를 "이모가 인륜을 무시하니, 보고 싶지 않다."라고 하였으니, 지극한 효성이 어렸을 적부터 이미 그러하였다. 계비인 이씨 부인이 고질병을 앓자, 공은 8년 동안 밤에도 허리띠를 풀지 않았고, 글을 지어 명산(名山)에 기도하면서 자신이 대신 죽을 것을 원하였다.

하나밖에 없는 아우를 아주 독실하게 사랑하였으나 잘못이 있으면 종아리를 치면서 눈물을 흘렸는데, 그가 일찍 별세하자 급히 묘비를 세우고 고아가 된 질녀(姪女)를 위로하고 돌보아서 자신이 낳은 아이들과 간격을 두지 않았다.

어버이 상을 치르면서 슬퍼하는 마음과 의식(儀式)을 모두 지극히 하여 한여름에도 상복과 수질(首絰), 요질(腰絰)을 벗지 않았고, 병이 위독하여도 새벽에 집안의 사당에서 위패를 배알하는 일을 중지하지 않았고, 다른 친척 집에서 모시는 선조의 기일을 만나면 비록 멀리 떨어져 있어도 반드시 참여하였으며, 비록 소원한 종족(宗族)이라도 반드시 마음을 다하여 대하였다.

집안을 다스림에 법도가 있어서 반드시 검약(儉約)을 숭상하였고, 다른 사람들과의 교유에 있어서는 사생(死生)과 영고성쇠(榮枯盛衰)가 있더라도 마음을 바꾸지 않았다. 그러나 아첨하고 바르지 못한 사람을 보면 똑바로 쳐다보지도 않았다. 강호(江湖)에 5년 동안 거처할 적에, 나쁜 짓을 하는 자가 있으면 번번이 "아무 영감께서 이 일을 아시는가?"라고 물었으니, 사람들이 마치 옛날 낙양 사람들이 단명전학사(端明殿學士)를 지낸 사마온공(司馬溫公)을 대하듯이 공을 대하였다.[223]

정사(政事)에 임하여 일을 처리할 적에는 정성과 능력을 모두 지극히 하여 큰일이든 작은 일이든 마땅하게 처리하였다. 잠시 지방의 외직을 맡았을 적에도 백성들이 진실로 순종하며 기리고 믿었다. 안동 사람들은 새 사또를 맞이할 때마다 번번이 기도하며 말하기를 "김 사또처럼 인자하고 청렴한 분을 얻기 원한다."라고 하였다. 과거를 주관할 적에 공정함을 견지하여 관절(關節)[224]이 통하지 않으니, 노여워하며 절교

223 사람들이……대하였다 : 사마온공(司馬溫公)은 북송(北宋)의 명재상인 사마광(司馬光)으로 그가 온국공(溫國公)에 봉해졌기 때문에 이렇게 칭한 것이다. 사마광은 신종(神宗) 때 왕안석의 신법에 반대하여 벼슬에서 물러나 낙양에 은둔하였는데, 명망이 매우 높아 당시 낙양 사람들의 존경을 한 몸에 받았으므로 이렇게 말한 것이다.

224 관절(關節) : 요로에 뇌물을 바치고 청탁하는 것을 이른다. 관절은 뼈마디로서 인체의 요긴한 부분이기 때문에 관료조직에서의 요로를 뜻한다.

하고자 하는 자가 있었는데, 공은 말씀하기를 "친지(親知)와 절교할 수는 있어도 내 평소의 뜻을 어기고 성상께서 나를 간택(簡擇)해 주신 은혜를 저버릴 수는 없다."라고 하였다.

군주에 대한 충성과 사랑이 천성에 근본하여, 건릉(健陵 정조)을 섬긴 것이 겨우 수개월 밖에 되지 않았으나, 매년 기일이 되면 별거하여 재계하고 소찬을 먹었으며, 정조께서 하사한 부채를 상자 안에서 꺼내어 만지며 눈물을 흘리곤 하였다. 간언(諫言) 때문에 내침을 당했다고 여겨서, 말년에는 비록 삼사(三司)에 출입하였으나, 다시는 조정의 의논에 참여하지 않았다. 그러나 성상께 잘못이 있다는 말을 들으면 얼굴에 근심하는 빛을 드러내었으며, 때로는 그칠 줄 모르고 통곡을 하기도 하였다.

익묘(翼廟)[225]께서 처음 춘방(春坊)에 들어가서는 궁료(宮僚)들을 대하여 침묵을 지켰는데, 공이 지성으로 소통시켜서 끝내 메아리처럼 서로 말을 주고받고 질문과 논란이 서로 이어졌고, 또 때로는 세자께서 쓰시던 먹〔墨〕을 하사하기도 하니, 여러 동료들이 얼굴에 감동하는 빛을 드러내었다. 불초가 궁료로 공을 따라 시강(侍講)하였는데, 공의 가슴속의 뜨거운 의기가 군주의 마음을 감동시키고 믿게 하는 것을 보고 매번 감탄하였다.

공은 문장이 풍부하고 굳세어서 붓을 잡으면 즉시 글이 이루어졌다.

225 익묘(翼廟) : 왕으로 추존된 익종(翼宗)을 가리킨다. 조선 23대 왕 순조(純祖)의 세자였던 효명세자(孝明世子, 1809~1830)로, 1812년(순조12)에 왕세자에 책봉되고, 1827년부터 대리청정하여 형옥을 삼가고 민정에 힘썼으나 4년 만에 승하하였다. 아들 헌종이 즉위하자 왕으로 추존되었다.

문장의 내용과 논리가 모두 지극하여 외울 만한 것이 많았는데, 유고(遺稿)가 집에 보관되어 있다.

아! 공은 세속에 모범이 될 만한 행실과 세상에 쓰일 만한 재주와 나라를 빛낼 만한 문장이 있었으나 당시의 정승을 배척하여 이 때문에 그 정승이 이를 갈며 미워하여 반평생동안 불우하였으며, 조금도 자신을 낮추어 세상에 영합되기를 구하지 않았으나 또 짧은 수명에 구애되어서 지위가 덕에 걸맞지 못하였으니, 애석하다.

그러나 사람을 논할 때에는 마땅히 큰 절개를 보아야 한다. 공이 홀로 서서 과감하게 말씀하신 것이, 마치 양초산(楊椒山)과 추남고(鄒南皐)[226]가 명나라 조정에서 지기(志氣)가 격앙되어 완악(頑惡)한 자들을 청렴하게 만들고 나약한 자들로 하여금 뜻을 세우게 할 수 있었던 것과 같으니, 이것이 맹자가 이른바 '먼저 큰 것〔心志〕을 세우면 그 작은 것〔耳目〕이 능히 빼앗지 못한다'는 것이다.

옛날 나의 선사(先師)이신 근재(近齋) 박 선생께서 이병모의 천거를 받았으나 의리에 맞게 처신하여 스스로 벼슬하지 않고 지조를 지켰는데, 공이 수립한 바가 길은 다르나 그 귀결은 같다. 이 때문에 불초가

226 양초산(楊椒山)과 추남고(鄒南皐) : 양초산은 명나라 중기의 문신이자 문인인 양계성(楊繼盛, 1516~1555)으로 초산은 그의 호이고 자는 중방(仲芳)이다. 벼슬이 병부 무선사(兵部武選司)에 이르렀는데 매우 강직하여 당시 권력을 전횡하던 재상 엄숭(嚴嵩)을 탄핵하다가 끝내 죽임을 당하였다. 추남고는 추원표(鄒元標, 1551~1624)로 남고는 그의 호이고 자는 이첨(爾瞻), 시호는 충개(忠介)이다. 벼슬이 형부 우시랑(刑部右侍郎)에 이르렀는데 직간을 잘하여 명성이 높았으며 학문의 성취가 뛰어나서 후배들의 흠모를 받았는데, 당시의 권간(權奸)인 위충현(魏忠賢)의 미움을 받아 벼슬을 사직하고 귀향하였다.

지극한 마음으로 앙모하고 심복(心服)하는 것이다.

옛날 현인이 선비를 논하면서 "기량(氣量)과 품평(品評)이니, 품평이 있게 되면 품격(品格)을 세우지 않아도 높아지고 겉으로 드러내지 않아도 드러나고 명성과 지위가 없어도 무거워지고 나이가 많지 않아도 우러러보니, 천지의 아름다운 그릇이요 조물주가 아까워하는 것이다. 천만 사람을 살펴보아도 한 두 사람 보기가 쉽지 않다."라고 하였으니,[227] 아! 공이 바로 이런 분이 아니겠는가!

공은 일찍이 자제들을 의로운 방법으로 가르치면서 말씀하시기를 "밖을 힘쓰는 자는 반드시 안을 빠뜨리니, 그 득실을 알기가 어렵지 않다."라고 하였다. 아드님이신 박연(博淵) 씨가 상시(庠試)[228]에 응시하고자 하여 공에게 청하기를 "교수가 저의 아명(兒名)을 아니, 짐작컨대 합격할 수 있을 것입니다."라고 하자, 공이 정색하며 말씀하기를 "네 나이가 아직 어린데, 이미 주사(主司)의 뜻을 엿보아서 진취하기를 도모하려고 하니, 어찌 그 마음이 못쓰게 되지 않겠는가."라고 하시고는, 다시는 상시에 응시하지 말도록 명하였다. 박연 씨는 오직 힘써 가르침을 따라서 학문을 쌓고 문장을 갈고닦으며 행실을 가다듬어 이름을 세웠으니, 또한 훌륭한 아들이라고 이를 만하다.

박연 씨가, 불초와 공의 의기가 서로 투합해서 유명(幽明)을 관통한

227 옛날……하였으니 : '옛날 현인'은 금(金)나라의 문신이자 시인인 원호문(元好問, 1190~1257)을 가리킨다. 원호문의 말은 〈내한풍공신도비명(內翰馮公神道碑銘)〉에 보이는데, 글자에 약간의 출입이 있다. 《遺山集 卷19 碑銘表誌碣》

228 상시(庠試) : 승보시(陞補試)를 이른다. 소과 초시(初試)에 해당하는 시험으로, 성균관의 대사성이 사학(四學)의 유생들에게 매년 10회에 걸쳐 시행하여 합격한 자에게는 생원(生員)·진사과(進士科)에 응시할 자격을 주었다.

다고 여기고는 불초에게 묘갈명을 청하였는데, 나에게 서까래만한 커다란 붓[229]이 없어서 추상과 같은 공의 기운을 묘사할 수 없음이 한스럽다. 공이 일찍이 간송관(澗松觀)이라고 자호하였는데, 소나무가 바로 공인가, 공이 바로 소나무인가? 뒤에 반드시 이것을 분변하는 자가 있을 것이다. 다음과 같이 명한다.

훌륭하신 김공이여	有美金公
세상에 드문 호걸이니	間世豪英
의지와 기개가 높고 크며	磊磊落落
청백하고 고결하였네	皎皎亭亭
문과 급제하여 조정에서 드날려	策名揚庭
성명한 군주에게 지우를 입었네	受知聖明
활시위처럼 곧고	如弦斯直
얼음처럼 깨끗하니	若冰斯清
숨겨진 간사함 제거해서	鋤彼幽姦
풍교(風敎)를 크게 떨쳤네	丕振風聲
송나라의 당개[230]요	在宋唐介

229 서까래만한 커다란 붓 : 훌륭한 글재주를 비유하는 말이다. 진(晉)나라 왕순(王珣)의 꿈에 어떤 사람에게 서까래만한 커다란 붓을 받은 꿈을 꾸고는 "내가 솜씨를 크게 발휘할 일이 있을 모양이다."라고 하였는데, 과연 얼마 뒤에 황제가 붕어하여 애책문(哀冊文)과 시의(諡議) 등을 모두 왕순이 짓게 된 고사에서 유래하였다. 《晉書 卷65 王導列傳 王珣》

230 당개(唐介) : 1010~1069. 북송 신종(神宗) 때의 문신으로 벼슬이 참지정사(參知政事)에 이르렀고 시호는 질숙(質肅)이다. 성품이 강개하여 직간을 많이 하였으며

당나라의 양성[231]이니	在唐陽城
움츠리지도 않고 피하지도 않아서[232]	不撓不逃
사생을 돌아보지 않았네	不恤死生
두 번이나 남쪽 변방으로 유배되었으나	再竄南荒
지조와 절개 더욱 곧아졌네	志節彌貞
우뚝이 서서 분발하여	卓立蹈厲
본성을 따라 행하였네	由所性行
명분과 의리를 부식하여	扶植名義
세도(世道)에 도움이 되었네	用裨世程
근본이 보존되었으니	本之則存
효도와 우애가 천성으로 이루어졌네	孝友天成
이를 정사(政事)에 베풀어서	施於有政
세상의 모범이 되었는데	爲世儀刑
무엇이 남만 못하기에	誰之不若
공경이 되지 못하였는가	而不公卿
날면서 날개를 활짝 펴지 못하였으니	飛不盡翰
높고 높은 하늘에 이유를 묻노라	致詰冥冥
누군들 일곱 자의 몸이 없으랴마는	疇無七尺

권신(權臣)들도 가리지 않고 탄핵하였다.

231 양성(陽城) : 당나라 덕종(德宗) 때의 직신(直臣)으로 간의대부(諫議大夫)로 기용되어 사소한 일에는 간언하지 않다가, 덕종이 당시의 어진 재상인 육지(陸贄)를 파면하고 간신인 배연령(裵延齡)을 재상으로 임명하려 하자 극간하며 반대하다가 덕종의 미움을 사서 좌천되었다. 《新唐書 卷194 陽城列傳》

232 움츠리지도……않아서 : 이에 관한 자세한 내용은 77쪽 주138 참조.

누가 백년까지 살 수 있는가	疇及百齡
누가 우리 공처럼	疇如我公
몸과 이름 모두 온전히 하랴	全身完名
이에 아름다움을 찬양하는 글을	于以揭美
강가의 묘소에 세우노라	河上之塋
나의 글에 부끄러운 말 없으니	我無愧辭
창령[233]에게 질정하노라	質諸蒼靈

233 창령(蒼靈) : 중국 고대 신화의 다섯 천제(天帝) 중의 하나인 청제(靑帝)로, 동쪽에 있으면서 봄을 관장하는 신이다.

군자감 정오공 묘갈명 병서○무신년[234]

軍資監正吳公墓碣銘 幷序○戊申

문정공(文靖公) 순암(醇菴) 오공(吳公)[235]이 돈독한 덕과 깊은 학문으로 사대부 사이에 모범이 되었다. 두 아드님을 두셨으니, 영재 처사(寧齋處士) 휘 윤상(允常)은 도를 간직하고 검박한 품성을 지키다가 빛을 감추고 일찍 세상을 떠났고, 노주(老洲) 문원공(文元公) 휘 희상(熙常)은 능히 집안의 진수(眞髓)를 전수받아서 당대의 유종(儒宗)이 되었다.

문원공의 아내인 안동 권씨(安東權氏)는 목사로 찬성(贊成)에 추증된 권제응(權濟應)의 따님으로 아들 휘 치성(致成)을 낳았다. 치성은 처음 휘가 치규(致奎)였고, 자가 서오(瑞五)인데, 출계(出系)하여 영재공(寧齋公)의 사자(嗣子)가 되어 문정공의 제사를 주관하였다. 돌아가신 양모(養母)인 광산 김씨는 남편이 별세하자 따라 순절하여 정려(旌閭)되었는데, 선친은 현령(縣令) 김상성(金相聖)이다.

공은 관향(貫鄕)이 해주(海州)인데, 해주 오씨는 군기감 감(軍器監監) 휘 인유(仁裕)에서 세계(世系)가 나왔다. 여러 대를 전하여 정무공(貞武公) 휘 정방(定邦)에 이르러서 혼조(昏朝 광해군) 때에 충절을 드

234 무신년 : 1848년(헌종14)으로, 매산의 나이 73세 되던 해이다.

235 문정공(文靖公) 순암(醇菴) 오공(吳公) : 오재순(吳載純, 1727~1792)으로 순암은 그의 호이고 자는 문경(文卿)이며, 현종의 딸인 명안공주(明安公主)의 손자이다. 1772년(영조48) 정시 문과에 급제하고 벼슬이 판중추부사에 이르렀으며 대제학을 지냈다. 겸손하고 과묵하여 정조의 깊은 사랑을 받았다.

러내었고 충정공(忠貞公) 휘 두인(斗寅)은 황파(黃巴)의 변고에 간하다가 별세하니,[236] 실로 공의 5대조이시다. 고조(高祖) 휘 태주(泰周)는 해창위(海昌尉)로 시호가 문효(文孝)이고 증조(曾祖) 휘 원(瑗)은 공조 참판으로 좌찬성에 추증되었는데 시호가 문목(文穆)이다.

문목공의 큰 아들 휘 재순(載純)은 판중추(判中樞)를 지냈는데, 시호가 문정(文靖)이며 2대가 연이어 문형(文衡 대제학)을 맡았다. 문목공의 막내아드님이신 휘 재소(載紹)는 판돈녕(判敦寧)으로 시호가 정헌(定獻)이다. 이분이 문원공 휘 희상을 데려다가 후사로 삼았는데, 문원공은 벼슬이 시강원 찬선(侍講院贊善)으로 이조 판서에 추증되었다.

공은 선대의 광채를 품고 남다른 자질을 받고 태어나서, 말씀이 적었고 놀며 장난치는 것을 좋아하지 않았다. 점점 성장하면서 자력으로 학문을 익히고 겸하여 공령(功令)[237]을 공부하였다.

경오년(1810, 순조10)에 사마시(司馬試)에 합격하고 계유년(1813)에 처음 벼슬하였다. 이후 동몽교관(童蒙敎官)과 장원서 별제(掌苑署別提) 사헌부 감찰, 형조 좌랑, 경모궁 령(景慕宮令), 익위사(翊衛司)의 사어(司禦)와 위솔(衛率), 군자감 정, 영평 현령(永平縣令), 천안

236 충정공(忠貞公)……별세하니 : 충정공은 오두인(吳斗寅, 1624~1689)의 시호이다. 자는 원징(元徵), 호는 양곡(陽谷)으로 1649년(인조27) 별시 문과에 장원으로 급제하고 벼슬이 사간에 이르렀다. '황파'는 황사(黃蛇)란 뜻으로 기사년을 이르는데 여기서는 1689년을 가리킨다. 오두인은 인현왕후(仁顯王后)가 폐위되자 이세화(李世華), 박태보(朴泰輔)와 함께 반대하는 소를 올렸다가 숙종의 노여움을 사서 국문을 받고 의주로 유배되었는데, 유배 도중 파주에서 별세하였다.

237 공령(功令) : 과거(科擧)를 볼 때 짓는 여러 가지 글의 문체 즉 과문(科文)을 말하는데, 과거를 바로 가리키기도 한다.

군수(天安郡守), 남원 부사(南原府使), 상주 목사(尙州牧使)를 지냈으니, 이것이 공이 지낸 내외직의 이력이다.

영평에는 명승지가 많으니, 공은 공무를 마친 여가에 흥을 타고서 이은(吏隱)[238]의 취미를 이루었다. 천안 군수 시절 겸읍(兼邑)[239]의 부절(符節)을 잃어버린 일로 아산현(牙山縣)으로 유배되었는데, 문원공이 어려움에 처한 시기에 독서할 것을 권면하니, 공은 《추경(鄒經)》을 가지고 가서 송독하고 그 깊은 뜻을 끊임없이 연구하였다. 문원공이 기뻐하며 말하기를 "이 시련이 너를 옥처럼 갈고 연마하여 완성시켜 줄 것이다."라고 하였다.

궁료(宮僚)[240]로 있다가 남원 부사로 나갔는데, 익묘(翼廟)께서 대리청정하시는 때여서 특별히 불러 대면하고 하유(下諭)하시니, 특별한 예우였다. 상주 목사로 옮겼는데 가뭄으로 백성들이 굶주려 갓난아이를 포대기로 업고 유리걸식하는 무리가 서로 이어지니, 공은 급히 자신의 녹봉을 덜어서 구제하였다.

봄에 진휼(賑恤)을 하게 되자 백성과 마을을 분별하고 남녀를 구별하고 장유(長幼)로 차례를 정해서 음식을 배급함에 조리가 있었고, 병든 자들을 약으로 치료하는 등, 그 안배(按排)가 주도면밀하여 끝내 기아로 죽은 자가 없었다. 고을에 거만(鉅萬)의 묵은 포흠(逋欠)이

238 이은(吏隱) : 훌륭한 재주를 가지고 있으나, 재주를 숨긴 채 높은 벼슬에 마음을 두지 않고 낮은 관직에서 숨어 지내는 것을 이른다.

239 겸읍(兼邑) : 어떤 고을의 수령 자리가 공석 중일 때 임시로 이웃 고을의 수령으로 하여금 다스리게 하는 고을을 이른다.

240 궁료(宮僚) : 동궁에 딸린 관료란 뜻으로, 오치성은 익위사(翊衛司)의 사어(司禦)와 위솔(衛率)의 벼슬을 지냈다.

있었는데 이것이 엄폐된 채로 처리되지 않고 있었다. 공이 마침내 장부를 샅샅이 파헤쳐 여러 번으로 나누어 징수하되, 관리와 백성들이 서로 침범하지 못하게 하고, 사망한 자들을 기재하고 관에서 돈을 내어 이 포흠을 대신 충당해 준 것이 천(千) 단위로 헤아려졌다. 이에 쌓인 병폐가 비로소 바로잡혀서 고을이 다시 살아났다. 백성들이 공의 정사에 대해 진심으로 믿고 순종하며 아름답고 흡족하게 여겨서, 구거(鉤距기모(機謀))를 행하지 않았는데도 여러 조처들이 반드시 면밀하게 행해졌으며, 또 잘 헤아려서 과감하게 실행하였기 때문에 오래되어도 폐해지지 않으니, 백성들이 공이 베푼 선정(善政)을 그리워하였다.

임진년(1832)에 모친상을 당하여 관직을 떠났는데, 계사년(1833)에 생부인 문원공께서 또 세상을 버리시니, 이후 종신토록 슬퍼하고 그리워하여 벼슬에 진취하려는 뜻을 끊어서, 천거로 군자감 정(正)에 제수되었으나 사직하였다. 갑진년(1844, 헌종10) 11월 10일에 향년 60세로 별세하였는데, 을사년(1845) 정월에 양성(陽城) 반곡리(盤谷里)에 장례하였다가 병오년(1846)에 직산(稷山)에 있는 문정공 묘소 옆 을좌(乙坐)의 언덕으로 이장하였다.

배위(配位) 청송 심씨(青松沈氏)는 현감 심능수(沈能秀)의 따님인데 여사(女士)의 풍모가 있었다. 공보다 3년 먼저 출생하였고 공보다 32년 먼저 별세하였는데, 처음에는 직산의 선영에 장례하였다가 이때에 이르러 공의 묘소로 옮겨 부장하였다. 1남 1녀를 낳았으니 아들 홍선(弘善)은 생원인데 요절하여 족자(族子)인 준영(俊泳)을 데려다가 후사로 삼았고, 딸은 이종우(李鍾愚)에게 출가하였는데 계자는 교익(喬翼)이다. 계배(繼配) 반남 박씨(潘南朴氏)는 박종각(朴宗珏)의 따님이다.

공은 타고난 자질이 매우 뛰어나서 편안하고 고요하고 욕심이 적었으며 어버이를 섬김에 뜻을 받들어 순종하고 어김이 없어서, 일찍이 잘못을 저지른 적이 없었다. 8세에 문정공을 간병할 적에는 밤에도 허리띠를 풀지 않고 잠을 자지 않았으면서도 피곤하다고 말하지 않았다. 승중상(承重喪)[241]을 입게 되자 최마(衰麻 상복)를 입고서 조문을 받았는데, 성인(成人)처럼 애통해 하였다.

생부인 문원공을 섬길 적에 지극한 사랑이 있어서 교외의 별장과 강가의 별장에서 모시면서 하루도 곁을 떠난 적이 없었다. 문원공이 고령에 병환으로 자리에 눕게 되자, 손님을 접대하고 문자를 짓는 일의 거의 대부분을 공이 대신하였다. 남쪽 고을에 있을 적에 자친의 병환을 듣고 달려왔으나 미처 고복(皐復)[242]에 이르지 못하니, 종신토록 한을 품고 지내면서 마치 살고 싶어 하지 않는 듯하였다. 거듭 부친상을 당하자, 슬픔으로 몸을 훼손하여 거의 생명을 온전히 하지 못할 지경에 이르렀는데, 선친의 원고를 수습해서 끝내 전질(全帙)을 만들었다.

항상 양부(養父)인 영재공(寧齋公)을 미처 섬기지 못한 것을 지극한 애통으로 여겼는데, 영재공의 유사(遺事)와 만사(輓詞)와 제문(祭文)을 모으고 여기에다가 집안에서 예전에 들었던 것들을 참고해서 이어 가승(家乘)을 완성하여 추모하는 마음을 붙였다.

241 승중상(承重喪) : 아버지를 여읜 맏아들이 당한 조부나 조모의 상을 이른다. 오치성은 돌아가신 백부의 양자가 되어 종자가 되었는데, 조부인 문정공이 별세하여 승중상을 입은 것이다.

242 고복(皐復) : 사람이 죽은 뒤에 지붕 위에 올라가 죽은 사람의 영혼을 부르는 일을 이르는데, 영혼이 다시 돌아와 살아나기를 기원하는 뜻에서 행하며 초혼(招魂)이라고도 한다.

계씨(季氏)와 우애가 돈독해서 침상을 잇대어 함께 자며 거처한 지 50년에 거의 몸이 둘임을 알지 못했으며, 종제(從弟)를 동기간과 똑같이 여겨 그의 두 고아를 자기 자식처럼 돌보았다. 제사나 혼사가 있으면 힘을 다하여 도와서 정(情)과 예(禮)를 다하였으며, 이러한 마음을 소원한 친족에게까지 미루어서 곡진하게 은혜로운 뜻이 있었으니, 공의 집에 오는 사람들이 마치 자기 집에 돌아오는 듯이 여겼다.

고을을 맡았을 때에 남은 녹봉을 자신의 사사로운 일에 쓰지 않고, 어버이께서 하시고자 하는 뜻을 살펴서 궁핍한 자들에게 베풀어 주고는 조금도 아까워하지 않았으며, 스스로의 생활은 검약(儉約)하게 하였는데 서신(書信)과 선물이 조정의 권신들에게 미치지 않으니, 세상 사람들은 그 청렴하고 곧은 지조에 탄복하였다.

공은 평소 과묵해서 사람들을 대함에 기뻐하는 마음을 겉으로 드러내지 않았으나, 마음속은 탁 트여있어서 오직 남이 자신의 마음을 얻지 못할까 두려워하였다. 성정과 도량이 너그럽고 후덕하였으나 음과 양, 선과 악의 구별에 있어서는 그 소신이 확고하여 빼앗을 수가 없었다. 권모술수와 권세와 재물의 이익에 대해서는 더욱 경계해서 재환(災患)처럼 여길 뿐만이 아니었으며, 스스로 도를 따라 힘을 기르며 몸을 감추기에 힘써서, 사람들을 초대하고 방문하는 일에 힘을 쓰지 않았다. 오직 책상을 마주하고 앉아 잠심(潛心)하여 궁구해서 잠시도 눈길을 돌리지 않았으며, 좌우에 도서들이 먼지가 쌓인 채 책상을 가득 채우고 있었으나, 육체와 정신을 초월하여, 문 앞을 지나가는 자들이 방안에 사람이 있는 줄을 알지 못하였다.

의복이나 음식과 같은 경우에는 정해진 규칙이 있고, 거주함에 항상 일정한 곳이 있어서 조금도 바꾸지 않았으며, 평소 말씀하기를 "사대부의 출처와 거취는 세도(世道)에 관계가 되니, 구차히 해서는 안 된다." 라고 하였다.

젊었을 때에 정시(廷試)에서 초시에 합격하였는데, 남성시(南省試)[243]를 치르는 시기에 어버이의 기일(忌日)이 있자 마음을 굳게 먹고 뜻을 정하여 응시하지 않았다. 혹자가 권하기를 "기일에는 재계(齋戒)를 파하기 때문에 구애될 것이 없다."라고 하자, 공이 말씀하기를 "옛날에 기일에는 서로 조문했는데, 어찌 재계를 파한다고 하는가."라고 하니, 그 사람이 부끄러워하며 공의 말씀에 탄복하였다. 말년에 큰 아들을 잃자, "누대(累代)의 기맥(氣脈)이 끊어졌다."라고 하고는 이 뒤로부터 이목구비(耳目口鼻)를 막고 은거하여 한가로이 지내다가[244] 생을

243 남성시(南省試) : 조선 시대 예조(禮曹)가 주관해서 치르는 회시(會試)로, 남성은 예조의 별칭이다. 회시는 초시에 합격한 사람에게 다시 보이는 과거 시험으로 복시(覆試)라고도 한다. 소과인 생원·진사시의 경우 회시에 합격하여야 생원·진사가 되었고, 문·무과의 경우 회시에 합격하면 급제가 되어 등수를 정하는 최종 시험인 전시에 나아갔다.

244 이목구비(耳目口鼻)를……지내다가 : 원문의 '색태(塞兌)'는 《노자(老子)》에 있는 말로, 욕심이 나오는 이목구비를 막는 것이다. 《도덕경(道德經)》 52장에 "이목구비를 막고 문을 닫으면 종신토록 수고롭지 않게 된다.〔塞其兌, 閉其門, 終身不勤.〕"라고 보인다. '식영(息影)'은 한가로이 은거한다는 뜻으로, 《장자》 〈어부(漁父)〉의 "어떤 사람이 자신의 그림자를 두려워하고 자신의 발자국을 싫어하여 이것을 떨쳐내려고 달음질을 쳤는데, 발을 들어 올리는 횟수가 많아질수록 발자국도 더욱 많아졌고 달리는 것이 빠를수록 그림자가 몸에서 떨어지지 않았다. 자신의 달리기가 아직 더디다고 생각해서 쉬지 않고 질주하다가 마침내는 힘이 다하여 죽고 말았다. 이 사람은 그늘에 처하면 그림자가 사라지고 고요히 쉬면 발자국도 멈춰진다는 것을 몰랐으니, 어리석음이 또한 심한 것이다.〔人有畏影惡迹而去之走者, 擧足愈數而迹愈多, 走愈疾而影不離身. 自以爲尙遲, 疾走不休, 絶力而死. 不知處陰以休影, 處靜以息迹, 愚亦甚矣.〕"라는 구절에서 유래하였다.

마치었다.

공은 대대로 전해오는 절의(節義)와 효우(孝友)와 도학과 문장을 계승하여 마침내 명문의 후예(後裔)가 되었으며, 또 문정공을 매우 닮아서 겉으로는 본보기로 삼을 바가 없는 것 같았으나 안은 실로 공력이 쌓여 도리와 사리에 통달하였으며, 한가롭고 여유 있게 스스로 즐거워하면서 얻고 잃는 것과 영광과 치욕에 얽매이지 않고 초탈하여 능히 선조들이 남긴 법도를 따랐다.

문원공 문하에서 종유(從遊)하던 선비들이 공과 사귀면서 기뻐하여 말하기를 "선생을 닮은 훌륭한 아들이다."라고 하였고, 선친의 친구와 덕망이 있는 장자(長者)들이 모두 연배(年輩)를 낮추어 공과 의기투합하고는 칭찬하기를 "법도 있는 세가(世家)의 후손 가운데 마땅히 제일로 꼽아야 한다."라고 하였다.

불초한 이 몸이 스승인 문원공을 뵙고 물러나 공을 만나 볼 때마다 번번이 고금의 인물들의 광범하게 논하였는데, 학술과 문장으로부터 진퇴와 행장(行藏), 현사(賢邪)와 유뢰(瑜纇 훌륭한 점과 결점) 의 구분에 이르기까지 권도(權度 판단의 척도)가 어긋남이 없으니, 남에게 듣고 보아서 알게 된 지식에서 나온 것이 아니었다.

문장을 지을 적에 답습한 바가 없었으나 법도가 스스로 엄격하였다. 일찍이 말씀하기를 "문인들의 기량은 이치에 간절하지 못해서 한만(汗漫)하여 도를 해친다."라고 하였다. 이 때문에 저술에 힘쓰지 않았고 저술하여도 또한 그 원고를 버렸다.

일찍이 선현이 '나로써 책을 본다.〔以我觀書.〕'라고 한 구절[245]을 취

245 선현이……구절 : '선현'은 북송의 시인으로 강서시파(江西詩派)의 개조인 산곡

하여 거실(居室)을 '아관(我觀)'이라고 이름하였으니, 그 내면의 수양이 전일(專一)하였음을 검증할 수 있다. 평소 학문을 하였다고 자처하지 않았으나 명실(名實)이 순수하여 초연(超然)하게 속세를 버리고 홀로 서있는 듯하여 남들과 더불어 다투지 않아서, 옛날의 이른바 '귀천(貴賤)과 친소(親疎)로 얻을 수 없다'는 점을 공이 실제로 가지고 있었으니, 아! 아름답다.

공의 아우인 치익(致翼) 치보(穉輔)가 불초에게 묘갈문을 부탁하였는데, 기년(期年)이 못되어서 치보가 또 별세하였다. 불초는 일찍이 문원공의 행장과 공의 아드님의 묘지(墓誌)를 지었는데, 또다시 공의 묘석에 글을 쓰게 되어 늙어서도 죽지 못하고 공의 3대를 곡하니, 아! 슬프다. 눈물과 함께 명문(銘文)을 짓는다. 명은 다음과 같다.

삼재의 이치를 연구하였으나 학문으로 자처하지 않았고

究三才之理而不以學問自居

다섯 수레의 책을 읽었으나 문장으로 스스로 즐기는 것을 부끄러워하였다

讀五車之書而耻以文藝自娯

7대 문헌의 전통을 이었으나 어기지 아니하여 어리석은 듯하였고[246]

(山谷) 황정견(黃庭堅, 1045~1105)을 이른다. '나로써 책을 본다.〔以我觀書〕'라는 구절은 《주자어류(朱子語類)》 권10 〈학(學)4 독서법 상(讀書法上) 우군서선후완급지서(右群書先後緩急之序)〉에 산곡 황정견이 이기중(李幾仲)에게 보내 편지에서 말한 것이라고 기재되어 있다.

246 어기지……듯하였고 : 이 내용은 《논어》 〈위정(爲政)〉에 "내가 안회(顔回)와 더불어 온종일 이야기를 함에 내 말을 어기지 않아 어리석은 사람처럼 보이더니, 물러간 뒤의 사생활을 살펴보건대 또한 충분히 발명하니, 안회는 어리석지 않구나.〔吾與回言

纘七世文獻之傳而不違如愚

모든 쓰임에 이롭게 쓸 수 있는 재주를 간직하고 있었으나 자취를 거두어서 없는 듯하였다 抱九需利用之才而斂寂若無

집에서는 남쪽 언덕에서 난초를 캐어 올렸으니[247] 효성이 천성에서 나왔고 居家採南陔之蘭而孝自天植

관청에서는 울림의 돌[248]을 싣고 왔으나 청렴함을 남이 알까 두려워하였다 莅官載鬱林之石而清畏人知

장차 어디인들 두루 쓰이지 않으며 將何用不周

어디에 베푼들 이롭지 않으랴마는 何施不利

겸손하여 능히 하지 못하는 것처럼 하였네 而退然若不能爲

스스로를 감추고 있는 혼금, 박옥[249]과 같고 如渾金璞玉之自韞

終日, 不違如愚, 退而省其私, 亦足以發, 回也不愚.〕"라고 하신 공자의 말씀을 인용한 것이다.

247 남쪽……올렸으니 : 원문의 '남해(南陔)'는 남쪽 언덕이란 뜻이자, 《시경》〈소아(小雅)〉 중에 제목만 남아 있고 가사가 없어진 시의 편명이다. 〈모씨서(毛氏序)〉에 "이 시는 어버이를 봉양하는 효자의 심정을 담고 있다."라고 하였는데, 진(晉)나라 속석(束晳)이 그 내용을 보충하기를 "저 남쪽 언덕을 따라 난초를 캐노라. 집안 뜨락을 돌아보며 어버이 그리워하노니 마음이 편안할 겨를이 없어라.〔循彼南陔, 言采其蘭. 眷戀庭闈, 心不遑安.〕"라고 하였으므로 이렇게 말한 것이다.

248 울림(鬱林)의 돌 : 지방 수령 시절에 매우 청렴했음을 비유하는 말이다. 삼국시대 오나라의 청백리인 육적(陸績, 188~219)이 울림 태수(鬱林太守)의 임기를 마치고 배편으로 귀향하였는데, 태수 시절 청렴하여 배에 실을 것이 없어 배가 너무 가벼워 물을 건너지 못하자 큰 돌을 실어 무게를 맞춰 건너온 고사에서 유래한 말이다. 후손들이 이 돌을 자신들의 집 앞에 세워 육적의 청렴함을 기렸다고 한다. 《新唐書 卷196 隱逸列傳 陸龜蒙》

249 혼금(渾金), 박옥(璞玉) : '혼금'은 아직 정련하지 않은 금이고, '박옥'은 아직 가

맛이 없는 현주, 대갱[250]과 같았네 玄酒大羹之無味

시운(時運)을 편안히 여기고 변화에 순응하여 安時處順

만물과 함께하며 사사로운 마음 품지 않았네 與物無私

이 때문에 종신토록 명성을 피하였으나 명성이 이 가운데 있으니

所以歿身逃名而名在其中

이는 황숙도와 서유자[251]와 같은 풍도를 듣고 따른 것일 것이다

斯其聞黃叔度徐孺子之風乎

공하지 않은 옥의 원석을 이르는데, 모두 아름다운 자질을 타고났으나 아직 꾸밈이 가해지지 않음을 비유하는 말로 쓰인다.

250 현주(玄酒), 대갱(大羹) : '현주'는 제사 때에 술과 함께 진설하는 정화수(井華水 맑은 물)를 이른다. 태고에는 술이 없었기 때문에 제사 때 현주를 술 대신 썼는데, 후대에도 근본을 잊지 않는다는 뜻에서 현주를 함께 썼다. 공영달(孔穎達)은 "현주(玄酒)는 물을 말한다. 색이 검기 때문에 '현'이라 한 것인데, 태고에는 술이 없어 이 물을 술에 대신하여 썼기 때문에 '현주'라고 부른다.〔玄酒謂水也. 以其色黑, 謂之玄, 而大古無酒. 此水當酒所用, 故謂之玄酒.〕"라고 풀이하였다. 《禮記正義 禮運》 '대갱'은 종묘(宗廟) 제사에 올리는 고깃국으로 채소와 조미료를 넣지 않고 끓인 것이다. 《예기》 〈악기(樂記)〉에 "대갱에 조미를 하지 않는 것은 남은 맛을 두기 위해서이다.〔大羹不和, 有遺味者矣.〕"라고 하였다.

251 황숙도(黃叔度)와 서유자(徐孺子) : 황숙도는 후한(後漢)의 고사인 황헌(黃憲, 75~122)으로 숙도는 그의 자(字)이다. 도량이 넓고 커서 동시대의 고사인 곽태(郭泰)가 "숙도의 기국(器局)은 천 경(頃)의 물처럼 넓고 깊어서 사람들이 맑게 할 수도 없고 흐려지게 할 수도 없으니, 도저히 측량할 수가 없다."라고 칭송한 적이 있다. 《後漢書 卷53 黃憲列傳》 서유자는 후한 때의 고사인 서치(徐穉, 97~168)로, 유자는 그의 자이다. 집안이 빈한하여 직접 농사를 지어 살면서도 조정의 부름에 응하지 않아 남주 고사(南州高士)로 불렸다. 《後漢書 卷66 陳蕃列傳》

증 부제학 도원 유공 묘갈명 병서○기유년[252]

贈副提學桃園兪公墓碣銘 并序○己酉

국조(國朝) 정릉(靖陵 중종)의 시대에 여러 현자들이 다 함께 조정에 등용되어 나라를 다스리는 큰 도(道)가 때에 맞춰 올라갔었는데, 이때에 간흉(奸凶)들이 정도(貞道)를 멸하여 여러 현자들을 모두 주벌하고 잔멸(殘滅)시켜서 세도(世道)가 모두 망하였다.

도원(桃園) 유형(兪炯) 공이 이때 정언(正言)으로 있었는데, 지평(持平)으로 있던 윤개(尹漑) 공과 함께 글을 올려서 문정공(文正公) 정암(靜菴) 조광조(趙光祖) 공을 구원하려 하다가, 끝내 법망에 걸려 배척을 당하고 여러 해 동안 가평(加平)의 조종암(朝宗巖)에 운둔하여 마치 그대로 삶을 마칠 듯하였다.

갑신년(1524, 중종19)에 기묘당인(己卯黨人)에 대한 금고(禁錮)가 다소 완화되자, 공은 서용(敍用)되어 전랑(銓郞)에 제수되었다. 그러나 당시 세상 일이 위태롭고 의심스럽기 때문에 공은 조정에 있는 것을 불안하게 여겨서 노모의 봉양을 청하여 청풍(淸風) 고을의 수령이 되었는데, 을유년(1525) 6월 3일에 관청에서 별세하니, 출생한 성종(成宗) 13년 임인년(1482)과 따져보면 햇수로 44년이 된다. 파주(坡州) 파평면(坡平面) 신곡(新谷)에 있는 선영의 갑좌(甲坐)의 언덕에 따라 장례하니, 공의 유명(遺命)을 따른 것이다.

선묘(宣廟 선조) 무진년에 공을 홍문관 전한(弘文館典翰)에 추증하

252 기유년 : 1849년(철종 즉위년)으로, 매산의 나이 74세 되던 해이다.

였고, 영묘(英廟 영조) 병인년에 기묘명신들을 추급하여 표창할 적에 상신(相臣)인 송인명(宋寅明)이 아뢰기를 "고(故) 정랑 유형은 바로 중묘(中廟) 조정의 명신인 조광조와 김정(金淨)의 당여(黨與)입니다. 군주에게 충성하고 나라를 사랑하는 마음이 이미 우리나라 역사책에 드러나 있는데, 아직도 이분을 포장(褒奬)하지 않고 있으니, 실로 성세(聖世)에 흠사(欠事 흠이 되는 일)입니다. 더 높여 추증하기를 청합니다."라고 하였다. 이에 부제학(副提學)을 추증하라고 명을 내리고 겸함(兼銜)을 준례와 같이 내리니, 이것이 공이 벼슬한 처음과 끝의 대략적인 내용이다.

공은 자가 명중(明仲)이고, 도원(桃園)은 그의 호(號)이다. 창원 유씨(昌原兪氏)는 고려 때 보문각 직제학(寶文閣直提學)을 지낸 휘 섭(涉)이 원조(遠祖)가 되신다. 두 대를 전하여 휘 홍(弘)에 이르러 사재감령(司宰監令)으로 왕씨 고려가 망하자 관직을 버리고 인제(麟蹄)의 월락산(月落山)으로 들어가서 생을 마칠 때까지 은둔하였다.

아들 휘 귀생(貴生)은 본조에서 벼슬하여 공조 전서(工曹典書)가 되었으니, 이분이 공의 고조이시다. 증조(曾祖) 휘 상지(尙智)는 집현전 직제학이고, 조고 휘 조(造)는 사간원 사간으로 좌리원종공신(佐理原從功臣)에 녹훈(錄勳)되었고, 선고 휘 세건(世健)은 좌승지에 추증되었으니 이는 공 때문에 추은(推恩)된 것이었다. 선비 순천 김씨(順天金氏)는 사예 중손(仲孫)의 따님이다. 공의 배위인 홍주 이씨(洪州李氏)는 사간 경종(慶從)이 그 선고(先考)이시니, 공의 묘에 부장하였는데, 광중(壙中)은 달리하였다.

공은 정묘년에 진사시에 합격하고 갑술년에 박세희(朴世熹) 공과 함께 문과에 급제하였다. 한림(翰林 예문관 검열)과 삼사(三司 사헌부,

사간원, 홍문관의 합칭)의 여러 관직, 이조 정랑, 충청 도사, 회양 부사(淮陽府使), 양주 목사(楊州牧使), 청풍 군수(淸風郡守) 등이 바로 공이 지낸 내외 관직의 이력이다.

공은 정암(靜菴) 등 제현들과 함께 진퇴를 함께했으니, 공의 덕의(德義)와 풍절(風節)에 대해 진실로 기술할 만한 내용이 많을 것인데, 세대가 점점 멀어져서 검증할 만한 문헌이 없고, 다만 공이 청풍 군수로 나갈 때에 같이 벼슬하던 벗들이 전별하며 지어준 시문이 있다.

총재(冢宰 이조 판서) 황효헌(黃孝獻)의 시서(詩序)에 이르기를 "유모(兪某)가 청풍 군수가 되니 친구들이 모두 탄식하고 애석해하며 이르기를 '재주가 옥당(玉堂)에 어울리는데 궁벽한 고을에 버려지니, 자신을 위한 계책으로는 좋을 것이나 나라에서 잃은 바는 한두 가지가 아니다.' 하였다.〔某爲淸風守, 朋儕咸歎惜, 曰:材宜玉堂, 而棄僻邑, 於計則得矣, 所失非一端.〕"라고 하였고, 야천(冶川) 박 문강공(朴文康公 박소(朴紹))의 시에는

군후(君侯)는 본래 제일류의 인물이니　君侯自是第一流
단정한 지조가 범인들과 같지 않네　端操不與凡人同
사람들이 옥당의 천상랑이라고 칭하며　人稱玉堂天上郎
마땅히 임금을 보필하여 왕궁에 조회해야 한다고 말하네　謂宜黼黻朝王宮

라고 하였다.

또 소총재(少冢宰 이조 참판) 윤안인(尹安仁) 공의 시에 이르기를

사간원에서 편 강직한 의논 일찍이 정직하다고 추중(推重)하였고　薇院讜議曾推直
이조(吏曹)에서 인재를 논함에 일찍 공평함을 얻었네

銓部論材早得平

라고 하였다.

눌재(訥齋) 박 문간공(朴文簡公 박상(朴祥))의 제문(祭文)에 이르기를

계명성은 더욱 찬란해지고 明星愈爛
떠오르는 해는 가장 빛나네 旭日最光
이 두 가지가 惟茲二物
모두 동방에서 나오니 俱出東方
누가 동방 사람이 아니랴마는 誰非東人
군이 그 기운을 많이 받았도다 君厚受哉
붓을 떨구면 글자를 이루니 落翰成字
글자가 갈고리와 쇠사슬과 같고 銀鉤鐵索
말을 토하면 문장이 되니 吐詞爲章
난초의 뿌리와 버들의 골격이네 蘭根柳骨

라고 하였으니, 당대의 사람들에게 중망(重望)을 받은 것이 이와 같았다. 고인(古人)이 이르기를 "그 사람을 보지 못하면 그 친구를 보라." 라고 하였으니,[253] 여기에서 공의 사람됨을 알 수 있다.

공은 세 아드님을 두었는데, 필숭(必崇)은 현감이고 필성(必成)은 참봉이며 필충(必忠)은 부봉사(副奉事)이다. 세 손자가 있는데, 항(沆)은 참봉이고 해(瀣)는 감정(監正)이고 징(澄)은 첨지중추부사(僉知中樞府事)이다. 증손(曾孫)이 세 사람인데, 응각(應恪)은 장사랑(將

253 고인(古人)이……하였으니 : 이 내용은 《공자가어(孔子家語)》 〈육본(六本)〉에 "자식을 모르면 그 아비를 보고, 그 사람을 모르면 그 친구를 보라.〔不知其子, 視其父; 不知其人, 視其友.〕라고 한 구절을 원용한 것이다.

仕郞)이고 응선(應愃)은 직장(直長)이며 응순(應恂)은 생원이다. 자손들이 명성을 이어가서 능히 선대의 아름다움을 계승해서 왕왕 천거를 받아 현달한 벼슬에 올랐으니, 공이 신교(身教)[254]를 미룬 바를 검증할 수 있다. 명은 다음과 같다.

강직하고 강직한 유공이여 矯矯兪公
기묘의 명신이었네 己卯名臣
정암이 가는 길을 따라서 步趨靜庵
그 진퇴(進退)를 함께 하였네 同其屈伸
만약 그 뜻과 사업을 다할 수 있었더라면 苟充志業
아무리 먼 곳이라도 이르지 못함이 없었으리라 靡遠不臻
비록 단명(短命)하였으나 雖則短造
이름과 몸을 완전하게 하였네 完名全身
오랜 뒤에 임금님 감동하시어 曠世興感
다시 찬란한 은혜를 만났네 再遇渙恩
영광이 위로 비추니 榮光上燭
하늘의 해가 밝기도 하네 天日融晶
덕을 힘쓰고 于德爾劭
집안을 성대하게 하였네 于家爾贏
집안을 성대하게 한 것이 아니요 匪家則贏
후손들을 이루어 준 것이었네 惟後之成
높고 높은 파산에 嵂嵂坡山

254 신교(身教) : 몸소 행동으로 모범을 보이는 가르침을 이른다.

울창한 묘소가 있네 鬱鬱佳城

상전(桑田)이 벽해(碧海)가 되고 언덕이 골짝이 되더라도[255] 滄桑陵谷

이 명문은 영원하리라 不朽斯銘

255 언덕이 골짝이 되더라도 : 원문의 '능곡(陵谷)'은 상전벽해(桑田碧海)와 같은 말로, 심한 변화를 의미한다. 《시경》〈소아(小雅) 시월지교(十月之交)〉에 "높은 언덕이 골짜기로 뒤바뀌고, 깊은 골짜기가 언덕으로 변했도다.〔高岸爲谷, 深谷爲陵.〕"라고 보인다.

첨추 최공 묘갈명 병서
僉樞崔公墓碣銘 幷序

국조(國朝)의 용사(龍蛇)의 화란(禍亂)[256]에 영남이 가장 먼저 침략을 당하였는데, 적의 흉악한 칼날에 맞서 의를 지키다 죽은 선비들이 또한 서로 이어져서 우리 종묘사직을 중흥시키는 기반을 마련하는 터전이 되었다.

이때 사천(泗川)의 최두남(崔斗南) 공이 왜적들에게 잡혀갔다가 적에게 굴복하지 않고 돌아왔으니, 또한 기이하게 여길 만한 일이다. 처음에 왜적들이 창궐해서 경상도가 어육(魚肉)이 되었는데, 사천이 그 요충지가 되어서 읍재(邑宰)인 정득열(鄭得悅) 공이 전사하니, 백성들이 모두 새와 짐승처럼 도망하다가 걸핏하면 왜적에게 살육(殺戮)되고 노략질을 당하였다.

공은 부친 참봉공을 모시고서 우거진 숲속으로 피난하여 온갖 어려움과 험함을 두루 겪었다. 몸소 열매와 나물을 뜯고 채취하여 음식을 공양하였는데, 비록 창〔矛〕의 머리에서 쌀을 일고 검(劍)의 머리에서 밥을 짓는 그런 위태로운 상황[257]에서도 화락하게 지냈다. 몇 년 동안

256 용사(龍蛇)의 화란(禍亂) : 임진왜란을 가리킨다. '용사(龍蛇)'는 용의 해인 임진(壬辰)년과 뱀의 해인 이듬해 계사(癸巳)년을 합칭한 것으로, 간지(干支) 상 진(辰)은 용(龍), 사(巳)는 사(蛇)에 해당된다.

257 창〔矛〕의……상황 : 원문의 '모석검취(矛淅劒炊)'는 매우 위태로운 상황을 이르는 말로, '모두석미검두취(矛頭淅米劍頭炊)'라는 구절을 줄여 쓴 것인바, 동진(東晉)의 권신(權臣)인 환온(桓溫)이 지은 위어(危語)이다. '위어'는 사람을 두렵게 만드는 말을

을 이와 같이 지냈는데, 공은 왜적을 만날 때마다 번번이 눈물을 흘리고 애걸하며 늙으신 아버지가 있다고 말하니, 왜적들이 그 효성에 감동해서 차마 위협하고 범하지 못하였으며 혹 다른 왜적을 대비하라고 주의를 주기도 하였다.

하루는 잠시 나갔다가 왜적에게 습격을 받아 막 죽임을 당하게 되었는데, 왜적의 우두머리가 공을 살펴보고 말하기를 "이 사람은 얼굴 모습이 뛰어나니, 반드시 자손을 많이 낳을 것이다."라고 하고, 포로로 잡아 자기 나라로 데려가려고 쇠사슬로 묶어두고 감시하였다.

공이 계책을 써서 스스로 결박을 느슨하게 하였다가, 왜적들이 술에 취하여 조는 틈을 엿보아 왜적 우두머리의 검을 탈취하여 성을 넘어 몇 리를 도망쳤는데, 왜노(倭奴) 수십 명이 추격하였다. 공이 추격을 면할 수 없음을 헤아리고 몸을 돌려 왜적을 향하여 맨 앞에 오는 왜적을 직접 베어 죽이자, 나머지 왜적들이 모두 도망하여 흩어졌다.

공이 참봉공이 계신 곳을 찾아 돌아오니, 참봉공은 공을 잃은 뒤로 여러 날 동안 곡기(穀氣)를 끊었다가 공을 보고 소생하였는데, 이때 공의 나이가 15세였다. 공의 순수하고 돈독한 효행이 조정에 알려져서 신역(身役)을 면제받는 은전(恩典)을 받았으나, 식자들은 공이 보답을 제대로 받지 못하였다고 여전히 한스럽게 여겼다.

공은 자가 추지(樞之)이고 본관이 삭녕(朔寧)인데, 고려 때 평장사(平章事)를 지낸 휘 천로(天老)가 비조(鼻祖)가 되신다. 휘 복린(卜麟)이 처음 조선조에서 벼슬해서 대사간이 되었는데 이분이 휘 도원(道源)을 낳으니 유일(遺逸)로 천거되어 지평(持平)에 제수되었다. 증조

이른다.《世說新語 排調》

정(停)은 충순위(忠順衛)이고, 조고 휘 발(潑)과 선고 휘 진영(振寧)은 모두 참봉이다. 선비이신 진양 강씨(晉陽姜氏)는 의현(義賢)의 따님으로, 만력(萬曆) 신사년(1581, 선조14)에 사천의 풍정리(豐井里)에서 공을 낳았다.

공은 수직(壽職)[258]으로 통정대부(通政大夫) 첨지중추부사에 제수되었고, 배위인 진주 정씨(晉州鄭氏)는 절도사(節度使) 계현(啓賢)의 따님인데, 공과 부장하여 현의 남쪽 안점산(鞍岾山) 간좌(艮坐)의 언덕에 장례하였다. 여섯 아들을 길렀으니, 원립(元立), 형립(亨立), 정립(貞立), 극립(克立), 준립(峻立), 덕립(德立)이고, 증손 이하는 수백 명이다.

공은 어린 나이에 왜적에게 사로잡혔는데도 능히 몸을 욕보이지 않았고, 위험을 무릅쓰고 어버이를 충심으로 봉양하여 지극한 행실이 잘 알려져서, 친족들이 선망하며 복종하였고 조정에서 표창하였으니, 이로써 공이 스스로 이 일을 이룬 것임을 검증할 수 있으며, 후손들이 번창해서 이루 다 셀 수가 없으니 하늘이 보답하여 베풀어 준 것이 아마도 여기에 있을 것이다. 세대가 멀고 문적이 사라져서 일이 빠진 것이 많으나 간략할수록 더욱 믿을 만하니, 또한 어찌 많을 필요가 있겠는가.

공의 7대손 제묵(濟默)과 병묵(秉默)이 나를 종유(從遊)하였는데, 이 인연으로 공의 묘갈명을 부탁하였다. 내가 사양하지 못하여 붓을 들어 쓰는 것은, 공이 왜적들에게 포로로 잡혔으나 몸을 더럽히지 않았

258 수직(壽職) : 매년 정월에 80세 이상인 관원과 90세 이상인 서민(庶民)에게 은전(恩典)으로 내리던 벼슬을 이른다.

고 어버이를 봉양함에 효성을 다하였는바, 이 일이 세교(世敎)에 도움이 되는 것이 의리를 위해 죽은 분들에게 뒤지지 않기 때문이다. 명은 다음과 같다.

난리를 만나 부자가 모두 온전하였으니	遇難俱全
바로 옛날의 강혁[259]이었네	卽古江革
몸을 깨끗이 하고 해로움을 멀리해서	潔身遠害
자식 된 직분을 다하였네	用盡子職
애석하게도 늦게 태어나서	惜其生晩
《소학》에 실리지 못하니	不載小學
자양의 의리를 따라	述紫陽義
아름다운 자취를 밝히노라[260]	庸闡徽躅
이로써 효도를 권하여	于以勸孝
길이 남쪽 지방에 고하노라	永詔南服

259 강혁(江革) : 후한(後漢) 때의 큰 효자로 홀어머니를 모시고 살다가 난리가 나자 산속으로 피난하였는데, 도둑들이 와서 끌고 가려 하였다. 이에 강혁이 어머니가 계셔서 갈 수 없다고 애걸하니, 도둑들이 차마 납치하지 못하고 도리어 피난할 길을 알려주었다고 한다. 《後漢書 卷39 江革列傳》

260 소학(小學)에……밝히노라 : 망자가 주자 이후에 태어나서 《소학》에 실리지 못하였으나, 그 의리를 따라 묘갈명을 지어 망자의 아름다운 효행을 밝힘을 말한 것이다. 《소학》은 주자(朱子)가 저술한 책으로, 여러 효자와 충신들의 사적이 주요 내용으로 되어 있으며, 자양(紫陽)은 주자의 별호이다.

승문원 교리 김공 묘갈명 병서○신해년[261]

承文院校理金公墓碣銘 幷序○辛亥

함종부(咸從府) 동쪽 20리 지점인 오산(烏山) 아래 묘좌(卯坐)의 언덕은 바로 승문원 교리 김정(金鼎) 공의 옷과 신이 묻힌 곳이다.

공은 자가 응지(凝之)로, 시조 휘 대유(大猷)가 고려 때 시중(侍中)으로 청풍부원군(淸風府院君)에 봉해져서 자손들이 이로 인하여 청풍을 관향으로 삼았다. 조선조에 들어와 휘 려(勵)가 한림(翰林 예문관 검열)과 안동 부사(安東府使)를 지내니, 실로 공의 5대조이시다. 고조 휘 지동(支東)은 문과에 급제해서 울진 현감(蔚珍縣監)을 지냈는데, 처음으로 함종(咸從) 안국동(安國洞)에 집터를 잡아 거주하였다. 증조 휘 홍민(興敏)은 효력부위(効力副尉)[262]이고 조고 휘 의준(義遵)은 수의부위(修義副尉)[263]이고 선고 휘 종지(宗砥)는 무공랑(務功郎)[264]이다. 무공랑 공이 죽산 송씨(竹山宋氏) 치지(緻之)의 따님에게 장가들어 공을 낳았다.

공은 총명과 지혜가 보통사람보다 뛰어나서 문예가 일찍 성취되었다. 아홉 살에 '대장장이〔冶工〕'란 시(詩)를 지었고, 열한 살에 사냥꾼의 만사(輓詞)를 장난삼아 지었는데, 사람들이 모두 입으로 전하여

261 신해년 : 1851년(철종2)으로, 매산의 나이 76세 되던 해이다.

262 효력부위(効力副尉) : 무신(武臣) 정9품 품계를 이르는 말이다.

263 수의부위(修義副尉) : 무신(武臣) 종8품 품계를 이르는 말이다.

264 무공랑(務功郎) : 문신(文臣) 정7품 품계를 이르는 말이다.

외우면서 기이한 아이라고 칭찬하였다.

가정(嘉靖) 임오년(1522, 중종17)에 진사에 합격하고 갑신년(1524)에 문과에 급제해서, 전라 도사(全羅都事)와 곡산 부사(谷山府使), 승문원 교리를 역임하였으나, 차마 어버이 곁을 멀리 떠나지 못해서 벼슬을 버리고 향리로 돌아와서, 어버이를 봉양함에 물질적인 것을 다 갖출 뿐만 아니라 어버이의 뜻을 잘 받들어 마음을 흡족하게 해드렸다.

서울에 있는 옛 동료들이 편지를 보내 서울로 나와 벼슬하라고 권하면, 공은 대답하기를 "보리술 한 잔을 삼공(三公)의 지위와 바꾸지 않겠다."라고 하였다. 어버이가 별세하자 다시는 벼슬길에 나아가지 않고 시를 짓고 술을 마시며 스스로 즐겼다.

술을 경계하는 시를 짓기를

술이 깨면 취할 때의 마음을 후회하다가	醒時却悔醉時情
취한 뒤에는 바로 깨었을 때의 맹세를 잊어버리네	醉後還忘醒後盟
깨었을 때의 마음이 취한 뒤까지 유지된다면	若使醒心持醉後
이 몸이 무슨 일로 남의 평판에 시달리겠는가	此身何事困人評

라고 하였으니, 사물에 가탁하여 시를 읊음이 모두 이와 같았다.

원배(原配) 서흥 김씨(瑞興金氏)는 효원(孝源)의 따님이고 계배(繼配) 해주 오씨(海州吳氏)는 기형(起亨)의 따님인데, 두 분을 모두 공의 묘에 부장하였다. 참봉 세연(世淵)은 원배의 소생이고, 선무랑(宣務郎) 태호(泰浩)와 진사 김덕우(金德祐), 목사 김태좌(金台佐)의 처는 계배의 소생이다. 세연의 아들 덕윤(德潤)은 숭인전(崇仁殿) 참봉이며, 태호의 아들 관해(觀海)는 예빈시 부정(禮賓寺副正)이고 관수(觀水)는 숭인전 참봉이고 관준(觀浚), 관택(觀澤)이 있다. 덕윤(德潤)의 아들은 통정대부인 주남(周南)과 국남(國南)이고, 관해(觀海)의 아들은 삽(鈒)이고, 관수(觀水)의 아들은 덕천 훈도(德川訓導)인 순(錞)이며, 관준(觀浚)의 아들은 첨정(僉正)인 흥용(興龍)과 진용(振龍), 성용(成龍), 해용(海龍)이다. 주남(周南)의 아들은 웅상(熊祥), 인상(麟祥), 기상(麒祥), 구상(龜祥), 용상(龍祥)이고, 국남(國南)의 아들은 훈련 주부인 난상(鸞祥)이다. 공의 내외의 후손이 수천 명이나 되니, 천도(天道)가 선인(善人)에게 보답하여 베풀어 준 것이 아마도 여기에 있을 것이다.

공의 후손인 정수(正洙)가 불초에게 비문을 청하였다. 아! 공의 출중한 재지(才智)로 분명히 이 세상에서 훌륭한 일을 할 수 있었을 터인데, 벼슬길을 사양하고 영원히 스스로 몸을 보존하였다.

이때 기묘사화(己卯士禍)를 겪어서 선비들이 모두 도를 따라 덕을 기르며 몸을 감춰서[265] 해(害)가 될 일을 멀리 하였는데, 공은 어버이를 공양하기 위하여 세상일을 사절하여 은둔하고 후회하지 않았으니, '명철(明哲)해서 침묵으로 난세에 몸을 보존할 수 있는 자'라고 할 수 있을 것이다.[266] 불초는 노쇠하여 글을 짓지 못하는데, 정수의 간절한 정성

265 도를……감춰서 : 원문의 '준회(遵晦)'는 '준양시회(遵養時晦)'를 줄인 말로, 《시경》 〈주송(周頌) 작(酌)〉에 "아, 성대한 왕의 군대여, 도를 따라 덕을 기르며 때로 몸을 감춘다.〔於鑠王師, 遵養時晦.〕"라고 보인다.

266 명철(明哲)해서……것이다 : 이 내용은 《중용장구(中庸章句)》 제27장에 "윗자리에 있을 때는 교만하지 않고, 아랫사람이 되어서는 배반하지 않으니, 나라에 도(道)가 있을 때에는 그 훌륭한 말씀으로 높은 지위에 오를 수 있고, 나라에 도가 없을 때에는 그 침묵으로 난세에 몸을 보존할 수 있는 것이다.〔居上不驕, 爲下不倍, 國有道, 其言足以興; 國無道, 其默足以容.〕"라고 한 구절을 원용한 것이다.

에 감동하여 병을 무릅쓰고 명문을 짓는다. 명은 다음과 같다.

아! 김공이여	吁嗟金公
행실을 가다듬어 이름을 세웠네	砥行立名
양구[267]의 나쁜 때를 만나	時値陽九
어둠을 써서 밝게 처신하였네[268]	用晦而明
풍류가 크고 뛰어나	風流弘長
술잔 들며 심원한 시들을 읊었네[269]	觴詠泓崢
부귀 누리지 않고 음덕(陰德)을 많이 쌓아	報在不食
후손에게 많은 복을 남겨주었네	于後遺贏
울창한 오강에	鬱鬱烏岡

267 양구(陽九) : 매우 혹심한 재액(災厄)을 이르는 말이다. 여러 가지 설이 있는데, 《한서(漢書)》 권21상 〈율력지(律曆志)〉에 의하면, 4천 6백 17년을 1원(元)이라 하는데, 1원 가운데는 양액(陽厄)이 다섯, 음액(陰厄)이 넷이고, 양은 한해(旱害), 음은 수해(水害)라고 하였다.

268 어둠을……처신하였네 : 재난이 닥친 어려운 때에는 밝다고 자처하기보다는 사리에 어두운 척 처신하는 것이 결과적으로는 밝게 처신하는 것이라는 뜻이다. 《주역》 〈명이괘(明夷卦) 상전(象傳)〉에 "밝음이 땅속으로 들어감이 명이이니, 군자가 보고서 무리를 대할 때에 어둠을 써서 밝게 한다.〔明入地中, 明夷, 君子以, 莅衆, 用晦而明.〕"라고 보인다.

269 심원한 시들을 읊었네 : 원문의 '홍쟁(泓崢)'은 '홍쟁소슬(泓崢蕭瑟)'을 줄인 말로, 시문의 정취와 경지가 심원(深遠)함을 이르는 말이다. '숲에는 고요한 나무가 없고 내에는 멈춰 있는 물줄기가 없네.〔林無靜樹, 川無停流.〕'라는 진(晉)나라 곽박(郭璞)의 시를 대하고, 완부(阮孚)가 "홍쟁소슬(泓崢蕭瑟)한 느낌을 어떻게 말로 표현할 수가 없는데, 이 글을 접할 때마다 나는 나의 정신이 형체를 떠나 멀리 비상(飛翔)하는 듯한 감회에 젖곤 한다."라고 평한 데에서 나온 것이다. 《世說新語 文學》

고요하고 고요한 무덤이 있으니	侐侐玄扃
모든 서쪽 지방의 선비들은	凡百西士
내가 게시한 명문을 보라	視我揭銘

매산집

제36권

묘갈명
墓碣銘

사옹원 부정 둔헌 이공 묘갈명 병서○기유년[1]

司饔院副正遯軒李公墓碣銘 幷序○己酉

장릉(莊陵 단종)과 광릉(光陵 세조) 사이에 의리를 지키고 자정(自靖)[2]한 선비들이 많았으니, 예컨대 동봉(東峰) 김시습(金時習)과 추강(秋江) 남효온(南孝溫) 등이시다.

또 둔헌(遯軒) 이집(李緝) 공이 있었으니, 젊은 나이에 대과(大科)에 급제해서 문종조(文宗朝)에 특별히 사옹원 부정(司饔院副正)과 태학 훈도(太學訓導)에 제수되었는데, 단종께서 양위(讓位)하시게 되자, 재종조(再從祖)인 호려공(胡戾公) 이염의(李念義)[3]와 함께 인왕산(仁王山) 아래에 은둔하고 호를 중화당(中和堂)이라고 하여 참됨을 간직하고 광채(光彩)를 숨겨서 스스로 도를 따라 힘을 기르며 몸을 감추었다.[4] 단종께서 승하하셨다는 말을 듣자 종일토록 통곡하고는 가솔들을

1 기유년 : 1849년(철종 즉위년)으로, 매산의 나이 74세 되던 해이다.

2 자정(自靖) : 스스로 의리를 편안히 여겨 충절을 지킴을 이른다. 《서경》〈미자(微子)〉에 "스스로 의리에 편안하여 사람마다 스스로 선왕(先王)에게 뜻을 바칠 것이다. 〔自靖, 人自獻于先王.〕"라고 보이는데, 채침(蔡沈)은 《집주(集註)》에서 "정(靖)은 편안함이다. 각기 의리에 마땅히 다해야 할 바에 편안하여 스스로 그 뜻을 선왕에게 진달(陳達)하여 신명(神明)에게 부끄러움이 없게 할 뿐이다."라고 주하였다.

3 호려공(胡戾公) 이염의(李念義) : 1409~1492. 세조의 비 정희왕후(貞熹王后)의 아우로 호려는 그의 시호이다. 1432년(세종13) 음직으로 부사직으로 출사하여 벼슬이 지중추부사에 이르렀다.

4 도를……감추었다 : 원문의 '준회(遵晦)'는 '준양시회(遵養時晦)'를 줄여 쓴 것으로 현재의 상황에 순응하며 역량을 축적하여 때를 기다림을 말한다. 《시경》〈주송(周頌)

데리고 멀리 봉산(鳳山)의 절령(岊嶺 황해도 자비령(慈悲嶺)의 별칭)의 산속으로 가서 호를 '둔헌'으로 바꿨는데, 이것은 자신의 뜻을 나타낸 것이었다.

평소 말씀하실 적에 반드시 충효(忠孝)를 일컬었고, 혹 글자를 배우려고 찾아오는 자가 있으면 반드시 충효 두 글자를 손수 써서 차근차근 가르쳐 주었다. 봉산의 풍속이 억세고 사나워서 사유(四維)[5]를 알지 못하였는데, 공을 보고 감동해서 백성의 풍속이 크게 변하니, 사람들은 공이 거처하던 곳을 가리켜 '훈도동(訓導洞)'이라 하였다.

당시 제현(諸賢) 중에 점필재(佔畢齋) 김종직(金宗直), 괴애(乖厓) 김수온(金守溫), 진산(晉山) 강희맹(姜希孟) 등이 공과 같은 의취(意趣)를 가지고 함께 수창(酬唱)하였는데, 공을 '백운동(白雲洞) 주인'이라고 불렀다.

풍류가 문아(文雅)하여 지금까지 전해지고 있으며 걸출하고 뛰어난 시편(詩篇)은 밝은 조정의 대아(大雅 덕이 높고 큰 재주가 있는 사람)의 선발에 대비할 만하였다. 그러나 이것들은 공에게 있어서 여사(餘事)일 뿐이다. 공이 수립한 바가 출중하고 높은 풍도와 빼어난 절개를 갖췄으니, 또한 김동봉(金東峰)과 남추강(南秋江)과 동일한 유(類)의 인물일

작(酌)〉에 "아, 성대한 왕사로서 도를 따라 힘을 길러 때로 감추어 크게 밝아진 뒤에야 이에 큰 갑옷을 쓰셨도다.〔於鑠王師, 遵養時晦, 時純熙矣, 是用大介!〕"라고 한 데서 유래한 말이다.

5 사유(四維) : 예(禮)·의(義)·염(廉)·치(恥)의 네 가지 덕목(德目)으로, 《관자(管子)》〈목민(牧民)〉에 "사유는 첫째로 예, 둘째로 의, 셋째로 염, 넷째로 치를 이르는데, 사유가 펴지지 않으면 나라가 멸망한다.〔四維: 一曰禮; 二曰義; 三曰廉; 四曰恥, 四維不張, 國迺滅亡.〕"라고 보인다.

것이다.

공은 선계(先系)가 경주에서 나왔는데 고려조에 형부 상서를 지내고 사공(司空)에 추증된 휘 주좌(周佐)가 공적을 세워 아주백(牙州伯)에 봉해지니, 자손들이 이로 인하여 아산(牙山)을 관향(貫鄕)으로 삼았다. 우리 조선조에 들어와, 전조(前朝)의 대신이었던 휘 옹(邕)은 좌의정(左議政)으로 발탁되어 조정에서 여러 번 불렀으나 나오지 않았으며 아산에 은거한 채로 목은(牧隱)과 야은(冶隱)[6] 두 현자와 시를 읊조리고 낚시질하니, 사람들이 '조은(釣隱)'이라고 칭하였다. 증조 휘 절(節)은 진사이고 조고 휘 운생(雲生)은 현감이며 선고(先考) 휘 달손(達孫)은 과거에 급제하였다.

선비(先妣) 김해 김씨(金海金氏)는 군수 김렴(金濂)의 따님으로, 영릉(英陵 세종) 16년 갑인년(1434)에 공을 낳았는데, 선릉(宣陵 성종) 13년 임인년(1482) 10월 15일에 공이 별세하니 향년 49세이다. 절령(岊嶺) 임좌(壬坐)의 언덕에 장례하였다.

배위 전주 이씨(全州李氏)는 이담(李澹)이 그 선고이신데, 공보다 4년 먼저 태어나고 공보다 34년 뒤에 별세하였다. 묘는 양주(楊州) 천보산(天寶山) 동쪽 산기슭 자좌(子坐)의 언덕에 있었는데, 국릉(國陵)의 화소(火巢)[7]에 들어 실전(失傳)되었다.

4남을 두었으니, 장자 계영(啓英)은 적순부위(迪順副尉)[8]이고, 다음

6 목은(牧隱)과 야은(冶隱) : 목은은 이색(李穡, 1328(충숙왕15)~1396(태조5))의 호이고, 야은은 길재(吉再, 1353(공민왕2)~1419(세종1))의 호이다.

7 화소(火巢) : 능(陵)이나 원(園), 묘(墓)의 화재를 방지하기 위하여 울타리 밖에 있는 초목들을 불살라 버린 구역을 이른다.

은 계방(啓芳)과 계당(啓棠), 계욱(啓郁)이다. 계영은 4남을 두었으니, 장자 원종(元宗)은 통덕랑(通德郎)이고, 다음은 원신(元臣)과 원린(元隣)이며, 원필(元弼)은 통정대부(通政大夫)로 호조 참판에 추증되었다. 원필은 5남을 두었으니, 장자는 기(琦)이고, 연(璉)은 광흥봉사(廣興奉事)이고, 무(珷)는 임진년(1592, 선조25)에 순절(殉節)하여 병조 참판에 추증되었고, 규(珪)는 효렴(孝廉)으로 천거되어 제릉참봉(齊陵參奉)에 제수되었고, 진(珍)은 무과에 급제해서 선위공신(宣威功臣)이 되었다. 무의 아들 선발(先發)이 또다시 정묘호란(丁卯胡亂)에 죽었고, 진의 아들 선인(先仁)은 무과에 급제하여 진무공신(振武功臣)이 되었다.

공의 후손인 시채(時彩)가 불초에게 묘갈명을 청하였는데, 내가 융병(癃病 늙어서 몸이 나른해지는 병)으로 거의 죽게 되어서 붓과 벼루를 쓰지 않고 버려 둔 지가 오래되었다. 나는 늘 공의 시를 읽곤 하였는데, 여기에 이르기를

나무는 곧아서 베어지나 곧게 자람을 꺼리지 않고 木因直伐不嫌直
난초는 향 때문에 불타나 여전히 향을 지키네 蘭以香燒尙守香
사람이 어려울 때라고 해서 절개를 바꾼다면 人有時難如改節
저 물(物)의 이치에 비함에 또 어찌 마땅하겠는가 比諸物理亦何當

라고 하였으니, 이는 공의 뜻을 말한 것이다.

이 뜻을 채운다면 사육신(死六臣)과 함께 같이 귀결될 수 있는데, 공은 이미 몸을 숨겨서 스스로 드러나지 않았고 사람들 또한 능히 천양(闡揚)하지 못해서 공의 아름다운 절개와 훌륭한 행적이 침체되어 드러나

8 적순부위(迪順副尉) : 조선 시대 정7품의 무관 품계이다.

지 못하니, 애석하다.

그러나 공이 의리를 다하고 지조를 지킨 것은 천리(天理)에 당연한 것으로 자신이 이렇게 하지 않을 수 없어 행한 것이니, 후세의 명성과 무슨 상관이 있겠는가. 나는 평소 남의 선행(善行)을 말하기를 좋아하였는데, 공의 공렬(功烈)이 의도한 바가 없이 행해진 것[9]에 탄복하였다. 이에 공을 위하여 명을 짓는다.

높고 높은 절령이여	崔崔岊嶺
서쪽 지방의 진산(鎭山)이네	鎭玆西垠
세상을 피해 길이 은둔할 만하니	遯世長往
바로 그렇게 하신 분이 있었네	曰有其人
그분이 누구인가	其人維何
장릉의 충신이었네	莊陵忠臣
그 마음을 바꾸지 않고	不易乃心
스스로 몸을 깨끗이 하여 충절을 다하였네	靖獻其身
만일 그 지조를 채운다면	苟充其操
백이(伯夷)와 숙제(叔齊)의 무리가 되리라	夷齊之倫
의도한 바 없이 하였으니	無所爲爲
그 덕이 참으로 참되네	厥德乃眞

9 의도한……것 : 이 내용은 남송의 학자 장식(張栻, 1133~1180)의 말로, 《근사록(近思錄)》 권7 〈출처(出處)11〉에 "위한 바가 없이 하는 것은 의리이고 위한 바가 있어 하는 것은 이(利)이다.〔無所爲而爲者義也, 有所爲而爲者利也.〕"라고 보인다. '위한 바가 있다'는 것은 이익이나 명예를 얻기 위함을 이른다. 주자는 이 구절이야말로 이(利)와 의(義)의 구분을 가장 잘 표현한 말이라고 칭찬하고 자주 인용하였다.

대화[10]와 동류(同類)가 되어	大化爲徒
이름과 행적 모두 인멸(湮滅)되었네	名蹟俱湮
내가 묘소에 정표해서	我旌厥墓
천추(千秋)에 밝게 게시하노니	昭揭千春
충과 효를 독책하여	課忠責孝
사대부들을 경계하노라	用警衿紳

10 대화(大化) : 여러 가지 의미가 있는데, 여기서는 대자연의 조화를 가리킨 것으로 보인다.

동계 최공 묘갈명 병서○기유년
東溪崔公墓碣銘 幷序○己酉

호남 지방은 예로부터 굽힐 줄 모르는 기개와 절조를 가진 선비가 많다고 일컬어졌다. 두 번 의병을 일으키고 끝내 충성에 죽은 분이 있으니, 바로 동계(東溪) 최응립(崔應立) 공이시다. 공은 자가 주극(柱極)으로, 천성이 효성스럽고 뜻이 크고 기개가 높고 호방하고 솔직하며, 선을 좋아하고 악을 미워하며 소도 잡아먹을 수 있는 기개가 있고 무예를 좋아하니, 사람들이 간성(干城)의 인재[11]라고 비의(比擬)하였다.

천계(天啓) 갑자년(1624, 인조2)에 적신(賊臣) 이괄(李适)이 군대를 일으켜 반란을 일으키자 주상께서 남쪽으로 파천(播遷)하였는데, 공은 변고를 듣자 목 놓아 울고는 역적과 함께 한 세상을 살지 않을 것을 맹세하고 향리의 병사들을 불러 모았다. 공은 무리들에게 신임을 받지 못할까 염려해서 집안의 하인들과 모집한 군사 300여 명을 데리고 백함생(白咸生) 공의 군대로 달려가서 함께 힘을 합쳐 왕실을 위하여 충성을 다 바쳤다.

공은 안현(鞍峴)의 전투[12]에서 용맹을 드러내어 먼저 적진으로 올라

11 간성(干城)의 인재 : 국가를 위하여 방패가 되고 성이 되는 훌륭한 장수가 될 수 있는 인재를 뜻하는바, 《시경(詩經)》 〈주남(周南) 토저(兎罝)〉에 "씩씩하고 늠름한 장수는 공후의 방패와 성이로다.〔赳赳武夫, 公侯干城.〕"라고 보인다.

12 안현(鞍峴)의 전투 : 안현은 길마재로 인왕산(仁王山)과 안산(鞍山) 사이에 있는 고개(현재의 이화여자대학교 뒷산)이다. 1624년(인조2), 도원수 장만(張晩)이 남이흥(南以興), 정충신(鄭忠臣) 등과 함께 이곳에 진을 치고, 서울에 들어온 이괄(李适)의

가서 단병(短兵)으로 접전하여 수많은 적을 참수하고 포로로 잡았으며, 계략을 세우고 기계(奇計)를 내어서 모든 군사들이 이에 힘입어 사기가 올라 마침내 승전(勝戰)을 보고하게 되었다. 조정에서는 공의 충성과 용맹을 가상히 여겨 표창하여 진무원종공신(振武原從功臣)에 책록하였다. 공은 물러나 태인(泰仁)의 동계(東溪)에 은거하였는데, 항상 무예를 익히면서 국가의 위기에 순국할 것을 생각하였다.

숭정(崇禎) 병자년(1636)에 건주위(建州衛)의 오랑캐인 청나라가 우리나라를 침공하여 경성(京城)을 급습하니, 대가(大駕)가 남한산성(南漢山城)으로 거둥하고 애절한 조서(詔書)를 내려 사방의 군대를 불러 남한산성으로 들어와 구원하게 하였다.

공은 또 백공과 함께 수천 명의 의병을 불러 모으고 무기를 수선하고 꼴과 양식을 모았다. 검(劒)을 의지하여 행군하였는데 대오가 정숙(整肅)하니, 군사들의 사기가 더욱더 왕성해졌다. 백공이 선봉을 서고 공이 후미를 맡아 행군하여 강도(江都)에 이르렀는데, 성이 이미 함락된 뒤였다. 공은 곧바로 적진으로 달려가서 접전하다가 적의 탄환을 맞았으나 상처를 싸매고 맨손으로 대적하여, 기세가 조금도 꺾이지 않았는데, 화살이 다하고 힘이 고갈되어 끝내 백공과 동시에 순절하니, 정축년(1637) 2월 모일(某日)이었다. 공이 출생한 기해년과 햇수를 따져보면 39년이 된다. 본현(本縣) 동촌면(東村面) 대곡(大谷) 간좌(艮坐)의 언덕에 장례하였고 추후에 모충사(慕忠祠)에 배향하였다.

공의 선계(先系)는 삭녕(朔寧)에서 나왔는데, 영의정 영성부원군(寧城府院君) 휘 항(恒)과 좌찬성 휘 영호(永灝)와 이조 판서 휘 수언

반란군과 접전을 벌인 끝에 승리하여 난을 평정하였다.

(秀彦)의 3대가 연이어 현달하였다. 여러 대를 전하여 휘 찬(鑽)은 성균관 생원이고, 휘 한국(罕國)은 통정대부인데, 바로 공의 조고와 선고이시다. 선비(先妣) 여산 송씨(礪山宋氏)는 주부(主簿) 면식(勉植)이 선친이시다.

공의 배위인 밀양 박씨(密陽朴氏)는 명식(明湜)의 따님인데, 공의 묘에 부장하였다. 9명의 아들을 두었으니, 연수(延壽), 경수(慶壽), 기수(耆壽), 점수(占壽), 병수(丙壽), 변수(卞壽), 선수(善壽), 구수(九壽), 사수(士壽)이고, 손자와 증손이 매우 많으며 과거에 급제한 인물들도 많으나, 다 기록하지 못한다.

아! 공은 서울에서 멀리 떨어진 시골에 사는 하사(下士)[13]로, 살아 있는 동안 군주의 얼굴을 알지 못하였는데도 단지 충의의 마음에 격동되어 웅장(熊掌)과 물고기를 취하고 버림[14]에 있어, 두로(頭顱 머리)를 아끼지 않고 오로지 군부(君父)의 위급함에 목숨을 바칠 줄만 알아서 시퍼런 칼날 앞에 마치 달리듯 뛰어든 것이다. 공의 뛰어난 풍절(風節)은 천하와 후세에 드러날 만하니, 아! 아름답다.

당시 충의에 순절한 분들은 이사룡(李士龍)과 강효원(姜孝元)처럼

13 하사(下士) : 지위가 낮은 선비, 또는 초야에 있는 무명(無名)의 선비를 말하기도 한다.

14 웅장(熊掌)과……버림 : '웅장'은 곰의 발바닥 요리로 의(義)를 상징하고, '물고기'는 생명(生命)을 의미하는바, 곧 목숨을 돌보지 않고 의리를 위하여 죽음을 말한다. 《맹자》 〈고자 상(告子上)〉에 "물고기도 내가 원하는 바요 웅장도 내가 원하는 바이지만, 이 두 가지를 겸하여 얻을 수 없을진댄 물고기를 버리고 웅장을 취하겠다. 삶도 내가 원하는 바요 의도 내가 원하는 바이지만 이 두 가지를 겸하여 얻을 수 없을진댄 삶을 버리고 의를 취하겠다.〔魚我所欲也, 熊掌亦我所欲也, 二者不可得兼, 舍魚而取熊掌者也. 生亦我所欲也, 義亦我所欲也, 二者不可得兼, 舍生而取義者也.〕"라고 보인다.

신분이 천한 분이라도 모두 우암(尤菴) 송시열(宋時烈) 선생의 표창을 받았는데,[15] 유독 공의 이름이 보이지 않으니, 아마도 공의 사적(事蹟)이 점점 사라져서 우암에게 고한 사람이 없었던 듯하다. 그러나 공처럼 전쟁에 패하면 목숨을 바치는 충성은 바로 하늘의 이치에 당연한 바이니, 이름이 민멸되어서 일컬어지지 못한다고 하여 공이 어찌 상관하겠는가. 공의 6세손 원(源)이 행장을 가지고 와서 명문을 청하였는데, 그 정성이 아주 간절하고 돈독하였다. 나는 우암 선생이 전(傳)을 써서 숨은 것을 알리고 가려진 것을 드러내주는 의리에 삼가 붙여서, 병을 무릅쓰고 명문을 짓는다. 명은 다음과 같다.

아! 최공이여	嗟嗟崔公
남쪽 지방에서 우뚝하게 태어나니	挺生南國

15 이사룡(李士龍)과……받았는데 : 이사룡(1612~1640)은 본관이 성산(星山)으로 1640년(인조18) 청나라가 명나라와 싸울 원병을 조선에 요청하자, 포사(砲士)로 징발되어, 금주(錦州)에서 명나라 장군 조대수(趙大壽)와의 싸움에 투입되었다. 이사룡은 명나라로부터 입은 은덕을 상기하여 탄환을 넣지 않은 빈총으로 싸우는 척하다가 청나라 군사에게 발각되어 죽임을 당하였다. 명나라 장수 조대수가 '대명충신 조선의사(大明忠臣 朝鮮義士)'라고 크게 칭찬하였고, 청나라 태종도 의로운 일이라고 감탄하면서 소현세자(昭顯世子)가 환국할 때 그의 주검을 운구하여 고국으로 돌아갈 수 있게 해주었다. 뒤에 칠포만호(漆浦萬戶)와 성주 목사(星州牧使)에 추증되었으며, 성주의 충렬사(忠烈祠)에 제향되었다. 강효원(姜孝元, ?~1639)은 본관이 진주(晉州)로 1637년 소현세자가 청나라에 볼모로 잡혀갔을 때 서리(胥吏)로 수행하였다. 당시 정명수(鄭命壽)가 조선인으로서 청나라의 통역관이 되어 온갖 횡포를 자행하자, 필선(弼善) 정뇌경(鄭雷卿)과 함께 정명수를 제거하려고 도모하다가 일이 누설되어 함께 처형되었다. 뒤에 한성부 좌윤에 추증되었다. 이 두 분의 행적이 우암 송시열의 문집인 《송자대전(宋子大全)》에 전(傳)으로 실려 있다.

한 번 죽음으로 군주에게 보답하는 것이	一死報君
평소 온축(蘊蓄)한 마음이었네	素所蓄積
거듭 의병을 일으키니	荐興義旅
충성이 천성에서 나왔네	忠出其性
국난에 임하여 생사를 도외시하고	臨難忘身
나라의 위태로움 보고 목숨을 바쳤네	見危授命
의도하는 바 없이 하였으니	無所爲爲
이것이 바로 인을 이룬 것이네	是乃成仁
진실로 구하여 바름을 얻었으니	苟求得正
공과 견줄 만한 사람 드무네	尠與擬倫
고요하고 고요한 묘소는	恤恤幽堂
가파르고 가파른 큰 산기슭에 있네	崔崔大麓
붉은 마음과 푸른 피[16]	丹心碧血
영원히 마멸되지 않으리라	不磨不泐
내 대초[17]를 노래하여	我歌大招
묘비에 밝히니	用旌牲石
세상에 떨친 풍교와 덕업	風烈振世
무궁한 후세에 길이 드리우리라	永垂無極

16 푸른 피 : 원문의 '벽혈(碧血)'은 충신이 흘린 피를 뜻한다. 주(周)나라 영왕(靈王) 때에 장홍(萇弘)이 참소를 당하여 촉(蜀)으로 쫓겨나 자살하였는데, 그 피가 3년 만에 푸르게 변했다고 하며, 일설에는 푸른 옥으로 변했다고도 한다. 《莊子 外物篇》

17 대초(大招) : 《초사(楚辭)》의 편명(篇名)으로, 초(楚)나라의 충신인 굴원(屈原)이 지은 것이라고도 하고 경차(景差)가 지은 것이라고도 한다. 죽은 이를 초혼(招魂)하거나 애도(哀悼)하는 노래이다.

청간당 이공 묘갈명 병서○기유년[18]

聽澗堂李公墓碣銘 幷序○己酉

몽와(夢窩) 충헌공(忠獻公) 김공(金公)[19]이 건저(建儲)의 화(禍)[20]에 걸려서 남쪽 지방에 유배되었다가 성주(星州)에서 사사(賜死)되었다. 이때 사나운 불길이 하늘을 불태워서 사람들이 감히 가까이 다가가지 못하였으나, 이지완(李志完) 공이 위난(危難)을 무릅쓰고 조문하러 가서 지친(至親)의 상(喪)처럼 애통해 하였다.

이를 그만두기를 권하는 자가 있자, 공은 웃으며 말하기를 "죽고 사는 것은 천명에 달려 있으니, 내가 어찌 두려워하겠는가." 하고는 몸소 상을 도우면서 상례(喪禮)와 형식을 모두 지극히 하였다. 종들을 보내고 장정을 사서 상여를 운반하여 개령(開寧 경상북도 김천)에 이르렀는데, 개령의 원(員)이 군교(軍校)들을 거느리고 길을 막고 상여를

18 기유년 : 1849년(헌종15)으로, 매산의 나이 74세 되던 해이다.

19 몽와(夢窩) 충헌공(忠獻公) 김공(金公) : 김창집(金昌集, 1648~1722)으로 몽와는 그의 호이고 충헌은 시호이다. 자는 여성(汝成), 본관은 안동(安東)으로 1684년 문과에 급제하고 벼슬이 영의정에 이르렀다. 숙종이 죽은 뒤 왕위에 오른 경종(景宗)은 몸이 병약하고 후사(後嗣)가 없었으므로, 노론파의 대신들과 의논하여 왕세제(王世弟 훗날의 영조(英祖))를 책봉하고 나아가 왕세제로 하여금 대리청정하도록 주청하였다. 이 일로 소론들에게 불충으로 탄핵되어 거제도로 유배되었다가 다음 해 사사(賜死)되었다.

20 건저(建儲)의 화(禍) : 신임사화(辛壬士禍)를 이른다. '건저(建儲)'는 왕의 후사(後嗣)를 세우는 일로, 여기서는 경종의 아우인 연잉군(延礽君)을 왕세제(王世弟)로 책봉한 일을 말한다.

범하려고 하였다. 공이 몸을 떨쳐 뛰어나가 이들을 때려 쫓아버려 조령(鳥嶺)을 넘을 수 있었다.

영남의 다른 부류인 남인들이 호시탐탐 공을 해칠 기회를 엿보았는데, 심지어는 유안(儒案)에서 이름을 삭제하고자 하면서 죄목을 들기를 “역적의 시신에 조문하고 역적의 상(喪)을 도왔으니, 삼수(三手)의 여얼(餘孽)이요, 사흉(四兇)의 남은 추악한 무리이다.[21]”라고 하였으나, 공은 태연히 이 일을 자신의 말년의 영광으로 삼았다.

정암(貞庵) 문간공(文簡公) 민공(閔公)[22]이 칭찬하기를 “그대의 형은 낭관(郎官)의 자리를 헌신짝처럼 버렸고, 그대의 아우는 화(禍)의 그물에 스스로 뛰어들었으니, 이씨 한 집안은 어쩌면 이리도 의로운가?”라고 하였다. 이는 공의 종형(從兄)인 이지윤(李志尹)이 금오랑(金吾郎)으로 북정(北亭) 윤지술(尹志述)[23] 공의 옥사(獄事) 때에 벼

21 삼수(三手)의……무리이다 : ‘삼수’는 신임사화를 일으킨 목호룡(睦虎龍)의 고변 속에 있던 말로, 당시 노론 집안의 자제들이 경종을 위해하려는 세 가지 방법으로 칼을 사용하는 대급수(大急手), 독을 사용하는 소급수(小急手), 위조된 교서 등을 이용하는 평지수(平地手)를 가리키며, ‘여얼(餘孽)’은 망한 사람의 자손을 이른다. ‘사흉(四兇)’은 왕세제(王世弟)의 대리청정을 주청하였다가 신임사화에 의해 반역죄로 몰려 죽은 노론의 사대신(四大臣) 즉 영의정 김창집(金昌集)·영중추부사 이이명(李頤命)·판중추부사 조태채(趙泰采)·좌의정 이건명(李健命)을 가리킨다.

22 정암(貞庵) 문간공(文簡公) 민공(閔公) : 민우수(閔遇洙, 1694~1756)로 정암은 그의 호이고, 문간은 시호이다. 자는 사원(士元), 본관은 여흥(驪興)으로 수암(遂菴) 권상하(權尙夏)의 문인이다. 1714년(숙종40년) 증광 생원시에 합격하고 벼슬이 대사헌에 이르렀다.

23 북정(北亭) 윤지술(尹志述) : 1697~1721. 북정은 호이고 자는 노팽(老彭), 본관은 칠원(漆原)으로 1720년(경종 즉위년) 성균관의 장의(掌議)로 있으면서 숙종의 지문(誌文)이 편파적으로 기록되어 있음을 상소하고 유생들을 선동하여 동맹휴학하였다가,

슬하지 않고 자정(自靖)[24]하다가 금고(禁錮)를 당했고, 삼종형(三從兄) 이지규(李志逵)는 제문(祭文)을 지어 윤공을 추도하였는데, 여기에 '인(仁)을 구하여 인을 얻었다.'는 구절이 있어 멀리 유배되었기[25] 때문에 이렇게 말한 것이었다.

처음에 공은 조고(祖考)의 행적을 이어 지켜서 성주(星州) 선령산(仙鈴山) 아래에 거주하였는데, 같은 마을에 살던 취향이 다른 자들 중에 많은 사람이 옛 취향을 버리고 공을 따랐다. 공은 선(善)과 이(利)가 혼재되어 사람들이 취향을 잃어버릴 것을 염려해서, 우암 선생의 영당(影堂)을 노강(老江)에 창건하고 영준한 선비들을 인도하여 학업을 익히게 하였다. 신임사화(辛壬士禍)가 일어나자, 우암의 영정이 거의 허리와 팔이 찢겨 나가는 화를 면치 못할 뻔하였는데, 공이 목숨을 돌보지 않고 지켜서 끝내 무사할 수 있었다.

공은 교목세가(喬木世家)[26]의 후예로, 충성스러운 어진 신하들이 나

이듬해 신임사화에 김일경(金一鏡) 등 소론의 탄핵으로 처형되었다.

24 자정(自靖) : 스스로 의리와 지조를 지키며 편안히 처신하는 것으로, 자세한 내용은 163쪽 주2 참조.

25 이지규(李志逵)는……유배되었기 : 이지규는 군자감 판관으로 있으면서 당시 처형된 윤지술의 집에 찾아가 통곡하고, 《논어》 〈술이(述而)〉에 "〈백이와 숙제는〉 인을 구하여 인을 얻었으니, 또 어찌 후회하였겠는가.〔求仁而得仁, 又何怨?〕"라고 한 공자의 말을 인용하여 제문을 지었다가, 이로 인하여 1722년(경종2)에 사헌부의 탄핵을 받고 전라도 낙안(樂安)으로 유배되었다.

26 교목세가(喬木世家) : 여러 대에 걸쳐 나라의 높은 벼슬을 지내 국가와 운명을 함께하는 집안을 말한다. 맹자가 제(齊)나라 선왕(宣王)에게 "이른바 고국이란 것은 교목이 있음을 말함이 아니요 세신이 있음을 말한 것입니다.〔所謂故國者, 非謂有喬木之謂也, 有世臣之謂也.〕"라고 말한 데서 유래하였다. 《孟子 梁惠王下》

란히 목숨을 잃어서 종묘사직이 장차 망하게 되는 것을 차마 보지 못해서 실의에 빠져 살고 싶은 마음이 없었다. 이때 단암(丹巖) 문충공(文忠公) 민공(閔公)[27]이 이 고을에 유배되었는데, 공은 그와 함께 충역(忠逆)과 사정(邪正)을 논하면서 목 놓아 울며 눈물을 흘리곤 하였다.

을사년(1725, 영조1)에 단암이 공을 천거해서 선공감 감역(繕工監監役)에 제수되니, 공은 영조(英祖) 초년에 의리가 크게 펴졌다고 여겨서 억지로 명에 응하여 벼슬에 나아갔고, 이어 의금부 도사와 사헌부 감찰, 영희전 영(永禧殿令)을 역임하였다. 정미년(1727)에 화순 현감(和順縣監)으로 나가서 청렴과 검약으로 자신을 단속하였으며 사랑과 은혜로 백성들을 대하였다.

무신난(戊申亂)[28]이 일어나자, 호남과 영남에서 인장(印章)을 차고 병부(兵符)를 잡은 수령들이 난이 일어났다는 소문을 듣고 모두 도망가니, 공은 네 고을을 겸하여 관장하면서 병기를 수선하고 군사를 모아 '윗사람을 친애하여 어른을 위해 기꺼이 목숨을 바치는 의리'[29]로써 타이르니, 위엄과 명망이 널리 미침에 병사와 백성들 또한 공에게 쓰이는

27 단암(丹巖) 문충공(文忠公) 민공(閔公) : 민진원(閔鎭遠, 1664~1736)으로 단암은 그의 호이고, 문충은 시호이며, 자는 성유(聖猷)로, 우암 송시열의 문인이다. 1691년(숙종17) 증광 문과에 급제하고 벼슬이 좌의정에 이르렀다. 신임사화 때 성주(星州)로 유배되었다가, 1724년 영조가 즉위하자 해배(解配)되고 우의정에 서용되었다.

28 무신난(戊申亂) : 영조 4년(1728)에 소론 강경파와 남인 일부가 경종(景宗)의 죽음에 영조와 노론이 관계되었다고 주장하면서 일으킨 난으로, 이인좌(李麟佐)가 중심이 되었기에 '이인좌의 난'이라고도 한다.

29 윗사람을……의리 : 이 내용은 《맹자(孟子)》 〈양혜왕 하(梁惠王下)〉에 "임금께서 어진 정치를 행하시면 이 백성들이 윗사람을 친애해서 어른(官長)을 위해 죽을 것입니다.〔君行仁政, 斯民親其上, 死其長矣.〕"라고 보인다.

것을 즐거워하였다. 공은 원근(遠近)의 사람들에게 급히 글을 보내 충성과 용맹을 다할 것을 격려하였다. 공의 종질(從姪) 이세윤(李世玧)이 이때 지례 현감(知禮縣監)으로 있었는데, 합천(陜川)에 주둔한 역적들이 격문을 보내자 이를 전하는 자를 당장에 참수하니, 사람들은 공에게 영향을 받은 덕분이라고 말하였다.

난리가 평정되자, 공은 마음을 다하여 백성들을 안도시키고 유학의 교화를 크게 밝혀 그 정사가 찬란하여 볼 만하니, 도신(道臣 감사)이 공의 치적(治績)을 보고하고 품계를 올려줄 것을 청하였다. 공이 벼슬을 버리고 돌아오자, 혹자가 말하기를 "녹봉의 남은 것을 버리는 것은 그 의의가 없다."라고 하니, 공은 "이것을 가지고 나에게 누를 끼치고자 하는가." 하고는, 자기 자루에 있는 것을 다 털어 고을에 돌려주었다. 고을 사람들이 이 사실을 금석(金石)에 새겨서 은혜를 칭송하였고, 산사(山寺)의 승려들은 비각을 세워 송덕비를 보호하였다.

말년에는 문생과 자질(子姪)들과 함께 경사(經史)를 토론할 뿐 세상의 일에 대해서는 전혀 말하지 않았다. 정암(貞庵) 선생이 일찍이 방문하시어 열흘 동안 학문을 강론하였는데, 공이 자신이 거처하는 집의 이름을 지어 줄 것을 청하자, 민공이 이에 '청간당(聽澗堂)'이라는 세 글자를 써 주니, 이는 고반(考槃)의 뜻[30]을 취하여 이로써 당호(堂號)로 삼은 것이었다.

30 고반(考槃)의 뜻 : '고반(考槃)'은 《시경》 위풍(魏風)의 한 편명인데, 그 뜻은 현자가 은거하는 집이란 의미이다. 〈고반(考槃)〉 시에 "고반이 시냇가에 있으니, 현자의 마음이 넉넉하도다.〔考槃在澗, 碩人之寬.〕"라고 보이는데, 주자는 《집주》에서 "고(考)는 이룸이고 반(槃)은 반환(盤桓)의 뜻이니, 은거하는 집을 이룸을 말한 것이다.〔考, 成也. 槃, 盤桓之意, 言成其隱處之室也.〕"라고 주하였다.

노인을 우대하는 은전(恩典)으로 가선대부(嘉善大夫)의 품계로 오르니, 집안 식구들이 주연(酒宴)을 베풀어 헌수(獻壽)할 것을 청하였으나, 공은 허락하지 않고 다만 부친의 사당에 영화로움을 고하기만 하였다. 이것이 대략적인 공의 행적이다.

공은 자가 중전(仲全)으로 선계(先系)가 벽진(碧珍)에서 나왔으니, 벽진 장군 총언(悤言)이 시조가 되신다. 대대로 벼슬을 이어왔고, 조선조에 들어와서 좌참찬(左參贊)으로 시호가 평정공(平靖公)인 휘 약동(約東)이 문무의 재주를 겸하였는데 청백리에 녹선되고 원우(院宇)에 제향되었는데, 이분이 휘 한림(翰林 예문관 검열) 소원(紹元)을 낳았다. 두 대를 전하여 휘 석명(碩明)에 이르러 군수를 지냈으며, 휘 민선(敏善)은 현령을 지냈으니, 실로 공의 고조와 증조 2대로 모두 청렴하고 근신하는 행실이 드러나서 아경(亞卿 참판)에 추증되었다.

임진왜란 때에 성묘(聖廟 문묘)가 불탔는데, 현령공이 태학의 장의(掌議)를 맡아 중건할 것을 대궐에 청하니, 선비들의 공론이 공을 높이 평가하였다. 조고 휘 상일(尙逸)은 관찰사이니, 우암 송시열 선생, 동춘당(同春堂) 송준길(宋浚吉) 선생 두 분과 도의지교(道義之交)를 맺어서 영릉(寧陵 효종)의 명신(名臣)이 되었다. 선고 휘 채(埰)는 의금부 도사인데, 공 때문에 추은(推恩)되어 이조 참판에 추증되었다. 참판공이 청주 한씨(淸州韓氏)인 군수 필대(必大)의 따님에게 장가들어 세 아들을 낳았는데, 공은 바로 둘째 아들이다.

타고난 성품이 지혜롭고 풍채와 용모가 빼어나고 깨끗하니, 참판공이 각별히 사랑하여 일찍이 "우리 집안의 천리구(千里駒)[31]이다."라고

31 천리구(千里駒) : 천리마(千里馬)가 될 수 있는 망아지란 의미로, 뛰어난 자질을

칭찬하였다. 참판공이 상(喪)을 당하여 슬픔을 이기지 못하고 별세하니, 공은 12살의 나이로 거상(居喪)하면서 마치 어른처럼 상제(喪制)를 지켰으며, 묘소가 멀어 백 리[32]나 떨어져 있는데도 삭망(朔望)에 반드시 성묘하고 기일에 초상 때처럼 곡하여, 종신토록 어버이를 사모하였다.

일찍이 어릴 때 부친을 여의어 학문을 제대로 하지 못한 것을 한으로 여겨서, 성동(成童 15세)이 되자 스스로 분발하여 "사람은 배우지 않으면 안 되고, 배움은 넓지 않으면 안 된다."라고 하고는 처음에는 전한(前漢)과 후한(後漢)의 여러 대가들의 글에 공력을 기울여 몇 년이 못 되어 깊이 통달하고 널리 이해하였는데, 이윽고 "역사책을 읽더라도 경서(經書)에 근본하지 않으면 눈금이 없는 저울과 같으니, 장차 어느 것을 기준으로 삼겠는가."라고 하고는, 사서(四書)와 육경(六經)에 더욱더 마음을 집중하여 자세히 고찰하고 연구하였다. 겸하여 박사업(博士業 과거 공부)을 공부하여 문장이 지극히 전아(典雅)해졌는데, 얼마 있다가 공령(功令 과거 공부)을 버리고 오로지 후배들에게 학문을 가르치는 일에 힘썼다.

공은 겸손하고 자신을 낮추는 도(道)로 처신하여 자신을 내세우지 않고 본래의 마음에 따라 행실을 절제해서 행동이 예절과 법도에 맞았

가진 아이를 가리키는 말이다.

32 백 리 : 원문의 '숙용(宿舂)'은 먼 길을 가려는 자는 미리 방아를 찧어 양식을 준비한다는 뜻으로, 《장자》 〈소요유(逍遙遊)〉에 "가까운 교외에 가는 자는 세 끼 밥만 가지고 갔다가 돌아와도 배가 여전히 부르고, 백 리를 가는 자는 전날 밤에 미리 방아를 찧어서 양식을 준비해야 하고, 천 리를 가는 자는 석 달 동안 양식을 모아야 한다.〔適莽蒼者, 三飡而反, 腹猶果然, 適百里者, 宿舂糧, 適千里者, 三月聚糧.〕"라고 보인다.

으며, 사람을 대할 때에는 반드시 감화시키고자 하였다. 그러므로 관청의 일을 처리할 때에나 집에 거처할 때에 회초리를 쓰지 않았으나, 죄가 있는 자들이 스스로 단속하여 믿고 순종하는 마음이 퍼져서, 향리의 귀하고 천한 자들 모두에게 환심(歡心)을 얻었다.

종족(宗族)을 거두고 구휼하는 일에 친소(親疎) 간에 차별이 없어서 있고 없는 것을 서로 나누고 굶주림과 배부름을 함께하곤 하였다. 자신의 생활은 검소하고 간략하게 하여 따뜻한 비단 옷과 한 가지 이상의 반찬을 가까이 하지 않았고, 거처하는 곳이 비바람을 가리지 못했으나 못 본 척하였다. 가까운 고을의 읍재(邑宰)로 있는 인척이 공을 위하여 지붕을 이어 주고자 하였으나 공은 "나는 늙었다. 나뭇가지에 깃든 뱁새의 둥지 같은 집을 가지고 어찌 남에게 누를 끼치겠는가."라고 사양하였다.

윤양래(尹陽來) 공과 정익하(鄭益河) 공이 영남 관찰사로 있을 적에 공이 곤궁한 것을 안타깝게 여겨 곡식 수백 섬을 보내주자, 공은 "친우의 두터운 정을 감히 받지 않을 수 없다."라고 하고는 받아서 곧바로 친척과 이웃 사람들에게 나누어 주었으니, 사양하고 받는 것을 잘 헤아려 처리하고 천륜을 돈독히 함이 이와 같았다.

성품이 남의 급난(急難)을 구제하는 것을 좋아하여, 평소 잘 알지 못하는 사람이 역병에 걸려 이웃 객점에서 죽자, 이정(里正 이장)이 짚을 엮어서 시신을 덮으려고 하였는데, 공은 "선비의 상에 예(禮)가 없어서는 안 된다."라고 하고는, 관을 꺼내오고 심의(深衣)를 그 사람에게 입혀주니, 사람들이 행하기 어려운 일이라고 말하였다.

호남의 읍(邑)에 있을 적에 이현응(李顯應) 공이 역병에 걸려서 남평현(南平縣)의 임소(任所)에서 별세하였는데, 공은 이 소식을 듣자

즉시 가서 곡하고 장례의 일을 잘 다스렸다. 비록 비복(婢僕)일지라도 나이가 많고 노고(勞苦)가 있던 자는 반드시 상에 임하여 통곡하니, 그 지극한 정성과 불쌍히 여겨 슬퍼하는 마음을 보고는 사랑하고 공경하지 않는 사람이 없었다.

을해년(1755) 9월 25일에 별세하니, 출생한 무신년(1668, 현종9)과 햇수를 따져보면 88년이 된다. 임종할 때에 유훈(遺訓)을 지어서, 몸을 수양하고 집안을 바로잡으며 친척과 화목하고 향당(鄕黨)과 화합할 것을 권면하였고, 또 학문과 공령(功令)을 빈주(賓主)로 나누어 말함에 조리(條理)가 정연하였다. 성주(星州)의 호령(狐嶺) 자좌(子坐)의 언덕에 장례하였는데, 상여 줄을 잡아끌며 돕는 자들이 몇 리에 걸쳤고, 묘 앞을 지나가는 자들이 경의(敬意)를 표하였다.

배위인 순천 박씨(順天朴氏)는 숭환(崇煥)의 따님이니, 충정공(忠正公) 팽년(彭年)이 그 선조이시다. 공보다 6년 먼저 태어나고 공보다 60년 먼저 별세하여 선산(善山) 광평(廣坪)에 있는 현령공(縣令公)의 선영 아래 유좌(酉坐)의 언덕에 부장(祔葬)[33]하였다. 계배(繼配) 충주 박씨(忠州朴氏)는 숙(塾)의 따님인데 공보다 9년 뒤늦게 태어나고 공보다 9년 먼저 별세하여, 묘소가 성주 관석리(管石里) 임좌(壬坐)의 언덕에 있는데, 두 배위가 모두 부덕(婦德)이 있어서 규문(閨門)의 법도에 모자람이 없었다.

1남 세탁(世琢)은 백씨(伯氏)에게 양자로 보냈는데, 계배가 자식을 낳지 못해서 재종질(再從姪) 세확(世矱)을 데려다가 후사로 삼았다.

33 부장(祔葬) : 이미 묘소를 만든 곳에 영구를 함께 붙여 묻는 것으로, 대개 아내를 남편의 무덤에 묻는 것을 말한다.

정관(挺觀)과 현령 김민재(金敏材), 송봉상(宋鳳相)의 처는 세탁의 소생이고, 정겸(挺謙)은 세확의 소생이다. 정겸의 아들 수보(壽普)는 진사이고, 여서(女壻)는 성최걸(成最杰)이다. 진사 수보는 두 아들을 두었으니, 도사(都事)인 극성(克聲)과 극문(克聞)이고, 여서는 목사(牧使) 신재순(申在順)이다. 도사인 극성의 아들은 교준(敎峻), 효준(孝峻), 경준(敬峻)이고, 여서는 송흠진(宋欽晉)이다. 극문은 아들이 없어서 효준(孝峻)을 양자로 삼았고, 여서는 심긍택(沈肯澤)이다. 교준의 자녀는 모두 어리다.

공이 별세한 뒤에 성주의 선비들이 일제히 통문(通文)을 내어 "청간공(聽澗公)이 지난날 의리를 지킨 것은 바로 사사(賜死)되지 않은 몽와(夢窩 김창집)이고, 후세에 아름다운 향기를 남긴 것은 유배되지 않은 단암(丹巖 민진원)이라고 할 수 있다."라고 하여, 장차 두 현자의 사당에 함께 제향하려고 하였다. 본가에서 만류하여 이 일이 비록 중지되었으나, 또한 공론이 정해진 바가 있음을 검증할 수 있다.

불초는 일찍부터 공의 풍절(風節)에 감복하여 평소에 "《중용》의 네 가지 강교(强矯)와 《추경(鄒經)》의 세 가지 불능(不能)[34]을 공이 거의

34 중용의……불능(不能) : '네 가지 강교(强矯)'는 《중용》 제10장에 "군자는 화하나 방탕한 데로 흐르지 않으니, 강하다, 꿋꿋함이여! 중립하여 치우치지 않으니, 강하다, 꿋꿋함이여! 나라에 도가 있을 때에는 궁할 적의 의지를 변치 않으니, 강하다, 꿋꿋함이여! 나라에 도가 없을 때에는 죽음에 이르러도 지조를 변치 않으니, 강하다, 꿋꿋함이여!〔君子, 和而不流, 强哉矯 ; 中立而不倚, 强哉矯 ; 國有道, 不變塞焉, 强哉矯 ; 國無道, 至死不變, 强哉矯.〕"라고 보인다. 《추경(鄒經)》은 《맹자》를 이르는데, '세 가지 불능'은 〈등문공 하(滕文公下)〉에 "뜻(지위)을 얻으면 백성과 함께 도를 행하고 뜻을 얻지 못하면 홀로 그 도를 행하여, 부귀가 마음을 방탕하게 하지 못하며 빈천이 절개를 옮겨놓지 못하며 위무가 지조를 굽히지 못하는 것, 이것을 대장부라 이른다.〔得志,

지니고 있다."라고 말하곤 하였다. 공의 5대손 교준(敎峻)이 나를 종유(從遊)하였는데 가장(家狀)을 지어 와서 묘갈의 명문을 청하였다. 불초는 늙고 병들어 거의 죽음을 눈앞에 두고 있어 감히 공의 불후(不朽)를 도모할 수 없으나 또한 차마 사양하지 못하였으니, 이는 바로 공이 수립한 것이 이렇게 만든 것이다. 마침내 병을 무릅쓰고 명문을 짓는다. 명은 다음과 같다.

충효의 단심(丹心)이고	忠孝丹衷
강직하고 방정한 평소의 행실이니	剛方素履
수립한 하나의 성에	一誠攸立
백 가지 일이 다 갖추어졌네	百度咸備
온유한 가르침에	溫柔之敎
어진 이와 어리석은 이 모두 은혜를 입었고	賢愚受賜
선과 이로움의 분별은	善利之辨
죽고 사는 사이에서도 의심하지 않았네	死生不貳
백육의 액운(厄運)[35]을 만나	値百六運
한 개의 옳음을 찾았네	尋一箇是
삼현이 한 가문에서 나오니	三賢幷門

與民由之, 不得志, 獨行其道, 富貴不能淫, 貧賤不能移, 威武不能屈, 此之謂大丈夫.]"라고 보인다.

35 백육(百六)의 액운(厄運) : 큰 재앙을 이르는 말이다. '백육'은 106년을 이르는데, 4500년이 1원(元)이 되고 1원(元) 중에 5번의 양액(陽厄)과 4번의 음액(陰厄)이 있어 106년마다 큰 액운이 있으므로 이렇게 말한 것이다. 《漢書 卷21 律歷志上》 여기서는 신임사화를 가리킨다.

어쩌면 이리도 의를 좋아하였는가	一何好義
먼저 그 큰 것인 마음을 확립하니	先立其大
나머지는 다 유추(類推)하여 얻은 것이네	餘皆推類
몸이 온전하고 이름이 완전하니	身全名完
이것이 진정한 군자라오	是爲君子
일의 시초와 마지막을 탐구하면	原始要終
호연하여 부끄러움이 없네	浩然无愧
구십 세의 장수를 누리고	躋九耋壽
참판의 반열에 이르렀네	班貳卿位
후손들이 학문을 좋아하여	後承好學
능히 선조의 아름다움을 이어가니	克紹先懿
천도가 선인에게 보답함이	天道報善
어찌 여기에 있지 않겠는가	詎不在此
공은 저절로 불후하니	公自不朽
어찌 문자가 필요하겠는가마는	何用文字
내가 명문을 지어서	我庸作銘
남쪽 지방에 길이 고하노라	永詔南紀

위원 군수 증 예조 참판 윤공 묘갈명 병서○기유년

渭原郡守贈禮曹參判尹公墓碣銘 幷序○己酉

원릉(元陵 영조) 4년에 안의(安義)의 역적 정희량(鄭希亮)이 거병(擧兵)하여 반란을 일으키자 온 영남이 진탕되었는데, 인장(印章)을 차고 병부(兵符)를 잡은 지방관들이 모두 새와 짐승처럼 도망가서 한 발의 화살을 당겨 감히 적을 향해 쏜 자가 없었다.

이때 산음 현감(山陰縣監)으로 있던 윤동교(尹東郊) 공이 비분강개하여 의기(義氣)를 떨치며 말하기를 "내가 명을 받아 한 고을에 부임하였으니, 감히 몸을 바쳐 순국하지 않을 수 있겠는가." 하고는, 마침내 격문을 돌려 군사를 일으키고 시를 지어 맹세하니, 호령(號令)이 분명하고 엄숙하였으며 계책이 깊고 치밀하였다. 군사들을 배불리 먹이고 나서 높은 곳에 올라가 주둔한 역적들을 굽어보면서 큰소리로 "위협에 못 이겨서 따르는 자는 도망가라. 그렇지 않으면 장차 다 죽이겠다." 라고 호통치고는, 군대를 휘몰아 공격해서 역적의 무리를 대파하고 고을을 재건하였다.

역적이 평정되어 공(功)이 내려졌는데, 공은 겸손하여 공을 차지하려고 하지 않아서 원종공신(原從功臣)에만 책록되었다. 60년 후 무신년(1788, 정조12)이 다시 돌아오자, 온 고을의 장보(章甫 선비)들이 공의 뛰어난 충절을 호소하여, 특별히 '가선대부 예조참판 겸 동지경연의금부사 춘추성균관사 오위도총부부총관(嘉善大夫禮曹參判同知經筵義禁府事春秋成均館事五衛都摠府副摠管)'에 추증되었으니, 공론이 정해지는 것이 오래될수록 더욱 참됨을 검증할 수 있다.

공은 자가 명여(命汝)로 선계(先系)가 칠원(漆原)에서 나왔는데, 비조(鼻祖) 시영(始榮)은 신라 때 태사(太師)였고, 고려 말에 이르러 높은 관직이 계속 이어졌다. 휘 자량(子良)에 이르러 조선조에서 경조윤(京兆尹 한성부 판윤)이 되고 칠제군(漆堤君)에 봉해졌는데, 시호가 충간(忠簡)이다. 여러 대를 전하여 휘 대한(大僩)에 이르러 주부(主簿)로 호조 참판에 추증되었고, 이분이 휘 구(𡧔)를 낳으니 사복시 정에 추증되었고, 이분이 휘 사은(斯殷)을 낳으니 좌승지에 추증되었고, 이분이 휘 세추(世樞)를 낳았는데 호조 참판에 추증되었으니, 바로 공의 고조와 증조, 조고와 선고이시다. 선비는 정부인에 추증된 여흥 민씨(驪興閔氏)로 학생 담(倓)이 그 부친이시다.

공은 타고난 자질이 단정하고 수려하며 피부가 백옥처럼 깨끗하였으며, 천성이 효성스러워서 거상(居喪) 중에 시묘(侍墓)하면서 슬픔으로 건강을 해쳐서 거의 목숨을 잃을 뻔하였다. 무자년에 명경과(明經科)에 급제하였는데,[36] 곧바로 승중(承重)으로서 내간상(內艱喪)[37]을 당하였다. 복을 벗자 보안도(保安道)의 승(丞 찰방)에 제수되었다가 성균관의 직책과 예조의 낭관으로 승진하였다. 경자년(1720, 경종1)

36 무자년에 명경과(明經科)에 급제하였는데 : 무자년은 1708년(숙종34)이다. 명경과는 당나라 때에 처음 시작된 과거의 한 종류로, 경의(經義)의 암송 능력을 시험하여 급제자를 선발하였다. 조선조에서는 전기에는 문과의 일종으로서 시행되었으나 뒤에 식년 문과에 통합되어 초시와 복시에서 시행되었다. 한국학중앙연구원의 '한국역대인물종합정보시스템'에는 국조방목(國朝榜目)을 근거하여 윤동교가 1711년(숙종37) 식년 문과에 급제한 것으로 되어 있다.

37 승중(承重)으로서 내간상(內艱喪) : 할머니 상을 이른다. 승중은 적자(嫡子)가 질병이 있거나 사망했을 경우에 적손(嫡孫)이 바로 조부를 계승하는 것으로, 이 경우 할머니의 상은 모친상과 같다.

에 장연 현감(長淵縣監)으로 나갔는데 정사를 청렴하고 신중하게 하니, 장연의 백성들이 송덕비를 세워 은혜를 칭송하였다. 병오년(1726, 영조2)에 문겸 선전관(文兼宣傳官)에 제수되고, 겨울에 산음 현감(山陰縣監)으로 나갔다.

공은 무신난이 평정되자, 보성(寶城)의 향리로 돌아와서 대나무 숲 가운데 정자를 짓고, 현판을 '차군헌(此君軒)'이라 하고는, 한가롭게 지내며 유유자적하면서 이를 일생을 마칠 계책으로 삼았다.

경술년(1730)에 북쪽 변방에 오랑캐의 우환이 있자, 묘당(廟堂 의정부)에서는 공이 오랑캐의 침입을 막을 수 있는 인재라고 하여 위원 군수(渭原郡守)를 제수하였다. 공은 위태로움과 어려움을 무릅쓰고 부임하였는데, 이해 12월 4일에 관청에서 별세하니, 출생한 병진년(1676, 숙종2)과 햇수를 따져보면 55년이 된다. 조야(朝野)에 걸쳐 공의 죽음에 대해 애석히 여기고 한탄하는 사람이 많았다. 본군(本郡 보성) 장항(獐項) 사향(巳向)의 언덕에 장례하니, 선영에 묘를 쓴 것이었다.

배위인 숙부인(淑夫人) 여산 송씨(礪山宋氏)는 생원 내송(來松)의 따님이니, 이조 판서 세형(世亨)이 5대조이다. 규문의 법도가 매우 아름다워서 6친(六親)[38]들이 칭찬하였는데, 공보다 2년 먼저 출생하고 공보다 23년 늦게 별세해서 공의 묘 왼쪽에 부장하였다.

두 아들인 학령(鶴齡)과 봉령(鳳齡)은 모두 통덕랑(通德郞)인데, 난리에 부친을 따라서 많은 공을 세웠다. 봉령은 양자로 나갔으며, 두 딸은 통덕랑 박사익(朴思益)과 첨지중추부사 임경태(任鏡泰)에게 출

38 6친(六親) : 부모(父母) · 형제(兄弟) · 처자(妻子) 등 여섯 친척을 이르는 말이다.

가하였다. 손자는 양복(陽復)과 전적(典籍)인 양승(陽昇)과 양섬(陽暹)과 양진(陽晉)인데, 학령의 소생이다. 박씨 사위의 아들은 춘길(春吉)이고, 임씨 사위의 아들은 승지 장원(長源)과 오원(五源), 학원(學源), 주서(注書)에 추증된 흥원(興源)과 호원(浩源)이다. 나머지는 다 기록하지 않는다.

공은 집에 있을 때에는 효성스러웠고 관청에 있을 때에는 청렴하였으며, 또 지조와 절개가 높아 선현들과 아름다움을 짝할 만하였다. 군탄(涒灘)의 난리[39] 때에 흉도(凶徒)들이 중외(中外)에 포진하여 임금을 원수로 삼을 수 있고 나라도 해칠 수 있다고 하였는데, 변방의 수령들은 이들을 성원(聲援)하고 묘당(廟堂 의정부)에서는 성패(成敗)를 관망해서, 종묘사직의 보존이 겨우 터럭 하나에 매달려 있는 것처럼 위태로웠다. 공이 이에 몸을 떨쳐 기개를 가다듬고, 임금을 분개시키는 원수들과 대적하여 흉적들을 소탕하여, 이로써 나라를 지키는 공(功)을 드날리고 충성스럽고 용맹한 군사들을 격려하였으니, 이것이 어찌 근본이 없이 될 일이겠는가.

공은 일찍이 독실하게 학문에 뜻을 두어서 도암(陶菴) 이재(李縡) 선생을 종유하여, 눈으로 보고 마음으로 느끼는 것이 참되고 학문의 조예가 반듯하였기 때문에 행사에 이와 같이 드러났던 것이니, 아! 훌륭하다.

공의 후손인 심현(心鉉)과 필현(弼鉉)이 문경공(文敬公) 심재(心齋) 송환기(宋煥箕)[40] 공이 지은 행장을 가지고 와서 나에게 명문을

39 군탄(涒灘)의 난리 : 무신년의 난을 이른다. 군탄은 고갑자(古甲子) 12지(支)의 9번째인 신(申)을 가리키는 말이다.

청하였다. 내가 늙고 병들어 거의 죽게 되어서 벼루와 붓을 버려둔 지가 오래되었으나, 오직 공의 일만은 의리상 사양할 수 없었다. 이에 순역(順逆)의 구분과 선악의 분별을 밝히는 것을 가지고 영남과 호남 두 지방의 선비들에게 고하노라. 명문은 다음과 같다.

아름다운 윤공이여	有美尹公
효도로 집안에서 정사(政事)를 폈네[41]	惟孝爲政
스승과 벗이 도와주니	輔以師友
그 근본이 바르네	其本則正
잠깐 세 고을을 맡음에	薄試三符
정사는 간결하고 깨끗함을 높였네	治尙簡靜
무신년을 만나	値歲戊申
영호남에서 난리가 일어나니	變起湖嶺
모두 순종을 버리고 반역을 좇아	舍順從逆
관망하는 마음을 품었네	擧懷觀望

40 문경공(文敬公) 심재(心齋) 송환기(宋煥箕) : 1728~1807. 심재는 그의 호이며 문경(文敬)은 시호이다. 자는 자동(子東), 또 다른 호는 성담(性潭)이며 우암 송시열의 5대손으로 1762년(영조38) 생원시에 합격하고, 벼슬이 우찬성에 이르렀다. 학덕을 겸비하여 문하에 많은 제자를 두었다.

41 효도로……폈네 : 벼슬하지 않고 다만 집안에서 효도하고 우애하면서 집안을 잘 다스리는 것을 말한다. 이 말은 《논어》 〈위정(爲政)〉에 혹자가 공자에게 왜 정사를 하지 않느냐고 묻자, 공자가, "《서경(書經)》에 말하지 않았는가. '효도하도다. 효도하고 형제간에 우애하여 정사에 베푼다.'라고 하였으니, 이 또한 정사를 하는 것이다. 어찌 벼슬을 해야만 정사를 하는 것이 되겠는가.〔書云: 孝乎! 惟孝, 友于兄弟, 施於有政. 是亦爲政, 奚其爲爲政?〕"라고 대답한 말을 원용한 것이다.

공은 스스로 의기를 떨쳐서	公自奮義
순국의 마음 맹세하였네	矢心殉國
이에 군대를 정돈하고	乃整其旅
이에 격문을 보내며	乃馳其檄
이에 칼날을 갈고 닦고	乃礪鋒鏑
이에 양식을 저장하였네	乃峙餱糧
일거에 역적을 소탕하여	一擧掃蕩
우리 국경을 편안히 하니	安我封壃
한 고을의 백성과 물자에 있어	一方民物
죽어가는 자를 살리고 망하는 것을 보존하였네	生死存亡
미루어 나라가 편안해지니	推以國恬
공도 함께 공로가 있었으나	公與有勳
공을 감추고 자랑하지 않고서	斂却不伐
숲속에서 한가롭게 지냈네	婆娑林樊
구름과 연한 푸른 대나무 밭	連雲翠竹
무성하게 정자에 임하였네	猗猗臨軒
공의 평생의 자취를 살펴보면	跡公平生
차군[42]에 부끄러움이 없네	无愧此君
높고 높은 장항의 언덕에	崔崔章原

42 차군(此君) : 대나무의 별칭이다. 동진(東晉)의 왕휘지(王徽之)가 대나무를 좋아하여 일찍이 남의 빈집을 얻어 살면서도 반드시 대나무를 심게 하였다. 혹자가 그 이유를 묻자, 말을 하지 않고 대나무를 가리키며 읊기를 "어찌 단 하루인들 차군(이 분)이 없을 수 있겠는가.〔何可一日無此君?〕" 하였다 한다. 위에 보이는 차군헌(此君軒) 역시 이 뜻을 취한 것이다. 《晉書 卷80 王徽之列傳》

높이 솟은 무덤 엄숙하네　　儼若斧堂
성조에서 장려하여 추증하니　　聖朝褒贈
영화롭게 장식한 비석에　　榮賁石章
공의 자취를 글로 형용하여　　形公于辭
이로써 기상[43]을 대신하노라　　用替紀常

43 기상(紀常) : 국가를 위해 세운 공(功)을 태상기(太常旗)에 기록하는 것을 말한다. 태상기는 해・달・별・용을 그린 임금의 기(旗)이다.

이조 판서 시호 문간 이공 묘갈명 병서○기유년

吏曹判書諡文簡李公墓碣銘 幷序○己酉

문정공(文正公) 도암(陶菴) 이재(李縡) 선생의 훌륭한 덕과 큰 공업이 사문(斯文)의 표준이 되니, 선생이 몸소 실천하여 가르치신 것이 가문의 범절이 되어 이 집안의 가학(家學)이 선대의 아름다움을 이어 갈 수 있었는데, 고(故) 총재(冢宰 이조 판서) 소화공(小華公) 휘 광문(光文)이 바로 그 가학을 이은 분이시다.

공은 자가 경박(景博)이니 소화는 그의 호이다. 선계가 우봉(牛峰)에서 나왔으니, 고려 때 시중(侍中)을 지낸 공정(公靖)을 시조로 삼는다. 우봉 이씨는 조선조에 들어와서 계속 고위 관리를 배출하였다. 참의로 영의정에 추증된 휘 유겸(有謙)에 이르러 유학으로 명성이 드러났는데, 이분이 우의정 충헌공(忠憲公) 휘 숙(翻)을 낳으니, 명릉(明陵 숙종)의 명신이 되었다. 충헌공의 아들 휘 만창(晩昌)은 진사로 이조 판서에 추증되었고, 손자 휘 재(縡)는 좌참찬과 대제학을 지냈으니, 이분이 바로 도암 선생으로 바로 공의 증조이시다. 조고 휘 제원(濟遠)은 대사간으로 이조 참판에 추증되었고, 선고 휘 채(采)는 호가 화천(華泉)이니 호조 참판으로 이조 판서에 추증되었는바, 공이 귀한 지위에 올랐기 때문에 추증된 것이다.[44] 화천공은 문학과 명망으로 사림(士

44 공이……것이다 : 조선조에서는 2품 이상의 품계에 오른 관리의 삼대(三代)를 추증하여, 부모에게는 본인의 품계에 준한 벼슬을, 조부모와 증조부모에게는 본인보다 한 등급 낮은 품계의 벼슬을 추증하였기 때문에 이렇게 말한 것이다.

林)의 모범이 되었다.

선비(先妣) 양주 조씨(楊州趙氏)는 이조 참판 영순(榮順)의 따님이고, 충익공(忠翼公) 태채(泰采)가 그 증조이시다. 부인은 효성스럽고 우애가 깊고 정숙하였다. 공은 선조의 후광(後光)을 이어 받아 정조 2년 무술년(1778)에 출생하였는데, 타고난 자품이 매우 뛰어났으며 여유가 있어 급히 서두는 기색이 없었다. 역사책을 배우자마자 바로 배송(背誦)하였고, 글자를 씀에 스스로 체재(體裁)를 갖추었다.

장성하자, 외가가 단서(丹書)에 걸린 일[45] 때문에 과거에 응시하지 않았다. 혹자가 반시(泮試)[46]에 응시할 것을 권하였는데도 그 말을 따르지 않고 문을 걸어 잠그고 열심히 책을 읽으면서 장차 그대로 일생을 마칠 듯하였는데, 외가의 깊은 원한이 다 신원되자 비로소 과거 시험장에 들어가서 신유년(1801, 순조1)에 사마시(司馬試)에 합격하고, 병인년(1806)에 황감제(黃柑製)에 장원하여 직부전시(直赴殿試)되었다.[47]

45 외가가……일 : '단서(丹書)'는 죄인의 범죄 사실을 붉은 글씨로 기록한 문서이다. 노론 사대신 중의 한 분이었던 외고조부 조태채(趙泰采)가 신임사화 때 무고를 당하여 사사(賜死)되었기 때문에 이렇게 말한 것이다.

46 반시(泮試) : 원래 반궁(泮宮 성균관)에서 숙식하며 수학하는 유생들에게 보이는 제술(製述) 시험을 이르는데, 여기서는 사마시(司馬試)를 이른 것으로 보인다.

47 황감제(黃柑製)에 장원하여 직부전시(直赴殿試)되었다 : '황감제'는 《열양세시기(洌陽歲時記)》에 "제주도는 감귤을 생산하여 매년 공물로 바친다. 동짓달과 섣달 두 달 사이에 귤이 서울에 이르면 임금은 성균관 유생들에게 감귤을 하사하고, 절일제(節日製)의 준례에 따라 친히 시험 제목을 내어 상재생(上齋生)을 뽑는데, 수석을 차지한 유생에게는 문과 급제를 하사한다. 이것을 황감제라고 한다."라고 보이며, '직부전시'는 해당 인물을 바로 급제시켜 임금이 친히 임하여 치르는 최종 시험인 전시(殿試)에 곧바로 나아가게 하는 것인데, 식년 문과의 경우 33명의 급제자를 복시(覆試)에서 결정하

방방(放榜)[48]에 이르자 순묘(純廟 순조)께서 악공을 내려주어 풍악을 연주하게 하여 영화롭게 하였다.

기사년(1809)에 천거로 승정원 주서와 예문관 검열에 제수되었는데, 같이 주서로 있던 동료가 쫓겨나 구속되자, 공은 상소를 올려 인피(引避)하고 허락을 기다리지 않고 곧바로 대궐문을 나왔다. 엄한 비답(批答)으로 다시 주서에 차임되고, 얼마 후 사관의 직책(승정원 주서)에 복귀되었다. 겨울에 규장각 대교(奎章閣待敎)에 제수되고 준례에 따라 홍문관과 교서관(校書館)의 정자(正字)를 겸하였다. 공은 참하관(參下官 정7품 이하의 관직) 중에 명망이 높은 네 가지 관직을 한 때에 두루 거치는 것이 불편하게 여겨, 선친 화천공께서 영남 고을의 수령으로 있을 적에 전서(專書 심부름꾼을 시켜 특별히 보내온 편지)로 경계한 사실을 들어 두 번 상소하여 사양하였으나, 허락을 받지 못하였다. 조정에서 아패(牙牌)[49]로 공을 재촉하여 불렀으나, 여전히 머뭇거리고 나아가지 않으니, 잡아다 심문하도록 명하였다. 심문이 끝나자 곧바로 그 자리에 복직되었는데, 홍문관의 본관록(本館錄)[50]에 오른 날에 또다시 소명

고, 전시에서는 그 석차(席次)를 결정하였다. 《銀臺條例 禮典 春秋到記》

48 방방(放榜) : 과거에 뽑힌 사람들을 호명하여 패(牌)를 나누어 주는 의식을 말하는데, 창방(唱榜)이라고도 한다. 사마시에 합격한 자에게는 백패(白牌)를, 문과 급제자에게는 홍패(紅牌)를 나누어 주었다.

49 아패(牙牌) : 특별히 규장각의 관원을 패초(牌招)할 때나 전도(前導)할 때 쓰기 위해 만든 명패(命牌)이다. 임금의 화압(花押)이 새겨져 있어서 매우 존엄하게 다루어졌다. 《日省錄 正祖 5年 1月 10日 · 閏5月 8日, 22年 4月 13日》

50 홍문관의 본관록(本館錄) : 홍문관의 관원을 선발하기 위해 홍문관의 부제학 이하 관원들이 모여 예비 후보자가 될 만한 사람의 이름에 권점(圈點)을 표시하여 권점을 많이 받은 사람을 기록하여 만든 명단을 이른다. 의정부 대신과 홍문관 당상 등이 도당

(召命)을 어겨 파직되었다.

신미년(1811)에 다시 검열에 제수되었는데, 아래 직위(職位)에 있는 동료가 곧바로 승진하니, 공도 전례에 따라 육품(六品)으로 승진되고 별겸춘추(別兼春秋)에 제수되었다. 이로부터 청현직(淸顯職)을 두루 역임하여, 내각(內閣 규장각)에서는 검교(檢校)와 대교(待敎)와 직각(直閣)을 지내고, 춘방(春坊 세자시강원)에서는 겸문학(兼文學)과 겸필선(兼弼善), 겸보덕(兼輔德)과 세손우부빈객(世孫右副賓客)을 지내고, 대성(臺省 사헌부와 사간원의 합칭)에서는 헌납과 집의, 대사간과 대사헌을 지냈으며, 논사(論思)를 담당하는 자리(홍문관)로는 수찬과 부수찬, 교리와 부교리, 응교와 부응교, 부제학을 지냈다. 중간에 훈국(訓局 훈련도감(訓鍊都監))의 낭관과 문겸선전관(文兼宣傳官), 그리고 서학(西學) 교수와 중학(中學) 교수, 의정부의 검상(檢詳)과 성균관의 사성(司成), 사복시 정(司僕寺正)과 서장관(書狀官)을 지냈다.

갑술년(1814)에 열성 어제(列聖御製)의 인쇄를 감독한 공로로 통정대부로 승진되고 동부승지에 제수되었으며, 거듭하여 승지에 제수된 것이 무려 70여 차례에 이르렀다. 또 당품(當品)으로 특별히 도승지에 제수되니, 특별한 예우였다.[51] 형조와 예조, 호조와 이조의 참의(參議)

(都堂 의정부)에 모여 이 명단에 오른 후보자의 이름에 권점을 표시하여 잘못 추천된 이를 솎아내고 또 적당한 인물을 더 추가하여 도당록(都堂錄)을 만들어 임금에게 의망(擬望)하였다.

51 당품(當品)으로……예우였다 : 저본에는 당품(堂品)으로 되어 있으나 오류이므로 당품(當品)으로 고쳐 번역하였다. '당품'은 해당 관직에 상당한 품계를 이른다. 도승지는 정3품 당상관이므로 통정대부가 당품이 된다. 조선조에 있어 승정원의 여섯 승지는 모두 정3품 당상관이었는데, 승지 중의 수석인 도승지는 임금의 비서실장 격으로

와 대사성(大司成)을 차례로 역임하고, 경진년(1820)에 산실청(産室廳) 약방(藥房)의 부제조(副提調)가 되어 세운 공로로 가선대부로 승진하고 예조와 형조, 이조와 병조, 공조의 참판과 동지춘추 경연관 의금부사(同知春秋經筵官義禁府事), 도총부 부총관(都摠府副摠管)을 지내고, 비국당상(備局堂上 비변사(備邊司)의 당상관)에 차임되어 호남을 관장하였다.

기축년(1829)에 임금의 뜻에 의해 첨서(添書)[52]되어 한성부 판윤에 발탁되었고, 얼마 후 진하사(進賀使)에 차임되었다. 형조 판서로 묘소도감제조(墓所都監提調)에 차임되고, 또 공조 판서에 제수되었으며 겸하여 책저도감제조(冊儲都監提調)에 차임되고 반송사(伴送使), 도총관(都摠管), 지춘추 경연 의금부사(知春秋經筵義禁府事), 지실록사(知實錄事), 이조 판서(吏曹判書), 양관제학(兩館提學), 우참찬(右參贊), 지중추(知中樞)에 차임되었다. 또 양조(兩朝)의 어제의 인쇄를 감독한 공로를 인정받아 정헌대부(正憲大夫)로 승진해서 승문원(承文院)과 혜민서(惠民署)·관상감(觀象監)·사옹원(司饔院)의 제거(提擧)가 되고, 춘천 부사(春川府使)와 전라 감사(全羅監司), 수원 유수(水原留守)를 역임하니, 이것이 공이 지낸 내외(內外)의 관직들이다.

임신년(1812)에 서쪽의 역적들이 일으킨 반란(홍경래의 난)이 아직 평정되지 못하고 있었는데, 공은 홍문관의 관직에 있으면서 아래와

그 임무가 매우 중대하였으므로 통정대부보다 높은 품계에서 선발하였다. 그러므로 이렇게 말한 것이다.

52 첨서(添書) : '첨서낙점(添書落點)'의 줄임말로, 관직을 임명할 때 왕이 의망된 명단 밖의 사람을 첨가 기입하여 그 이름 위에 점을 찍어 재결하는 것이다.

같이 상소하였다.

"일전에 내리신 전교(傳敎)는 그 내용이 돼지와 물고기를 감동시키고 용과 뱀을 교화시킬 수 있으니, 어찌 다만 교만한 장수와 사나운 병졸들이 창을 던지고 눈물을 흘릴 뿐이겠습니까. 그러나 저 모반하여 불안해하는 자들이 아직도 의구심을 품고 머리를 맞대고 귀를 기울이면서 전하께서 행하시는 일을 상고하고 전하께서 하신 말씀을 검증하려고 합니다. 전하의 말씀이 일과 부합되면 저들이 개과천선하는 마음이 점점 견고해질 것이고, 일이 말씀과 위배되면 난을 일으킬 것을 생각하는 마음이 다시 일어날 것입니다. 그러므로 옛사람이 '사람을 말로써 감동시키는 경우는 그 감동이 깊지 못하고, 행실로써 감동시키는 경우는 그 감응이 반드시 신속하다.'라고 하였습니다."

이어서 어진 수령들을 선발해서 민심을 얻고 굶주린 자들을 구제하여 도적이 일어나는 것을 억제할 것을 청하였으며, 또 아뢰기를

"기전(畿甸) 지방은 사방(四方)의 근본이요, 경사(京師)는 기전의 근본입니다. 지금 힘으로 협박하고 몽둥이로 약탈하는 자들이 방방곡곡에 멋대로 횡행하여 그 근심이 적지 않은데, 기전 지방에 기근이 더욱 심하게 들어 백성들이 거꾸로 매달린 듯 괴로워합니다. 그런데 쉬지 않고 세금을 독촉하니, 흩어졌다가 겨우 다시 모인 백성들이 채찍과 매를 견디지 못하고 있습니다. 민심은 한번 떠나면 다시 수습할 수가 없고 백성들은 형편이 곤궁해지면 못하는 짓이 없습니다. 신은 국가의 우환이 관서 지방에 있지 않고 근본의 땅인 기전에 있을까 두렵습니다. 서둘러 널리 변통하고 백성을 구제하는 일을 크게 시행하여, 초적(草賊)들과 간사한 도적들이 감히 점점 불어나서 도

모하기 어려운 근심이 되는 일이 없게 하소서."

라고 하였다.

또 주청하기를

"서쪽 지방을 정벌하고 있는 대장(大將)에게 명을 내리시어 성상의 윤음(綸音)을 수백 본 필사해 깃대에 게시하고 화살에 묶어 성안으로 날려서 역적들이 두루 볼 수 있게 하시면, 응당 저들이 역적들을 배반하고 귀순해 올 것입니다. 그리고 거듭 해방(海防)을 엄격히 신칙(申飭)해서 비상사태를 사찰하고 미리 수군을 선발해서 난의 근본을 끊으소서."

라고 하였으며, 그 끝에 말하기를

"더욱더 삼가고 두려워하여 헌괵례(獻馘禮)[53]를 행하고 개선(凱旋)을 아뢴 뒤에도, 위급함을 알리는 격문이 정신없이 오가던 날을 잊지 않으신다면 태평한 만세가 지금부터 시작될 수 있지만, 만일 혹시라도 역적들이 평정되어 근심이 없다고 생각해서 재앙을 다시 받지 않도록 뉘우치는 실제를 유념하지 않으신다면, 국가의 안위를 보장할 수 없습니다."

라고 하였다.

공이 올린 글은 처음부터 끝까지 수 백자에 이르렀는데, 당세의 급선무에 절실히 들어맞으니, 성상께서 가상히 여겨 받아들이셨다.

갑신년(1824)에 대사간으로 있으면서 번개의 변고로 인하여 글을 올려 권면하였는데, 대략 "상하가 서로 통하지 못함이 《주역》에서 비

53 헌괵례(獻馘禮) : 전투에 승리한 장수가 적장의 머리나 귀를 임금에게 바치는 의식이다.

괘(否卦)가 되니, 비괘는 음과 양이 조화롭지 못해서 재앙과 요기(妖氣)가 자주 일어납니다."라고 하였고, 이어서 동궁(東宮)을 보도(輔導)하고 억울한 옥사를 심리(審理)할 것을 청하니, 성상께서 내용이 정중하고 극진한 비답(批答)을 내려 유념(留念)하겠다는 뜻을 밝혔다.

병술년(1826)에 옥서(玉署)의 장관(홍문관의 부제학)으로 본관록(本館錄)을 만들었고, 정해년(1827)에 호남의 관찰사가 되었는데, 흉년을 당하자 자신의 녹봉까지 덜어 영진곡(營賑穀)[54]을 만드니, 백성들이 재앙을 알지 못하였으며, 일반적인 준례를 따르지 않고 농사를 권장하고 선비들을 공부시켰다.

전조(銓曹 여기서는 이조를 가리킴)의 장관이 되어서는 주의(注擬)를 격식에 따라 행하여 시의(時議)에 흔들리지 않았다. 당저(當宁)[55] 초년에 각신(閣臣)으로서 일찍이 빈료(賓僚 세자시강원의 관료)의 자리에 있었다고 하여 번을 돌아가며 권강(勸講)에 나갔는데, 공은 진강(進講)하는 전날에 책을 펴놓고 단정히 앉아서 마음속으로 생각하고 입으로 풀이하여 반드시 극진히 연구하여 마음속에 의심이 없게 된 뒤에야 비로소 경연에 오르곤 하였다.

군주와 가까운 곳에 자리한 30년 동안 일에 따라 경계하고 풍간(諷諫)하였다. 이때 죽을죄를 범하였으나 특별히 용서를 받은 액례(掖隷 액정서(掖庭署)에 속한 이원(吏員)이나 하례(下隷))가 있었는데, 공이 아뢰기

54 영진곡(營賑穀) : 각 도의 감사가 흉년에 대비하여 마련하는 곡식을 이른다. 《牧民心書 卷12 賑荒 備資》

55 당저(當宁) : 현재의 임금이란 뜻으로, 《예기》 〈곡례 하(曲禮下)〉의 "천자는 저를 당하여 선다.〔天子當宁而立.〕"라는 구절에서 유래하였는바, 저(宁)는 문병(門屛)의 사이를 말한다. 여기서는 순조에 이어 즉위한 헌종을 이른다.

를 "이 무리들이 스스로 책임을 면하는 것을 급하게 여겨 사면할 수 없는 죄를 무릅쓰고 범하였으니, 반드시 그 해당되는 형률을 피할 수 없음을 스스로 안 것입니다. 이미 저들이 국가의 기강을 훼손한 것을 알았으면 어찌 이렇게 법을 굽힐 수 있단 말입니까."라고 하였다.

또 죄 아닌 죄로 벼슬을 빼앗기고 쫓겨난 대신이 있었는데 문묘에서 작헌(酌獻)하라는 명령을 갑자기 내리자, 공이 또다시 아뢰기를 "대신에게 설령 죄 줄만한 단서가 있더라도 실정을 규명하고 너그러이 용서하며 특별히 예우하여야 성상의 함홍광대(含弘光大)의 덕[56]이 빛날 것인데, 도리어 우연히 살피지 못해 저지른 잘못을 가지고 갑자기 문외출송을 시키시니, 기상이 저상(沮喪)되고 있습니다. 문묘에서 작헌하라는 명령은 비록 한때에 관계되나 백성들의 이목은 8도(道)에 관계되니, 저의 지나친 우려가 비단 금일에 있을 뿐만이 아닙니다. 또 문묘에서 작헌하는 것이 얼마나 성대한 일인데, 한밤중에 명령을 내려 졸지에 예를 행하게 하였으니, 사전(祀典)을 중시하는 의리에 위배됨이 있습니다."라고 하였다.

경조(京兆 한성부)의 낭관(郎官 정5품 통덕랑 이하의 당하관의 총칭) 중에 자신의 직임을 소홀히 처리하여 죄를 지어 처벌된 자가 있었는데, 공이 아뢰기를 "방방곡곡에 지위(知委)[57]하여 나이 많은 백성들을 초치(招致)하지만 이는 평상시에 명을 대기하는 것이 아닌데, 또 그중에서

56 함홍광대(含弘光大)의 덕 : 만물을 포용하는 광대한 덕(德)을 이른다. 《주역(周易)》 〈곤괘(坤卦) 단전(彖傳)〉에 "땅은 두텁고 넓어 물건을 싣고 있어서 덕이 건괘(乾卦)의 끝없음에 부합하여 포용하고 빛나고 커서 모든 사물이 다 형통한다.〔坤厚載物, 德合無疆, 含弘光大, 品物咸亨.〕"라고 보인다.

57 지위(知委) : 통지나 고시 등을 통해 명령을 내려 알려 주는 것을 이른다.

가난하고 궁색한 백성을 가려 뽑는 일은 지체(遲滯)되기가 쉽습니다. 형법은 중도를 얻는 것을 귀하게 여기는데 삼천리 밖으로 유배를 보내는 것은 편배(編配)[58] 가운데 무거운 형벌이니, 지나친 처분이 아닐까 염려됩니다."라고 하였다. 성상께서 공이 아뢴 것을 옳다고 여겨 석방하도록 명하셨으니, 진실되고 한결같은 충정과 정성으로 말을 다하지 않음이 없는 태도가 이와 같았다.

무술년(1838, 헌종4) 봄에 피로한 기색을 보이다가 윤4월 18일에 고종명(考終命)하니, 때는 마침 공이 태어난 갑년(甲年)에 한 달이 차지 못하였다. 사대부들이 모두 어진 재상이 서거했다고 말하였으며, 성상께서는 내각의 속관(屬官)을 보내시어 상주를 조문하고 치제하기를 예법(禮法)대로 하였다. 7월에 양지현(陽智縣) 서쪽 묵가(墨街) 간좌(艮坐)의 언덕에 장례하였다.

을사년(1845)에, 시법(諡法)에 있어 '배우기를 힘쓰고 묻기를 좋아한다.〔勤學好問〕'는 문(文) 자와 '한결같은 덕으로 게을리하지 않았다.〔一德不懈〕'는 간(簡) 자를 써서 '문간'이라는 시호를 하사하였다.

배위(配位)인 정부인 창원 황씨(昌原黃氏)는 현감 재정(載鼎)의 따님인데, 문민공(文敏公) 황신(黃愼)이 그 선조이시다. 5남3녀를 두었으니, 도(壔)는 지금 부사이고, 문정공에게 양자로 간 진사 후(垕)와 준(埈)은 모두 요절하였다. 우(埒)는 전임 대사성이고, 희(墧)는 전임 참봉이며 딸들은 참판 한정교(韓正教)와 홍용주(洪用周), 진사 김인근(金寅根)에게 출가하였다. 희의 딸은 박현양(朴顯陽)에게 출가하였고,

58 편배(編配) : 유배 죄인의 유배지를 정하고 이를 도류안(徒流案)에 기록하는 일인데, 여기서는 유배형이란 의미로 쓰였다.

나머지는 모두 어리다.

공은 천품이 온화하고 후덕하며 몸가짐과 풍도가 장중(莊重)하고 말과 웃음이 적었으며 겸손과 신중함으로 스스로를 수양하였다. 효성과 우애를 천성으로 타고나서, 살아계실 때에는 화순(和順)함을 지극히 하였고 돌아가시자 저존(著存)[59]의 정성을 지극히 하였다. 매일 아침 아들들을 이끌고 사당에 참배하였으며 삭망(朔望)에는 반드시 종가의 사당에 배알하였다. 제사가 있어 재계(齋戒)할 적에 힘써 정성과 예법을 다하였으며 기일(忌日)에는 마치 초상 때처럼 곡하였다. 혹 선친께서 좋아했던 음식을 우연히 만나기라도 하면 항상 흐느끼며 차마 먹거나 마시지 못하였다. 선조의 일에 정성을 다하여 촌수가 멀수록 더욱 힘을 다하였으며, 윗대의 여러 묘소에 모두 묘지(墓誌)를 자기로 구워 묻어서 능곡(陵谷)의 변고에 대비하였으니,[60] 고심하여 우환을

59 저존(著存) : 재계(齋戒)에 정성을 다하여 선조의 혼령이 왕림하여 자리에 계시며 드러나는 듯함을 말한다. 《예기》〈제의(祭義)〉에 "선왕의 효도는 선조의 얼굴빛이 눈에 잊히지 않으며 선조의 음성이 귀에 끊이지 않으며 선조의 마음과 뜻과 기호(嗜好)와 하고자 하시던 것이 마음에 잊히지 않아서, 사랑을 지극히 하면 자리에 계신 듯하고 정성을 지극히 하면 드러난다. 드러나고 계신 듯함을 마음에 잊지 않으니, 어찌 공경하지 않을 수 있겠는가.〔先王之孝也, 色不忘乎目, 聲不絶乎耳, 心志嗜欲不忘乎心, 致愛則存, 致慤則著, 著存不忘乎心, 夫安得不敬乎?〕"라고 보인다.

60 묘지(墓誌)를……대비하였으니 : '묘지'는 망자의 성명, 생몰년, 행적, 무덤의 소재 등의 내용을 옥이나 돌에 새기거나 자기로 구워, 후대에 무덤이 사라지더라도 묘소의 내역을 알 수 있도록 묘소 앞에 묻는 것이다. '능곡(陵谷)의 변고'는 상전벽해(桑田碧海)와 같은 의미로, 세상이 심하게 변하는 것을 비유하는 말로 《시경》〈소아(小雅) 시월지교(十月之交)〉의 "높은 언덕은 골짜기로 뒤바뀌고, 깊은 골짜기는 언덕으로 변했도다.〔高岸爲谷, 深谷爲陵.〕"라는 말에서 나온 것인데, 여기서는 세월이 흘러 묘소가 사라지는 일의 의미로 쓰였다.

근심함이 모두 이처럼 지극하였다.

미처 교정을 보지 못한 문정공이 저술한 《예람(禮覽)》[61]을 전심전력으로 윤색하여 끝내 책으로 만들었다. 또 친척 가운데 소원한 자들과도 친밀하고 화목하게 지내니, 모두가 “나의 몸을 의지할 수 있다.”라고 하여, 허름한 옷을 입은 선비들이 찾아와 집안에 가득하였는데도 정성을 다하여 응접하였으니, 이는 모두 효를 미룬 것이었다.

집안에 있을 적에 살림살이가 어떠한지를 묻지 않았고 재화에 대해 입에 올리지 않았으며 의롭지 못한 선물은 받지 않았다. 두 번 연경(燕京)에 다녀왔으나, 진귀한 패물은 단 하나도 가져오지 않았다. 입는 옷은 삼베나 명주 베로 지은 것에 불과하였고 음식에 있어서는 거친 음식을 싫어하지 않았으며, 좌우에는 경전(經典)만을 두었을 뿐 패서(稗書)[62]를 함께 두지 않았다. 먼지가 방안에 가득하였는데도 편안하게 여겼으며 의로운 방법으로 자질(子姪 아들들과 조카들)을 가르치고 노복들을 다스려 한 번도 꾸짖고 욕하지 않았으며, 사람을 대할 적에 진실하고 꾸밈이 없어서 빈한(貧寒)한 선비를 만나더라도 자신의 벼슬을 가지고 뽐내지 않았다. 세상의 일에 대해서는 입을 닫고 말하지 않았으며, 담백한 흉금과 광달(曠達)한 운치로 사람들로 하여금 공을 해치려는 마음을 저절로 깨끗이 버리게 하였다.

말년에는 또 경례(經禮 강령(綱領)이 되는 예)에 대한 공부에 힘쓰고

61 문정공이 저술한 예람(禮覽) : 문정공은 도암(陶菴) 이재(李縡, 1680~1746)를 이르고, 《예람(禮覽)》은 이재가 지은 《사례편람(四禮便覽)》으로 관혼상제(冠婚喪祭) 네 가지 예에 관한 종합적인 참고서이다.

62 패서(稗書) : 민간의 항담(巷談)이나 기담(奇談)·이문(異聞)·전설 등을 모아 엮은 책을 말한다.

명리(名理)를 깊이 연구하였으며, 시는 성정(性情)을 그대로 쏟아내었고 문장은 의미가 잘 전달되고 논리가 뛰어나니, 공의 유고(遺稿)를 읽어보면 공의 사람됨을 알 수 있다. 그러나 스스로 능하지 못하다고 여겨 문원(文苑)의 임무[63]를 맡는 일을 극구 사양하였으니, 더욱 조행이 편안하고 소탈하였음을 검증할 수 있다.

평소에 남과 경쟁하지 않았으며 담박함이 조용한 옛 우물과 절로 떠도는 빈 배와 같았다. 이 때문에 매우 화려하고 현달한 지위에 있었으나 사람들이 시기하지 않았고, 평피(平陂)의 시기[64]를 겪었으나 세상 사람들이 비난하지 않았다. 그러나 만약 일이 명분과 의리에 관계되면 반드시 꺼리지 않고 직언(直言)하였는데, 확고하여 흔들리지 않아 남들이 어렵게 여기는 것을 잘 말하였으며, 일의 시초와 마지막을 탐구하여 우뚝하게 당대(當代)의 완인(完人 덕행이 완미(完美)한 사람)이 되었다. 공의 후손들이 번성하고 복록이 아직 다하지 않았으니, 세주(世胄 대대로 녹(祿)을 이어받은 집)들을 두루 꼽아 봐도 공의 집안보다 더 성대한 경우는 드물다. 이는 바로 공이 유여(有餘)한 복을 후손에게 남겨 준 것이니, 아아, 아름답다.

불초가 공의 선고이신 화천공을 한천(寒泉) 가에서 배알할 적에, 공이 이때 포의의 신분으로 모시고 앉아 있었는데, 마치 말을 제대로 하지 못하는 듯 어눌하였다. 공은 높고 귀한 신분이 되어 산기슭에

63 문원(文苑)의 임무 : 홍문관과 예문관의 대제학을 가리킨다.

64 평피(平陂)의 시기 : 환국(換局)처럼 시운과 세력이 크게 변하는 시기를 이른다. 《주역》〈태괘(泰卦) 구삼(九三)〉 효사의 "편평하기만 하고 치우치지 않은 경우는 없고 가기만 하고 돌아오지 않는 법은 없다.〔无平不陂, 无往不復.〕"라는 구절에서 유래하였다.

사는 나를 자주 방문하였는데, 예전의 어눌한 태도는 여전하였다. 그러나 뛰어난 언론과 훌륭한 식견은 순수하게 올바른 법도로 보필함에 있어 규범(規範)이 되었으니, 이 때문에 문정공의 훌륭한 후손이 된 것이다.

공이 막 화성(華城 수원)의 유수가 되었을 적에 불초가 공에게 벼슬을 그만두고 한천에 은거하여 문정공의 뜻과 사업을 닦을 것을 권하자, 공이 고개를 끄덕이며 승낙하였다. 차마 곧바로 결단을 내리지 못하였으나 마음속으로 하루도 이를 잊은 적이 없으니, 안타깝다.

대성(大成) 군이 공의 아우 상서공(尙書公)이 저술한 행장을 가져와서 불초에게 묘갈명을 요구하면서 이르기를 "이 세상에 우리 선인을 아시는 분은 오직 선생님이 있을 뿐이니, 묘갈명을 지어 주시길 바랍니다."라고 하니, 불초가 늙어 붓과 벼루를 버려두고 있었으나, 감히 사양할 수가 없어서 뒤에 죽는 자의 책임을 다하고자 하여 마침내 병을 무릅쓰고 명문을 짓는다. 명은 다음과 같다.

혁혁한 세주여	奕奕世冑
우봉이 우뚝 솟았네	有屹牛峰
충헌공과 충숙공[65]이	忠憲忠肅
직언하며 몸을 돌보지 않았네	謇謇匪躬

65 충헌공과 충숙공 : 충헌공은 이 묘갈명의 주인공인 이광문(李光文)의 6대조인 이숙(李翻, 1626~1688)의 시호이다. 자는 중우(仲羽), 호는 일휴정(逸休亭)으로 벼슬이 우의정에 이르렀다. 충숙공은 이숙의 아들인 이만성(李晩成, 1659~1722)의 시호이다. 자는 사추(士秋), 호는 귀락당(歸樂堂)으로 벼슬이 이조 판서에 이르렀다.

문정공이 우뚝이 태어나시어　文正挺生
당대의 유종이 되었네　爲世儒宗
화천공이 이를 계술하여　華泉踐述
명망과 실상이 모두 높았네　名實俱隆
선조의 영광을 품고 태어나서　肧胎前光
공이 또 명성을 이었네　公又繼聲
그 덕이 온화하고 공손하며　維德溫恭
그 성품이 질박하고 곧았네　維性醇貞
효성과 우애에 근본하여　孝悌爲本
가정에서 훌륭한 행실 갖췄네　行備家庭
과거에 급제하여　釋褐策名
밝은 조정에서 명성을 드날렸네　颺于明廷
한림원과 규장각에 들었고　翰院奎華
문원과 전형에 올랐네　文苑銓衡
조정에서 가지런히 홀을 잡고 납약[66]하여　整笏納約
군주의 잘못이 있으면 반드시 간쟁하였네　君違必爭
시무에 대해 통렬히 진언함에　痛陳時務
참된 정성을 다하려 하였네　要殫眞誠
밝게 빛나 이에 등용되었고　有濯斯庸

66 납약(納約) : '납약자유(納約自牖)'를 줄인 말로 신하가 군주를 간하되, 반드시 군주가 잘 알 수 있는 것부터 시작하여 점진적으로 군주의 마음을 유도함을 이른다. 《주역》 〈감괘(坎卦) 육사(六四)〉에 "맺음을 들이되 임금이 잘 아는 곳으로부터 하면 끝내 허물이 없으리라.〔納約自牖, 終无咎.〕"라는 말에서 유래한 것이다.

쟁쟁하여 이에 명성 높았네	有瑲斯鳴
격절하지도 않고 추종하지도 않아서	不激不隨
성상께 지우(知遇)를 입었네	受知聖明
어찌 장수(長壽)를 누려	胡不黃耈
그 성취를 다하지 못하였는가	而究厥成
맑고 투명한 호련[67]이며	瑚璉淸瑩
그윽한 향기의 지란이네	芝蘭幽馨
이는 바로 여론(輿論)이니	是乃輿誦
누가 감히 달리 평하겠는가	疇敢改評
세상에 덕이 높은 원로가 없으니	世無耆德
이에 공이 전형이 되었네	用作典刑
어수가 집에 가득하니[68]	魚鬚滿堂
후손들에게 넉넉히 드리우네	垂裕遺嬴
우뚝이 솟은 묵가(墨街)의 언덕에	嵂嵂墨岡
고요한 묘소가 있네	侐侐佳城
나의 말은 아첨이 아니니	我辭非諛
천년토록 밝게 이어지리라	昭垂千齡

67 호련(瑚璉) : 호와 연은 모두 종묘(宗廟)에서 서직(黍稷)을 담는 그릇으로, 나라를 다스릴 만한 뛰어난 재주가 있는 사람을 비유하는 말이다. 자공(子貢)이 공자에게 자신에 대한 평가를 묻자, 공자께서 그릇 중에 호련이라고 대답한 데에서 온 말이다. 《論語 公冶長》

68 어수(魚鬚)가 집에 가득하니 : '어수'는 홀(笏)의 별칭으로, 고대에 상어의 수염으로 대부들이 사용하던 홀을 장식하였기 때문에 이렇게 칭한다. 홀은 벼슬아치들이 사용하던 물건으로 곧 벼슬하는 자제가 집안에 가득함을 말한 것이다.

성균관 진사 동호 정공 묘갈명 병서○기유년

成均進士東湖鄭公墓碣銘 幷序○己酉

경종(景宗) 2년 임인년(1722)에 흉악한 무리들이 국가의 정권을 도둑질하여 왕세제를 세운 여러 대신들을 무함하여 살해하고 기사사화의 남은 무리들과 합세하여 안팎에서 호응하였다. 성균관 유생인 김범갑(金範甲)이 삼남 지방에 통문을 돌려 선류(善類)[69]들을 찾아 처벌하라고 하였으며, 역신인 조덕린(趙德隣)이 뒤이어 흉학한 소(疏)를 만들어서 장차 감히 말할 수 없는 자리(당시 왕세제인 영조)를 모함하고 핍박하고자 하여 한 도의 명첩(名帖 일종의 명함)을 거두려고 하였다.

이때 정공(鄭公) 휘 상첨(相詹)이 의연히 동요되지 않고 자질(子姪)과 친구들에게 이 일에 상관하지 않도록 경계하여 타이르니, 여러 추악한 무리들이 몹시 분노하여 공에게 반역의 누명을 씌워서 사적(士籍)에서 삭제하고 정거(停擧)[70]를 시키니, 공의 가문에 화를 면한 자가 있지 않았다. 공은 탄식하기를 "우리들이 어찌 역신(逆臣)이겠는가. 백세의 공론이 삼엄하니, 너희들 멋대로 하라."라고 하고는 마침내 과거를 포기하고 학문을 닦았다.

원릉(元陵 영조) 1년 을사년(1725)에 이르러 진사시에 합격하여 반궁(泮宮 성균관)에 출입해서 명예와 절개를 지키기에 스스로 힘썼고,

69 선류(善類) : 선한 무리라는 의미인데, 여기서는 노론을 가리켰다.

70 정거(停擧) : 조선 시대에 유생(儒生)에게 일정 기간 동안 과거 응시의 자격을 박탈하던 처벌을 말한다.

재종형인 평헌공(萍軒公) 상열(相說)과 함께 창의(唱義)하여 상소를 올려서 우암(尤菴)과 동춘당(同春堂) 두 분을 문묘에 종향(從享)할 것을 청하였다. 두 번째 올린 상소문에 대략 이르기를

"오늘날 국가의 역적으로 전하에게 죄를 지은 자들은 모두 두 분 현인에게 죄를 지은 자들입니다. 전하께서 이 역적들을 토죄(討罪)하시면서 오직 의리를 밝히고 윤상(倫常)을 바로잡는 것을 우선으로 삼으시어, 토죄하지 않음으로써 토죄하시어 두 마음을 품은 자들로 하여금 부끄러워 복종하게 하셨으니, 이것은 진실로 천지의 인자함이나, 의리를 밝히고 윤리를 바로잡는 방법에 있어서는 오히려 그 근본을 얻지 못할 듯합니다. 두 분 현인을 들어 문묘에 종사해서 만세에 표준(標準)을 보이시면 윤상이 스스로 바루어지고 의리가 스스로 밝아져서, 편벽되고 음탕하고 간사하고 회피하는 말이 감히 태양을 범하지 못할 것입니다."

라고 하였다.

이때 조정에서는 군주의 무함을 변론하는 것을 제일의 의리로 삼아서 사문(斯文)의 일에는 급급해 하지 않았으나, 향후 신하들의 주청에 성상의 윤허가 내려진 것은 바로 공의 상소문이 발단이 되었다. 김일경(金一鏡)이 죽임을 당하였으나, 소하육적(疏下六賊)[71]은 아직도 법의 처벌을 받지 않고 있었다. 이에 공은 동지들과 함께 장차 상소해서

71 소하육적(疏下六賊) : 1721년(경종1) 12월 6일, 김일경(金一鏡)이 올린 상소는 신임사화의 도화선이 되었는데, 이때 이 상소에 연명(聯名)한 박필몽(朴弼夢), 이명의(李明誼), 이진유(李眞儒), 윤성시(尹聖時), 정해(鄭楷), 서종하(徐宗廈)를 노론 쪽에서 이렇게 칭하였다.

육적을 주벌할 것을 청하려고 하였는데, 흉도들이 죄를 날조하여 공을 죽이고자 하였다. 그러나 경상 감사인 유척기(兪拓基) 공이 그 무함을 변론해서 일이 마침내 그치게 되었다.

얼마 후에 안음(安陰)의 역적인 정희량(鄭希亮)이 모반하니 경상도 전체가 휩쓸려서 역적을 따랐다. 공이 탄식하기를 "이곳에서는 살 수 없다."라고 하고, 서울로 돌아갈 것을 결심하였는데, 미처 고개를 넘기 전에 역적 무리들에게 겁략(劫略)을 당하였으나 샛길을 통해 어렵게 서울로 돌아왔다.

이윽고 역적이 평정되니, 사론(士論)이 공의 아름다운 행적을 찬양하였다. 이에 장려하여 등용하려 하였으나, 흉도들에게 저지되었다. 공은 연이어 두 아들을 잃고는 도성에서 살고 싶지 않아서 가솔을 거느리고 남쪽으로 돌아왔다. 경치가 좋은 곳을 가려 집을 짓고 '동호초당(東湖草堂)'이라고 편액을 달았는데, 공은 이곳에서 여러 자질들을 데리고 강학하고 시를 지어 권면하고 경계하였으며, 좋은 시절이나 명절에 친척들을 초대해서 화수회(花樹會)를 만들고 다시는 세상일을 마음에 두지 않았다.

공은 자가 여량(汝良)으로 해주(海州) 사람이니, 고려 때 시중을 지낸 휘 숙(肅)이 시조이시다. 정도공(貞度公) 휘 역(易)에 이르러서 조선조에서 문형(文衡)을 주관하고 새로운 교화를 도와서 국조(國朝)의 명신이 되었다. 두 대를 전하여 직제학(直提學) 휘 침(忱)에 이르러 노릉(魯陵 단종)의 화를 당해서 현달한 지위에 오르지 못하였다. 이분이 두 손자를 두었으니, 휘 희량(希良)은 호가 허암(虛菴)이고, 휘 희검(希儉)은 진사로 이조 판서에 추증되었다. 연산군의 정치가 혼란해지자 백씨(伯氏) 희량이 세상을 버리고 은둔하니, 아우 희검 또한 계양산(桂陽山) 산중에 은둔하였다.

또다시 두 대를 전하여 충의공(忠毅公) 휘 문부(文孚)에 이르러 북평사(北評事)로 북관의 오랑캐를 깨끗하게 소탕하는 큰 공로를 세웠고 혼조(昏朝 광해군)의 때를 만나서는 인륜을 붙든 큰 절개가 있었으니, 이분이 공의 고조이시다. 증조 휘 대영(大榮)은 생원으로 집의에 추증되었는데, 충의공의 시화(詩禍)[72]를 애통하게 여겨서 세상을 피해 진주(晉州)로 내려가니, 자손들이 대대로 진주에 살게 되었다. 조고 휘 유기(有祺)는 선조의 유훈을 삼가 지켜서 덕을 숨기고 드러내지 않았다. 선고 휘 환(桓)은 사복시 정(司僕寺正)이고, 선비 진양 강씨(晉陽姜氏)는 장사랑(將仕郎) 오(墺)의 따님이시다.

공은 종숙부 대사헌공(大司憲公)에게 수학하였는데, 대사헌공은 공을 특별히 사랑해서 《소학》과 사서(四書)를 가르쳐 성취한 바가 있게 하였다. 선고 복정공(僕正公)이 병들어 시탕(侍湯)할 적에 밤에도 띠를 풀지 않았으며 상을 당하자 매우 엄격하게 상례를 지켰으며 어머니를 섬길 적에 충심을 다하여 극진하게 봉양하였다.

선조를 추모하는 제사에 힘을 다하여, 미리 재계하고 선조의 영혼이와 계신 듯이 여기며 정성을 다하여 제사를 지냈다. 아우와 누이들과의 우애가 매우 돈독하였고 고아가 된 조카를 자기 소생처럼 사랑으로 길렀다. 재종숙(再從叔) 노정공(露頂公)이 죄 아닌 죄에 빠져 객지에

72 충의공의 시화(詩禍) : 충의공 정문부(鄭文孚, 1565~1624)는, 1618년(광해군10) 광해군이 인목대비를 폐비시키자 관직에 나아가지 않았는데, 인조반정(仁祖反正)이 성공하자 전주 부윤에 서용되었다. 그러나 창원 부사 시절 초회왕(楚懷王)에 대하여 지은 시(詩)로 이괄(李适)의 난에 연루되어 1624년(인조2) 국문 중에 사망하였다.

서 별세하자, 공은 온 힘을 다하여 장사를 지내고 삼년상을 치렀다.

이웃의 벗이 역병을 앓자 몸소 가서 간호하고 치료하였다. 그 사람이 사양하자, 공은 "죽고 사는 것은 천명에 달려 있다."라고 하였는데, 끝내 아무 탈이 없었다. 평소 뛰어난 감식안(鑑識眼)이 있어서 한 번 보면 곧바로 그 사람이 바른지 그른지를 분별했는데, 뒤에 살펴보면 조금도 틀리지 않았다.

병이 위독해지자, 자손들을 절친한 벗에게 부탁하고 여러 종형제와 조카들을 불러서 가문의 명성을 이어갈 것을 권면하고 또 말하기를 "사대부는 마땅히 식견을 우선하여야 하다. 식견이 없으면 의리에 밝지 못해서 비록 천 권의 책을 읽더라도 용렬한 사람이 됨을 면치 못한다."라고 하였다.

병진년(1736, 영조12) 정월 14일에 별세하니, 출생한 경신년(1680, 숙종6)과 햇수를 따져보면 57년이 된다. 진주의 동쪽 금산리(琴山里) 백곡(栢谷) 갑좌(甲坐)의 언덕에 장례하였다.

배위인 안동 권씨(安東權氏)는 목사(牧使) 우형(宇亨)의 따님인데, 규문의 법도가 탁월하여 살림을 맡은 30년 동안 집안의 재산을 가지고 공에게 누를 끼치지 않았으며, 자식을 가르치고 종을 부림에 있어 가법을 바르게 하였다. 공보다 ▣년 먼저 출생하고 공보다 5년 먼저 별세하여 공의 묘에 부장하였다.

두 아들을 두었으니, 학신(學臣)은 통덕랑(通德郎)이고, 낙신(樂臣)은 생원(生員)이다. 통덕랑의 아들 광의(光毅)는 참봉이고, 생원의 아들 채의(采毅)는 진사이다. 참봉 광의의 아들 양선(養善) 또한 진사이고, 사위는 참판 권비응(權丕應), 홍병목(洪秉穆), 이정수(李廷秀)이고, 서녀(庶女)의 사위는 권임중(權任中)이다. 진사 채의의 아들은 윤선(允善)이고, 사위는 이모(李某), 윤모(尹某)이다. 양선(養善)의 계자(系子)는 가인(可人)이고, 사위는 승지(承旨) 강태중(姜泰重)이고, 서녀의 사위는 유연행(柳淵行)이다. 윤선의 아들은 가신(可信)이고 사위는 이규두(李奎斗)이다. 가인의 아들은 규원(奎元), 기원(基元)이고 사위는 무과에 급제한 권영우(權永祜)이다. 가신의 두 아들은 어리고, 규원의 세 아들과 기원의 두 딸은 모두 어리다.

공은 풍모가 엄숙하고 정결하였으며 법도가 근엄해서 평상시 생활할 때에 모든 것을 합당하게 처리하니 진실로 이미 말세의 위인(偉人)인데, 가장 우선하여 의리를 밝히고 사문을 붙들어서 먼저 그 큰 뜻을 확립하였으니, 나머지는 모두 생략해도 된다.

아! 공은 높은 포부를 가지고도 불행과 곤궁함에 침체되어 조금도 세상에 드러나지 못하였으니, 이 때문에 지사(志士)들이 한스럽게 여기는 것이다. 그러나 나아가서 세상에 쓰였다면 신임사화 때에 화를 면하기 어려웠을 터인데, 깊은 산과 그윽한 계곡에서 한가로이 노닐면서 도(道)를 따라 덕(德)을 기르며 때로 몸을 감추었으니, 이는 불행이 아니라 다행이었다. 그러나 공이 별세한 뒤에 저술과 사적이 모두 민멸되었으니, 애석하다.

규원(奎元)이 일찍이 나를 종유(從遊)하였는데, 행장을 가지고 와서 명문을 청하였다. 불초는 공의 풍모와 절개에 탄복한 지가 오래되었으므로 이에 병을 무릅쓰고 명문을 짓는다. 명은 다음과 같다.

덕은 백성을 사랑할 수 있었고	德可以仁民
재주는 세상에 쓰일 만하였으니	才足以需世
이것이 공의 행적의 의체이다	是爲公行治之義諦

도를 호위하고 사(邪)를 물리친 고심이	而衛道闢邪之苦心
해와 별이 밝게 걸린 것과 같으니	如日星之昭揭者
이것이 바로 세교를 붙든 대체이다	乃其扶世教之大體
재능을 거두어 감추고 마음을 잡아 길러서	斂藏持養
빛나는 산의 온옥[73]과	如輝山之韞玉
그윽한 골짝에 나부끼는 혜초(蕙草)와 같으니	幽谷之轉蕙
충의공의 가법의 정대함에 욕됨이 없었다	无忝忠毅公家法之正大
내가 붓을 떨쳐 글을 지어서	奮筆爲辭
다른 시대의 공과 정신적인 교우(交友)를 의탁해서	托曠世之神契
남쪽 지방의 후손들에게 고하노라	詔南服之來裔

73 빛나는 산의 온옥(韞玉) : 이 내용은 육기(陸機)의 〈문부(文賦)〉에 "돌이 옥을 품고 있으면 산이 빛나고, 물이 구슬을 품고 있으면 냇물이 아름답도다.〔石韞玉而山輝, 水懷珠而川媚.〕"라고 한 구절을 원용한 것이다. '온옥'은 훌륭한 재주와 덕을 속에 품고 있음을 비유하는 말이다.

가암 최군 묘갈명 병서○기유년

可庵崔君墓碣銘 幷序○己酉

강재(剛齋) 송 문간공(宋文簡公)[74]이 오촌(鰲村)에서 도를 강학하니, 최제묵(崔濟默) 군이 책 바구니를 메고 와서 배움을 청하였다. 강재 선생께서 최군에게 가슴속에 보존한 것을 묻고는 경탄하여 말하기를 "최군은 바로 창을 잡고 내 방으로 쳐들어온[75] 자이다."라고 하고, 경전(經傳)의 명리(名理)와 학문하는 요체를 가르치자, 군은 더욱 자신을 채찍질하며 힘을 다해 공부하였다. 선생은 군을 매우 중하게 기대하여 영남의 선비들에게 "최모(崔某)의 학식이 넓으니, 나에게 묻고자 하는 것을 그에게 물어보라."라고 말하곤 하였다.

군은 스승의 상에 3개월 동안 복을 입고 나서 말하기를 "몸에 복을 입는 것이 심상(心喪)을 하여 자신의 정(情)을 다하는 것만 못하다."

74 강재(剛齋) 송 문간공(宋文簡公) : 송치규(宋穉圭, 1759~1838)로 강재는 그의 호이고 문간은 시호이다. 자는 기옥(奇玉), 본관은 은진(恩津)으로 우암 송시열(宋時烈)의 6대손이다. 유일(遺逸)로 여러 번 벼슬에 천거되었으나 평생 사양하고 나아가지 않았는데, 72세가 되던 1830년(순조30)에 왕의 간곡한 부름을 받아 세손의 시강원 찬선(侍講院贊善)으로 나아가 대사헌 및 이조 참판을 역임하였다.

75 창을……쳐들어온 : 원문은 '조과입실(操戈入室)'로 제자의 뛰어남을 감탄하는 말이다. 한(漢)나라 때 임성(任城) 하휴(何休)가 공양학(公羊學)을 좋아하여 《공양묵수(公羊墨守)》, 《좌씨고황(左氏膏肓)》, 《곡량폐질(穀梁廢疾)》을 지었는데, 정현(鄭玄)이 이 책들에 대해 반박하는 저술을 내놓자, 하휴가 읽어 보고 탄식하기를 "정강성(鄭康成)이 나의 실(室)에 들어와 나의 창을 잡고 나를 치는구나.〔康成入吾室, 操吾矛, 以伐我乎!〕" 하였다는 고사에서 유래하였다. 《後漢書 卷35 鄭玄列傳》

하고는, 과거에 응시하지 않고 잔치에 참여하지 않으면서 심상의 예절을 다하였다.

평소에 말하기를 "우암 어른은 주자 뒤에 한 분이시니, 불행히도 오랑캐에게 복수하고 설욕하려던 계책을 이루지 못했으나, 하늘과 땅 사이에 하루도 이런 의리가 없어서는 안 된다." 하고는, 주자와 우암이 전수한 '직(直)' 한 글자를 취하여, 자리 오른쪽에 걸어두고 늘 돌아보았으니, 여기에서 군이 훌륭한 군이 된 이유를 알 수 있다.

군은 자가 가언(可言)이니, 배우는 자들이 가암 처사(可庵處士)라고 칭하였다. 선계(先系)가 삭녕(朔寧)에서 나왔으니, 고려 때 평장사(平章事)를 지낸 휘 천로(天老)를 시조로 삼는다. 우리 조선조에 들어와 휘 복린(卜麟)이 대사간을 지냈으며, 그 아드님 휘 도원(道源)이 유일(遺逸)로 천거되어 지평에 제수되었고, 휘 발(潑)과 휘 진령(振寧)에 이르러 두 대가 모두 참봉을 지냈으며, 참봉의 아드님인 첨지중추부사(僉知中樞府事) 휘 두남(斗南)이 효행으로 세상에 알려져서 부역을 면제 받았다. 증손 휘 언겸(彦謙)은 참판에 추증되었는데 일찍이 글을 올려서 우암 송 선생의 억울함을 신구(伸救)하였고 또 우암과 동춘당 두 선생을 문묘에 종향(從享) 할 것을 청하였으니, 이분이 공의 고조이시다. 이분이 동중추(同中樞) 휘 창욱(昌郁)과 통덕랑 휘 창의(昌義)의 두 아드님을 두었으니, 창의는 형님 창욱의 아들 통덕랑 휘 상규(尚奎)를 후사로 삼았다. 상규가 또 아들이 없어서 형 휘 상원(尚元)의 아들 휘 광형(光馨)을 후사로 삼았다. 광형이 진주 하씨(晉州河氏) 호(浩)의 따님에게 장가들어 군을 낳았다.

군은 타고난 자질이 총명하고 지혜로워서 증선지(曾先之)의 《십팔사략(十八史略)》을 배우자마자 잘못된 글자를 구별하니, 통덕공이 반드시 가문을 창대하게 만들 것이라고 칭찬하였다. 나이 열 살이 되어 스승에게 나아가 공부하게 되자 뜻을 돈독히 하여 학업에 힘썼다. 선유(先儒)들의 글을 보기 좋아하였는데, 장자(長者)께서 시문(時文 과거 시험을 보는 데 필요한 문체의 글)에 방해된다고 하여 금하였으나, 그만두지 않았다.

한번은 과거에 응시하러 서울로 갔는데, 당시 재신(宰臣)이 군을 만나보고자 하자, 군은 사양하며 말하기를 "과장(科場)에 임하여 현달한 관원을 방문하는 자는 선비가 아니다."라고 하였으니, 그 지기(志氣)가 이처럼 강직하였다. 남성시(南省試)[76]에 응시하였으나 낙방하였는데, 선비들의 풍습이 도리에 어긋난 것을 보고 탄식하기를 "이러고도 진취(進取)를 바랄 수 있단 말인가." 하고는 마침내 과거를 포기하고 학문에 전념하였다.

군은 책상을 마주하고 단정히 앉아 고개 숙여 독서하고 우러러 사색하여 모든 이수(理藪 이치의 총체(總體))의 정밀하고 심오한 것과 윤상(倫常)에 있어 마땅히 행해야 할 일에 대해 마음으로 이해하고 직접 증험하려고 하였다. 이 때문에 도가 있는 분에게 나아가 질정하고 주자에게 절충(折衷)하였다.

배우는 자들이 혼륜(混淪 혼연(渾然)하여 분변하지 않음)을 좋아하고 분석하기를 싫어하는 것을 염려하여 말하기를 "의리에는 간가(間架 짜임

76 남성시(南省試) : 조선 시대 예조(禮曹)가 주관해서 치르는 회시(會試)로, 남성은 예조의 별칭이다. 회시는 초시에 합격한 사람에게 다시 보이는 과거 시험으로 복시(覆試)라고도 한다. 소과인 생원・진사시의 경우 회시에 합격하여야 생원・진사가 되었고, 문・무과의 경우 회시에 합격하면 급제가 되어 등수를 정하는 최종 시험인 전시에 나아갔다.

새)와 조리(條理)가 있으니, 만약 변별하지 않는다면 어떻게 학문을 하겠는가."라고 하였다.

집안을 예(禮)로 다스렸는데, 주자의 《가례(家禮)》를 위주로 하면서도 또한 도식(圖式)과 예절이 있어서 집안의 가르침을 갖출 수 있게 하였다. 천성이 효성스러워서 조부모와 부모가 대질(大耋 80세)이 되도록 병이 없었는데, 군은 조부모와 어버이에 대해 물질적인 봉양뿐 아니라 그 뜻도 봉양해서[77] 그 즐거움이 매우 화락하였다. 일찍이 할머니를 모실 적에 젖을 빨면서 어린아이의 장난을 하여 기쁘게 해드리니, 이 소식이 집안과 이웃 간에 전해져 내려오며 칭송되고 있다.

상을 당하자 거상(居喪)에 예(禮)를 다하여 몸을 훼손하여 병이 위독해졌는데, 금계(襟溪) 이봉수(李鳳秀)[78] 공이 별세했다는 소식을 듣고는 사우(士友)들에게 편지를 보내 말하기를 "애석하게도 내가 학문에 대해 물으려는 뜻을 가졌으나 묻지 못했다."라고 하였는데, 이것이 절필(絶筆)이 되었다. 정미년(1847, 헌종13) 4월 22일에 별세하니, 출생한 정사년(1797, 정조21)과 햇수를 따져보면 51년이 되는데, 이날은 통덕공의 연사(練祀)를 지낸 지 겨우 열흘째 되는 날이었다. 원근(遠近)의 사우들이 모두 조문하여 곡소리가 골목에 이어졌는데, 현

77 어버이에……봉양해서 : 어버이에게 의복이나 음식 등 물질적인 것 뿐 만아니라 부모의 뜻을 잘 받들어 섬기는 봉양을 하였다는 말이다. 이 내용은 《맹자》 〈이루 상(離婁上)〉 '양지장(養志章)'에 자세히 보인다.

78 금계(襟溪) 이봉수(李鳳秀) : 1778~1852. 금계는 그의 호이고, 자는 자강(子岡), 본관은 연안(延安)으로, 임로(任魯), 오희상(吳熙常) 등에게 수학하였다. 세마(洗馬)와 의령 현감 등의 벼슬을 지냈다. 뒤에 돈녕부 판관(敦寧府判官)과 장악원 정(掌樂院正)에 제수되었으나 나아가지 않았다.

(縣)의 동쪽 성자동(聖子洞) 미좌(未坐)의 언덕에 장례하였다.

배위 해주 정씨(海州鄭氏)는 교선(敎善)의 따님으로 충의공(忠毅公) 문부(文孚)의 후손인데, 남편을 섬김에 어긋남이 없었다. 2남을 두었는데 모두 요절해서 아우 현모(現黙)의 아들 효숙(孝淑)을 데려다가 후사로 삼았고, 딸이 네 명인데 정규원(鄭奎元), 권의정(權宜井), 정환수(鄭煥壽)에게 출가하였고 한 명은 아직 시집가지 않았다.

군은 자질이 돈후(敦厚)하고 재주가 영특하였으며 뜻이 바르고 식견이 통달하였고 윤리에 돈독하였다. 단(壇)을 설치하여 묘소가 사라진 선조들을 제사하고 비석을 세워서 민멸된 선조의 공렬을 밝혔으며, 문헌(文獻)을 수집하여 선조의 아름다운 사적을 드러내었다. 백부모를 섬기고 형제들을 대함에 각각 그 도리를 다하였으며, 서숙(庶叔)의 아들이 어려서 어머니를 여읜 것을 가엾게 여겨 은혜를 베풀어 더욱 잘 보살펴서 믿고 감동하게 하였다.

소원한 친족에까지 은혜가 미쳤는데 지극함을 다하지 않음이 없어서 친척 중 수십 가(家)가 공에게 의지하여 밥을 지어 먹었으며, 어린 아이들을 경계해서 함부로 한 생명도 죽이지 못하게 하였으니, 이와 같이 그 은혜가 미물에까지 미쳤다. 검소한 옷차림을 숭상해서, 집식구가 서양에서 들여 온 베로 옷을 만들고자 하니, 군이 책망하기를 "서양 사람들은 부모도 없고 군주도 없는데, 어찌 그 베로 옷을 해 입을 수 있겠는가."라고 하였다.

군은 천성이 산수를 좋아하여 영남과 호남에서 경치가 아름다운 곳을 골라 초연(超然)히 진세(塵世)를 벗어나려는 생각이 있었다. 일찍이 선영 아래에 와룡암(臥龍庵)을 짓고 말하기를 "세속과 화합하지 못하고 또 뒤를 이을 자식이 없으니, 장차 가업을 아우에게 맡기고 나는 책을 안고 학문에 전념한 채로 여생을 마치겠다."라고 하였는데, 미처 이 뜻을 이루기 전에 갑자기 별세하였으니, 애석하다. 《질의록(質疑錄)》과 《사서의의(四書疑義)》, 《여계(女戒)》와 기타 시문(詩文)과 잡저(雜著) 등을 저술하였는데, 원고가 집안에 보관되어 있다.

아! 군은 남쪽 지방에서 분연(奮然)히 몸을 일으켜서, 스스로 스승을 얻어 바로 '도를 독실하게 믿고 배우기를 좋아하며 죽음으로써 지키면서도 도를 잘하는 것〔篤信好學 守死善道〕'을 자신의 소원으로 세웠었는데, 불행히 단명하여 자신의 뜻과 사업을 다 채우지 못했으니, 이 때문에 우리들이 슬퍼하고 애석하게 여기는 것이다.

군은 나를 특별히 사랑하였고, 나 또한 군이 천성적으로 호기(豪氣)를 타고 태어나 기개가 탁월하여 큰 임무를 맡을 만함을 사랑하였다. 이에 변치 않는 깊은 교우로 서로 의탁함에, 내가 죽으면 군에게 묘문을 부탁하는 누를 끼칠 것이라고 여겼는데, 나로 하여금 죽지 않고 끝없는 애통을 안게 할 줄을 어찌 알았겠는가.

군의 아우 현묵(現默)이, 남이목(南履穆)과 조규(趙逵) 두 고사(高士)가 지은 공의 행장(行狀)을 가지고 와서 나에게 비석에 새길 글을 부탁하였다. 두 분 현자는 구차히 남을 칭찬하는 분이 아니니 그 말이 의당 믿을 만하다. 더구나 군과 나의 깊은 교분이 행장의 글 밖에 있음에랴. 마침내 병을 무릅쓰고 명문을 짓는다. 명은 다음과 같다.

아름다운 한 선비가 있었으니	有美一士
기운이 호방하고 재주가 뛰어났네	氣豪才良
붙잡아 주지 않아도 곧게 자랐고	不扶而直
바람이 없어도 높이 날았네	無風而翔

학문에 근본을 두었으니	本之問學
어찌 선하지 않겠는가	何用不臧
돈독하게 효도하고 공경하며	篤于孝悌
친척에 은혜 베풀었으며	惠于宗族
집안을 엄숙히 다스려	肅于家室
법도를 그대로 좇았네	準以矩矱
집을 나가지 않고 나라의 가르침을 이루어서[79]	不出成教
고향에까지 미쳤네	施及鄉陌
만일 장수(長壽)를 누렸다면	苟其永年
재능을 활짝 펴서	用克展拓
그 발걸음이	庶幾步趨
오현[80]의 아름다운 자취 따를 수 있었을 터인데	五賢徽躅
시작은 있으나 끝이 없었으니	有始无終

79 집을……이루어서 : 원문의 '불출성교(不出成教)'는 대학 전(傳) 9장의 "군자는 집을 나가지 않고 나라에 가르침을 이룬다.〔君子, 不出家而成教於國.〕"라는 구절을 줄여 쓴 것이다.

80 오현(五賢) : 노론 쪽에서 일컫는 다섯 분의 유현(儒賢)으로, 문정공(文正公) 정암(靜庵) 조광조(趙光祖), 문순공(文純公) 퇴계(退溪) 이황(李滉), 문성공(文成公) 율곡(栗谷) 이이(李珥), 문원공(文元公) 사계(沙溪) 김장생(金長生), 문정공(文正公) 우암(尤菴) 송시열(宋時烈)을 이른다. 전재(全齋) 임헌회(任憲晦)는 이 다섯 분의 말씀을 모은《오현수언(五賢粹言)》을 편찬하였다. 남인을 주축으로 한 영남에서는 오현으로 문경공(文敬公) 한훤당(寒暄堂) 김굉필(金宏弼), 문헌공(文獻公) 일두(一蠹) 정여창(鄭汝昌), 문정공(文正公) 정암(靜庵) 조광조(趙光祖), 문원공(文元公) 회재(晦齋) 이언적(李彦迪), 문순공(文純公) 퇴계(退溪) 이황(李滉)을 꼽는다. 1610년(광해군2)에 이 다섯 분을 문묘(文廟)에 종사(從祀)하였는바, 보통 '영남 오현(嶺南五賢)'이라고 칭하나, 정암은 영남 출신이 아니고 다만 한훤당에게 수학하였을 뿐이다.

하늘을 보니 아득하기만 하네	視天茫茫
울창한 이강에	有鬱尼岡
그윽한 무덤이 고요하네	有侐幽堂
가을 측백나무가 죽지 않으니	秋栢不死
지사가 잠든 곳이네	志士攸藏
이에 불후를 도모하여	載圖不朽
돌에 새겨 밝게 글을 게시하네	昭揭石章
남쪽 지방의 기강(紀綱)이 되어	用紀南國
무궁한 후세에 길이 전하리라	永垂无疆

치암 이 선생 묘갈명 병서○경술년[81]

耻庵李先生墓碣銘 幷序○庚戌

세교(世敎)가 쇠퇴해짐에, 선비들이 치랍(梔蠟)[82]을 서로 높여서 사소한 행실을 따라 행하고 덧없는 명예를 얻기에 힘쓰니, 이 때문에 세상이 더욱 야박해지고 거짓이 더욱 불어난다. 고(故) 치암(耻庵) 이 선생 같은 분은 도를 구하고 명성을 구하지 않았으며 곤궁하게 살다가 일생을 마치어, 이른바 참다운 학자에 가까웠다. 그러나 몇 세대의 오랜 세월이 흘러 선생의 덕을 기리는 자가 드무니, 아! 한스러움을 이루 다 말할 수 있겠는가.

선생은 휘가 지렴(之濂)이고 자가 양이(養而)이고 선계가 함풍(咸豐)에서 나왔으니, 고려 때 신무대장군(神武大將軍) 휘 언(彦)을 시조로 삼는다. 조선조에 들어와 장양공(莊襄公) 휘 종생(從生)이 이시애(李施愛)의 난을 평정한 공으로 함성군(咸城君)에 봉해졌다. 고조 휘 윤우(允宇)는 현감으로 좌승지에 추증되었고, 증조 휘 창(瑒)은 좌찬성에 추증되었고, 조고 휘 필원(弼元)은 구원공(九畹公) 춘원(春元)의 아우이다. 선고 휘 초옥(楚玉)은 전력부위(展力副尉 무관(武官)의 종9품

81 경술년 : 1850년(철종1)으로, 매산의 나이 75세 되던 해이다.

82 치랍(梔蠟) : 치자(梔子)와 밀랍(蜜蠟)의 병칭으로, 실속이 없는 자가 겉만 꾸며 자신을 과시함을 이른다. 《유하동집(柳河東集)》 권20 〈고편(賈鞭)〉에 시정의 장사꾼들이 평범한 채찍에 치자물을 들여 황금빛을 내고 밀랍을 칠해 윤택하게 하여 비싸게 파는 이야기가 보이는데, 여기에서 유래하였다. 유하동은 당나라의 문장가 유종원(柳宗元, 773~819)을 이른다.

품계)이며 선비 전주 이씨는 현감 구(球)의 따님이다.

태어난 지 6일 만에 이 부인이 별세하여, 선생은 외갓집에서 길러져서 충원(忠原 충주)에서 임시로 살았는데, 당시 큰 외숙인 동이당(同異堂) 척연(惕然)이 본도(本道 충청도)의 아사(亞使 도사)로 있다가 어버이를 배알하러 왔다. 선생은 이때 겨우 다섯 살이었는데, 큰 외숙이 말을 타고 문에 들어와서 내리는 것을 보고 깜짝 놀라서 외숙에게 말하기를 "어버이가 당(堂)에 계신데 감히 이와 같이 할 수 있습니까."라고 하니, 천성이 방정하고 엄숙함이 어릴 때부터 이미 이러하였다.

외할머니의 종제(從弟)이신 북저(北渚) 김공(金公)[83]께서 자신의 손자와 함께 같이 공부하기를 바랐으나, 선생은 그의 귀한 신분을 꺼려서 승낙하지 않았다. 얼마 후에 할아버지와 계모(繼母)를 함께 여의자 슬픔으로 몸을 훼손시켜서 거의 생명을 잃을 뻔하였다. 8년 동안에 삼년상을 모두 네 번 치렀는데, 구차히 남의 포복(匍匐)[84]을 받으려 하지 않고 반드시 정성을 다하여 정결하게 하였으며 한결같이 예제(禮制)를 따랐다.

차츰 성장하여, 《격몽요결(擊蒙要訣)》을 보다가 '학문이 아니면 사

83 북저(北渚) 김공(金公) : 김류(金瑬, 1571~1648)로 북저는 그의 호이고 자는 관옥(冠玉), 본관은 순천(順天), 시호는 문충(文忠)이다. 1596년(선조29) 정시 문과에 급제하고 벼슬이 영의정에 이르렀다. 인조반정의 일등공신으로 승평부원군(昇平府院君)에 봉해졌다.

84 포복(匍匐) : 남의 상사(喪事)에 달려가 힘을 다하여 도와주는 의리를 말한다. 《시경(詩經)》 〈패풍(邶風) 곡풍(谷風)〉에 "모든 사람이 상사가 있을 적에는 포복하여 달려가 구원하였노라.〔凡民有喪, 匍匐救之.〕"라고 한 내용이 보이고, 《예기(禮記)》 〈공자한거(孔子閒居)〉에도 "모든 사람이 초상이 있을 때 포복하여 달려가 구원하는 것은 복(服)이 없는 초상이다.〔凡民有喪, 匍匐救之, 無服之喪也.〕"라고 한 내용이 보인다.

람이 될 수 없다.'는 대목[85]에 이르자 망연자실하며 말하기를 "하마터면 나의 일생을 그르칠 뻔하였다." 하고는, 마침내 율곡께서 말씀한 독서의 차례를 한결같이 지키고 전심(專心)하여 정성을 다하고 말하기를 "율곡은 나의 스승이시다."라고 하였다.

신독재(愼獨齋 김집(金集)) 선생을 뵙고 예를 강론(講論)하고 돌아온 뒤로부터 학문이 더욱 진전되고 명성이 더욱 높아졌다. 동춘(同春 송준길(宋浚吉))과 노봉(老峰 민정중(閔鼎重)) 두 분 현자가 선생의 훌륭한 행실을 조정에 올렸는데, 박남계(朴南溪 박세채(朴世采)) 공이 이조(吏曹)를 맡고서 공을 동몽교관(童蒙敎官)에 제수하였으나 나아가지 않았다.

숙종께서 세자를 책봉하려 하시면서 동궁의 관료를 정선(精選)하였는데, 선생이 부솔(副率)에 제수되었다. 이에 선생은 집안 대대로 녹봉을 먹는 신하로서 의리상 감히 왕명에 응하지 않을 수 없다고 여겨서 나아가 사은숙배(謝恩肅拜)하였는데, 3일 뒤에 사임하였다. 뒤에 광릉참봉(光陵參奉)에 제수되었으나 또한 잠시 나아갔다가 사임하고 돌아왔다. 임자년(1672, 현종13)에 노봉 형제(민정중과 민유중(閔維重))가 또다시 경학과 행실로 선생을 천거하였다. 그러나 이때 붕당(朋黨)이 점점 성해지니, 공은 사화(士禍)가 일어날 것을 알고 해서(海西)로 은둔하였다.

갑인년(1674)에 별천(別薦)으로 6품에 승진되어 금오랑(金吾郎)에 제수되었으나 또다시 나아가지 않았는데, 이때 시국(時局)이 크게 변

85 격몽요결(擊蒙要訣)을……대목 : 《격몽요결(擊蒙要訣)》은 율곡 이이가 초학자들을 가르치기 엮은 책으로, '학문이 아니면 사람이 될 수 없다.'는 구절은 바로 서문의 첫머리에 보인다.

하니, 사람들은 비로소 공의 선견지명에 탄복하였다. 해서에서 제천(堤川)으로 옮겨 거주하고는 "산에 깊이 들어가지 못할까 더욱 두렵다."[86]라고 하였다.

임술년(1682)에 청산 현감(靑山縣監)에 제수되니, 성상께서 특별히 불러 인견(引見)하셨다. 이때 큰 흉년을 만났는데 곡식을 내다 팔고 곡식을 옮기는 조치들에 적절한 방도가 있어서 온 경내가 이에 힘입어 온전히 살게 되었다. 농업을 부지런히 권장하고 별도로 단단하고 큰 씨앗을 비축하게 하여 파종에 대비하였으며, 백성들의 빈부를 분간하고 토지와 재산의 많고 적음을 따져서 가장 생업이 부실한 백성들부터 진대(賑貸)하였다.

한결같이 주자(朱子)의 남강 고사(南康故事)[87]를 따라 백성들에게 이로운 제도를 일으키고 해로운 제도를 제거해서 잔약한 백성들을 소생시키고 폐단을 제거하였으며, 고을의 자제들을 현의 향교에 모아서 경례(經禮)와 《소학》과 《격몽요결》을 임강(臨講 스승이나 시관 앞에 책을 펴 놓고 강경하는 것)하게 하였으며 글을 지어서 방방곡곡에 두루 유시하였는데, 관직에 있은 지 8개월 만에 벼슬을 내놓고 귀향하였다.

정묘년(1687)에 또다시 별천(別薦)으로 흡곡 현령(歙谷縣令)에 제수되었는데, 이때 영동 지방에 기근이 있고 역병이 돌자 백성들을 구휼

86 산에……두렵다 : 은거를 제대로 하지 못할까 더욱 두렵다는 말이다.

87 주자(朱子)의 남강 고사(南康故事) : 주자가 지남강군사(知南康軍事)로 있으면서 베푼 선정을 이른다. 백성들에게 이로운 여러 제도를 만들고 폐단들을 정리하였고 흉년에 여러 가지 구제 정책을 수립하여 백성들을 구제하였으며, 백록동서원(白鹿洞書院)의 유지(遺趾)를 찾아 복원하는 한편 강학을 행하고 학규(學規)를 만들었다. 《宋史 卷429 道學列傳 朱熹》

하기를 청산에 있을 때와 똑같이 하였다. 또 이 흡곡현은 외지고 궁벽한 곳에 위치해서 백성들의 풍속이 어리석고 무지하니, 선생은 백성들에게 오륜(五倫)과 사례(四禮 관례·혼례·상례·제례 등의 네 가지 의례)를 가르치고 또 마을의 수재(秀才)들에게 양식을 나누어 주면서 학문을 권장하여 향리의 풍속이 크게 변했는데, 얼마 후에 체직되었다.

향년 64세로 신미년(1691) 정월 23일에 별세하니, 사대부들이 조문하면서 "어진 분이 죽었다."라고 하였다. 처음 용인(龍仁)에 장례하였다가 뒤에 수원 고등촌(古等村) 건좌(乾坐)의 언덕으로 이장하였다. 배위인 평창 이씨(平昌李氏)는 좌랑(佐郎) 윤(玧)이 그 선고이시다. 따뜻하고 인정이 있고 자상하고 온화해서 남편의 덕에 짝이 되어 어긋남이 없었는데 선생보다 16년 뒤에 별세해서 선생의 묘 왼쪽에 부장하였다.

3남 2녀를 두었으니, 아들은 훈상(勛相), 화상(華相), 하상(夏相)이다. 훈상은 현감이고 화상은 양자로 갔고 두 딸은 심세륜(沈世綸)과 민진노(閔鎭魯)에게 출가하였다. 도(燾)와 겸(謙)과 당(讜)과 김치갑(金致甲), 진사 최항(崔恒)과 송명원(宋命源)의 부인들은 훈상의 소생이고, 휴(烋)와 섭(燮)과 도정(都正) 유광기(兪廣基)와 송하원(宋河源)과 김명중(金命重)의 부인들은 화상의 소생이다. 하상은 한 아들 원(黿)을 두었다. 외손은 현감 민흥수(閔興洙)이다. 증손과 현손은 모두 기록하지 않는다.

선생은 기우(氣宇)가 청수(淸秀)하고 효성과 우애가 천성에서 나왔다. 평소 말씀하시기를 "선비께서 나를 낳는 고생 때문에 단명하였으니, 나는 바로 천지 사이에 한 죄인이다."라고 하며, 평상시에도 항상 기일(忌日)처럼 서글퍼하였다.

문을 걸어 닫고 단정히 앉아서 자신과 세상을 모두 잊었음에도 세교(世教)와 인물에 대해서 아주 정밀하고 철저하게 분변하고 식별하였다. 조정에서 부역(賦役)을 일으켜 백성들이 고통을 당한다는 말을 들을 때마다 번번이 근심스러운 기색을 드러냈으며, 조정에 있는 친구들을 통해서 지극히 말하고 끝까지 논해서 도움이 매우 많았다.

여러 고을에 부임하였는데, 비록 임기를 다 채우지 못했으나 고을을 다스린 규모(規模 격식과 짜임새)와 조치들에서 대략 평소의 포부를 볼 수 있다. 자신을 천거한 명목을 볼 때마다 번번이 탄식하기를 "헛된 명예가 쌓여서 매번 천거하는 글을 욕되게 하니, 장차 어떻게 여러 사람들의 기대에 부응하겠는가."라고 하였다. 이때에 친구들이 모두 높고 현달한 지위에 올랐는데, 모두들 선생을 선배(先輩)와 장덕(長德)으로 추중하여 연배의 항렬을 낮추어 칭찬하고 믿었으나, 선생은 자신의 몸가짐을 매우 엄격히 하였다.

우암(尤菴) 선생이 조정에 나왔을 때에 문안하러 갔다가 저녁이 되었는데, 우암이 동숙(同宿)할 것을 청하자, 선생은 마속수(馬涑水)와 유원성(劉元城)의 고사[88]를 원용(援用)하고는 머물지 않고 집으로 돌

88 마속수(馬涑水)와 유원성(劉元城)의 고사 : 마속수는 북송 중기의 명재상인 사마광(司馬光, 1019~1086)으로, 산서성(山西省) 하현(夏縣) 속수향(涑水鄉) 사람이기 때문에 이렇게 칭한 것이고, 유원성은 사마광의 문인인 유안세(劉安世, 1048~1125)로 그가 원성에 살았으므로 이렇게 부른 것이다. 철종(哲宗) 즉위 후 재상이 된 사마광이 유안세를 관직(館職)에 천거하였는데, 유안세가 자신을 천거한 이유를 묻자, 사마광이 "내가 한가하게 지내고 있을 때에 그대는 줄곧 편지를 보내 안부를 물었었는데, 내가 정부에 있게 되자 홀로 편지를 보내지 않았네. 이것이 바로 내가 그대를 천거한 이유이네.〔光居閒, 足下問訊不絶, 光居政府, 足下獨無書, 此光之所以相薦也.〕"라고 한 고사가 있다. 《古今事文類聚 別集 卷26 人事部 無書被薦》

아갔다. 남들과 의리를 논변(論辨)할 때마다 철저하게 따져서 조금도 관용을 베풀지 않으니, 남계(南溪 박세채(朴世采))가 인정(人情)과 일의 형편을 돌아보지 않는다고 경계하였으나, 선생은 "도리(道理) 두 글자에 맞게 하려면 곧 무리를 따를 수 없다."라고 하신 주자의 말[89]을 원용하여 답하였다.

선생은 수양한 바가 순수해서 겉과 속이 막힘없이 서로 통하였다. 비록 시운(時運)의 변천이 이어지면서 경각 사이에 남을 못에 떨어뜨리기도 하고 무릎 위에 앉히기도 하는 풍조가 만연되었으나, 선생은 남들을 따라 달면 삼키고 쓰면 뱉는 짓을 하지 않았고 치린(緇磷) 또한 몸에 가해지게 않게 해서,[90] 화복(禍福)과 이해(利害)에 한 번도 마음이 동요되지 않았다. 일찍이 우암 선생의 큰 절개를 논하여 말씀하기를

"지기(志氣)가 지나치게 강직하나 정대(正大)함을 벗어나지 않았다. 중화를 높이고 오랑캐를 물리치는 의리를 밝혀서 우리들이 옷깃을 왼쪽으로 여미는 오랑캐 신세가 되는 것을 면하게 하였고, 동성

89 도리(道理)……말 : 주자의 이 말은 《주자대전》 권1 〈서(書) 답황직경(答黃直卿)〉에 보인다.

90 경각……해서 : 원문의 '연슬(淵膝)'은 '추연가슬(墜淵加膝)'을 줄여 쓴 것으로 좋아하고 싫어하는 마음이 변덕스러워 고우면 무릎에 앉히고 미우면 못에 떨어뜨린다는 의미이다. 《예기》 〈단궁 하(檀弓下)〉에 "오늘날의 군주는 사람을 등용하기를 마치 무릎에라도 앉힐 듯이 하고, 사람을 물리치기를 마치 못에 떨어뜨릴 듯이 한다.〔今之君子, 進人若將加諸膝, 退人若將墜諸淵.〕"라고 한 자사(子思)의 말에서 유래하였다. '치린(緇磷)'은 근본 바탕이 허약하여 외물(外物)에 의해 이욕에 물듦을 이른다. 《논어(論語)》 〈양화(陽貨)〉에 "단단하다고 말하지 않겠는가. 갈아도 얇아지지 않는다. 희다고 말하지 않겠는가. 검은 물을 들여도 검어지지 않는다.〔不曰堅乎? 磨而不磷. 不曰白乎? 涅而不緇.〕"라고 한 공자의 말씀에서 연유하였다.

(同姓)의 혼인을 금하여 우리 동이(東夷)의 풍속을 변화시켰고, 정릉(貞陵)의 칭호를 회복시켜서[91] 떳떳한 윤리가 다시 펴졌으니, 이것은 바로 천지에 세워도 어긋나지 않고 귀신에게 질정하여도 의심이 없는 것이다."

라고 하였다.

우암 선생이 도를 위하여 목숨을 바쳤을 때에 화(禍)의 그물이 하늘에 가득하여, 한마디 말이라도 입 밖에 내면 헤아릴 수 없는 임금의 노여움을 샀으나, 선생은 조금도 꺼리거나 의심하지 않고 제문을 지어 제사를 올렸다.

갑인년(1674, 현종15) 국상(國喪)에 백관들과 함께 곡하는 반열에 있었는데, 윤휴(尹鑴)가 아들을 보내 만나볼 것을 청하였으나 사양하고 가지 않았다. 이에 윤휴가 직접 방문하였으나, 선생은 의리로써 책망하며 조금도 뜻을 굽히지 않았다. 또 조위명(趙威明)이 보낸 음식을 받지 않았고 허목(許穆)이 문안하였으나 답하지 않았으니, 선과 악에 대해 이처럼 엄격하였다.

선생은 평소 깊이 수양하고 두터이 공덕을 쌓은 것이 말과 문장에 드러나서, 예전 사람의 말을 답습하지 않았는데도 종횡으로 말한 것이 모두 이치에 합당하였다. 일찍이 말씀하시기를 "학문을 연구하는 자가 문장이 진전되기를 바란다면, 그 본령(本領)이 이미 잘못된 것이다."라

91 정릉(貞陵)의 칭호를 회복시켜서 : 정릉은 태조(太祖)의 계비(繼妃)인 신덕왕후(神德王后)의 능이다. 사후 존호와 능호를 각각 신덕(神德)과 정릉(貞陵)으로 정하였으나, 태조 사후에 왕위 승계 때문에 불화했던 전실(前室) 신의왕후(神懿王后)의 아들 태종에 의해 이장되고 왕비의 제례(祭禮)가 폐해졌는데, 1669년(현종10) 송시열의 계청으로 왕비의 제례를 회복하고 태묘(太廟)에 부묘(祔廟)되었다.

고 하였다.

선생이 지은 시는 운치가 뛰어나고 품격이 깨끗하며 필법 또한 기이하고 굳세니, 문집이 세상에 전해지고 있다. 왕명에 응하여 지은 만언소(萬言疏)는 천덕(天德)과 왕도(王道)를 포함하지 않은 바가 없어서 영원한 후세에 법식이 될 만하나, 실제로 시행되지 못하고 또 글이 일실(逸失)되어 전하지 않으니, 애석하다.

아! 선생은 높은 재주를 가지고 어려서부터 올바른 길로 출발하여 저상되거나 동요되지 않았으며, 그 성취는 한 가지 일을 잘하여 이름을 이룬 것이 아니었다. 비록 겸손하고 공손한 자세로 처신하였으나 뜻한 바가 크지 않은 적이 없었고, 몸에 갖추어 놓은 것이 넉넉하였으나 자신의 도를 혹시라도 굽힌 적이 없었다.

선생은 유문(儒門)의 고사(高士)이고 깨끗한 조정의 완인(完人)이었으니, 명성과 지위의 높고 낮음이 어찌 선생을 높이고 낮출 수 있겠는가. 그러나 세대가 점점 멀어져서 장차 치암 선생이 있는 줄을 알지 못하게 되었으니, 이는 우리 무리 중에서 고인의 일을 평론(評論)하는 자들의 수치이다.

삼연(三淵) 김 문강공(金文康公 김창흡(金昌翕))이 말씀하기를 "치암은 고고(孤高)하였기 때문에 현달하지 못했다."[92]라고 하였는데, 현달하지 못한 것이 무슨 문제가 되겠는가. 선생은 살아서 관작과 봉록에 마음을 두지 않았는데, 하물며 사후의 명예를 돌아보았겠는가. 그러나 선생처럼 덕이 높은 분이 후세에 전해지지 않는다면, 세상에서 선(善)

92 치암은……못했다 : 삼연의 이 말은 《삼연집(三淵集)》 권28 〈유인 함평이씨 묘지명(孺人咸平李氏墓誌銘)〉에 보인다.

을 행하는 자들이 태만해질 것이다. 선생의 후손인 부총관(副摠管) 응서(應緖)가 장차 묘소에 비갈을 세우려 하면서 불초에게 명문을 청하였다. 불초는 평소 공을 칭송하고 흠모하였으니, 감히 늙고 병들었다 하여 사양할 수가 없어서 붓을 잡고 명문을 써서, 당세에 구차하게 영합하지 않은 것이 바로 후세에 영합하는 것임을 보이고자 한다. 그러나 영합하고 영합하지 않음 또한 선생에게 무슨 상관이 있겠는가.

다음과 같이 명한다.

아, 혁혁한 함풍 이씨여	於赫咸豐
선생을 길러 내었네	鍾毓先生
함양(涵養)하여 윤택하게 하고	涵而俾澤
심어서 완성시켰네	植而俾成
광채가 찬란하고	濯其光晶
그 밝음이 빛나네	有燁厥明
행한 도가 탄탄하니	履道坦坦
유인의 정함이었네[93]	幽人之貞
어진 이와 간사한 사람 감별함에	鑑別賢邪
정미하게 가리고 자세히 말하였네	擇精語詳
대로에게 충심(衷心)으로 열복하여	悅服大老

93 행한……정(貞)함이었네 : 이 내용은 《주역》〈이괘(履卦) 구이(九二)〉 효사(爻辭)의 "행하는 도가 탄탄하니 그윽한 사람이라야 정하고 길하다.〔履道坦坦, 幽人貞吉.〕"라는 구절을 원용한 것인데, 주인공이 고결하고 굳센 절조(節操)를 가졌음을 말한 것이다.

강한과 갱장의 마음 가졌네[94] 江漢羹墻

때를 편안히 여기고 순리를 따라[95] 安時處順

홀로 굳센 지조 품었네 獨懷耿介

도가 몸에 쌓여서 道積于躬

이로써 세상에 드러났네 用見于世

잠깐 현가를 시험함에[96] 薄試絃歌

낮은 지위라도 사양하지 않았네 不辭下位

이치는 정밀한 것과 거친 것이 없으니 理無精粗

지위가 높거나 낮거나 모두 똑같네 崇卑一致

94 대로(大老)에게……가졌네 : '대로'는 우암 송시열을 이르며, '강한(江漢)과 갱장(羹牆)의 마음'은 돌아가신 스승을 우러러 사모하는 마음을 뜻한다. 강한은, 공자가 별세한 뒤에 제자들이 동문(同門)인 유약(有若)의 모습이 공자와 비슷하다고 하여 공자를 섬기던 예로 그를 섬기려고 하자, 증자(曾子)가 반대하면서, "공자께서는 강한으로 씻는 것과 같으며, 가을볕으로 쪼이는 것과 같아서 깨끗하여 더할 수 없다."라고 한 데서 온 말이다.《孟子 滕文公上》 갱장은, 옛날 요(堯) 임금이 붕어한 뒤에 순(舜) 임금이 3년 동안 요 임금을 앙모한 나머지, 앉아 있으면 요 임금이 담장〔牆〕에서 보이고, 밥을 먹을 때면 요 임금이 국〔羹〕에서 보였다고 한 데서 온 말이다.《後漢書 卷63 李固列傳》

95 때를……따라 : 원문은 '안시처순(安時處順)'으로,《장자》〈양생주(養生主)〉에 "때마침 이 세상에 태어난 것은 태어날 때였기 때문이고, 때마침 세상을 떠난 것은 자연의 이치를 따른 것이다. 때를 편안히 여기고 순리에 따라 처신하면 슬픔이나 즐거움 따위의 감정이 그 사람의 마음에 들어갈 수 없다.〔適來, 夫子時也, 適去, 夫子順也. 安時而處順, 哀樂不能入也.〕"라고 보인다.

96 현가(絃歌)를 시험함에 : 고을의 수령이 되었다는 의미이다. '현가'는 금슬(琴瑟)을 연주하며 노래하는 것으로, 예악(禮樂)으로 백성을 교화함을 가리킨다. 춘추 시대 공자의 제자 자유(子游)가 노(魯)나라 무성(武城)의 읍재(邑宰)로 있으면서 예악으로 백성을 교화하며 선정을 베푼 데서 유래하였다.《論語 陽貨》

백성을 교화시켜 좋은 풍속 이루고 化民成俗
몸으로 모범을 보여 백성들 가르쳤네 以身爲敎
조정 신하들이 모두 廷臣咸言
선생의 도가 백성을 가르칠 만하다고 하였네 其道可斆
높은 지위에 올랐더라면 使陟而升
그 재주를 크게 펼 수 있었으리라 厥施可大
세상에서 막 우러러보았는데 世方仰止
어찌하여 기다려주지 않았는가 曷爲不待
몸은 비록 현달하지 못하였으나 不顯者身
도는 더욱 빛났네 道則彌光
조박[97]이 책에 남아 있으니 糟粕在書
성현(聖賢)의 은미한 말씀 잃지 않았네 微言不喪
내 이로써 글을 엮어서 我庸勒辭
비석에 새기노라 鐫諸貞石
천억 년 후대까지 밝게 게시하니 昭揭千億
산과 더불어 무궁하리라 與山無極

97 조박(糟粕) : 술을 다 짜고 버리는 찌꺼기를 가리키는 말로, 글로 전해진 성현의 유문(遺文)을 비유한다. 춘추 시대 제나라 환공(桓公)이 글을 읽고 있는데, 마침 수레바퀴를 깎고 있던 장인이 환공에게 읽고 있는 것이 무슨 내용인지를 물었다. 환공이 성인의 말씀이라고 대답하니, 그가 또 성인이 살아 있느냐고 물어, 환공이 이미 돌아가셨다고 대답하자, 장인이 "그렇다면 임금께서 읽으시는 것은 옛사람의 조박일 뿐입니다.〔然則君之所讀者, 古人之糟粕已夫.〕"라고 한 데서 온 말이다. 《莊子 天道》

증 지평 임공 묘갈명 병서

贈持平林公墓碣銘 幷序

명나라 총병(摠兵)이자 우리 조선조의 절도사인 임경업(林慶業) 공의 높은 충성과 드높은 절개가 해와 별과 빛을 다투어, 중화 사람들과 오랑캐들이 칭송하고 흠모하였는데, 공의 형인 휘 형업(亨業) 또한 충효의 대절(大節)이 있어서 이난(二難)[98]이 됨에 부끄러움이 없었으니, 아! 훌륭하다.

공은 자가 계영(繼榮)이고 본관이 평택이니, 고려 때 금시위(禁侍衛)를 지낸 휘 득우(得雨)를 시조로 삼는다. 여러 대를 전하여 보문각대제학(寶文閣大提學) 휘 재(梓)와 사복시 윤(司僕寺尹) 휘 태순(台順)에 이르렀다. 태순이 휘 정(整)을 낳았는데 조선조에 들어와 예조 판서를 지내고 청백리에 녹선(錄選)되었으며 공혜(恭惠)라는 시호를 받았다. 이분이 휘 명산(命山)을 낳으니 이조 판서를 지내셨는바, 공의 7대조가 된다. 증조 휘 유명(有名)은 사헌부 감찰로 호조 참판에 추증되었고, 조고 휘 덕윤(德胤)은 호조 참판에 추증되었고, 선고 휘 황(篁)은 절충장군(折衝將軍)으로 영중추부사(領中樞府事)에 추증되

98 이난(二難) : 난형난제(難兄難弟)와 같은 말로, 덕행과 학문이 뛰어난 형제를 가리킨다. 후한(後漢) 때 진식(陳寔)의 여섯 아들 가운데 진기(陳紀)와 진심(陳諶)이 가장 덕행이 뛰어났는데, 하루는 진기의 아들 진군(陳群)과 진심의 아들 진충(陳忠)이 각기 자기 아버지가 낫다고 다투다가 조부에게 묻자, 진식이 "원방은 형 되기 어렵고 계방은 아우 되기 어렵다.〔元方難爲兄, 季方難爲弟.〕"라고 한 데에서 온 말이다. 원방은 진기의 자이고, 계방은 진심의 자이다. 《世說新語 德行第1》

었다. 영추공(領樞公)이 파평 윤씨(坡平尹氏) 현감 흥지(興智)의 따님에게 장가들어서, 여덟 명의 아들을 낳았는데 공은 그중에 셋째 아들이었다.

공은 뛰어난 자질을 타고나서 효성이 천성에서 나왔는데, 힘을 다하여 맛있는 음식으로 부모를 공양하였다. 병자호란에 맹산 군수(孟山郡守)인 중형(仲兄) 승업(承業)이 군대를 거느리고 전쟁으로 달려가자, 공은 홀로 어머니를 모시고 관아(官衙)에 남아 있었다. 어머니는 평소 병치레가 많았는데, 전쟁에 나간 여러 아들들에 대한 걱정으로 병이 위독해졌다. 이에 공이 밤낮으로 간호하면서 두 번이나 손가락을 잘라 피를 내어 약과 섞어 올리니, 거의 목숨이 끊어질 지경에 이르렀던 어머니가 다시 살아났다.

다음 해 정축년(1637, 인조15)에 모친상을 당하여 맹산에 그대로 거처하였는데, 오랑캐 기병 1백여 명이 갑자기 쳐들어오니, 관리들이 놀라서 새와 쥐처럼 흩어져 달아났다. 공은 빈소를 지키느라 홀로 떠나가지 않았는데, 영구(靈柩)를 부여안고 울부짖으며 애통하여 피눈물을 흘리니, 오랑캐들이 분분하게 떠들며 찬탄하였다. 마침내 나무를 쪼개어 "효자이니, 해쳐서는 안 된다.〔孝人不可害.〕"는 다섯 글자를 쓴 팻말을 만들어 문에 표시(標示)하고 돌아갔다. 공은 얼마 뒤에 향리로 돌아와 선영에 장례하고는, 3년을 하루같이 죽을 먹으면서 시묘하였다.

충민공(忠愍公)이 일찍이 대의(大義)를 떨쳐 오랑캐를 공격하자, 오랑캐들이 노여워서 임오년(1642)에 충민공의 온 가족을 붙잡아 갔는데, 공 또한 이 가운데에 있었다. 오랑캐들이 위협하며 무릎을 꿇고 절하게 하면서 여러 차례 칼을 겨누었는데, 공은 큰소리로 꾸짖고 배를 열어 보이며 말하기를 "내 배를 갈라서 내 마음을 보라. 내가 어찌 너희들에게 굽힐 자이겠는가."라고 하니, 좌우에 있는 가족들이 모두 얼굴빛이 변하였는데, 오랑캐들 또한 의롭게 여겨 해치지 않았다.

이때 소현세자(昭顯世子)가 심양관(瀋陽館)[99]에 머물고 있었는데, 수행한 관원들이 모두 이것을 목격하고 칭찬하였다. 정익공(貞翼公) 이완(李浣)이 이 일을 기록하였고 충문공(忠文公) 민진후(閔鎭厚)는 충민공 임경업의 행장을 지으면서 또한 이 말을 기재하였다. 공은 갑신년(1644) 이후로 통분을 참고 원한을 품으며[100] 지냈는데, 이 때문에 과거 공부를 폐하였다. 병오년(1666, 현종7) 8월 11일에 별세하니, 출생한 신묘년(1591, 선조24)과의 햇수를 따져보면 76년이 된다. 충주(忠州) 영평동(永平洞) 축좌(丑坐)의 언덕에 장례하였다.

두 분의 배위(配位)가 있었으니, 한양 조씨(漢陽趙氏)는 통정대부(通政大夫) 신남(信男)의 따님이고, 영월 신씨(寧越申氏)는 성(晟)의 따님인데, 모두 공의 묘에 부장하였다. 2남을 두었으니, 중만(重蔓)과 선전관(宣傳官) 중선(重宣)이다. 택(澤)과 옥(沃)과 항(沆)과 김윤공

99 심양관(瀋陽館) : 병자호란 이후 청나라 수도인 심양에 인질로 간 소현세자(昭顯世子) 등이 거처하던 관사이다. 세자 부부와 봉림대군(鳳林大君)과 인평대군(麟坪大君), 세자 교육을 담당한 시강원(侍講院)의 관리, 세자를 경호하는 익위사(翊衛司)의 관리, 통역관, 의관(醫官) 등이 함께 머물렀다.

100 통분을……품으며 : 절치부심 오랑캐에게 당한 치욕을 잊지 않는다는 말이다. 본래 주자의 〈여진시랑서(與陳侍郎書)〉에 나오는 말인데, 송시열이 사사(賜死)의 명을 받고 문인 권상하(權尙夏)에게 후사(後事)를 부탁할 때에 "우리나라는 강토가 작고 힘이 약하여 비록 북벌(北伐)과 같은 큰일을 도모하지는 못할지라도, 항상 '통분을 참고 원한을 품고서 절박하여 어쩔 수 없어서 한다.〔忍痛含冤迫不得已〕'는 여덟 자를 가슴속에 두고, 뜻을 같이하는 선비들끼리 이를 전수(傳守)하여 잃지 않는 것이 옳다."라고 한 이래로 노론 측의 글에 많이 인용되었다. 《寒水齋集 卷21 楚山語錄》

(金允恭)의 처와 서자(庶子) 담(淡)은 큰 아들 중만의 소생이고, 선전관의 계자(繼子)는 항(沆)이다. 옥의 아들은 정서(廷瑞), 정환(廷煥), 정장(廷璋)이고, 사위는 이철만(李鐵萬), 김몽익(金夢翊), 윤해석(尹海錫)이며, 항의 사위는 유부(柳溥)와 허렬(許烈)이고, 서자 담의 아들은 정규(廷圭), 정하(廷瑕)이다. 나머지는 다 기록하지 않는다.

숙종 경술년[101]에 도신(道臣 감사)이 임오년 심양관에서 있었던 일을 보고해서 사헌부 지평(司憲府持平)에 추증되었고, 정조 8년 갑진년(1784)에 공의 마을에 정려문(旌閭門)을 세우고 '충신효자지문(忠臣孝子之門)'이라고 하였다.

아! 충성과 효도는 본래 두 가지 일이 아니어서, 옛 책에 이르기를 "충신을 구하기를 반드시 효자의 가문에서 한다."라고 하였다.[102] 그러나 세교가 쇠퇴해지자, 사람들은 한 가지 일을 성취하는 것도 어려워한다. 그런데 공은 충민(忠愍)을 아우로 두고 또 스스로 충효를 수립하여, 집안에서는 어버이를 살아 계실 때에 잘 봉양하고 돌아가신 뒤에는

101 숙종 경술년 : 전사(傳寫)의 오류로 보인다. 숙종의 임기는 1674년에서 1720년까지인데, 이 기간 중에 경술년은 있지 않다. 대부분의 자료에는 숙종 연간으로만 되어 있고 연도가 밝혀져 있지 않다.

102 옛……하였다 : 옛 책은 《효경위(孝經緯)》를 이른다. 《후한서(後漢書)》 권56 〈위표열전(韋彪列傳)〉에 후한(後漢) 초기의 명상인 위표(韋彪)가 "국가는 현자를 선발하는 것을 급선무로 삼아야 하며, 현자인지 아닌지는 효행을 가장 중요하게 생각해야 합니다. 공자가 말씀하기를 '어버이에게 효성스러운 사람은 이 효성을 임금에게 옮겨 충성할 수 있다. 이 때문에 충신을 구하려면 반드시 효자의 가문에서 찾아야 한다.'라고 하였습니다.〔夫國以簡賢爲務, 賢以孝行爲首. 孔子曰:事親孝故忠可移於君, 是以求忠臣必於孝子之門.〕"라고 황제에게 건의한 내용이 보이는데, 공자의 말씀은 《효경위》에 보인다고 실려 있다.

장례를 지냄에 있어 정성과 공경이 모두 지극하여 오랑캐 난병(亂兵)들을 의리로 감동시켰고, 집밖에 나와서는 예측할 수 없는 오랑캐들을 마주하고 계속하여 꾸짖으면서 움츠리지도 않고 피하지도 않아서 명나라에 대한 충절을 온전히 하였다.

아! 임씨 가문에는 어쩌면 이리도 훌륭한 사람들이 많은가. 친족을 친애하는 은혜는 효보다 더한 것이 없고, 존귀한 사람을 높이는 의리는 충보다 더한 것이 없는데, 공의 형제분은 능히 스스로 직분을 다해서 거의 충과 효 두 가지 일을 모두 넓히고 두 가지 이치를 함께 지극하게 만들었으니, 훌륭하다.

공의 후손인 기인(基寅)이 불초를 종유(從遊)하였는데 묘갈명을 부탁하니, 불초는 감히 사양할 수가 없어서 마침내 병을 무릅쓰고 붓을 잡아 명문을 짓는다.

충민공의 가문에 忠愍之門
또 한 분 충민공이 있었으니 又有忠愍
이 형과 이 아우는 是兄是弟
하늘에 밝게 드러난 윤리를 돈독하게 하였네 篤倫天顯
그 행실과 치적은 惟厥行治
효도와 공경을 근본으로 하였네 孝悌爲本
정성이 다른 무리들을 감동시켜서 誠孚異類
먼 길의 영구를 보호할 수 있었네 保護遠櫬
여묘하며 피눈물을 흘려 廬墓泣血
거의 몸이 훼손되어 죽게 되었네 幾致毁殉
온 집안이 오랑캐에게 끌려감에 擧族拘虜

두로[103]를 스스로 판단하였네　頭顱自判

죽음을 알고도 흔들리지 않았으니　知死不撓

인을 구함이 멀지 않았을 것이네　求仁不遠

진실로 그 뜻을 이루었다면　苟遂厥志

변곤의 집안에 부끄럽지 않았으리라[104]　無愧卞壼

형제간에 살고 죽는 일 비록 달랐으나　死生雖殊

각각 그 직분을 다하였네　各盡其分

성조에서 표창하여 정려문을 세워　聖朝褒旌

열렬한 충과 순수한 효를 기렸네　忠烈孝純

엄숙한 고명(誥命)에　肅肅紫誥

찬란한 홍살문이네　煌煌丹門

달천의 충렬사(忠烈祠)[105]와　達川祠廟

길이 가까운 이웃이 되었네　長與近隣

체악[106]이 나란히 빛나　棣萼聯輝

103 두로(頭顱) : 본디 머리뼈를 뜻하는데, 여기서는 큰 의리를 가리킨 것으로 보인다.

104 변곤(卞壼)의……않았으리라 : 변곤(281~328)은 진(晉)나라 사람으로 자는 망지(望之)이다. 상서령(尙書令)을 지냈는데 소준(蘇峻)의 모반 때 항거하다가 전사하였다. 변곤의 아내 배씨(裴氏)는 변곤이 아들 진(眕)·우(盱)와 함께 전사하자 그 시신을 어루만지며 "남편은 충신이고 자식은 효자인데, 다시 어찌 한스러워할 것인가?"라고 하여 충절의 집안으로 널리 알려졌으므로 이렇게 말한 것이다. 《晉書 卷70 卞壼列傳》

105 달천(達川)의 충렬사(忠烈祠) : 달천은 지금의 충북 충주시 단월동이고, 충렬사는 충민공 임경업 장군을 모신 사당이다.

106 체악(棣萼) : 형제 또는 형제의 우애를 의미한다. 《시경》〈소아(小雅) 상체(常棣)〉에 "활짝 핀 아가위꽃, 얼마나 곱고 아름다운가. 이 세상에 누구라 해도, 형제만

천추에 아름다운 이름 남겼네　流芳千春
그 명성 월악산과 더불어　名與月岳
함께 우뚝하네　同其嶙峋
비석에 밝게 게시하니　昭揭石章
영원히 마멸되지 않으리라　永世不磷

한 이가 없나니.〔常棣之華, 鄂不韡韡. 凡今之人, 莫如兄弟.〕"라고 한 말에서 유래하였다.

월곡 유공 묘갈명 병서

月谷柳公墓碣銘 幷序

고(故) 부제학 취흘(醉吃) 류숙(柳潚) 공이 혼조(昏朝 광해군) 때에 금용(金墉)의 변고[107]를 만나자, 직간하는 상소를 올려서 이이첨(李爾瞻) 등 다섯 명의 적신(賊臣)들을 처벌하여 떳떳한 윤리와 강상을 붙들어 세울 것을 청하였다. 명릉(明陵 숙종) 15년 기사년(1689)에 인현왕후가 폐위될 적에 양곡(陽谷)과 정재(定齋) 두 분이 간(諫)하다가 목숨을 잃자,[108] 공의 증손인 휘 종흥(宗興)이 포의(布衣)로서 몸을 떨치고 일어나 많은 선비들을 창도하여 혈성(血誠)을 다한 글을 올려서 성상의 마음을 돌리고자 하였다. 그러나 막히고 저지되어 뜻이 받아들여지지 않자, 공은 통곡하고 산중으로 들어갔고 이어 과장(科場)에도 발자취를 끊어 세상에서 버려진 것이 권도에 맞으니,[109] 군자들이

107 금용(金墉)의 변고 : 광해군이 인목대비(仁穆大妃)를 서궁(西宮)에 유폐시킨 일을 말한다. 금용은 본래 중국 하남성(河南省) 낙양현(洛陽縣)의 서북쪽 구석에 있는 성(城)의 이름으로, 삼국 시대 위(魏)나라 명제(明帝)가 여기에 성을 쌓고 성안에 서궁(西宮)을 두었는데, 그 뒤 가평(嘉平) 6년(254)에 훗날 진(晉)나라의 경제(景帝)로 추존된 사마사(司馬師)가 위주(魏主)인 조방(曹芳)을 여기에 유폐시켰고, 진(晉)나라의 양후(楊后), 민회태자(愍懷太子), 가후(賈后)가 모두 여기에 유폐되었다.《讀史方輿紀要 河南 河南府 洛陽縣》

108 양곡(陽谷)과……잃자 : 양곡은 오두인(吳斗寅, 1624~1689)의 호이고, 정재(定齋)는 박태보(朴泰輔, 1654~1689)의 호이다. 두 사람은 인현왕후(仁顯王后)가 폐위되자 함께 반대하는 소를 올렸다가 숙종의 노여움을 사서 모진 국문을 받고 유배 가던 도중에 목숨을 잃었다.

"이 할아버지와 이 손자의 법도가 한 가지로 똑같다."라고 칭찬하였다.

공은 자가 진보(振甫)이고 본관이 고흥(高興)이니, 먼 조상인 휘 탁(濯)은 고려의 시중(侍中)으로 직언하다가 목숨을 잃었다. 조선조에 들어와서 사간(司諫) 휘 충관(忠寬)은 뛰어난 재주와 훌륭한 명성이 있었고, 두 대를 전하여 의정공(義貞公) 휘 몽인(夢寅)에 이르러서 옛 임금을 위하여 절개와 충절을 온전히 하니,[110] 세상에서는 백이(伯夷)와 숙제(叔齊)의 무리라고 칭찬하였다. 의정공 형님의 아들인 휘 광(洸)은 병조 참의이니, 바로 공의 증조이시다.

조고 휘 지호(之豪)는 양성 현감(陽城縣監)이고, 선고 휘 간(贊)은 본래 부제학공의 후손으로 현감공의 양자가 되었는데, 은둔하여 덕을 닦고 벼슬하지 않았다. 광산 김씨(光山金氏) 별좌(別座) 자건(自鍵)의 따님에게 장가들어서 효종 3년 임진년(1652)에 공을 낳았다. 공은 모년 모월 모일에 고종명(考終命)하여 고산(高山)의 월곡(月谷) 묘좌(卯

109 세상에서……맞으니 : 혼란한 세상에서 벼슬하지 않고 스스로 지조를 지켜 권도(權道)에 맞게 살았음을 말한 것이다. '권도'는 상도(常道)는 아니지만 그 당시의 시의에 비추어 볼 때 도리에 맞음을 이른다. 공자께서 일민(逸民)을 논하면서 우중(虞仲)과 이일(夷逸)에 대해 "숨어 살면서 말을 함부로 하였으나 몸은 깨끗함에 맞았고 버려짐은 권도에 맞았다.〔隱居放言, 身中淸, 廢中權.〕"라고 평하였는데, 주자는 《집주(集註)》에서 "은거하여 홀로 선하게 한 것은 도의 깨끗함에 합하였고, 함부로 말하여 스스로 버려진 것은 권도에 합하였다.〔隱居獨善, 合乎道之淸, 放言自廢, 合乎道之權.〕"라고 부연 설명하였다. 《論語 微子》

110 의정공(義貞公)……하니 : 의정은 유몽인(柳夢寅, 1559~1623)의 시호로 자는 응문(應文), 호는 어우당(於于堂)이다. 옛 임금은 광해군을 이른다. 유몽인은 1589년(선조22) 증광 문과에 장원으로 급제하고 벼슬이 이조 참판에 이르렀다. 광해군 때 폐모론이 일어나자 이에 반대하여 도봉산에 은거하였으나, 인조반정 후에 광해군 복위 음모에 연좌되어 사형에 처해졌으므로 이렇게 말한 것이다.

坐)의 언덕에 장례하니, 선영에 모신 것이다.

배위인 은진 송씨(恩津宋氏)는 현감 국사(國士)의 따님인데 자식이 없고, 계배인 광주 안씨(廣州安氏)는 참봉 시태(始泰)의 따님인데 남편의 덕에 짝하여 어긋남이 없었다. 아들은 제(濟)와 밀(謐)과 서(諝)이고, 딸은 이지승(李之昇), 정몽량(鄭夢良)에게 출가하였으며, 서자는 계(誡)와 첨사(僉使)인 심(諗)인데 심이 원종공신(原從功臣)이 되어 공에게 좌승지가 추증되었다. 서녀는 김천준(金天俊), 심공현(沈恭賢), 박당(朴鐺)에게 출가하였다. 손자인 명한(明漢)과 진사 정한(晶漢)과 이보학(李普學)의 처는 장남 제의 소생이고, 경한(經漢)과 위한(緯漢), 군수 김훈(金薰)과 이보중(李普中), 김신(金賮), 이재정(李在貞)의 처는 둘째 아들 밀의 소생이고, 규한(奎漢)과 진한(軫漢), 성한(星漢), 운한(雲漢), 김종해(金宗海)의 처는 막내 서(諝)의 소생이다. 증손과 현손 이하는 모두 기재하지 않는다.

공은 타고난 자품이 매우 뛰어났으며 어버이에 대한 효성과 윗사람에 대한 공경이 돈독하고 의리와 기개를 숭상하였다. 장성하여 관곡(寬谷) 최서림(崔瑞琳) 공에게 수학하여 학문이 성취되고 행실이 훌륭하니, 사우(士友)들이 모두 원대한 인물이 될 것이라고 기대하였는데, 성모(聖母 인현왕후)께서 유폐되는 치욕을 당하자, 공은 울면서 이궁(離宮)에 하직하고는 문을 걸어 잠그고 몸을 숨겼다.

갑술경화(甲戌更化)[111]에 이르러 왕후의 자리가 다시 바로잡히자,

111 갑술경화(甲戌更化) : 1694년(숙종20)에 발생한 갑술환국을 이른다. 김춘택(金春澤)·한중혁(韓重爀) 등 서인들이 폐위되었던 인현왕후의 복위 운동을 일으키자, 당시 집권 세력이었던 민암(閔黯)·이의징(李義徵) 등 남인들이 이를 빌미로 서인들을

공은 시를 지어 기쁨을 기념하기를,

옥이 본래 하자가 없었고 뜻이 본래 굳세었는데　玉自無瑕志自堅
적의(翟衣)[112]가 주인을 잃은 지 6년이 지났네　翟褘靡主六經年
거문고 줄 다시 남훈금(南薰琴)에 매니[113]　瑤絃更續南薰柱
예전처럼 중천에 달이 다시 차올랐네　依舊中天月再圓
당년에 죽지 못하고 대궐에서 울던 몸이　泣闕當年不死身
오늘 다시 따뜻한 봄 맞을 줄 생각지 못했는데　不言今日更陽春
성상께서 홀연 자모를 맞이하도록 허락하시어　天恩忽許迎慈母
우리 동방 억만 백성에게 다시 젖을 주게 하셨네　再乳吾東億萬人

라고 하였으니, 그 충성과 사랑이 천성에서 나온 것임을 여기에서 볼 수 있다.

이때 군음(群陰)[114]들이 모두 소탕되어서 현자의 길이 크게 열렸으

완전히 제거하려다가 오히려 자신들이 화를 당한 사건이다. 이 당시 숙종은 장희빈(張禧嬪)에 대한 감정이 점차 악화되어 폐비 사건을 후회하고 있었는데, 남인들이 무모한 옥사를 벌이려 하자 분노하여 민암과 이의징 등을 유배보내고, 송시열・민정중(閔鼎重)・김익훈(金益勳) 등 기사환국 때 축출된 서인들의 관작을 복구시키고 서인을 등용하여 정국의 전환을 꾀하였다. '경화'는 잘못된 정치를 고쳐 새로운 교화를 편다는 의미이다.

112 적의(翟衣) : 원문의 '적위(翟褘)'와 같은 말로 꿩 무늬를 수놓은 왕후의 제복(祭服)을 가리키는 말인데, 바로 왕후를 가리키기도 한다.

113 거문고……매니 : 다시 태평성대가 돌아왔다는 의미이다. '남훈금(南薰琴)'은 순(舜) 임금이 스스로 지은 〈남풍가(南風歌)〉를 탔던 오현금(五絃琴)을 가리킨다. 이 노래에 "남풍이 훈훈함이여. 우리 백성의 노여움을 풀겠구나. 남풍이 때맞춰 불어옴이여. 우리 백성의 재물을 부유케 하리로다.〔南風之薰兮, 可以解吾民之慍兮. 南風之時兮, 可以阜吾民之財兮.〕" 하였기 때문에 이렇게 칭한 것이다. 《孔子家語 辯樂解》

114 군음(群陰) : 권력을 부리는 소인들을 이르는 말로, 여기서는 인현왕후의 폐위를

나, 공은 이미 노쇠해 몸과 세상을 모두 잊고 오직 이목구비(耳目口鼻)를 막고 은거하여 한가로이 지내면서[115] 전심치지(專心致志)하여 이치를 연구하였으며, 상례(喪禮)와 제례(祭禮)와 가훈(家訓) 등의 글을 지어서 자손들을 가르쳤다. 공의 여러 행실이 밝게 드러나 있어 기술할 것이 많으나, 그 큰 것을 뽑았으면 나머지는 생략해도 된다. 온 전라도가 공의 명성과 절개를 칭송해서 '월곡 처사(月谷處士)'라고 칭했는데, 뒤에 태인(泰仁)의 용계사(龍溪祠)에 추배(追配 추가하여 배향됨)되니, 여기에서 공의(公議)에 정론(定論)이 있음을 검증할 수 있다.

아! 신하는 마땅히 군주를 섬기는 것처럼 국모를 섬겨서 있는 곳에

주도한 남인들을 가리켰다. 《주역》 〈박괘(剝卦) 육삼(六三)〉 효사(爻辭)에 대한 정이천의 《역전(易傳)》에 "군음이 양을 소멸시키고 여러 소인이 군자를 해칠 때를 당하여 삼이 비록 정도(正道)를 따르나 형세가 고단하고 약하며 응하는 바가 지위가 없는 처지에 있으니, 이때에 화를 면하기 어렵다.〔方群陰剝陽, 衆小人害君子, 三雖從正, 其勢孤弱, 所應在, 无位之地, 於斯時也, 難乎免矣.〕" 하였다. 이는 소인들이 득세하고 외로운 군자가 제대로 힘을 발휘하지 못하여 나라가 한창 혼란할 때임을 말한 것이다.

115 이목구비(耳目口鼻)를……지내면서 : 원문의 '색태(塞兌)는 《노자(老子)》에 있는 말로, 욕심이 나오는 이목구비를 막는 것이다. 《도덕경(道德經)》 52장에 "이목구비를 막고 문을 닫으면 종신토록 수고롭지 않게 된다.〔塞其兌, 閉其門, 終身不勤.〕"라고 보인다. '식영(息影)'은 한가로이 은거한다는 뜻으로, 《장자》 〈어부(漁父)〉의 "어떤 사람이 자신의 그림자를 두려워하고 자신의 발자국을 싫어하여 이것을 떨쳐내려고 달음질을 쳤는데, 발을 들어 올리는 횟수가 많아질수록 발자국도 더욱 많아졌고 달리는 것이 빠를수록 그림자가 몸에서 떨어지지 않았다. 자신의 달리기가 아직 더디다고 생각해서 쉬지 않고 질주하다가 마침내는 힘이 다하여 죽고 말았다. 이 사람은 그늘에 처하면 그림자가 사라지고 고요히 쉬면 발자국도 멈춰진다는 것을 몰랐으니, 어리석음이 또한 심한 것이다.〔人有畏影惡迹而去之走者, 擧足愈數而迹愈多, 走愈疾而影不離身. 自以爲尙遲, 疾走不休, 絶力而死. 不知處陰以休影, 處靜以息迹, 愚亦甚矣.〕"라는 구절에서 유래하였다.

서 목숨을 바쳐야 하는데,[116] 이 의리를 실천한 사람은 매우 드물었다. 그러다가 오두인(吳斗寅), 박태보(朴泰輔) 두 분 현자가 죽음에 이르러서야 대의가 비로소 밝혀졌는데, 이와 같은 공의 행위가 두 분 현자의 행위와 무엇이 다르겠는가.

이때 성상의 진노(震怒)가 매우 심해서 형구(刑具)를 벌여 놓고 간언하는 자를 상대하였으니, 공의 상소가 만약 성상께 이르렀다면 반드시 측량할 수 없는 화를 당했을 것이다. 그런데도 공이 의기(意氣)로 분발해서 생사를 도외시하였으니, 어찌 진실로 강한 꿋꿋함이 아니겠는가. 취흘공의 훌륭한 손자가 되기에 부끄러움이 없으니, 아! 훌륭하다.

공의 현손인 승지 영보(榮輔)가 공의 비문을 써 줄 것을 청하니, 공이 신하의 도리를 드러내 보이고 인륜을 붙들어서 그 이름이 영세토록 사라지지 않을 것임에 감동해서 사양하지 않고 명문을 짓는다. 명은 다음과 같다.

116 있는……하는데 : 이 내용은 춘추 시대 진(晉)나라의 대부인 난공자(欒共子)의 말로, 《소학》〈명륜(明倫)〉에 "사람은 세 분에게서 살게 되었으니, 이들을 섬기기를 한결같이 하여야 한다. 아버지는 나를 낳아 주시고 스승은 나를 가르쳐 주시고 임금은 나를 먹여 주셨으니, 아버지가 아니면 낳지 못하고 〈임금의〉 먹여줌이 아니면 자라지 못하고 〈스승의〉 가르쳐줌이 아니면 알지 못하니, 낳아 주신 것과 똑같다. 그러므로 한결같이 섬겨서 오직 그 있는 곳에서 목숨을 바치는 것이다.〔民生於三, 事之如一, 父生之, 師敎之君食之, 非父不生, 非食不長, 非敎不知, 生之族也, 故 一事之, 唯其所在, 則致死焉.〕"라고 보이는데, 《소학집주(小學集註)》에서 오증(吳證)은 "'있는 바에 목숨을 바친다'는 것은 임금에게 있을 때에는 임금을 위해 목숨을 바치고, 아버지에게 있을 때에는 아버지를 위해 목숨을 바치고, 스승에게 있을 때에는 스승을 위해 목숨을 바친다는 것이다.〔所在致死, 謂在君爲君, 在父爲父, 在師爲師也.〕"라고 풀이하였다.

사람들이 말하기를	人亦有言
먼저 큰 절개를 보라 하였네	先觀大節
아! 공이 수립한 절개여	猗公樹立
맹분(孟賁)과 하육(夏育)[117]도 빼앗지 못하네	賁育莫奪
요화궁에 장차 유폐하려 할 적에[118]	瑤華將閉
죽음을 맹세하고 붓을 들어 상소하였네	矢死奮筆
악사(樂師) 양이 해도(海島)로 들어가듯이[119]	師襄入海
의리로써 자정[120]하였네	自靖以義
어둠을 써서 밝히니	用晦而明
군자가 이를 따른 것이네[121]	君子之以

117 맹분(孟賁)과 하육(夏育) : 고대에 유명한 역사(力士)들이다. 맹분은 전국 시대 제(齊)나라의 용사로 맨손으로 쇠뿔을 뽑았고, 하육은 춘추 시대 위(衛)나라의 역사로 천균(千鈞)의 무게를 들어 올렸다고 한다.

118 요화궁(瑤華宮)에……적에 : 인현왕후를 폐위시키려는 일을 말한다. 요화궁은 송(宋)나라 궁궐의 이름으로 송나라 인종(仁宗)이 곽 황후(郭皇后)를 폐위시키고 요화궁에 유폐하였으므로, 후비를 폐위하는 일을 말할 때 많이 사용한다. 《宋史 卷242 仁宗郭皇后傳》

119 악사(樂師)……들어가듯이 : 양(襄)은 춘추 시대 노(魯)나라의 악사로 공자에게 거문고를 가르쳤던 인물이다. 노나라가 쇠퇴하자 모든 악사들이 사방으로 흩어졌는데, 이때 양은 해도로 들어갔다고 한다. 《論語 微子》

120 자정(自靖) : 스스로 분의(分義)에 맞게 처신하여 지조를 지킴을 편안하게 한다는 뜻으로, 《서경(書經)》 〈미자(微子)〉편에 "스스로 의리에 편안하게 하여 사람마다 스스로 자신의 뜻을 선왕에게 바친다.〔自靖, 人自獻于先王.〕"라고 보인다.

121 어둠을……것이네 : 이 내용은 《주역》 〈명이괘(明夷卦) 상전(象傳)〉의 "밝음이 땅속으로 들어감이 명이이니, 군자가 보고서 무리를 대할 때에 어둠을 써서 밝게 한다.〔象曰, 明入地中, 明夷, 君子以, 莅衆, 用晦而明.〕"라는 구절을 원용한 것이다.

후회하지 않고 서운해 하지 아니하여	不悔不慍
능히 본분(本分)을 편안히 여겼네	克安素履
학문을 좋아하고 예를 높이니	好學崇禮
근본이 있는 자는 이와 같은 법이네	有本如是
내 그윽한 광채를 밝혀서	我闡幽光
황천길을 아름답게 꾸미니	用賁泉隧
한갓 공의 행적을 기술하는 것이 아니요	非直述公
아름다운 선비들을 권면하는 것이네	用勖髦士

오담 권공 묘갈명 병서

梧潭權公墓碣銘 幷序

아! 우리 조선조에서 문관과 무관 두 길로 나누어 인재를 등용한 뒤로부터, 무관들 중에는 옛날 예(禮)를 말하고 시(詩)에 힘쓰던 자들처럼 스스로 중히 여기고 부끄러워함이 있는 자들이 드물었다. 세상 사람들이 이 때문에 무관들을 낮추어 보고 도외시하였는데, 이것이 어찌 참으로 법제(法制) 때문에 그렇게 된 것이겠는가. 이는 무관들이 자초한 바가 있는 것이다. 그러나 국가의 변경을 맡게 되면 왕왕 늠연(凜然)하여 두려워할 만한 분들이 있다.

고(故) 절도사(節度使) 오담(梧潭) 권공(權公) 같은 분은 그 뜻과 절개와 행실과 치적이 진실로 충분히 영세토록 드러날 만한 분인데, 공이 스승의 문하에서 배양되고 장려되어서 훌륭한 기국(器局)을 성취한 것으로 말하면, 미호(渼湖)와 늑천(櫟泉)[122] 두 선생이 훈도한 공을 속일 수 없다.

122 미호(渼湖)와 늑천(櫟泉) : 미호는 김원행(金元行, 1702~1772)의 호로 자는 백춘(伯春), 본관은 안동(安東)으로 당숙인 김숭겸(金崇謙)에게 입양되어 종조부 농암(農巖) 김창협(金昌協)의 손자가 되었으며 도암(陶庵) 이재(李縡)의 문인이다. 1719년(숙종45) 진사가 되었으나, 신임사화로 집안이 몰락하자 벼슬할 뜻을 버리고 학문에 전념하였다. 학문이 높아져 조정에서 계속 불러 공조 참의, 찬선 등의 벼슬에 제수하였으나 모두 사양하였다. 늑천은 송명흠(宋明欽, 1705~1768)의 호로 자는 회가(晦可), 본관은 은진(恩津), 시호는 문원(文元)이고 동춘당(同春堂) 송준길(宋浚吉)의 후손으로 도암 이재의 문인이다. 학행으로 천거되었으나 벼슬에 나아가지 않고 학문에 전념하다가 말년에 찬선(贊善)으로 경연관이 되었다.

공은 휘가 필칭(必稱)이고 자가 자평(子平)이며 본관이 안동(安東)이다. 시조 휘 행(幸)이 고려조 건국 초기에 공을 세웠는데 기미(幾微)에 밝고 권도를 통달했다는 의미로 권(權) 씨 성을 하사받고 안동부에 봉토(封土)를 하사받았으며 벼슬이 태사(太師)에 이르고 벽상공신(壁上功臣)에 책록되었다. 이후 대대로 저명하고 박학한 분들이 나와서 역사책에 기록되었는데, 휘가 도(濤)이고 호가 동계(東溪)인 5세조에 이르러 의정부의 사인(舍人)과 검상(檢詳), 옥서(玉署 홍문관)의 벼슬을 거쳐 대사간(大司諫)에 이르렀다. 뒤에 이조 판서와 대제학에 추증되고 충강(忠康)이란 시호를 받았으며 완계서원(浣溪書院)에 배향되었다.

고조는 휘가 극효(克斆)이고, 증조는 휘가 두첨(斗瞻)이고, 조고는 휘가 시형(是亨)이고, 선고는 휘가 수무(壽武)이다. 선비 창녕 조씨(昌寧曺氏)는 상하(相夏)의 따님이고, 계비 또한 조씨로 우상(遇祥)의 따님인데 실로 이분이 공을 낳았다.

공은 어렸을 때부터 체격이 크고 훤칠하고 기국(器局)과 도량이 있었다. 사부(詞賦)와 명경(明經)의 과거공부에 진력하였는데 이윽고 스스로 분발하여 말하기를 "사람은 다만 어떤 것을 수립하느냐에 달려 있을 뿐이니, 만일 국가를 위해 쓰인다면 어찌 문관과 무관에 차이가 있겠는가." 하고는, 마침내 활 쏘고 말 타는 일에 힘써서 영조 26년 경오년(1750) 무과에 급제하였는데, 신언서판(身言書判)[123]을 검증할 적에 병조 판서의 칭찬을 받고 발탁되어 선전관(宣傳官)에 천거되었

123 신언서판(身言書判) : 인물을 골랐던 네 가지 조건으로 풍채, 말씨, 문필, 판단력을 이른다.

다. 주부(主簿)와 도사(都事), 경력(經歷)을 역임하고 청주 우후(淸州虞候)로 나갔는데, 책을 읽고 무예를 권면하는 여가에 산수가 아름다운 화양동(華陽洞)을 오고가다가 이 일로 인하여 늑천(櫟泉) 송 문원공(宋文元公 송명흠)의 문하에 들어갔다.

이때 공은 이미 부친을 여의고 오직 모부인(母夫人)이 집에 계셨다. 공은 여러 아우들과 날마다 곁에서 어머니를 모시고 지내면서 마음이 담박하여 벼슬에 진취할 뜻을 갖지 않았는데, 어머니의 명으로 마지못해 도성으로 달려갔다. 서지수(徐志修) 공이 옛 대신(大臣)의 풍모가 있다는 말을 듣고 집에 찾아가서 명함을 바치니, 서공은 정성껏 맞이하고 정중하게 보내주었다. 이때 그 자리에 있던 한 문관이 매우 간곡하게 고을의 수령 자리를 구하였는데, 서공이 그 사람을 돌아보며 말하기를 "그대는 이 무관에게 부끄럽지 않은가. 한마디 말도 자신의 사사로운 일에 대해 미치지 않았으니, 존경할 만하다."라고 하였다.

얼마 후에 서산 현감(瑞山縣監)에 제수되니, 바로 서공이 천거한 것이었다. 얼마 뒤에 흉년이 들어서 유임되고 이어서 장기 현감(長鬐縣監)에 제수되었다. 공은 모부인을 모시고 관아에 이르러 말하기를 "장기현이 비록 쇠잔하고 가난하나 어머니를 편히 봉양하기에는 충분하다."라고 하였다. 백성들을 사랑으로 어루만지고 시비를 분명하게 결단하여 정사를 시행함에 인자함과 명철함이 모두 지극하였으며, 큰 흉년을 만나자 녹봉을 털어 백성들을 구제하니, 선정을 베푼다는 명성이 자자하였다.

벼슬을 사직하고 삼산(三山 보은(報恩)의 고호)의 장촌(丈村)에 정착하였다. 모친상을 당하였는데 정해진 상례(喪禮)를 넘어서 슬퍼하여 몸이 훼손되었으며, 3년 내내 초상 때와 같이 거친 밥을 먹고 최질(衰

經)을 입었다. 삼년상을 마치자 가묘에서 추모의 효성을 다하여 명절마다 제찬(祭饌)을 진설하고 차례(茶禮)를 행하였는데, 모든 형제, 숙질들과 내외의 비복(婢僕)들이 한곳에 모여서 당상과 당하에 차례대로 늘어서서 음식을 먹고 마시면서 밤을 새웠다.

거처에서 10리 쯤 떨어진 곳에 산수가 아름다운 오담(梧潭)이 있었는데, 이곳에 초가집을 지어놓고 거처하면서 손수《주역》과《논어》,《중용》과《대학》등의 책을 필사하고 쉬지 않고 송독(誦讀)하니, 원근(遠近)의 인사들이 왕래하면서 경서에 대해 묻곤 하였는데, 이분이 옛날 장군이었음을 전혀 알지 못하였다.

신묘년(1771, 영조47) 9월에 상신(相臣)인 원인손(元仁孫) 공과 서지수(徐志修) 공이 연석(筵席)에서 "무신 권필칭(權必稱)은 산림에서 책을 읽어 실제를 직접 실천하니, 마땅히 산림(山林)의 유신(儒臣)의 준례로 발탁하여 등용해야 합니다."라고 천거하니, 얼마 뒤에 고성 현감(固城縣監)에 제수되었다.

이때 사람들이 공에게 출사하지 말기를 권하였으나 공은 또 감히 유신으로 자처할 수가 없어서 길을 떠났는데, 중도에 병조의 인사 담당 관원이 다른 일로 대간(大諫)에게 탄핵을 당했다는 말을 듣고는 기뻐하며 말하기를 "사람들의 말이 비록 나의 일과 상관없으나, 의(義)에 대처함에 있어 할 말이 있게 되었다."라고 하였다. 이로부터 오담의 정사(亭舍)에서 욕심 없이 청정함을 지키며 살았는데, 문하에서 수업하는 관동(冠童)들로 하여금 날마다 서로 읍하는 예를 행하게 하였으며, 행단(杏壇)[124]에 앉아서 술을 가져오게 하여 한가로이 노닐다가

124 행단(杏壇) : 공자께서 강학하던 단으로, 살구나무가 심겨져 있었으므로 행단이

돌아오곤 하였다.

임진년(1772)에 미호(渼湖) 김 문경공(金文敬公 김원행)을 영동(永同)에서 배알하였는데, 미호 선생은 공의 질문을 듣고는 공의 높은 식견에 감탄하고 '오늘의 박 송당(朴松堂)'[125]이라고 지칭하였다. 7월에 해남 현감(海南縣監)에 제수되자 여러 제도를 다 거행하였는데, 그 중에도 유학의 교화를 성행시키는 일을 급선무로 삼았다. 계사년(1773) 12월에 선정을 베푼 공을 인정받아 품계가 올랐다. 을미년(1775) 6월에 광양 현감(光陽縣監)에 제수되었는데, 정사를 펴는 법도를 해남에 있을 때와 똑같이 하니, 선비와 백성들이 송덕비를 세워서 칭송하였다.

병신년(1776) 봄에 미호 선생이 향음주례(鄕飮酒禮)를 거행할 적에 공을 빈(賓)의 자리에 모시자, 혹자가 "나이와 덕이 높은 선비들이 이곳에 많이 있는데, 어찌하여 무관 중에서 취합니까?"라고 따졌다. 미호 선생은 "향음주례는 중대한 예식이다. 마땅히 예를 아는 사람을 빈으로

라 한 것인데, 전하여 학문을 닦는 곳을 이르는 말이 되었다. 《장자》 〈어부(漁父)〉의 "공자가 치유의 숲 속에서 노닐며 행단 위에 앉아서 휴식을 취했는데, 이때 제자들은 글을 읽고 공자는 거문고를 타며 노래를 불렀다.〔孔子遊乎緇帷之林, 休坐乎杏壇之上, 弟子讀書, 孔子絃歌鼓琴.〕"라는 말에서 유래하였다. 조선 시대에는 성균관과 향교에 살구나무 대신 은행나무를 심었는데, 그 아래를 역시 행단이라 칭하였다.

125 박 송당(朴松堂) : 조선 전기의 무관인 박영(朴英, 1471~1540)으로 송당은 그의 호이며 자는 자실(子實), 본관은 밀양(密陽), 시호는 문목(文穆)이다. 무과에 급제하여 선전관(宣傳官)이 되었으나, 무관 출신임을 안타깝게 여겨 고향으로 돌아가 경전을 공부하여 문사로서의 실력을 닦았다. 1510년 삼포왜란(三浦倭亂) 때 조방장(助防將) 직함으로 창원(昌原)에 부임하였는데, 벼슬이 영남좌절도사(嶺南左節度使)에 이르렀다.

삼아야 하니, 어찌 문신과 무신을 논할 것이 있겠는가."라고 하였으니, 사문(斯文)에서 소중히 여김이 이와 같았다.

뒤에 삭주 부사(朔州府使)에 제수되었는데, 진(陳) 선생이 선거령(仙居令)으로 있으면서 백성들을 가르친 조항[126]을 고을 백성들에게 알려 줄 적에, 반드시 의관(衣冠)을 정제(整齊)하고 부로(父老)들을 초청하여 직접 해석하여 일러 주곤 하였다. 또 삭주는 변방의 요충지이기 때문에 무비(武備)가 중요하다고 여겨, 성첩(城堞)을 수리하고 활을 잘 쏘는 사람에게 상을 주었다. 이러한 일을 행함에 마치 미치지 못할까 급급하게 여기면서 말하기를 "뒤에 부임해 오는 자가 혹 자신과 상관이 없다고 여긴다면, 창설(創設)한 사람의 노력이 모두 국가를 위한 적심(赤心)임을 누가 알겠는가."라고 하였다.

경자년(1780, 정조4)에 파주 방어사(坡州防禦使)에 제수되었는데, 대관(大官)에게 배척을 당하여 부임하지 못하였다. 신축년(1781)에 창성 방어사(昌城防禦使)에 제수되었는데, 아랫사람들이 공의 위엄과 명성을 추앙하여 굳이 명령하지 않아도 모든 것이 잘 시행되었다. 일곱 고을의 산천을 그려서 밤낮으로 고요히 바라보았으니, 이는 국방에 대한 깊고 원대한 염려가 있어서였는데, 보통사람들은 감히 헤아리지 못하였다.

계묘년(1783)에 경상 좌수사(慶尙左水使)에 제수되었는데, 수영(水營)이 있는 동래부(東萊府)는 왜인들이 머무는 관사를 두어 변고를

126 진(陳)……조항 : 북송 신종(神宗) 때의 문신인 진양(陳襄, 1017~1080)이 선거현(仙居縣)의 영(令)이 되어 백성들을 가리키기 위해 지은 글로, 《소학》 〈가언(嘉言)〉 14장에 보인다. 진양의 자는 술고(述古), 호는 고령 선생(古靈先生)이다.

대비하는 중요한 지역이었다. 모든 전비(戰備)를 수리하고 선구(船具)들을 갖추기 위해 지극하게 애를 쓰고 힘을 다하였는데, 얼마 뒤에 갑자기 병에 걸려서 수영의 관저에서 별세하니, 이때가 갑진년(1784) 3월 14일이었다. 마치 촉(蜀) 지방 사람들이 제갈 무후(諸葛武侯)의 죽음에 달려간 것처럼 백성들이 달려와 울부짖었다.

숙부인(淑夫人) 평산 신씨(平山申氏)는 통덕랑 황(炾)이 그 선고이시다. 현숙하고 명철해서 능히 공의 덕에 짝이 되어서 모두 여사(女士)라고 칭하였는데, 공보다 5년 먼저 태어나고 공보다 13년 뒤에 별세하였다. 처음 둔기(芚基)에 공을 장례하였는데, 숙부인이 별세한 때에 이르러 부인과 함께 삼가현(三嘉縣) 남쪽 자하동(紫霞洞) 임좌(壬坐)의 언덕에 부장하였다.

부인이 외아들 황(熀)을 낳았고, 서자는 훤(烜)이며 서녀는 정경의(鄭經毅)에게 출가하였다. 황의 아들은 정현(正玄)이고 사위는 우후(虞候) 정선의(鄭善毅), 장시신(張時新), 박민제(朴民濟)이다. 정현의 아들은 태성(泰成)과 오성(午成)이고, 사위는 이구영(李龜永)이며, 오성의 아들은 의주(宜周)이고, 정순(正純)과 이인범(李仁範)에게 출가한 딸은 서자 훤의 자녀이다.

공은 키가 크고 하관(下顴)이 풍만하며 풍모와 의표가 점잖았다. 평소에 소탈하고 너그러웠으며 온화하면서도 담박해서 일상의 행위가 유가(儒家)의 법도에 부합하지 않음이 없었고, 큰일을 당하면 대체(大體)를 지켜서 늠름하여 범할 수 없는 점이 있었다. 일찍이 말하기를 "자로(子路)가 용맹을 좋아하여 성인(聖人) 문하의 고제(高弟)가 되었으나, 공자께서 삼달덕(三達德) 중의 용(勇)을 논함에 있어서는 반드시 남방(南方)의 강함을 가지고 군자라고 미루어 단정하였다.[127]"라고 하였으니, 이는 군자의 덕은 강하면서도 능히 유순하여야 비로소 덕을 완성할 수 있다고 여긴 것이었다.

불초는 어릴 때부터 공을 칭송하고 흠모해 마지않았는데, 일찍이 나를 종유하였던 공의 종증손(從曾孫) 우성(友成)이 지극한 효심으로 정성을 다하여 비문을 청하였다. 나는 차마 사양할 수가 없어서 병을 무릅쓰고 명문을 짓는다. 명은 다음과 같다.

동한의 여러 장수들은	東漢諸將
유아하고 예법을 잘 따랐네	儒雅循循
이에 후일의 유명한 선비 중에	及後名儒
순숙(荀淑)과 진식(陳寔)[128] 같은 분이 있게 되었네	有如荀陳

127 공자께서……단정하였다 : '삼달덕'은 사람이 태어날 때 공통적으로 간직한 세 가지 덕으로 지(智)・인(仁)・용(勇)을 말하는데, 《중용장구》 제20장에 보인다. 자로가 강함에 대하여 묻자, 공자가 말하기를 "남방의 강함인가? 북방의 강함인가? 아니면 네가 강하게 하여야 할 것인가? 너그럽고 유순하여 가르쳐주고, 무도함에 보복하지 않는 것은 남방의 강함이니, 군자가 이에 처한다.〔子路問强, 子曰: 南方之强與? 北方之强與? 抑而强與? 寬柔以敎, 不報無道, 南方之强也, 君子居之.〕"라고 하였으므로 이렇게 말한 것이다.

128 순숙(荀淑)과 진식(陳寔) : 후한 말기에 박학(博學)과 고행(高行)으로 저명한 고사들로, 진식의 두 아들인 진기(陳紀)와 진심(陳諶)은 학문과 덕행으로 명성이 높아 사람들이 난형난제(難兄難弟)라고 칭하였으며, 순숙의 여덟 아들인 검(儉), 곤(緄), 정(靖), 도(燾), 왕(汪), 상(爽), 숙(肅), 부(敷) 또한 모두 덕망이 있어 사람들이 순씨(荀氏)의 팔룡(八龍)이라고 칭하였다. 진식이 그의 아들들과 함께 순숙의 집을 방문한 적이 있었는데, 그때 하늘에 덕성(德星)이 모였으므로 태사(太史)가 "5백 리 이내의 현인(賢人)들이 한데 모였다.〔五百里內有賢人聚.〕"라고 아뢰었다고 한다. 《異苑 卷4》

우리 동방은 학문이 끊겼는데	吾東絶學
도산[129]에 의해 창도(唱導)되어	倡自陶山
온 영남 지방이	環嶺以南
집집마다 제단을 세웠네	家墠戶壇
공은 이러한 영남 지방에서 태어나서	公挺其間
분발하여 붓을 던졌네[130]	奮以投筆
반드시 글을 읽어야만 되겠는가	何必呻佔
명예에 현혹되어 실제를 버리네	眩名遺實
호남과 영남에서 부월을 잡았는데	湖符嶺鉞
높은 벼슬에 오르는 것이 즐거움이 아니네	騰踔非樂
우리 고향 산천의	樂我故邱
아름다운 산수(山水)와 골짝을 좋아하였네	泉石澗壑
미호(渼湖)와 늑천(櫟泉)의	于渼于泉
사문에 귀의해서	歸宿師門
행단에서 글을 읽으니	杏壇絃誦

129 도산(陶山) : 퇴계 이황(李滉, 1501~1570)으로, 퇴계가 만년에 도산서원에서 강학하였기 때문에 이렇게 칭한다.

130 붓을 던졌네 : 글공부를 포기한다는 뜻으로 문과에 응시하지 않고 무관이 됨을 이른다. 후한(後漢)의 명장 반초(班超)가 집이 가난하여 관청에서 대서(代書) 일을 하며 살림을 꾸려 나가다가, 붓을 던지며 탄식하기를 "대장부가 별다른 지략이 없으면, 부개자(傅介子)나 장건(張騫)처럼 이역(異域)에서 공을 세워 봉후(封侯)가 된 일이라도 본받아야 할 것이다. 어찌 붓과 벼루 사이에 오래 종사할 수 있겠는가.〔大丈夫無它志略, 猶當效傅介子, 張騫立功異域, 以取封侯, 安能久事筆硏間乎?〕" 하고는, 뒤에 무장이 되어 서역(西域)에 나아가 공을 세워 정원후(定遠侯)에 봉해졌던 고사에서 유래한 말이다.《後漢書 卷77 班超傳》

바로 옛날 장군이었다오	乃舊將軍
깊고 넓은 저 오담에	洞彼梧潭
길이 수월이 비추는데	水月長照
빗장 뽑고 자물쇠 열어	抽關啓鍵
도의 온화한 이치를 묵묵히 알았네	默契道妙
공이 지은 수사첩록(隨思輒錄) 한 편은	隨思一編
후인들에게 많은 도움을 주었네	嘉惠後人
내 글은 아첨이 아니니	我筆無諛
비석에 새겨 보이노라	刻示貞珉

효자 문화 현령 유공 묘갈명 병서

孝子文化縣令兪公墓碣銘 幷序

모든 선(善)과 온갖 행실이 효(孝)에서 근원하니, 효자가 천지조화와 함께 대응함은 마치 숨을 내쉬고 들이쉬는 것이나 북채로 북을 치면 소리가 나는 것과 같다. 그러므로 《서경》 〈대우모(大禹謨)〉에 "덕은 하늘을 감동시킨다." 하였으니, 이는 효를 말한 것이다. 효가 아니면 근본이 없어서 덕이라고 말하지 않으니, 서로 감응하는 이치가 아! 기이하다.

환성(歡城 충청도 천안)에 유 효자(兪孝子) 휘 언겸(彦謙)이 있었다. 태어난 지 겨우 몇 해 만에 부친을 잃었는데 장성하자 추복(追服)하여 시묘(侍墓)하기를 처음 상을 치르는 것처럼 하였으며, 편모(偏母)를 섬기면서 물질적인 봉양뿐 아니라 그 뜻도 같이 봉양하였다. 소갈병(消渴病)을 앓는 어머니가 한번은 배를 먹고 싶어 하였다. 화산사(華山寺)에 배가 있다는 말을 듣고는 공은 몸을 떨치고 일어나 홀로 달려갔는데, 밤길이 캄캄하고 험하였다. 이때 갑자기 사나운 호랑이가 불빛을 내뿜으며 나타났는데, 마치 길을 안내하는 듯하였다. 절집의 문을 두드려서 배 몇 개를 얻어 돌아오는데, 호랑이가 또 공을 따라오다가 집의 문에 이르자 멈추었다. 공이 품안에서 배를 꺼내어 올리니 어머니의 소갈병이 마침내 나았다.

어머니 병환이 위독해지자, 자신의 손가락을 베어 피를 올리고 병세를 알기 위해 어머니의 대변을 맛보는 등 지극 정성을 쏟지 않음이 없었다. 상을 당하자 지극히 슬퍼하고 예(禮)를 극진하게 하여 3년 동안 시묘하면서 발걸음이 한 번도 집의 문에 이르지 않았고 몸을 훼손하여 거의 생명을 잃을 지경이었으나 손수 상식(上食)을 장만하였다. 항상 두 마리 호랑이가 서로 지켜서 아침저녁으로 올린 상식을 치우게 되면 호랑이들과 함께 나누어 먹었다.

병든 승려가 공의 여막에서 유숙할 것을 청하였는데 호랑이들이 으르렁거려서 쫓아냈고, 또 강도가 공의 논에 들어와 벼를 훔치려고 하였는데 호랑이가 물어서 벼를 빼앗았다. 항상 직접 물을 길어다가 제사에 올리면서 우물이 멀리 떨어져 있는 것을 불편하게 여겼는데, 근원이 없는 물이 절로 여막 곁에서 솟아 나왔고, 항상 어머니가 살아계실 때 즐거워하던 것을 생각하곤 하였는데, 곡하고 절하는 사이에 술잔에 술이 저절로 마르니, 이것이 이른바 '마음으로 마음을 감동시키고, 정성으로 정성을 감동시킨다'는 것이다. 상을 마치자, 호랑이가 떠나고 샘물이 말랐다.

이때 어떤 사람이 도백(道伯)에게 공을 비방하여 말하기를 "물은 옛날부터 근원이 있었던 샘물이고, 호랑이는 집에서 기르던 돼지이고, 술이 마른 것은 잔에 틈이 있어 샌 것이다."라고 하였다. 도백이 몸소 공의 처소에 가보니, 호랑이가 그대로 여막을 보호하고 있었고, 샘물이 메마른 땅에서 나오는데 물을 긷는 대로 솟아나왔으며, 올린 술이 저절로 말라서 마치 누가 마시는 듯하였다. 도백이 놀라고 기이하게 여겨 조정에 보고하니, 조정에서는 명하여 정려(旌閭)하고 부역을 면제시켜 주었으며, 이어서 이 소식이 명나라 조정에 전해지니, 또 관직을 제수하도록 명하였다.

이때는 정릉(靖陵 중종의 능호) 21년 병술년(1526)으로 공의 나이 31세였다. 사직서 참봉(社稷署參奉)으로 시작하여 봉사(奉事)와 직장(直

長)을 역임하고 주부로 승진하였으며 감찰로 옮기고 형조의 좌랑과 정랑, 호조의 정랑을 지냈으며, 외직으로 나가서 인제(麟蹄)와 용담(龍潭), 신계(新溪)와 문화(文化)를 맡았다가, 가정(嘉靖) 37년 무오년(1558, 명종13) 11월 1일 관아에서 별세하니, 향년이 63세였다. 천안(天安)의 공사동(貢士洞) 계수봉(桂樹峰) 아래 인좌(寅坐)의 언덕에 장례하였다.

공은 자가 겸지(謙之)이고 본관이 창원(昌原)으로, 고려 때 판도판서(版圖判書)를 지낸 연(演)이 시조이시다. 조선조에 들어와서 휘 보정(輔鼎)이 있었으니 실로 공의 선고이시고, 선비 연안 이씨(延安李氏)는 저헌(樗軒) 석형(石亨)이 그 선조이시다.

공은 높은 덕과 지극한 효성이 있었고 또 독서하기를 좋아했는데, 이를 행하고 여가가 있으면 항상 사우(師友)들을 따라 강학하였다. 공이 나그네로 서울에서 벼슬하면서 복성(卜姓)[131]을 하려할 적에, 그 여인이 절색이라는 말을 듣자 물리치면서 말하기를 "색은 능히 사람의 성(性)을 해치니, 군자가 경계하는 바이다."라고 하였다.

인제(麟蹄)에 진복창(陳復昌)[132]의 전장(田莊)이 있었는데, 그의 노비가 사형에 처해질 죄를 범하자, 공은 용서하지 않고 단호히 처벌하였다. 이 일로 진복창에게 중상(中傷)을 당하여 오랫동안 벼슬길이 침체

131 복성(卜姓) : 원래 첩(妾)을 얻을 적에 동성(同姓)을 피하여 고르는 것을 뜻하는데, 여기서는 첩을 얻는다는 의미로 쓰였다.

132 진복창(陳復昌) : ?~1563. 자는 수초(遂初), 본관은 여양(驪陽)이다. 1535년(중종30) 별시 문과에 장원하여 출사하고 벼슬이 공조 참판에 이르렀다. 당시 세도가인 윤원형(尹元衡)의 심복이 되어 권세를 누렸는데, 을사사화 때 대윤(大尹)에 속한 사림(士林)을 추방하는 과정에 많은 사람을 죽여, 사서(史書)에 독사(毒蛇)로 기록되었다.

하였으나 조금도 개의하지 않았다. 네 고을을 맡았으나, 지푸라기 하나도 취하지 않아서 관직을 그만둔 날에 끼니를 짓지 못하였다.

배위인 진주 강씨(晉州姜氏)는 승원(承源)의 따님인데 공의 묘에 부장하였다. 3남 2녀를 두었으니, 돈인(敦仁)은 봉사(奉事)로 또한 효행으로 천거되었고 다음은 대인(大仁)과 덕인(德仁)이며 딸은 김경상(金慶祥), 이천주(李天柱)에게 출가하였다. 봉사의 아들 명립(名立)이 또 효행으로 천거되어 참봉에 제수되었다.

아! 공은 신명(神明)과 통하는 효도를 행하고 빙벽(冰檗)[133]과 같은 지조를 떨쳤으니, 이 일이 《삼강행실도(三綱行實圖)》에 기재되었다. 군수 손여성(孫汝誠)이 공을 위하여 전(傳)을 썼고, 군수 정지경(鄭之經)이 공의 행실을 병풍에 그렸는데, 봉래(蓬萊) 양만리(楊萬里)가 여기에 글을 썼다. 토정(土亭) 이 문강공(李文康公 이지함(李之菡))이 공의 정려문을 찾아가 배알하였고, 화담(花潭) 서 문강공(徐文康公 서경덕(徐敬德))은 공의 덕행을 기록하였고, 타우(打愚) 이 문목공(李文穆公 이상(李翔)) 또한 가요(歌謠)를 지어서 공의 아름다운 행적을 서술하였다.

문화현(文化縣)의 인사(人士)들이 공의 선정(善政)을 잊지 못해 충효사(忠孝祠)를 세워 제사를 지냈으며, 천안(天安)의 선비들이 처음으로 오현사(五賢祠)에 공을 배향하자, 화천(華泉) 이채(李采) 공이 그 편액을 '육현사(六賢祠)'라고 썼으며, 연천(淵泉) 홍석주(洪奭周) 공이 찬(贊)을 짓기를 "호랑이를 길들이고 샘물이 솟아나왔으며 눈 속에서 대순이 나오고 얼음에서 잉어가 나왔으니, 이것은 옛 사람들도 하기

133 빙벽(冰檗) : 얼음물을 마시고 쓰디쓴 황벽나무(소태나무)를 씹는다는 뜻으로, 굳게 절조를 지키면서 청백하게 사는 것을 비유한다.

어려운 것인데, 공이 실로 이러한 아름다움을 다 갖추었다."라고 하였고, 성담(性潭) 송 문경공(宋文敬公 송환기(宋煥箕))은 공의 효성이 증자(曾子)와 민자(閔子)에 근접한다고 인정하였다. 성조(聖朝)에서 표창하고 사림들이 칭찬하여 이로써 백성들을 감동시키고 한 세상의 모범으로 삼았으니, 또한 지극한 일이다.

아! 한 주(州)와 한 지방을 들어서 한 사람의 효자를 구하여도 오히려 혹 찾기가 쉽지 않은데, 한 집안에 할아버지와 아들, 손자 3대가 효도와 청렴으로 지방에서 천거되었으니, 또한 우리 동방에 일찍이 없던 일이다. 또 시종을 들던 첩이 목숨을 바쳐 저승길을 따라갔으니, 또한 그 집안을 잘 감화시킨 것을 검증할 수 있다. 아! 아름답다.

공의 후손인 학선(學善)이 불초에게 묘갈명을 청하는데, 불초는 평소 공의 아름다운 행실이 천지가 서로 화합하여 조화를 이루고 귀신이 영험을 드러내게 한 것에 감복하였으니, 감히 사양할 수가 없었다. 이에 명문을 짓는다. 명은 다음과 같다.

효도와 공경은	曰惟孝弟
인(仁)을 행함에서 근본하네	本於爲仁
탁월한 유공이여	卓乎兪公
이분과 다툴 사람 없네	無競伊人
그 덕이 능히 밝으니	其德克明
아름답고 순일(純一)하였네	惟懿惟醇
남쪽 언덕에서 난초를 캐어 올리고[134]	南陔采蘭

134 남쪽……올리고 : 원문의 '남해(南陔)'는 남쪽 언덕이란 뜻이자, 《시경》 〈소아

하얀 꽃이 찬란하니[135]　白華粲粲
지성이 하늘을 감동시켜서　至誠上格
밝은 신이 아래로 도왔네　明祇下贊
거짓을 가할 수 없고　僞不可加
신을 속일 수 없네　神不可誣
군자의 광채는　君子之光
정하고 길하여 성실함이 있네　貞吉有孚
실천의 가르침을 크게 드러내어　丕闡身敎
자손들에게 넉넉함을 드리우니　垂裕子孫
누가 영지(靈芝)와 예천(醴泉)에　孰謂芝醴
뿌리와 근원이 없다고 말하는가[136]　而無根源

(小雅)〉 중에 제목만 남아 있고 가사가 없어진 시의 편명이다. 〈모씨서(毛氏序)〉에 "이 시는 어버이를 봉양하는 효자의 심정을 담고 있다."라고 하였는데, 진(晉)나라 속석(束皙)이 그 내용을 보충하기를 "저 남쪽 언덕을 따라 난초를 캐노라. 집안 뜨락을 돌아보며 어버이 그리워하노니 마음이 편안할 겨를이 없어라.〔循彼南陔, 言采其蘭. 眷戀庭闈, 心不遑安〕"라고 하였으므로, 이렇게 말한 것이다.

135 하얀 꽃이 찬란하니 : 원문의 '백화(白華)'는 하얀 꽃이란 뜻이자, 《시경》 〈소아(小雅)〉중에 제목만 남아 있고 가사가 없어진 시의 편명이다. 〈모씨서(毛氏序)〉에 "이 시는 어버이를 봉양하는 효자의 심정을 담고 있다."라고 하였는데, 진(晉)나라 속석(束皙)이 그 내용을 보충하기를 "하얀 꽃과 붉은 꽃이 무성한 수풀에 덮여있네. 찬란한 적자(嫡子)여, 갈아내고 닦아낸 듯하구나.〔白華朱萼, 被於幽薄. 粲粲門子, 如磨如錯.〕"라는 구절이 있어 이렇게 말한 것이다.

136 누가……말하는가 : 영지(靈芝)는 먹으면 불로장생한다는 약초이고 예천(醴泉)은 맛이 달고 시원한 샘물인데, 삼국 시대 오(吳)나라 우번(虞翻)이 아우에게 보낸 편지에 뛰어난 인재는 가문이나 출신에 상관없이 나오는 법이라는 뜻으로 "지초는 뿌리가 없고, 예천은 근원이 없다.〔芝草無根, 醴泉無源.〕"라고 하였는데, 뒤에 정자(程子)

네 고을에서 예악(禮樂)으로 다스려[137] 四邑絃歌
어진 지방관을 크게 따랐네 粗跡循良
우뚝한 계수봉(桂樹峰)에 有蔚桂岡
그윽한 무덤이 있으니 有侐幽堂
지나가는 자들이여 반드시 경례하라 過者必式
효자가 묻힌 곳이라오 孝子之藏
힘쓸지어다 여러 선비들이여 勖哉髦士
오직 공을 본받으시라 惟公儀刑
내가 명문을 지어 빗돌에 새겨서 銘言載珉
이로써 천년에 고하노라 用詔千齡

가 〈체설(禘說)〉에서 "혹자가 이르기를 '영지는 뿌리가 없고 예천은 근원이 없다.'라고 하는데, 물건에 어찌 뿌리가 없을 수 있겠는가.〔或謂:靈芝無根, 醴泉無源. 物豈有無本?〕"라고 하였으므로 이렇게 말한 것이다. 《太平御覽 卷510》, 《二程文集 卷上 附錄》

137 예악(禮樂)으로 다스려 : 원문의 '현가(絃歌)'는 고을을 예악으로 다스리는 것을 뜻한다. 《논어》 〈옹야(雍也)〉에 "공자께서 무성(武城)에 가시어 현악에 맞추어 부르는 노랫소리를 들으셨다. 공자께서 빙그레 웃으시며 '닭을 잡는 데 어찌 소 잡는 칼을 쓰느냐?'고 말씀하시니, 자유가 '예전에 제가 선생님께 듣자오니, 「군자(벼슬아치)가 도(道)를 배우면 사람을 사랑하고 소인(백성)이 도를 배우면 부리기가 쉽다.」 하셨습니다.'라고 대답하였다. 이에 공자는 '제자들아, 자유의 말이 옳다. 방금 내가 한 말은 농담이다.' 하셨다.〔子之武城, 聞絃歌之聲. 夫子莞爾而笑曰:割雞焉用牛刀? 子游對曰:昔者, 偃也聞諸夫子, 曰:君子學道則愛人, 小人學道則易使也. 子曰:二三子, 偃之言, 是也. 前言, 戲之耳.〕"라고 보인다.

첨중추 송암 유공 묘갈명 병서
僉中樞松庵兪公墓碣銘 幷序

목릉(穆陵)의 용사(龍蛇)의 변란[138]에 대가(大駕)가 파천(播遷)하여 나라의 운명이 황급(遑急)하였는데, 이때 종묘서 직장(宗廟署直長)으로 있던 창원(昌原) 유해(兪瀣) 공이 태묘(太廟)의 10묘실(廟室)에 모셔져 있던 신주와 열성조(列聖朝)의 전국 어보(傳國御寶)를 받들고 온갖 역경을 헤치고 평양의 행재소(行在所)에 도달하여 용만(龍灣 의주)까지 어가(御駕)를 호종(扈從)하였다.

계사년(1593, 선조26)에 태묘의 신주를 모시고 해주(海州)에 이르러 백림정(柏林亭)에 봉안(奉安)하였다가 10월에 서울로 돌아오니, 승진하여 군자감 정(軍資監正)에 제수되었다.

뒤에 대종백(大宗伯 예조 판서)과 상신(相臣)들이 모두 말하기를 "공이 국난에 임하여 충성을 다 바친 정상(情狀)을 사람들이 함께 목도하였으니, 특별히 표창하고 녹용(錄用)하는 은전을 베풀어서 후인들을 장려하는 일을 하지 않아서는 안 될 듯합니다."라고 하였다. 공은 광국 원종공신((光國原從功臣)에 참여되고 또 호성(扈聖)의 공로로 녹훈(錄勳)되었다가, 뒤에 통정대부 품계에 오르고 첨지중추부사(僉知中樞府事)에 제수되었으니, 이것이 공의 관직생활의 대략적인 내용이다.

138 목릉(穆陵)의 용사(龍蛇)의 변란 : '목릉'은 선조(宣祖)의 능호이고, '용사의 변란'은 임진왜란을 말한다. 임진왜란은 임진년에 발발하여 계사년에 이어졌는데 간지(干支)에서 진(辰)은 용을 의미하고 사(巳)는 뱀을 의미하기 때문에 이렇게 칭한 것이다.

공은 자가 숙부(淑夫)이다. 조고 휘 형(炯)은 부제학에 추증되었고, 선고 휘 필성(必成)은 참봉이다. 참봉공이 배천 조씨(白川趙氏) 현령 관(琯)의 따님에게 장가들어 공을 낳았다. 만력(萬曆) 병자년(1576, 선조9)에 사마시(司馬試)에 합격하고 거듭 천거하는 글에 올라 기자전 참봉(箕子殿參奉)과 제릉 참봉(齊陵參奉)에 제수되었으나 모두 나아가지 않았다. 후릉 참봉(厚陵參奉)에 제수되어 출사하였다가 제용감 부봉사(濟用監副奉事)와 종묘서 직장(宗廟署直長)으로 옮겼는데, 임진년(1592)에 충성을 다하고 향년 89세인 기사년(1629, 인조7)에 별세하여, 해주(海州) 가좌동(茄佐洞) 금산(金山) 해좌(亥坐)의 언덕에 장례하니, 선영에 모신 것이다. 배위 파평 윤씨(坡平尹氏)는 교위(校尉) 위(瑋)의 따님인데 공의 묘에 쌍분(雙墳)으로 부장하였다.

공은 천성이 효성스러워서 어버이를 봉양함에 있어 물질적인 것뿐 아니라 그 뜻도 극진히 받들었으며, 거상(居喪)할 적에 엄격히 예법을 지켰다. 모친상을 안악(安岳)에서 당하였는데, 이곳은 해주의 선영과 2백 리나 떨어진 곳이었다. 공은 가난하여 반장(返葬)하여 부장(祔葬)할 수가 없었기 때문에 외가의 선영에 임시로 장례하였는데, 그곳에서 시묘하며 삼년상을 마쳤다.

공은 율곡 이이 선생과 임영(臨瀛 강릉)에서 함께 태어났는데, 율곡 선생보다 나이가 6살 어렸다. 장성하자 율곡 선생을 스승으로 섬겨서 지극한 마음으로 정성을 다해 부지런히 모셨다. 율곡 선생이 파주에 거처하시자 집안 식구들을 데리고 따라갔으며, 또 해주로 따라가 거리촌(居梨村)에 거주하니, 율곡 선생이 계신 석담(石潭)과는 수십 리 거리였다. 공은 석담을 오가며 수학하였는데 뜻을 돈독히 하여 힘써 공부하였으며, 물러나서는 학문에 깊이 몰입하고 분명하게 논술하고 연역하였다. 《소학》과 《근사록(近思錄)》을 가장 좋아하여 손에서 놓은 적이 없어서 율곡 선생의 칭찬을 받았는데, 선생이 별세하자 심상(心喪) 3년을 치렀다.

율곡 선생의 아우 옥산공(玉山公) 이우(李瑀)는 공과 동갑으로 교분이 아주 두터웠고, 동문 중에 사계(沙溪) 김장생(金長生), 중봉(重峰) 조헌(趙憲), 수몽(守夢) 정엽(鄭曄) 등의 제현들은 모두 공을 높여 존중하였다.

공은 미미한 관직으로 만 번 죽었다가 한 번 사는 힘을 내어서, 창졸(倉卒) 간에 나라가 무너지려는 가운데에서 종묘의 신주를 보존하여 몸을 던져 나라에 바쳤다. 평탄하나 험난하나 절개를 한결같이 지켰으니, 이는 크게 충의를 권장하여 완악하고 우둔한 사람들을 경계한 것이다. 이는 바로 스승의 가르침의 소치(所致)이니, 아! 훌륭하다.

공의 후손 병루(炳屢)가 행장을 가지고 와서 나에게 공을 길이 전할 수 있는 글을 청하였다. 나는 너무 늙어 거의 죽을 지경에 이르러 붓을 버려두고 있으나, 참되고 바른 공의 행적에 감동해서 병을 무릅쓰고 삼가 서술해서 은미(隱微)한 사실을 드러내고 유심(幽深)한 이치를 밝히는 뜻에 붙이는 바이다. 명은 다음과 같다.

살아서는 봉양하고 죽어서는 제향함에	生養死享
종신토록 부모를 욕되게 하지 않았네	終身弗辱
마침내 국가의 환란에 임하여	乃臨患難
맹세코 나라를 잊지 않았으니	矢不忘國
공의 효와 충은	惟孝惟忠
모두 지성(至誠)에서 나온 것이네	出自悃愊

율곡 선생이 가르침을 베풀 적에	石潭施教
재주에 따라 돈독하게 하였네	因材而篤
아! 공이 이를 계술(繼述)하여	嗟公踐述
세상을 깨끗하게 하고 풍속을 좋게 하였네	淑世善俗
높은 나이에도 학업을 힘써서	卲齡勵業
독실하게 촛불을 켜놓았네[139]	慥慥炳燭
구천에 가서 율곡 선생께 절하면	歸拜九京
거의 부끄러움이 없으리라	庶無愧色
유감스러워하는 사람들	人或致憾
공의 지위가 덕에 걸맞지 못하다고 하나	位不稱德
공은 전혀 원망하는 마음이 없어서	公無怨尤
천명을 즐거워하였네	天命是樂
울창한 저 금산(金山)에	菀彼金岳
두 뼘의 측백나무 자란 묘소가 있네	有拱墓柏
군자가 묻힌 곳이니	君子攸藏
지나가는 자들은 마땅히 경례할지어다	過者宜式

139 촛불을 켜놓았네 : 원문은 '병촉(炳燭)'으로, 늙어서도 공부를 좋아함을 비유하는 말이다. 춘추 시대 진(晉)나라 평공(平公)이 공부하기에는 자신의 나이가 너무 많음을 걱정하자, 사광(師曠)이 "어찌하여 촛불을 밝히지 않으십니까?……신이 들으니, 어려서 학문을 좋아하는 것은 해가 돋아오를 때의 햇빛과 같고, 장성하여 학문을 좋아하는 것은 해가 중천에 오를 때의 햇빛과 같으며, 늙어서 학문을 좋아하는 것은 켜놓은 촛불의 빛과 같다고 하였으니, 촛불을 밝혀 밝은 것과 어둠 속을 가는 것 중 어느 것이 낫겠습니까."〔何不炳燭乎?……臣聞之,少而好學, 如日出之陽, 壯而好學, 如日中之光, 老而好學, 如炳燭之明, 炳燭之明, 孰與昧行乎?〕"라고 권유한 데서 유래하였다.《說苑 卷3 建本》

배천 군수 증 공조 참의 장공 묘갈명 병서

白川郡守贈工曹參議張公墓碣銘 并序

우리 소경왕(昭敬王)[140] 25년에 왜적이 국력을 다하여 우리나라를 침략해 왔다. 이때 태평성세가 오래 되어 백성들이 병란을 알지 못한 까닭에 한 달이 채 못 되어 삼경(三京)[141]이 함락되었고, 성상께서 서쪽으로 파천(播遷)하였다.

이때 부절(符節)을 잡고 허리에 병부(兵符)를 찬 신하들이 거의 대부분 소문을 듣고 뿔뿔이 달아나 감히 왜적을 향하여 화살 한 발도 쏘지 못했는데, 한 대오(隊伍)의 병력을 이끌지 못하고 한 부절의 권력을 갖지 못한 처지였던 장응기(張應祺) 공이 의병들을 감동시켜 이끌고 몸소 적의 날카로운 칼날을 맞으며 끝내 해방(海防)[142]을 온전히 지키고 행재소에 통문(通問)하였다. 군자들이 이르기를 "당시에 국가를 보위(保衛)한 공이 장순(張巡)과 허원(許遠)이 강회(江淮) 지방을 지킨 것[143]에 뒤지지 않는다."라고 하는데, 이 말이 참으로 옳다.

140 소경왕(昭敬王) : 선조를 이른다. 선조의 시호가 '소경정륜립극성덕홍렬지성대의격천희운경명신력홍공융업현문의무성예달효대왕(昭敬正倫立極盛德洪烈至誠大義格天熙運景命神曆弘功隆業顯文毅武聖睿達孝大王)'이기 때문에 이렇게 칭한 것이다:.

141 삼경(三京) : 한양, 평양, 개성을 가리킨다.

142 해방(海防) : 국가의 방위를 위하여 연해나 영해 내에 설치한 요새를 이른다.

143 장순(張巡)과……것 : 장순과 허원(許遠)은 당나라 현종(玄宗) 때의 충신들로 장순은 진원(眞源)의 현령이었고 허원은 수양 태수였는데, 천보(天寶) 연간에 안녹산(安祿山)이 반란을 일으키자, 함께 군사를 일으켜 강회(江淮)의 보장(保障)인 수양성

공은 어려서부터 큰 뜻을 가졌었고 완력(腕力)이 보통사람보다 크게 뛰어나서 활을 쏘면 반드시 명중을 시켰다. 계미년(1583, 선조16)에 무과에 오르고 병술년(1586)에 무과 중시(重試)에 급제하여 몇몇 관직을 지내고 안성 군수(安城郡守)와 창녕 현감(昌寧縣監)에 제수되었다가, 관직을 그만두고 집에서 거처하였다.

이때 왜적 갑비수(甲斐守) 풍신장정(豊臣長政)[144]이 해서(海西 황해도)의 열 세 고을을 공격하여 함락시키고, 강음현(江陰縣)에 군대를 주둔하여 삼남 지방(三南地方)으로 가는 길을 차단하고, 평양의 왜적과 서로 호응하고 있다는 말이 갑자기 들려 왔다. 공은 생원(生員) 조광연(趙光庭), 첨사(僉使) 송덕윤(宋德潤) 등 1백여 명과 함께 회맹(會盟)하여 말하기를 "우리들이 예의의 나라에서 생장하여 열성조(列聖朝)께서 잘 길러주신 은택에 깊이 잠겨 살아왔는데, 불행히 오늘 이 난리를 당하였으니, 지금이야말로 바로 의리를 떨쳐 충성을 바칠 시기이다." 하고는, 의병을 창도하여 성을 지킬 계책을 도모하였다.

이때 연안 부사로 있을 적에 선정(善政)을 베풀었던 전 이조 참의 이정암(李廷馣) 공이 마침 배천(白川)에 우거하고 있었는데, 그를 맞이하여 주장(主將)으로 삼았다. 또 공의 종질(從姪)인 장간(張揀)을

(睢陽城)을 지켰으나 중과부적으로 성이 함락되자 순국하였다. 그러나 이들의 항전으로 당나라는 위기를 수습하고 반란을 평정하는 기틀을 마련하게 되었다. 《舊唐書 卷187 張巡傳》

144 갑비수(甲斐守) 풍신장정(豊臣長政) : '갑비수'는 당시 일본의 종5위 하(從五位下)의 관직인 카이노카미이며, 풍신장정은 당시 일본군 제3군의 사령관으로 황해도를 점령하고 있던 흑전장정(黑田長政 구로다 나가마사)을 가리킨 것인데, 풍신장정이라고 지칭한 것은 풍신수길(豊臣秀吉)의 부하라는 의미인 듯하나, 분명하지 않다.

송화현(松禾縣) 등의 고을에 보내 용사(勇士) 5백 명을 모집하고 병기를 수선하고 군량을 비축하여 전수(戰守)에 대비하였다.

이 일이 왕세자의 행재소(行在所)에 알려지자, 이공(李公 이정암)을 해서 초토사(海西招討使)에 제수하고 공 또한 배천 군수(白川郡守)에 제수하였다. 이때 왜적의 주장(主將)인 흑전장정(黑田長政)이 주둔하고 있던 군대를 거두어 연안성(延安城)을 공격하니, 사나운 칼날이 매우 예리하였다. 이공이 공에게 적의 군세(軍勢)를 정탐하도록 명하자, 공이 한 자루 칼을 들고 말 한 필로 달려가 풍천교(楓川橋)에 이르러 대갈일성(大喝一聲)을 하니, 적이 놀라고 의심하여 군대를 후퇴하였다.

공이 고삐를 느슨히 하고 돌아오자, 왜적들이 공의 뒤를 따라와서 성(城)을 삼중으로 포위하였다. 왜적의 장수가 백기(白旗)를 등에 지고 성을 돌았는데, 백기가 갑자기 바람에 쓰러지자, 공이 활을 한 발 쏘아 그를 죽이고는 곧바로 성을 뛰어 넘어가서 그의 귀를 베었다. 이때 적의 무리들이 벌떼처럼 몰려와 공격하였는데, 왼쪽 빰이 칼에 찔려서 빰의 살이 아래로 늘어지자, 공은 빰을 붙잡고 육박전(肉薄戰)을 하여 수십 명을 죽이니, 왜적들이 놀라 흩어졌다.

이때 아군 중에 성을 나와 도망치는 자가 있었는데, 공이 검을 뽑아 질타하기를 "군주의 녹을 먹으면서 위태로운 상황을 보고 도주하는 자는 바로 역적이다. 이것을 본받는 자가 있으면 마땅히 사마법(司馬法 군법)을 적용하겠다."라고 하니, 온 군대가 매우 두려워하였다.

성이 포위된 7일 동안 왜적들이 백방으로 성을 공격하면서 수천 발의 조총(鳥銃)을 발사해서, 연기와 불꽃이 하늘을 뒤덮고 탄환이 비처럼 쏟아졌다. 공은 왜적들이 성에 기어오르기를 기다렸다가 활을 쏘았는데 명중하지 않은 적이 없었으며, 문짝을 뜯어 난간을 만들고 싸놓은 풀을 묶어서 횃불을 만들고 가마솥을 늘어놓고 물을 끓였는데, 남녀노소로 하여금 이 일에 모두 부역하게 하였다.

왜적들이 잡목을 쌓아 해자를 메우면 횃불을 던져서 불태우고, 왜적들이 또 긴 사다리를 들고 등에 판자를 짊어지고 오면 나무와 돌로 깨부수고 뜨거운 물을 부으니, 즉시 죽지 않는 자가 없었다. 왜적들이 북산(北山)에 높은 누대를 세우고 판자와 벽에 구멍을 뚫고 조총을 쏘면 흙으로 담장을 세워 이를 막았고, 왜적들이 밤에 안개를 틈타 성으로 습격해오면 횃불로 에워싸서 다 태워 죽이니, 적은 마침내 쌓아 놓은 시신을 불태우고 포위를 풀고 도주하였다.

공은 여러 용사들과 함께 길을 나누어 출격해서 왜적과 교전하였는데, 참수하고 포획한 것이 매우 많았다. 왜적을 추격하여 반지교(反支橋)에 이르렀는데, 흑전장정이 경기병(輕騎兵)을 거느리고 앞으로 나오자, 공은 여러 용사들과 뒤를 차단하고 창을 비껴들고 질책하기를 “장정아. 장정아, 어찌 일찍 항복하지 않는가? 장차 너를 만 조각을 내어 죽이겠다.”라고 하니, 장정이 놀라 말하기를 “이 사람은 한(漢)나라의 번쾌(樊噲)나 장이(張耳)와 같은 용장이다.”라고 하였다.

이날 밤 장정이 군대를 잠복시키고 성문을 두드리며 말하기를 “성안에 병기(兵器)가 떨어진 것을 아는데, 만약 내 마음을 감복시킬 만한 것이 있으면 내일 마땅히 재서(載書 맹약하는 글)를 써 보내 강화(講和)를 청하겠다.”라고 하였다. 공이 그 말에 즉시 응하여 크게 꾸짖기를 “하찮은 섬 오랑캐가 강포(强暴)함을 믿고 감히 하늘에 활을 쏠 것을 도모하고 이웃나라에 포악하게 구니, 내가 너의 고기를 씹어 먹고 너의 가죽을 벗겨 깔고 자지 못하는 것이 한스럽다.” 하고는, 즉시 각궁(角

弓)을 가져다가 활시위를 한껏 당겼다가 곧 성 아래로 던지며 말하기를 "네가 만약 이 활을 쏠 수 있으면 쏘아 보라."라고 하였다. 흑전장정이 화살을 메우고 활시위를 당겼으나 당겨지지 않으니, 여러 왜적들이 함께 힘을 합쳤으나 모두 당기지 못하였다. 흑전장정이 활을 돌려주며 말하기를 "내 비로소 외로운 성에 훌륭한 장수가 있음을 알았다." 하고는 무리를 거두어 물러갔다.

이에 이공이 찬탄하여 말하기를 "어찌 수양성의 남제운(南霽雲)과 뇌만춘(雷萬春)[145]을 부러워할 것이 있겠는가."라고 하였다. 아침에 흑전장정이 사람을 보내 상자 하나를 바치며 말하기를 "금일 강화를 청하는 일을 갖추고자 하니, 강화를 청하는 글이 이 상자 안에 있다."라고 하였다. 좌우의 사람들이 기뻐하여 상자를 열어 보고자 하였는데, 공이 말하기를 "적의 계책은 측량하기가 어렵다."라고 하였다. 이에 이공이 명하여 구멍을 뚫어 내려다보게 하니, 상자 안에 예리한 칼을 지닌 두 명의 왜적이 있으므로 상자를 톱질하여 죽였다.

이공이 칼 한 자루를 공에게 주면서 말하기를 "만약 경수(景受)의 말이 아니었으면, 거의 헤아릴 수 없는 화에 빠질 뻔하였다."라고 하였는데, 경수는 공의 자이다.

흑전장정은 자신의 계책이 실패한 것을 알고 도망하다가 청석진(青石鎭)에 이르러서 분노를 이기지 못하고 죽으니,[146] 나머지 왜적들이

145 남제운(南霽雲)과 뇌만춘(雷萬春) : 안록산(安祿山)의 난리에 수양성(睢陽城)을 지키다가 순절한 장순(張巡)의 편장(偏將)들로, 용맹을 떨치고 함께 순절(殉節)하였다. 《舊唐書 卷187 張巡傳》

146 흑전장정은……죽으니 : 흑전장정은 정유재란이 끝난 뒤에 귀국하여, 1600년 세키가하라〔關原〕 전투에서 도쿠가와가 승리하는 데에 결정적인 역할을 수행하여, 이후

다 흩어졌다. 행재소에 승전보를 알릴 적에 다만 '아무 날에 성을 포위당했다가, 아무 날에 왜적이 포위를 풀고 떠나갔다'고 보고하고 다른 말이 없으니, 조정에서 모두 말하기를 "싸워서 승리하는 것도 쉬운 일이 아니나, 공을 자랑하지 않는 것은 더욱 어려운 일이다."라고 칭찬하였으니, 이는 비단 이공이 공(功)을 바라지 않는 의리일 뿐만이 아니었다.

공은 갑오년(1594)에 훈련원 정(訓鍊院正)에 제수되고 을사년(1605)에 선무 원종일등공신(宣武原從一等功臣)에 녹훈되고, 뒤에 통정대부 공조 참의에 추증되었다. 향년 65세인 경오년(1630, 인조8) 10월 5일에 별세하니, 묘소는 법증산(法甑山) 신좌(申坐)의 언덕에 있다. 뒤에 충목공(忠穆公) 이정암(李廷馣) 등 제현(諸賢)과 함께 현충사(顯忠祠)에 배향하고 사액(賜額)을 내려 치제(致祭)하였으니, 조정의 표창과 장려가 지극하다.

공의 집안의 시조(始祖)인 대사마(大司馬) 원(源)은 중국 절강성(浙江省) 출신으로 난리를 만나 바다를 건너 강릉에 이르렀다가 다시 중국으로 돌아갔다. 아들 정필(貞弼)이 또 이부 상서(吏部尙書)로 있다가 모함을 받아 우리 동국(東國)으로 유배 와서 김선평(金宣平), 권행(權幸) 두 태사와 함께 고려 태조를 도와 삼한(三韓)을 통일하였다. 벼슬이 진현전 직제학(進賢殿直提學)에 이르고 충헌(忠獻)이란 시호를 받았으며 삼태사(三太師) 묘에 함께 배향되었다.

우리 조선조에 들어와서 예조 판서를 지낸 휘 연(縯)이 휘 효지(孝智)를 낳았는데, 이분이 충절과 효행으로 조정에 알려져서 전지(田地)

도쿠가와 막부가 수립되자 일본 남부 후쿠오카〔福岡〕에 넓은 봉토를 하사받고 유력한 다이묘〔大名〕가 되었다. 매산이 무엇을 근거로 죽었다고 기술하였는지는 미상이다.

를 하사받고 세금과 부역을 면제받고 연안에 거주하자 자손들이 뒤를 이어 대대로 거주하였으니, 이분이 바로 공의 고조이시다. 증조는 휘가 순(順)이고, 조고는 휘가 윤침(潤琛)이고, 선고는 휘가 세강(世綱)으로 우윤(右尹)에 추증되었다. 선비는 정부인(貞夫人)에 추증된 청주 이씨(淸州李氏)이다.

공의 배위는 연안 이씨(延安李氏)이며, 아들 탁(擢)은 병절교위(秉節校尉)이고, 딸은 진사 이경장(李慶長)에게 출가하였다. 손자 의도(義道)는 현감이고 신도(信道)는 장사랑(將仕郎)이며, 손녀는 진사 이지백(李枝白)에게 출가하였다.

공은 타고난 기품이 매우 헌결찼으며, 겨우 성동(成童 15세)의 나이에 경사(經史)에 통달하였다. 무과로 출신(出身)하였으나 진심으로 학문을 좋아해서 집안에 거처하면서 여러 성리서(性理書)를 연구하였으니, 공이 성취한 명성과 위엄과 공훈이 어찌 근본 없이 얻어진 것이겠는가.

아! 성(城)을 지키자는 의논을 창도한 것이 공에게서 처음 시작되었으며, 또 허원(許遠)이 장순(張巡)을 받아들인 것처럼 이공을 맞이하여 맹주로 삼았는데, 작전과 계책은 진실로 이공에게서 나왔으나 임기응변으로 적을 섬멸(殲滅)한 것은 공의 공로가 많았으니, 아마도 공이 없었으면 이공이 없었을 것이요, 이공이 없었으면 연안성이 없었을 것이요, 연안성이 없었으면 황해도가 없었을 것이니, 바닷길을 방호(防護)하여 행재소의 명령을 호남과 영남에 통하게 하여 광복(匡復)의 공업(功業)을 이룬 것이 누구의 힘인가. 공과 이공의 이름은 짝이 되어 무궁한 후세에 드리울 것이니, 아! 훌륭하다.

불초는 일찍부터 공의 위대한 공적에 대해 탄복하고 있었는데, 공의 후손인 경환(景煥)과 경주(景周)가 비문을 청하니, 내 늙어서 붓과 벼루를 감당할 수가 없으나 감히 끝내 사양할 수가 없었다. 명은 다음과 같다.

높고 높은 연안성이여	嵂嵂延城
영험한 기운 높이 쌓였네	積高氣靈
영험한 기운이 길러 내어	靈氣亭毓
명장이 이에 탄생하였네	名將乃生
지난날 임진년에	在昔龍蛇
남쪽 왜적들이 흉흉(洶洶)하게 쳐들어오니	蠻寇來洶
누가 적개심을 품었는가	孰敵王愾
혁혁한 장공이었네	有赫張公
처음 그 무예를 떨쳐서	初奮厥武
뛰어난 계략으로 종횡하니	雄略縱橫
마치 귀신처럼 싸움에 승리하고	制勝如神
끝없이 기계(奇計)를 내었네	出奇無窮
선봉에 서서 용맹을 떨쳐	賈勇先登
적의 사나운 칼날을 섬멸시켰네	殄滅猘鋒
교활한 적장(賊將) 밤에 도망하여	狡酋宵遁
감히 흉포함 멋대로 부리지 못하였네	不敢肆凶
관방을 온전히 보존해서	全保關防
바닷길이 절로 통하였네	海路自通
이 한 번의 승리에 힘입어	賴此一着
모든 공로를 거두었네	用收全功

어떻게 이것을 이루었나	何以致之
의리와 충성이었네	曰義與忠
여기에 근본이 있으니	本之則存
예를 좋아하고 책을 돈독히 읽은 것이네	說禮敦書
울창한 범증산에	有鬱甑岡
빛나는 기운이 위로 올라가네	光氣上嘘
내 비석에 명문을 새겨서	我銘貞珉
공의 공덕을 밝히노니	用闡功德
명성과 덕망에 감동하여	風聲攸感
영세토록 마모되지 않으리라	永世不泐

효자 최공 묘갈명 병서

孝子崔公墓碣銘 幷序

왕상(王祥)[147]의 이야기가 있은 이후로, 세상에는 얼음 속에서 물고기가 뛰어나왔다는 말들이 많이 전해지는데, 지금 최광한(崔光漢) 공의 일 또한 기이하다. 그 행장에 쓰인 내용은 다음과 같다.

공은 어린 나이에 아버지를 대신하여 집안일을 맡아[148] 학문할 기회를 잃었으나, 천성이 효성스러워서 어버이 병환에 한 달이 넘도록 잠을 자지 못하여 두 눈에 눈곱이 덕지덕지 끼었는데도 병간호를 조금도 게을리하지 않았다. 아버지 통덕랑공(通德郎公) 휘 상원(尙元)이 병환이 심해지자, 공은 흐느끼며 눈물을 삼키면서 한 달이 되어야 마련할 수 있는 장례에 쓰는 물건들을 급히 장만하고 말하기를 "지난날에는 병이 위중하였으나 대변이 매우 썼는데, 지금은 증세가 그리 위태롭게

147 왕상(王祥) : 진(晉)나라 때의 효자이다. 일찍 어머니를 여의었는데, 계모 주씨(朱氏)가 자애롭지 않아, 자주 왕상을 참소하여 아버지에게 사랑을 잃었으나, 이를 괘념치 않고 계모에게 효성을 다하였다. 계모가 산 물고기를 먹고 싶어 하자, 왕상은 추운 날씨를 무릅쓰고 얼음을 깨어 물고기를 잡으려 하였는데, 얼음이 갑자기 풀리면서 잉어 두 마리가 뛰어 나오므로 잡아 가지고 돌아와 계모를 공양하였다고 한다. 《晉書 卷33 王祥列傳》 이 내용은 《소학》 〈선행(善行)〉에도 보인다.

148 아버지를……맡아 : 원문의 '간고(幹蠱)'는 '간부지고(幹父之蠱)'를 줄인 말로, 《주역(周易)》 〈고괘(蠱卦) 초육(初六)〉 효사(爻辭)에 "초육은 아버지의 일을 주관함이다. 훌륭한 아들이 있으면 아버지가 허물이 없으리니, 위태롭게 여겨야 끝내 길하리라.〔初六, 幹父之蠱. 有子, 考无咎, 厲, 終吉.〕" 하였는바, 이는 아들이 아버지를 계승하여 이루지 못한 사업을 완수함을 말한 것이다.

보이지 않으나 대변이 도리어 달고 매끄럽다."[149]라고 하였다. 상을 당하자 상례(喪禮)보다 더욱 슬퍼하여 몸이 크게 훼손되었다.

조고(祖考) 동추공(同樞公) 휘 창욱(昌郁)이 고령으로 두 번 찐 밥을 드시니, 공은 작은 솥을 장만하여 몸소 밥을 지어 드렸고, 조고가 좋아하시는 음식을 생각하여 그물을 장만하고 사냥용 매를 구해서 물고기를 잡고 짐승을 사냥하여, 혹시라도 부족함이 없게 하였다. 병환이 위중해지자 붕어를 드시고 싶어 하셨다. 공이 약(藥)을 묻기 위해 갈마암(渴馬巖)에 이르자, 이때가 한 겨울이었는데 갑자기 얼음 아래에서 비단을 찢는 듯한 소리가 들려 왔다. 이에 돌을 들어 던지자 붕어 네 마리가 뛰쳐나왔다. 공이 집으로 돌아와서 음식을 만들어 공양하니, 마침내 이것을 드시고 병환이 나으셨다.

조비(祖妣) 장씨(張氏)가 실명하였는데, 식사 때마다 공은 직접 수저를 들어 드려 먼저 드시게 하고, 대소변을 볼 때 반드시 직접 업거나 안아서 남에게 시킨 적이 없었으며, 몸소 요강을 씻어서 사람들이 더러운 것을 볼 수 없게 하였는데, 10년 동안을 하루처럼 이 일을 행하였다. 계비(繼妃) 유씨(柳氏)를 정성을 다해 섬기니, 사람들이 공이 유씨의 소생이 아님을 알지 못하였다.

제사에는 공경을 지극히 해서 항상 4일 동안 소식(素食)하고, 자신의 생일에는 자제들이 잔치를 벌이는 것을 허락하지 않았다. 마음에서

149 지난날에는……매끄럽다 : 옛날에는 환자의 대변이 맛이 달고 매끄러우면 환자의 증세가 위독해진다고 생각하였다. 이러한 내용은《양서(梁書)》권47〈유검루열전(庾黔婁列傳)〉에 보이는데, 주자가《소학》〈선행(善行)〉편에 전재(轉載)하였다. 이후 우리나라의 선비들은 대부분 이 말을 믿었다.

우러나오는 우애가 지극하지 않음이 없어서, 나이 세 살에 어머니의 젖을 잃은 아우가 이웃집 부인에게 젖을 얻어먹었는데, 공은 이를 커다란 은덕으로 여겨서 종신토록 그 부인을 후하게 대우하였고, 그 부인이 별세하자 장례와 제사를 맡아 행하였다. 아우가 병치레가 잦은 것을 안타깝게 여겨 반드시 아픔을 나누고자 하였고, 여러 누이들을 시집보낼 적에 혼수를 많이 장만해 주었다. 사람을 대할 적에 솔직하여 다른 속셈을 갖지 않았는데 사람들도 차마 공을 속이지 못했으니, 이것은 모두 효를 미루어 이룬 것이었다.

공이 행하신 일의 처음과 끝을 따져 보면, 자하(子夏)가 "비록 배우지 못했다고 말하더라도, 나는 반드시 그를 배웠다고 이르겠다."라고 말하였는데, 공이 아마도 여기에 가까울 것이다. 얼음 속에서 물고기가 감응하여 뛰어나온 것과 같은 효성은, 옛날에는 왕상 한 분뿐이었는데 지금은 이루 다 셀 수 없을 만큼 많으니, 이에 혹 이를 의심하는 사람들이 있다. 그러나 부모께서 병중에 물고기를 먹고 싶어 할 때에 자식이 어버이에게 공양할 것을 생각하는 정성과 효성이 도저(到底)하면 신명이 감응하는 것은 고금의 차이가 없으니, 그렇다면 얼음 속에 물고기가 뛰어나오는 기이한 일이 집집마다 있어도 괜찮은 것이다.

더구나 공의 아드님 사묵(師默)은 효자이니 응당 그 아버지에 대해 속여 말하지 않았을 것이고, 상사(上舍)[150] 남이목(南履穆)은 어진 선비이니 응당 행장에서 거짓말을 사실이라고 말하지 않았을 것이니, 그가 칭찬하여 말한 것이 어찌 믿음에 대한 근거로 부족하겠는가.

공은 자가 윤명(允明)이고 본관은 삭녕(朔寧)이니, 고려 때 평장사

150 상사(上舍) : 성균관의 유생으로, 생원진사과에 급제한 자를 이른다.

(平章事)를 지낸 천로(天老)와 문하시랑(門下侍郎) 유가(瑜價)가 먼 선조이다. 조선조에 들어와서 휘 복린(卜麟)은 사간원의 장관이었고, 도원(道源)은 음직(蔭職)으로 지평(持平)을 지냈는데 행적이 강재(剛齋) 송치규(宋穉圭) 선생이 지은 묘문(墓文)에 보이며, 첨추(僉樞) 휘 두남(斗南)은 효행으로 부역을 면제받는 은전을 입었는바, 내 일찍이 그의 묘갈명을 썼다.[151]

고조는 좌승지에 추증된 휘 수장(壽嶂)이고, 증조는 참판에 추증된 휘 언겸(彦謙)인데 일찍이 동지들과 함께 우암 송시열 선생의 모함을 신원(伸寃)하였으며, 선비 진주 강씨(晉州姜氏)는 진갑(震甲)의 따님이다.

공은 신사년(1821, 순조21) 10월 24일에 별세하였는데, 출생한 무자년(1768, 영조44)과의 햇수를 따져보면 54년이 된다. 사천(泗川)의 치소(治所) 남쪽 세암(洗巖)의 갑좌(甲坐)의 언덕에 장례하였다.

배위는 영광 유씨(靈光柳氏)이니, 공의 배필이 됨에 어긋남이 없어서 윤리를 바르게 하고 은의를 돈독히 하였는데, 공보다 7년 먼저 출생하고 공보다 23년 뒤에 별세하여, 공의 묘에 부장하였다. 1남은 바로 사묵이고, 세 사위는 함안 조씨(咸安趙氏) 조선효(趙善孝), 능성 구씨(綾城具氏) 구석윤(具錫胤), 성주 이씨(星州李氏) 이우갑(李佑甲)이다. 손자는 효일(孝一)과 효긍(孝兢)이고, 약간 명의 외손이 있다.

천지 사이에 감응하는 것은 효행보다 더 신묘한 것이 없어서, 효행이 천지조화와 서로 대응함은 마치 숨을 내쉬고 들이쉬는 것이나 북채로

151 첨추(僉樞)……썼다 : 이 묘갈명은 본집 권35에 '첨추최공묘갈명(僉樞崔公墓碣銘)'이란 제목으로 실려 있다.

북을 치면 소리가 나는 것과 같다. 《서경》에 이르기를 "덕은 하늘을 감동시킨다.〔惟德動天.〕"라고 하였으니, 효행이 아니면 근본이 없어서 덕이라고 말할 수가 없는 것이다. 그 덕을 순히 따르는 자는 하늘이 반드시 보시(報施)하니, 이는 바로 빚 문서를 가지고 빚의 상환을 요구하는 것과 같다. 다음과 같이 명한다.

저 남쪽 언덕을 따라서	循彼南陔
난초를 캐노라	言采其蘭
집안 뜨락 돌아보며 어버이 그리워하노니	眷戀庭幃
마음이 편안할 겨를이 없어라[152]	心不遑安
하얀 꽃과 붉은 꽃이	白華朱萼
무성한 수풀에 덮여 있네	被于幽薄
새벽이 다하도록 세 번 살펴서	終晨三省
정성을 게을리하지 않았네[153]	匪懈其恪
사척의 무덤 우뚝이 솟아있으니	有屹四尺
효자의 유택(幽宅)이네	孝子之宅

152 저……없어라 : 이 네 구절은, 진(晉)나라 속석(束晳)이 지은 보망시(補亡詩) 〈남해(南陔)〉의 구절을 그대로 인용한 것이다. 〈남해〉는 《시경》 〈소아(小雅)〉 중에 제목만 남아 있고 가사가 없어진 시의 편명인데, 보망시는 속석이 이의 가사를 유추하여 보충한 시이다. 자세한 내용은 265쪽 주134 참조.

153 하얀……않았네 : 이 네 구절은, 진나라 속석이 지은 보망시 〈백화(白華)〉의 구절을 그대로 인용한 것이다. 〈백화〉 또한 《시경》 〈소아(小雅)〉 중에 제목만 남아 있고 가사가 없어진 시의 편명이다. 저본에는 7번째 구의 유(幽) 자와 8번째 구의 신(晨) 자와 삼(三) 자가 결자(缺字)로 되어 있으나, 보망시를 따라 보완하였다.

내가 돌에 비문을 밝게 게시하니	昭揭石章
지나가는 자들은 반드시 경례할지어다	過者必式

처사 신공 묘갈명 병서

處士愼公墓碣銘 幷序

아! 거창 신씨(居昌愼氏)의 가문에는 대대로 어진 덕이 있는 군자들이 있었는데, 요수공(樂水公) 익복(益復)에 이르러서 인(仁)을 베풀고 덕(德)이 넉넉하여 훌륭한 명성이 그치지 않았다. 휘 복형(復亨)과 휘 당(讜)이 모두 경례(經禮)[154]로 스스로 수양하여 영남의 선비들이 우러러보아 침랑(寢郎)[155]에 제수되었으나 나아가지 않았다.

근래에는 또 처사(處士) 휘 성렬(性烈)이 지극한 효행과 독실한 학문으로 유림에 알려졌으니, 어찌 이른바 '뿌리가 깊고 근원이 멀어서 선조를 잇고 후손을 계도(啓導)해서 한 지방 사람들이 보고 본받는 어진이가 된다.'는 것이 아니겠는가.

공은 영조(英祖) 35년 기묘년(1759)에 출생하였는데, 겨우 6살에 모친상을 당했으나 슬픔을 지극히 하고 예를 다하여 성인(成人)과 다름이 없이 거상하였다. 계비(繼妃)를 생모처럼 섬겨 항상 정성을 다하여 옆에서 모시면서 기쁘게 해드렸으며, 부친 양졸공(養拙公)을 모실 적에 삼가고 공경하는 자세를 게을리하지 않아서, 문 하나를 사이에

154 경례(經禮) : 예(禮)에 있어서 대강(大綱)이 되는 것을 경례(經禮)라 하고, 그 대강을 실천하기 위하여 필요한 절차에 관한 것을 곡례(曲禮)라고 한다. 《예기》 〈예기(禮器)〉에 "경례가 3백 가지이고 곡례가 3천 가지인데, 그 근본을 따져 보면 경(敬) 한 가지일 뿐이다.〔經禮三百, 曲禮三千, 其致一也.〕" 하였다.

155 침랑(某寢) : 조선 시대에 종묘(宗廟)·능침(陵寢)·원(園)의 영(令)과 참봉(參奉) 등을 한데 묶어 부르는 칭호이다.

두고 잤는데, 감히 발을 부친에게 향해 뻗지 않았고 부친의 숨소리를 살피느라 눈을 제대로 붙이지 못하였다.

때로 닭이 울면 일어나서 방의 온도를 살피고, 이어서 모부인의 처소에 가서도 이와 같이 하였다. 조석으로 부인에게 맛있는 음식을 직접 만들게 하여 칼과 수저를 남에게 맡기지 못하게 하였으며, 종숙부모(從叔父母)에 미쳐서도 또한 아침저녁의 문안을 폐하지 않으니, 종족과 마을 사람들까지 모두 훈도되어 교화되었다.

여가에 학문에 종사하여, 《논어》와 《소학》, 《주자가례(朱子家禮)》를 보는 일을 일상의 다반사(茶飯事)로 여겨서 하루라도 책을 읽지 않은 적이 없었다. 아버지가 노쇠하셨기 때문에 자신은 과거에 응시하지 못하고 두 아우로 하여금 사문(師門)에 출입하게 하고, 겸하여 명경과(明經科)의 공부를 익히게 하면서 말하기를 "이것으로 부모를 영화롭고 기쁘게 하니, 내 자신이 직접 한 것과 다름이 없다."라고 하였다.

가진 재산을 번번이 남에게 베풀고 빌려주어, 공에게 의지하여 밥을 짓는 집이 매우 많았다. 영남 지방은 마마를 겪는 일이 드물었는데, 때로 병이 유행하면 사람들은 항상 몸을 피하여 병을 면하였다. 경신년(1800, 정조24)에 이웃 마을에 마마가 돌았는데, 어버이 곁을 떠나는 것을 꺼려 감히 떠나가지 못하다가 끝내 3월 27일 마마에 걸려 별세하니, 향년이 겨우 42세였다.

원근의 사우(士友)들이 부음을 듣고 모두 슬퍼서 목이 메어 말하기를 "이 사람이 이 지경에 이르렀단 말인가."라고 하였다. 두 달이 지난 뒤 같은 간지(干支)의 날에 호음동(虎音洞) 계좌(癸坐)의 언덕에 장례하였다.

배위 진양 강씨(晉陽姜氏)는 헌(瀗)의 따님인데, 몸소 염습하는 도구를 점검하고 삼가 장례의 일을 살피고는, 방에 들어가 스스로 목을 찔러 맹세코 하종(下從 죽은 남편을 따라 목숨을 버림)하고자 하였는데, 주위 사람들이 구원하여 소생하였다.

시부모가 울면서 고하기를 "하종은 진실로 의리이다. 그러나 너의 남편이 우리를 버리고 죽어서 우리 부부가 너를 의지하여 사는데, 네가 이제 또 우리를 버리고 죽는다면, 너희 남편도 지하에서 눈을 감지 못할 것이다."라고 하였다. 유인(孺人)은 탄식하며 말하기를 "마땅히 죽어야 할 때는 죽어야 하는데, 죽지 않은 것 또한 운명이다. 위로 시부모님과 아래로 아들과 딸이 나를 의지하여 살아가니, 남편이 이들을 돌보도록 부탁하였다." 하고는, 쌀뜨물을 마시고 억지로 일어나 집안 살림을 꾸려나갔는데, 끝내 3년 후 모월 모일에 별세하니, 아! 또한 열렬하다.

네 아들은 필조(必祖)와 필찬(必瓚), 필옥(必鈺)과 필황(必璜)이고, 딸은 정애(鄭壒)에게 출가하였다. 손자 중에 재한(在翰)과 재은(在殷)은 필조의 소생이고, 재익(在翼)과 재석(在奭), 재헌(在巘)과 재홍(在弘)은 필찬의 소생이고, 재동(在東)은 필옥의 소생인데, 필황은 아들이 없어서 재헌을 양자로 삼았다. 증손과 현손 이하는 많아서 다 기록하지 않는다.

공은 몸소 수행하여 덕을 쌓았으나 수명(壽命)이 중년에 그쳤는데, 손자와 증손이 번성하여 '막 흥왕하여 다하지 않는〔方興未艾〕' 상(象)이 있으니, 천도(天道)의 보시(報施)가 아마도 여기에 있는가 보다.

신씨(愼氏)는 선조(先祖)인 휘 수(修)가 중국으로부터 와서 벼슬하여 고려 문종 때 사도 좌복야(司徒左僕射)에 이르렀다. 뒤에 우찬성(右贊成) 휘 이충(以衷)과 호조 참판 휘 기(幾)와 집경전 직학사(集慶殿直

學士) 휘 후경(後庚)이 나왔다. 소요재(逍遙齋) 휘 영수(榮壽)와 요수정(樂水亭) 휘 권(權) 2대가 학행으로 송양사(松陽祠)와 구연사(龜淵祠)에 제향되었다.

고조는 휘 경엽(景曄)이고, 증조는 휘 제(梯)이고, 조고 휘 수침(守沉)은 효행으로 교관(敎官)에 추증되었다. 양졸공은 휘가 복명(復明)이니 학행으로 알려졌고, 선비 하빈 이씨(河濱李氏)는 사협(師協)의 따님이니, 이것이 바로 공의 세덕(世德)이 쌓아온 내력이다. 명은 다음과 같다.

우물을 깨끗이 치웠으나 먹어 주지 아니하여	井渫不食
내 마음에 서글퍼하네[156]	爲我心惻
거창 신씨에	氏居昌愼
이러한 세덕이 있었네	有是世德
덕이 두터워 흐름이 빛났으며	德厚流光
선행을 넉넉히 드리워 후손을 선하게 하였네	垂裕式穀
공은 몸에 수행하여	公修于身
요절하고 장수함에 미혹되지 않았네	殀壽不惑
자손들이 면면이 이어져서	子孫繩繩
후세에 반드시 혁혁하리라	于後必赫
높고 높은 호음의 언덕에	崔崔虎岡

156 우물을……서글퍼하네 : 이 내용은 《주역》 〈정괘(井卦) 구삼(九三)〉의 효사(爻辭)를 그대로 인용한 것으로, 훌륭한 사람이 있었으나 크게 세상에 쓰이지 못했음을 비유한 것이다.

지붕과 같은 봉분이 있네　　有封如屋
내가 명문을 지어서　　我述銘詞
천억 년 후대에 보이노라　　用示千億

매산집

제37권

묘갈명 墓碣銘

묘표 墓表

묘지명 墓誌銘

묘갈명墓碣銘

상주 목사 유공 묘갈명 병서

尙州牧使兪公墓碣銘 幷序

수원부(水原府) 남쪽 마이산(馬耳山) 곤좌(坤坐)의 언덕에 소나무와 편백나무가 울창한 가운데 바라보면 가려진 곳이 있으니, 바로 고(故) 목사 유공(兪公)의 옷과 신이 묻힌 곳이다. 공은 휘가 병주(秉柱)이고 자가 덕여(德汝)이니, 시조 휘 의신(義臣)이 신라 말엽에 경주의 기계현(杞溪縣)에 은둔하여 자손들이 이에 기계 사람이 되었다.

중종(中宗) 때에 휘 여림(汝霖)이 있었는데, 기묘사화에 연좌되어 파직되었다가 뒤에 벼슬이 예조 판서에 이르렀으니, 시호가 경안(景安)이다. 경안공의 아드님 호조 판서 휘 강(絳)은 바른 도를 행하다가 윤원형(尹元衡)의 비위를 거슬러서 거의 화를 면치 못할 뻔하였다. 3대를 지나 감역(監役) 휘 비(棐)는 형 문충공(文忠公) 계(棨)와 함께 명성과 절개가 모두 우뚝하였다. 숭정(崇禎) 정축년(1637, 인조15)에 우리나라와 청나라가 강화(講和)하니, 문충공이 대의로써 이를 간쟁하였고, 감역공은 이를 부끄러워해서 마침내 출사하지 않았으니, 실로 공의 5세조가 되신다.

고조 휘 명일(命一)은 의주 부윤(義州府尹)으로 이조 판서에 추증되었고, 증조 휘 복기(復基)는 진사로 좌참찬(左參贊)에 추증되었고, 조고 휘 언술(彦述)은 대사헌으로 시호가 정헌공(靖憲公)이고, 선고 휘 한기(漢紀)는 금산 군수(錦山郡守)이다. 배위 전주 이씨(全州李氏)는 자식을 낳지 못하였고, 계배인 숙인 한씨(淑人韓氏)는 우의정 휘 응인(應寅)이 그 선조이시다.

정조(正祖) 3년 무술년(1778) 8월 13일에 공을 낳았는데, 공은 태어나면서부터 자질이 뛰어나서 어린나이에 놀고 장난칠 적에 번번이 마을 아이들을 압도하곤 하였다. 군수공(郡守公)이 미호(渼湖) 김 선생[1]의 문하에서 수학하여 예의(禮義)로 스스로를 다스렸는데, 공은 장성하자 차근차근 군수공을 법으로 삼았다.

갑자년(1804, 순조4)에 진사시에 합격하고 신미년(1811)에 숭릉 참봉(崇陵參奉)에 제수되었는데, 이때 한 숙인(韓淑人)이 살아서 집에 계셨다. 공은 말하기를 "이 벼슬이 어버이를 기쁘게 할 만하다." 하고는 다시는 과거에 응시하지 않으니, 사우(士友)들이 모두 공이 대과(大科)를 거치지 않음을 애석히 여겼다. 제용감 봉사(濟用監奉事)와 의영고 직장(義盈庫直長)으로 승진하였으며 을해년(1815)에 세자시강원의 시직(侍直)과 장악원 주부(掌樂院主簿), 형조 좌랑으로 조용(調用)되었다. 병자년(1816)에 승진하여 종묘서 영(宗廟署令)과 한성부 판윤을 지냈다.

1 미호(渼湖) 김 선생 : 김원행(金元行, 1702~1772)으로 미호는 그의 호이다. 자는 백춘(伯春), 본관은 안동(安東)으로 당숙인 김숭겸(金崇謙)에게 입양되어 종조부 농암(農巖) 김창협(金昌協)의 손자가 되었다. 도암(陶庵) 이재(李縡)의 문인이다. 1719년(숙종45) 진사시에 합격하였으나, 신임사화로 집안이 몰락하자 벼슬할 뜻을 버리고 학문에 전념하였다.

외직으로 나가 증산 현령(甑山縣令)이 되었는데, 이때 증산현은 여러 해 동안 군량이 제대로 걷히지 않아서 창고가 텅 비어 있었다. 공은 도백(道伯)에게 말하여 편의종사(便宜從事)[2]하여, 백성의 힘을 번거롭게 동원하지 않고도 창고를 처음대로 회복시켰다.

정축년(1817)에 평양부 서윤(庶尹)으로 승진하였는데, 부고(府庫)에 본래 관청에 속하지 말아야 할 민전(緡錢) 20만 전이 있자 이를 덜어내어 아전들에게 돌려주고, 자신의 녹봉 30만 전을 떼어 크고 작은 여러 마을에 주어서 호적을 만들 때에 삯꾼에게 주는 품삯을 대비하게 하니, 아전과 백성들이 모두 기뻐하였다.

평양은 관서 지방의 도회(都會)여서 물자가 많고 사무도 복잡하였다. 공은 새벽에 나갔다가 밤늦게 돌아오면서도 큰 소리를 내지 않고, 어수선하게 굴지 않으면서도 모든 제도를 다 제대로 정비하였다. 객사를 넓히고 기자(箕子)의 사당을 크게 수리하였으며 고을 안에 현명하고 호기가 있는 선비들을 창도해서 향음주례(鄕飮酒禮)를 행하였다.

기묘년(1819) 여름에 임기가 다하였는데, 공의 유임을 바라는 백성들이 날마다 감사에게 하소연하니, 감사가 장차 조정에 주청하려고 하였는데, 이를 저지하는 자가 있어 실행되지 못하였다. 다시 한성부 판관에 제수되고 서윤(庶尹)과 선공감 부정(繕工監副正)으로 옮겼다가 얼마 후에 지평 현감(砥平縣監)에 제수되었으나 어버이 병환 때문에 부임하지 못하였다.

신사년(1821)에 효의왕후(孝懿王后)께서 승하하시니, 산릉도감(山

2 편의종사(便宜從事) : 임금이나 상급자의 허락 하에 사세(事勢)의 편의를 따라 재량껏 일을 처리함을 이른다.

陵都監) 낭관(郎官)으로 차임되었다. 마침 큰 전염병이 돌아서 열흘 사이에 산릉의 낭관 중에 병으로 죽은 자와 관직을 떠난 자가 매우 많았다. 총호사(總護使)가 대신할 자들을 차임하지 못할 것임을 헤아리고는 공에게 이르기를 "일이 급하게 되었다. 공이 아니면 제대로 할 사람이 없다."라고 하고, 공에게 일체의 일을 시켜 대신하게 하였다. 이에 공이 좌우로 응수(應酬)하자, 모든 일들이 곧바로 성취되어서 기일 내에 재궁(梓宮 효의왕후의 관)을 능(陵) 안에 하관(下官)할 수 있게 되니, 총호사가 크게 기뻐하였다.

임오년(1822)에 사직서 영(社稷署令)과 장악원 첨정(掌樂院僉正)에 제수되고 겨울에 휘경원 도감(徽慶園都監)의 낭관으로 차임되었다. 병술년(1826)에 광흥창 수(廣興倉守)에 제수되고, 정해년(1827)에 선혜청(宣惠廳)의 낭관으로 옮겼다가 곧바로 이천 부사(利川府使)에 제수되었는데, 고을을 다스리기를 기성(箕城 평양)에 있을 때와 똑같이 하였다.

임진년(1832)에 상주 목사(尙州牧使)로 승진하니, 자신의 녹봉을 덜어서 학교를 수리하고 내와 하천을 준설(浚渫)하였다. 여름에 큰 홍수로 낙동강의 제방이 터져서 강 좌우에 있는 수백 가호가 모두 물에 잠기고 떠내려가자, 공이 자신의 녹봉을 내어 놓아 이들을 구휼하니, 백성들이 예전처럼 안도하고 살게 되었다.

고을 북쪽에 큰 방죽이 있어서 낙동강 서쪽의 수십 리에 있는 백성들이 모두 여기서 물을 끌어다 썼으며, 고을 읍내에 예로부터 지네가 많아서 사람들이 왕왕 지네의 독에 쏘이자, 읍내 남쪽에 밤나무를 심어 숲을 만들어 지네들이 읍내에서 사라지게 되었다. 이때 묘당(廟堂)에서 방죽을 없애고 밤나무 숲을 베어서 토지를 개간할 것을 의논하자,

공이 자신의 거취를 걸고 강력히 간쟁해서 중지시키니, 고을 사람들이 지금까지도 덕을 보고 있다.

다음 해에 최하의 고과를 받아 파직되어 향리로 돌아왔는데, 이로부터 벼슬길에 뜻을 완전히 끊고 오직 경전과 역사책을 읽는 일만을 즐겼으며, 때로 물고기 잡고 나무하면서 몸을 감추어 촌 노인들과 자리를 다투니, 사람들이 이분이 옛날 목사인 줄을 알지 못하였다.

경자년(1840, 헌종6) 6월 17일에 과천(果川) 하북촌(下北村)의 집에서 별세하니, 향년이 63세였다. 8월에 하북촌의 남쪽 군수공 묘소에 부장하였다가 임인년(1842) 4월에 배위 숙인(淑人) 이씨의 묘에 합장하였다. 숙인은 세종의 별자(別子)인 밀성군(密城君) 이침(李琛)의 후손이니, 교리(校理) 회상(晦祥)이 그 선고가 되신다. 여사(女士)의 풍모가 있어, 공의 순수한 덕과 돈독한 행실이 내조에 힘입은 것이 많았다. 2남 1녀를 두었으니 장남 영환(永煥)은 현감이고, 차남 경환(敬煥)은 교관(敎官)이며, 딸은 이병원(李秉元)에게 출가하였다. 영환의 아들은 치상(致庠)이고, 딸은 김절근(金晳根)에게 출가하였으며, 또 한 명의 딸과 경환의 아들은 모두 어리다.

공은 하체가 풍만하여 허리둘레가 여덟아홉 아름이나 되었고 목소리가 큰 종과 같았다. 외면은 온화하나 내면이 굳세서 일을 당하면 결단할 줄 알았고 기백(氣魄)이 보통사람보다 뛰어났으며, 술을 마실 적에 십수 잔을 마시지 않으면 취하지 않았으며 취하여도 실언(失言)을 하지 않았다. 매일 닭이 세 번 울면 일어났는데, 군수공이 병을 앓으시면 밤에도 허리띠를 풀지 않았다.

부친상을 당하자 쉬지 않고 곡하다가 슬픔으로 몸을 훼손하여 거의 생명을 잃을 뻔하였다. 어머니 상을 당하자 나이가 50에 가까웠는데도 거상(居喪)하기를 예전 아버지 초상 때와 똑같이 하여, 상식을 올리는 일을 혹시라도 남에게 대신 시키지 않았다. 누님을 어머니처럼 섬겨서 크고 작은 일을 막론하고 누님에게 여쭌 뒤에 행하였다.

동당(同堂)의 친족[3]들과는 재물이 누구 소유인지를 구별하지 않아서, 공의 재물을 마치 바깥 창고에 있는 재물처럼 마음대로 가져다 썼으며, 중표(中表)[4]의 친척들 중에 공에게 의지하여 혼인한 자가 30여 명에 이르렀고, 상(喪)을 도와 준 것도 이와 같았다.

사람들이 잘못을 저지르면 번번이 대면하여 꾸짖어 조금도 사정을 보아주지 않았으나, 충후(忠厚)하고 화평한 뜻이 그 가운데에 있어서 사람들이 또한 자기를 사랑하여 그러한 것임을 믿었다. 친구들이 죽으면 그들의 고아를 구휼하여 혼인시켜 주고는 하였다. 친구 중에 한 명이 해도(海島)로 멀리 유배 가서 사람들이 감히 돌아보고 구휼하지 못하자, 공은 음식을 많이 보내주고 사람을 보내 자주 안부를 물었다.

혹자가 공에게 이르기를 "재물은 한정이 있는데 베풀기를 좋아해 마지않으니, 어찌 자손들의 처지를 생각하지 않습니까?"라고 하자, 공이 말하기를 "재물을 모으고 흩는 일에 따라 인(仁)과 불인(不仁)이 구분되는 것이다. 사람으로서 인하지 못하다면 재물을 어디다 쓰겠는가? 자손들의 입고 먹는 일로 말하면 또한 각자 스스로 도모해야 하니, 내가 반드시 알아야 할 바가 아니다."라고 하였다. 이 때문에 공이 세상에 살아계실 때에는 집안에 불필요한 물건이 없었고 별세했을 때에는

3 동당(同堂)의 친족 : 한 할아버지 아래의 친척으로, 동당형제는 곧 종형제(從兄弟)를 이르는데, 당형제(堂兄弟)라고도 한다.

4 중표(中表) : 성(姓)이 다른 친척 즉 내종(內從)과 외종(外從)을 이른다.

오직 옛 전답과 집이 남아 있을 뿐이었다.

공은 예법을 중시하고 대체(大體)를 알았으며, 국사(國史)와 야사(野史)에 익숙하였고 어진 사람과 간사한 사람, 옳고 그름에 대해서 분별이 분명하고 지킴이 확고하였다. 오호라, 공의 평생을 보려고 하는 자는 이 몇 가지 일에서 그 대개를 알 수 있을 것이다.

공의 훌륭한 재주와 식견을 가지고도 음직(蔭職)의 벼슬길에서 침체해서 간직하고 있는 경륜을 다 펴지 못하였으니, 사람들이 이 때문에 애석하게 여긴다. 그러나 과거에 급제하고도 자신의 뜻을 펼 수 있는 자가 적었으니, 절차대로 승진하여 현달한 지위에 이르고도 경륜을 펴지 못하는 것보다는 차라리 분수에 따라 고을 수령의 직임에 힘을 바쳐서 오히려 그 실효가 백성에게 미치게 하는 경우가 더욱 좋지 않겠는가.

불초는 집안 대대로 이어진 교분 때문에 일찍부터 공을 종유(從遊)하여 서로 뜻이 맞아 매우 즐겁게 지냈다. 저 옛날 공과 노주(老洲) 오 문원공(吳文元公 오희상)과 함께 배를 띄우고 월파정(月波亭) 아래에서 뱃놀이 할 적에, 풍류가 매우 뛰어나고 흉금(胸襟)이 밝고 상쾌하여 속에 있는 마음을 다 쏟아내고 호쾌하게 술을 마시며 저녁 내내 즐거워했었는데, 고개 한 번 돌려 바라보는 사이에 산하가 가로놓인 듯 아득하다.

불초가 근래 강가에 거처를 정하였는데 공의 옛 집과 매우 가까우니, 산양(山陽)에서 피리 소리를 듣는 감회[5]를 더더욱 금할 수가 없다. 지

5 산양(山陽)에서……감회 : 망자를 그리워하는 감회를 말한다. 산양(山陽)은 지금의 중국 하남성(河南省) 수무현(修武縣)으로, 진(晉)나라 때 죽림칠현(竹林七賢)으로

금 교관(敎官) 군이 공의 종질(從姪)인 신환(莘煥)이 지은 가장(家狀)을 가지고 불초에게 명문을 청하니, 불초가 의리상 사양할 수 없기에 마침내 병을 무릅쓰고 차례로 엮어서 명문을 짓는다. 명문은 다음과 같다.

기계의 화려한 문벌에	杞溪華閥
대대로 현인과 영걸이 있었으니	世有賢傑
경안공과 정헌공이	景安靖憲
명성과 절개를 이어왔네	相禪名節
선조의 영광을 품고 태어나서	公胚前光
훌륭한 덕과 행실이 있었네	有德有行
세상에 쓰일 재주요	需世之材
남을 포용하는 넓은 도량이었는네	容物之量
어찌하여 공경이 되지 못하고	胡不公卿
소 잡는 칼을 닭 잡는 데 쓴단 말인가[6]	牛刀是試
기성(箕城)의 학교에는	惟箕有學
변두가 마침내 구비되었고	籩豆乃備

꼽히는 혜강(嵇康)과 상수(向秀) 및 여안(呂安) 등이 같이 살던 곳이다. 혜강과 여안이 죽은 뒤에 상수가 옛날에 살던 산양을 지나가는데, 이웃집에서 부는 구슬픈 피리소리가 들리자, 죽은 벗들이 그리워 눈물을 흘리며 〈사구부(思舊賦)〉를 지었다. 《晉書 卷49 向秀列傳》

6 소……말인가 : 뛰어난 재주를 지니고도 작은 고을을 다스리는 미관(微官)에 그쳤음을 안타까워한 말이다. 《논어》 〈양화(陽貨)〉에, 공자가 자유(子游)가 다스리는 무성(武城)에 가서 현가(絃歌) 소리를 들으시고, "닭을 잡는 데에 어찌 소 잡는 칼을 쓰느냐?〔割雞, 焉用牛刀?〕"라고 말한 데에서 온 것이다.

상주(尙州)의 방죽에는　惟尙有陂
벼와 삼이 무성하네　禾麻騈騈
선비들이 성대해지고 백성들이 소생하여　士蔚民蘇
유풍(遺風)이 왕성하네　遺韻藹然
늙기 전에 전원으로 돌아와　未老歸田
열수(洌水) 가에 살았네　于洌之干
정자와 누대에서 음풍농월(吟風弄月)하니　亭臺風月
세상 사람들 발돋움하며 바라보네　爲世聳觀
좌우에 거문고와 서책을 두고　左右琴書
때로는 시를 읊고 때로는 거문고를 탔네　載詠載彈
고아를 구휼하고 옛 친구에게 돈독하기를　恤孤篤舊
본성(本性)의 욕구[7]와 같이 하였네　如性之欲
상자에는 비단이 남아 있지 않고　箱不餘帛
창고에는 곡식이 쌓여 있지 않았네　廩無貯粟
진실된 마음 너그럽고 후덕하여　眞心寬厚
거의 풍속을 교화할 수 있었네　庶幾化俗
내 오랜 친구로서　我以久要
그 본말을 잘 알기에　熟諳本末
글을 엮어 비석에 새겨　摛辭鑽石
후인 중에 불초한 자들을 질책하노라　後人之咀

7 본성(本性)의 욕구 : 사물에 감응하여 자연스럽게 발생하는 욕구를 이른다. 《예기》 〈악기(樂記)〉에 "사람이 태어나면서 고요한 것은 하늘이 부여한 본성이고, 사물에 감응하여 움직이는 것은 본성의 욕구이다.〔人生而靜, 天之性也; 感於物而動, 性之欲也.〕"라고 보인다.

돈녕부 도정 김공 묘갈명 병서○병오년[8]

敦寧府都正金公墓碣銘 幷序○丙午

모재(慕齋)와 사재(思齋)[9] 두 분 김 선생이 대대로 용강현(龍岡縣)에 계시다가 서울로 옮겨와 사셨는데, 친척들이 그대로 고향을 떠나지 않아서 관서 지방(평안도)의 유명한 문벌이 되었다. 두 선생의 종형제가 되는 휘 좌국(佐國)이 은둔하여 지조를 지키다가 중부 참봉(中部參奉)에 제수되었으나 나아가지 않았는데, 두 선생의 뒤를 따르다가 두 선생과 명성이 나란해졌다.

10세손으로 자가 적여(績汝)인 휘 낙풍(樂灃)에 이르러서 순묘(純廟 순조) 14년 갑술년(1814)에 생원시에 합격하고 을해년(1815)에 문과에 급제하였는데, 바로 본도(本道)의 별과(別科)에서 장원을 차지하였다. 전적(典籍)에 제수되었다가 온릉 영(溫陵令)으로 옮겼으며 예조 좌랑과 호조와 병조의 정랑을 지냈는데, 모두 춘추관 기사관을 겸하였

8 병오년 : 1846년(헌종12)으로, 매산의 나이 71세 되던 해이다.

9 모재(慕齋)와 사재(思齋) : 모재는 김안국(金安國, 1478~1543)의 호로, 자는 국경(國卿), 본관은 의성(義城), 시호는 문경(文敬)이다. 김굉필(金宏弼)의 문인으로 조광조(趙光祖)와 동문수학하였다. 1503년(연산군9)에 별시 문과에 을과로 급제하고 벼슬이 판중추부사에 이르렀다. 조광조와 함께 사림을 이끌며 성리학적 왕도정치의 실현에 힘썼으며, 시문에 뛰어났다. 사재는 김안국의 아우 김정국(金正國, 1485~1541)의 호로 자는 국필(國弼), 시호는 문목(文穆)이며, 김굉필의 문인이다. 1509년(중종4)에 별시 문과에 급제하고 호당(湖堂)에 선발되는 등 재능을 인정받았으나 기묘사화로 삭탈관직되었다. 후일 다시 서용되어 벼슬이 예조 참판에 이르렀다. 성리학과 역사・의학 등에 밝았고, 시문 또한 뛰어나 명성이 높았다.

다. 임오년(1822)에 천거로 사헌부 장령에 제수되고 겨울에 종부시정(宗簿寺正) 겸 편수관(編修官)으로 승진하였다.

계미년(1823)에 선원보(璿源譜)를 찬수(纂修)한 공로로 통정대부의 품계로 오르고 병조 참의에 제수되었는데 〈귀거래사〉를 읊으며 전원으로 돌아가자, 여러 동료들이 교외에서 술을 마시고 전별(餞別)하면서 떠나가는 것을 애석해 하지 않는 이가 없었다. 공이 말하기를 "내가 재주가 없는데도 분수를 넘어 영달(榮達)하였고, 또 하루 동안 부모를 봉양할 수 있는 기회는 삼공(三公)의 벼슬과 바꿀 수 없는 것이니, 어찌 떠나가지 않을 수 있겠는가."라고 하였다.

갑신년(1824) 돈녕부 도정(敦寧府都正)에 제수되었으나, 글을 올려 사양하고 마침내 다시는 출사하지 않으니, 이때 공은 강사(强仕)의 나이[10]에 미치지 못하였다. 도백(道伯)인 김교근(金敎根)이 감탄하기를 "김모(金某)의 진퇴는 도리에 맞는다."라고 하였다.

갑오년(1834, 순조34) 5월 8일에 별세하니, 생년인 병오년(1786, 정조10)과 햇수를 따져보면 49년이 된다. 도(道)의 모든 선비들이 애도하고 서글퍼하였으며, 아래로 천한 하인들까지 모두 "어진 대부를 잃었다."라고 하였다. 8월에 우이도(牛耳島) 간좌(艮坐)의 언덕에 장례하니, 선영에 모신 것이었다.

공의 비조(鼻祖)인 휘 석(錫)이 의성군(義城君)에 봉해지니, 자손들이 이를 따라서 의성을 본관으로 삼았다. 벼슬이 계속 이어져서 휘

10 강사(强仕)의 나이 : 마흔의 나이를 말한다. 《예기(禮記)》〈곡례 상(曲禮上)〉에 이르기를, "마흔의 나이를 강(强)이라고 하니, 비로소 벼슬을 한다.〔四十曰强, 而仕.〕"라고 보인다.

계지(啓址)에 이르러 병조 좌랑을 지냈고 휘 필성(弼聖)은 성균관 생원인데, 두 대가 모두 유학(儒學)으로 이름났다. 생원공의 아드님은 휘가 정좌(鼎佐)이고, 손자는 휘가 섭(涉)이고, 증손은 휘가 표로(彪老)로 참봉(參奉)이고, 현손은 휘 성(珹)으로 첨추(僉樞)이니, 이분들이 바로 공의 4대의 선조이시다.

첨추공(僉樞公)이 결성 장씨(結城張氏) 학호(學浩)의 따님에게 장가들어 공을 낳았는데, 공은 훌륭한 자질을 받고 태어나서 총명함이 매우 뛰어났다. 7세에 《소학》을 통달하고 겸하여 글씨를 매우 잘 썼으며 차츰 장성하자 외구(外舅 장인)인 안정순(安正純) 공에게 학업을 배웠는데, 안공은 삼산재(三山齋) 김 선생[11]을 사사하여 학문에 연원(淵源)이 있었다. 공은 평소에 열심히 학문을 익혀 약관이 되기 전에 명성이 자자하였다.

석갈(釋褐 문과 급제하여 출사함)하자, 벼슬살이의 직분을 다하였으며 침랑(寢郎 능참봉)이 되어서는 정성을 다하여 능침(陵寢)을 수호하니, 능의 하인들이 오래될수록 더욱 칭송하였다. 사관(史官)으로 경연에 나아가 여러 번 성상(聖上)의 은혜를 받으니, 조정의 동료들이 영화롭게 여겼다. 성상의 명령을 받들어 노주(老洲) 오 문원공(吳文元公)에게 전유(傳諭)하였는데, 이때 경전(經典)의 뜻과 정치하는 방도를 물으니,

11 삼산재(三山齋) 김 선생 : 김이안(金履安, 1722~1791)으로, 삼산재는 그의 호이며, 자는 원례(元禮), 본관은 안동(安東), 시호는 문헌(文獻)이다. 농암 김창협의 증손자이고 미호(渼湖) 김원행(金元行)의 아들이다. 1762년(영조38)에 학행(學行)으로 천거되어 경연관(經筵官)에 기용되었고, 벼슬이 성균관 좨주(成均館祭酒)에 이르렀다. 부친 문하에 출입하던 성리학자 박윤원(朴胤源) 등과의 교유 속에 성리학에 깊은 조예를 쌓았으며 예학(禮學)에도 조예가 깊었다.

오공(吳公)은 공의 학술에 감탄하여 매번 찬탄해 마지않았다.

공은 효성과 공경을 타고나서 녹봉을 받자 먼저 가정에 바쳤고, 늙기 전에 향리로 돌아가 어버이를 봉양하여 항상 기쁘고 즐겁게 해드렸으며, 두 분 형님들과 매우 우애롭게 지냈다. 아들과 조카들에게 시(詩)와 예(禮)를 가르쳤으며, 자신의 서재에 '삼락(三樂)'이라는 편액을 걸었다. 거상할 적에 예(禮)를 다해서 사계(沙溪)의 예교(禮敎)[12]를 한결같이 따랐으며, 슬픔으로 몸을 훼손하여 거의 목숨을 잃을 뻔하였다. 공은 자신의 병환이 심할 때에도 오히려 기운을 낮추고 목소리를 부드럽게 해서 자친(慈親)의 마음을 상하게 할까 두려워하였으니, 여기에서 종신토록 어버이를 사랑하는 큰 효성을 볼 수 있다.

평소 성품이 너그럽고 온화해서 서두는 낯빛을 띠거나 말소리를 빨리하는 법이 없었는데 귀한 지위에 오르자 몸가짐을 더욱 공손히 하고 남을 대하기를 더욱 후덕하게 하여, 친척들과 향리 사람들이 공에게 귀의하여 좋은 일, 나쁜 일과 근심스러운 일, 즐거운 일이 있으면 모두 공에게 의지하였다.

혹 속수(涑水)의 고사(故事)를 따라 진솔회(眞率會)의 모임을 행하였으며[13] 노복(奴僕)들을 부릴 적에 은혜로써 하고 매를 때리지 않았

12 사계(沙溪)의 예교(禮敎) : 사계는 김장생(金長生 1548~1631)의 호이고, 예교는 사계가 지은《상례비요(喪禮備要)》,《가례집람(家禮輯覽)》 등의 예서(禮書)의 내용을 가리킨다.

13 속수(涑水)의……행하였으며 : 속수는 북송(北宋)의 명상(名相)인 사마광(司馬光, 1019~1086)으로, 사마광이 산서성(山西省) 속수향(涑水鄕) 사람이기 때문에 이렇게 칭한 것이다. 진솔회(眞率會)는 사마광이 벼슬에서 물러나 낙양(洛陽)에 거처할 적에 사마단(司馬旦), 석여언(席汝言), 왕상공(王尙恭), 초건중(楚建中), 왕근언(王

다. 일찍이 큰아들에게 가르침을 내리며 말하기를 "남이 뱉은 침을 씻지 않는 가르침[14]을 늘 몸에 간직해오고 있었는데 너에게 물려주니, 너는 이것을 유념하라."라고 하였다.

서적을 좋아해서 손수 의리의 문자를 직접 등사해서 아들들이 학업에 힘쓰도록 권면하여 이들로 하여금 가문의 명성을 실추하지 않게 하였다. 저술한 시와 문장들은 그 문기(文氣)와 시상(詩想)이 깨끗하고 아름다운데, 집에 소장되어 있다.

배위인 순흥 안씨(順興安氏)는 규중의 법도를 모두 구비하였다. 2남 1녀를 낳았는데, 장남 면항(勉恒)은 백부에게 출계하였고 차남은 온항(溫恒)이며 딸은 김석곤(金錫袞)에게 출가하였다. 면항의 아들은 영주(寧周)와 길주(吉周)이고, 온항의 아들은 혜주(惠周)이며, 김씨 사위의 아들은 학구(鶴九)이다.

아! 온 세상이 도도(滔滔)하게 관청을 집으로 삼아서 나아갈 줄만 알고 물러갈 줄을 알지 못하여[15] 종루(鍾漏)[16]까지 벼슬하다가 생명을

謹言), 송숙달(宋叔達) 등과 함께 결성한 모임의 이름이다. 연령은 65세부터 78세까지이며, 원풍(元豐) 6년(1083) 3월 26일에 최초의 모임을 가졌는데, 검소한 모임을 추구하여 술은 다섯 순배를 넘지 않고 음식도 다섯 가지를 넘지 않도록 차렸다고 한다. 《古今事文類聚 前集 卷45 樂生部 洛陽耆英》

14 남이……가르침 : 남이 자신의 얼굴에 침을 뱉어도 침은 닦지 않아도 저절로 마르기 때문에 웃으면서 받아들여야 한다는 가르침이다. 당(唐)나라의 명재상인 누사덕(婁師德)이 자신의 아우에게 경계한 말이다. 《新唐書 卷108 婁師德列傳》

15 온……못하여 : 이 내용은 당나라의 문장가인 한유(韓愈)가 지은 〈송양소윤서(送楊少尹序)〉의 "중세에는 사대부들이 관청을 자신의 집으로 삼았기 때문에 벼슬을 그만두게 되면 돌아갈 곳이 없었다.〔中世士大夫以官爲家, 罷則無所於歸.〕"라는 구절을 원용한 것이다.

마치지 않는 자가 별로 없는데, 공은 능히 불혹(不惑)의 나이(40세)에 벼슬을 그만두어 이로써 스스로 뜻을 세웠으니, 어찌 다만 한 도의 모범이 될 뿐이겠는가. 진실로 수명을 많이 누려서 뜻과 사업을 확충할 수 있었더라면 거의 모재와 사재 두 분의 아름다움을 이어서, 한갓 벼슬을 버리고 은퇴한 절개 한 가지로 세교(世敎)를 부식(扶植)할 뿐만이 아니었을 것이다.

일찍이 나를 종유한 면항(勉恒)이 능히 선대의 아름다움을 계승하였는데, 나에게 비석에 새길 글을 청하였다. 내가 늙고 병들었다고 사양하였으나, 거듭 간청하여 마지않았으므로 마침내 병을 무릅쓰고 명문을 짓는다. 명문은 다음과 같다.

진실로 이와 같은 사람이여	展如之人
서쪽 지방에서 우뚝이 태어났네	挺生西服
효우와 충신이	孝友忠信
친척들에게 칭송을 받고	稱於宗族
향당에까지 미쳐서	施及鄉鄙
풍속을 도탑게 하였네	用惇風俗

16 종루(鍾漏) : '종명누진(鍾鳴漏盡)'의 줄인 말로 시간을 알리는 종이 울리고 물시계의 물방울은 다 떨어졌다는 뜻으로, 사람의 노경(老境) 또는 노경까지 벼슬함을 비유하는 말이다. 위(魏)나라의 전예(田豫)가 늙어서 벼슬을 내놓으며 "나이 70이 넘었는데도 벼슬자리를 차지하고 있는 것은, 비유하자면 저녁 종이 울리고 물시계의 물방울이 다 떨어졌는데도 밤에 돌아다니기를 그치지 않는 것과 같으니, 이는 죄인입니다.〔年過七十而以居位, 譬猶鐘鳴漏盡而夜行不休, 是罪人也.〕"라고 한 데서 유래하였다. 《三國志 卷26 魏書 田豫傳》

문예를 이루어	濟之文藝
능히 그 지식을 채웠네	克充其識
젊은 나이에 관직을 그만두어	黑頭休官
명리(名利)의 마당을 길이 사양하고는	永謝名場
소윤[17]을 본받아 벼슬을 버리고	追躡少尹
자기 고향으로 돌아갔네	去歸其鄕
집에서 조석으로 어버이 봉양하니	舍朝夕養
어찌 구양공(歐陽公)과 같겠는가[18]	詎若歐陽
부엌에 들어가고 당에 올라가서	入廚上堂
흔연하게 옆에서 모시니	忻忻在傍
누가 숲속에서	孰謂林下
한 사람도 본 적이 없다고 말하는가[19]	不見一人

17 소윤(少尹) : 당나라 때 국자 사업(國子司業)이던 양거원(楊巨源)이 벼슬을 그만 두고 물러날 때 받은 벼슬이다. 한유(韓愈)가 지은 〈송양거원소윤서(送楊巨源少尹序)〉에 "양후(楊侯)가 벼슬을 그만 두고 떠날 때에 승상께서는 사랑하고 애석히 여겨, 임금께 아뢰어 그 도읍의 소윤으로 삼아 그 녹봉이 끊이지 않게 하였다.〔楊侯之去, 丞相有愛而惜之者, 白以爲其都少尹, 不絶其祿.〕"라고 보인다.

18 어찌 구양공과 같겠는가 : 구양공은 보통 당나라의 문장가인 구양수(歐陽脩, 1007~1072)를 가리키는데, 무슨 일로 이렇게 말했는지는 분명하지 않다. 위 구절 사조석양(舍朝夕養)의 사(舍)를 일단 '집'으로 해석하였으나 경우에 따라서는 '버리다'의 뜻으로 보아 '조석의 봉양을 버린'으로 해석할 수 있을 것이다.

19 누가……말하는가 : 이 내용은 당(唐)나라 덕종(德宗) 때의 승려 영철(靈澈)이 위단(韋丹)에게 답한 〈동림사수위단자사(東林寺酬韋丹刺史)〉 시의 "만나는 사람마다 모두 벼슬 버리고 간다고들 하지만, 숲속에서 어찌 한 사람이라도 본 적이 있었던가.〔相逢盡道休官去, 林下何曾見一人?〕"라는 구절을 원용한 것이다.

맑게 갠 하늘에 구름이 끼니 天霽雲藏
스스로 몸을 보존하였네 以自存身
내가 비석의 글을 게시하여 我揭石章
그 온화하고 참됨을 형상하니 象厥冲眞
다만 공을 밝게 드러낼 뿐만이 아니요 非直昭公
이로써 사대부들을 경계하노라 用警簪紳

경릉 참봉 묵재 정공 묘갈명 병서

敬陵參奉默齋鄭公墓碣銘 幷序

상고해보건대, 우리 건릉(健陵 정조)의 태평성대에는 사대부들이 대체로 풍절(風節)과 도의(道義)로써 스스로 힘써 학문을 하여 굳이 벼슬하려고 하지 않았고, 벼슬을 하면서 굳이 승진하기를 바라지 않아서 편안히 벼슬에서 물러나고 전심으로 수양하였다. 이에 문채와 바탕이 잘 조화되어 볼 만한 사람이 많았으니, 고(故) 침랑(寢郎) 묵재(默齋) 정공(鄭公)도 그중의 한 분이시다.

공은 휘가 광의(光毅)이고 자가 원경(遠卿)이고 관향이 해주(海州)이니, 고려조의 시중(侍中) 휘 숙(肅)을 시조로 삼는다. 조선조에 들어와 휘 역(易)은 좌찬성이고 시호가 정도공(貞度公)인데, 이로부터 벼슬이 대대로 이어졌다. 충의공(忠毅公) 휘 문부(文孚)에 이르러서 큰 공과 위대한 절개로 나라의 명신이 되었으니, 공에게 6세조가 되신다. 증조 휘 환(桓)은 사복시 정(司僕寺正)이고, 조고 휘 상첨(相詹)은 진사인데 상소하여 우암(尤菴)과 동춘당(同春堂) 두 분 송 선생을 문묘에 배향할 것을 청하였다. 선고 휘 학신(學臣)은 통덕랑(通德郎)이고, 선비 남양 홍씨(南陽洪氏)는 봉사(奉事) 득수(得壽)의 따님이니, 정숙하고 고요하여 여사(女士)의 풍모가 있었다.

영조 5년 기유년(1729) 8월 27일에 한양에서 공을 낳으니, 공은 훌륭한 자질을 받고 태어나서 의젓하여 장난하는 일이 적었다. 겨우 6살에 통덕랑 공의 병환이 위독해지자, 눈물을 흘리면서 곁을 떠나지 않았고 손가락에서 피를 내어 입에 넣어드렸다. 상을 당하자 엄연하게 성인

(成人)처럼 소식(素食 고기반찬 없이 채소만 먹는 밥)하고 슬퍼하여 몸이 훼손되었다. 집안사람들이 계란을 삶아 주면서 속여 말하기를 "이것은 비늘과 깃털이 없으니, 먹어도 되지 않겠는가." 하자, 공이 울며 말하기를 "비록 비늘과 깃털이 없으나 닭이 낳은 것이니 고기가 아니고 무엇입니까."라고 하니, 어른들이 모두 놀라고 감탄하였다.

장성하자 숙조(叔祖 부친의 숙부)인 기암공(畸庵公)[20]에게 가서 배웠는데, 기암공은 학문이 순정(醇正)하였다. 공은 날마다 엄한 교육[21]을 받았는데, 여러 경서에 통달하자 위기(爲己)의 학문에 뜻을 두어 이에 대한 강구(講究)와 실천을 밤낮으로 게을리하지 않았고 과거공부를 달가워하지 않았다.

홍 부인(洪夫人)을 지극한 효성으로 섬겨서 얼굴빛을 온화하게 하여 정성을 다해 봉양하고 그 뜻을 미리 받들어 순히 따랐다. 부인은 성품이 엄하고 자애(慈愛) 때문에 가르침을 해이하게 하지 아니하여, 허물이 있으면 반드시 책망하면서 말하기를 "옛 사람 말에 '과부의 자식은 재주가 드러나지 않으면 벗하지 않는다.〔寡婦之子 非有見焉 弗與爲友〕'[22]라고 하였으니, 두려워할 만한 일이 아니겠는가."라고 하였다. 공은 오열하며 이 가르침을 받아들여서 더욱 스스로 힘써 노력하였다.

부인이 창병(脹病)으로 위독해지자, 공은 정성을 다하여 약을 조제하고 밤에도 띠를 풀지 않고 4년을 하루와 같이 간호하였다. 거상 중에

20 기암공(畸庵公) : 기암은 호로 보이나 누구인지 미상이다.

21 엄한 교육 : 원문의 '겸추(鉗鎚)'는 쇠를 단련시키는 데에 쓰는 쇠 집게와 쇠망치를 말한다. 원래 선가(禪家)의 용어로, 스승이 제자를 엄격히 단련시킨다는 의미이다.

22 과부의……않는다 : 이 내용은 《예기》 〈곡례 상(曲禮上)〉에 보인다.

지극히 애통해 하면서 상례(喪禮)를 다하였으며, 마침내 상여를 모시고 진양(晉陽 진주(晉州))의 고향 집으로 돌아가 장례하였다.

공은 상을 마치자 영양(榮養)[23]이 생전에 미치지 못했다고 하여 벼슬길에 나아가 진취할 뜻을 갖지 않았다. 이때 계부(季父)인 생원공께서, "입신양명(立身揚名)하여 어버이를 세상에 높이 드러내는 것이 효의 마침〔終〕이 아니냐."[24]라고 강요하시니, 마침내 생원공을 따라 도성에 들어갔는데, 무자년에 사마시에 합격하였다.

계사년(1773, 영조49)에 공의 아들과 공의 종제(從弟)가 함께 상상(上庠 성균관)에 오르자, 공은 말씀하기를 "이것으로 충분히 내 소원을 다 이루었다." 하고는, 마침내 퇴거하여 공부에 몰두하여 옛 책을 다시 깊이 연구하면서, 황경원(黃景源), 김이익(金履翼) 공과 같은 당대의 유명한 석학(碩學)들과 돈독한 교분을 나누었다.

정유년(1777, 정조1)에 천거로 경릉 참봉(敬陵參奉)에 제수되었는데, 이득일(李得一) 공이 "맨 처음 벼슬길에 나선 선비는 진실로 남을 사랑하는 데 마음을 둔다.〔一命之士, 存心愛物.〕"[25]라는 말로 공에게

23 영양(榮養) : 자식이 높은 지위에 올라 자신의 녹봉으로 부모를 영화롭게 봉양하는 것을 이른다.

24 입신양명(立身揚名)하여……아니냐 : 이 내용은 공자가 효(孝)에 대해 증자(曾子)에게 가르쳐 주신 것으로, 《효경(孝經)》 〈개종명의(開宗明義)〉에 "신체와 모발과 살은 부모에게서 받았으니 감히 훼상하지 않는 것이 효의 시작이요, 자신을 바르게 세우고 도를 행하여 후세에 이름을 드날려서 어버이를 드러나게 하는 것이 효의 마지막이다.〔身體髮膚, 受之父母, 不敢毁傷, 孝之始也; 立身行道, 揚名於後世, 以顯父母, 孝之終也.〕"라고 보인다. '입신양명'은 출세하여 자신의 이름을 세상에 널리 드날림을 이른다.

25 맨……둔다 : 이 내용은 북송의 학자인 명도(明道) 정호(程顥)가 "맨 처음 벼슬길

봉직(奉職)할 것을 권해 출사하였는데, 이때 공이 자신의 잘못에 대해 직언한 것을 원한으로 삼고 있던 한 재신(宰臣)이 작은 잘못을 들어 체직시켰다. 공은 조금도 서운해 하는 기미 없이 훌연히 남쪽으로 돌아와서 인사(人事)를 사절하고, 거처하는 곳에 '묵재(默齋)'라는 편액을 달고 시를 지어서 스스로 경계하였다. 또 동호(東湖)에 대월루(對月樓)를 짓고는 천 권의 책을 쌓아놓고 꽃나무와 대나무를 심어놓고서 날마다 친척과 벗들을 맞이하여 거문고를 타고 시를 읊으며 지내니, 초연하게 세속을 벗어나려고 한 것이었다.

계묘년(1783) 10월 24일에 정침(正寢)에서 고종명(考終命)하니, 향년이 57세였다. 진주(晉州)의 동쪽 금산(琴山) 백동(栢洞)에 있는 갑좌(甲坐)의 언덕에 장례하니, 선영에 모신 것이다. 배위인 인동 장씨(仁同張氏)는 진사 극소(克紹)의 따님인데, 공보다 2년 먼저 출생하였고 공보다 28년 뒤에 별세하니, 공의 묘소 뒤에 있는 산의 경좌(庚坐)의 언덕에 장례하였다.

아들 양선(養善)은 진사이고, 사위는 참판 권비응(權丕應)과 홍병목(洪秉穆)과 이정수(李廷秀)이며, 권임중(權任中)에게 출가한 딸은 서녀이다. 양선의 계자는 가인(可人)이고, 사위는 대사간 강태중(姜泰重)이며, 서녀의 사위는 유연행(柳淵行)이다. 권비응의 양자는 교리(校理) 중화(中和)이고, 이정수의 2남은 준우(儁愚)와 정우(正愚)이며, 권임중의 아들은 사욱(思勗)이다. 가인의 아들은 규원(奎元)과 기

에 나선 선비가 진실로 물건을 사랑하는 데 마음을 두면 사람들에 대해서 반드시 구제해 주는 바가 있을 것이다.〔一命之士, 苟存心於愛物, 於人必有所濟.〕"라고 한 구절을 단장취의(斷章取義)한 것이다.《近思錄 卷10》

원(基元)이고, 사위는 권영호(權永祜)이며, 내외의 손자와 증손이 총 30여명이다.

공은 가정에서의 행실이 순후하고 독실하였는데 이는 학문에서 근본한 것이다. 세상에 쓰일 만한 재주를 가졌으나 이를 세상에 드러내지 않으면서도 근심이 없었다. 일찍 아버지를 여윈 것을 지극히 애통해하여 말이 선친에게 미치면 번번이 오열하여 눈물로 옷깃을 적셨으며, 제삿날마다 반드시 새벽에 이르기까지 촛불을 밝히고 초상 때처럼 슬퍼하였다.

집안에는 손수 제사하는 법도를 만들었고 묘소에는 각각 제전(祭田)을 설치하였다. 계부(季父)의 나이가 자신보다 불과 3살밖에 많지 않았으나 엄친(嚴親)처럼 섬겨서, 출입할 때에 반드시 당(堂)에서 내려와 인사를 올렸고 앉고 설 때에도 명을 따랐으며, 여러 종형제들을 동기간과 차별을 두지 않고 잘 돌보아 길렀다. 검소하고 절약하여 남는 것을 보존해서 친척들을 구제하였고 더 나아가 향당(鄕黨)에까지 미쳤다.

한번은 밤이 깊어 잠자리에 들려고 하다가 가난한 친척들에게 몇 말의 곡식을 고루 나누어 주면서 말하기를 "낮에는 선(善)한 마음이 곡망(梏亡)되어 비루하고 인색한 마음이 쉽게 싹트니, 야기(夜氣)가 청명할 때에 나의 인(仁)의 단서를 확충할 수 있다."[26]라고 하였으니, 선(善)을 행함이 이처럼 과감하였다.

학문을 할 적에 순박하고 성실하게 마음을 써서 공부하여 머리를

26 낮에는……있다 : 이 내용은 《맹자》 〈고자상(告子上)〉 우산(牛山) 장에 자세히 보인다. '곡망(梏亡)'은 이욕에 속박되어 본래의 선한 마음을 잃어버림을 이른다.

숙여 책을 읽고 우러러 사색하였으며 정좌(靜坐)하여 마음을 깊이 체인(體認)하였다. 항상 말씀하기를 "알면 바로 행하여야 비로소 성인(聖人)도 될 수 있고 현인도 될 수 있으니, 오직 힘써 행하지 않음을 근심할 뿐이다."라고 하였고, 또 노재(魯齋) 허형(許衡)이 "항상 자신이 있음을 알아야 한다.〔常知有己〕"라고 한 말[27]을 외우면서 때로 스스로 경계하였다. 공의 독실한 믿음과 실천을 위한 노력은 진실로 타고난 천품에서 이루어진 것이지만, 가학(家學)의 올바름을 속일 수 없는 점이 있다.

말년에 성리서(性理書) 한 질(帙)을 육촌 아우인 주정재(主靜齋) 정승의(鄭承毅)[28]에게 주었는데, 뒤에 주정재 공은 세상에서 유명한 학자가 되었다. 평소 저술을 일삼지 않았는데, 경서를 읽다가 의심나는 것을 그때그때 적어 만든 《보총양방(補聰良方)》이 있고, 시문(詩文)과 잡저(雜著)를 모아 《묵재유고(默齋遺稿)》를 만들었는데, 집안에 소장되어 있다.

공은 일찍부터 뛰어난 재주와 지혜를 가지고도 이를 가두어 연못을 이루었을 뿐 냇물처럼 흘러내려 보내지 못하였다. 그러나 공이 가정에

27 노재(魯齋)……말 : 노재는 원(元)나라의 대학자인 허형(許衡, 1209~1281)의 호로 자는 중평(仲平), 시호는 문정(文正)이다. 주자학자로 세조(世祖) 때에 국자 좨주(國子祭酒)를 역임하였으며, 신력(新曆)의 제정에도 참여하였다. 허형의 말은 《노재유서(魯齋遺書)》 권1 〈어록 상(語錄上)〉에 보이는데, 남 때문에 동요되지 말고 언제 어디서나 자기 주체성을 확고히 지키라는 의미이다.

28 주정재(主靜齋) 정승의(鄭承毅) : 생몰년 미상으로 영조 재위(1725~1777) 전후로 활동하였다. 주정재는 호이고 자는 중렬(仲烈)로, 미호(渼湖) 김원행(金元行)의 문인이다. 학문에 전심치지(專心致志)하여 성리학에 깊은 조예를 보여 명망이 높았다.

서 베푼 효도와 우애를 미루어 보면 또한 나아가 세상에 쓰일 수 있었으나, 때에 따라 날이 개면 가고 장마가 지면 쉬곤 하다가[29] 깊은 산중에서 자취를 감추었으니, 만일 평소에 정한 뜻이 있는 분이 아니라면 어찌 이와 같이 할 수 있겠는가.

규원(奎元)이 선대의 아름다움을 잘 이어 받았다. 일찍이 나를 종유하였는데, 비석의 글을 부탁하니, 공의 시문(詩文)에 대해 광세(曠世)의 감회를 느끼는 나로서는 차마 늙고 병들었다고 사양할 수가 없어서 마침내 명문을 짓는다. 명은 다음과 같다.

아! 정공(鄭公)이여	嗟嗟公
대대로 그 아름다움을 이루었네	世濟厥美
그 아름다움은 무엇인가	厥美維何
능히 명리를 밝힌 것이네	克闡名理
한 집안에서 편 정사(政事)는	爲政一家
효제로부터 비롯되었네	由孝悌始
높이 읍하여 세상을 하직하고	高揖辭世
구원에 은거하여	邱園賁趾
때를 묻히지 않았으니	不獲滋垢

29 때에……하다가 : 원문의 '제료(霽潦)는 '제행요지(霽行潦止)'를 줄인 말로 보인다. 처한 상황에 따라 적절하게 처신하는 도리를 말하는데, 주자가 위원리(魏元履)에게 답한 편지에 "사람이 마땅히 스스로 즐길 수 있어야 하니, 쓰이면 나가서 도를 행하고 버려지면 은둔하는 과정에서 처한 환경에 따라 편안히 받아들이면 되는 것이다. 화정선생(和靖先生) 윤돈(尹焞)이 이르기를 '만약 날이 개면 가고 장마가 지면 쉰다.〔如霽則行, 如潦則休.〕'라고 하니, 이 말씀이 맛이 있다."라고 보인다. 《晦庵集 卷39 答魏元履》

이에 깨끗한 선비임을 알겠네	乃見淸士
처음을 근원해 보고 종말을 요약해 보면	原始要終
공은 남쪽 지방의 기강이었네	南國之紀
울창한 금산 언덕을	鬱鬱琴岡
지나는 자들은 공경할지어다	過者敬止
내가 명문을 게시하여	我揭銘章
천 년 후세에 밝게 드리우노라	昭垂千祀

이조 참판 증 좌찬성 윤공 묘갈명 병서

吏曹參判贈左贊成尹公墓碣銘 幷序

경종(景宗) 신축년과 임인년에 사화(士禍)가 하늘을 뒤덮어, 흉악한 무리들이 무옥(誣獄)의 죄안(罪案)[30]을 청나라 조정에 보고하여, 청나라 사람들이 자신들의 이른바 《문헌통고(文獻通攷)》[31]에 이 죄안을

30 경종(景宗)……죄안(罪案) : 신임사화를 이른 것으로, 경종 즉위 초인 1721년(경종1)과 1722년에 세제 책봉과 대리청정을 둘러싸고 일어난 사화인데, 신축(辛丑)·임인(壬寅) 두 해에 걸쳐 일어났으므로 이렇게 칭한다. 1720년(숙종46)에 숙종이 승하하고 경종(景宗)이 33세의 나이로 즉위하였는데, 후사가 없고 병이 많았다. 이에 노론의 주도 하에 연잉군(延礽君 영조)이 세제(世弟)로 책봉되었는데, 노론은 한 걸음 더 나아가 세제의 대리청정을 강행하고자 하여 조성복(趙聖復)으로 하여금 상소를 올리게 하였다. 경종은 청정을 명했다가 소론의 반대에 부딪혀 환수했으며 뒤에 여러 번 번의를 거듭했는데, 소론인 사직(司直) 김일경(金一鏡) 등이 노론의 주장을 경종에 대한 불충이라고 몰아 소를 올리자, 경종이 조성복과 노론 사대신(四大臣)을 파직시켜 유배 보냈으며, 이외에도 많은 노론의 인물들을 삭직시키고 소론을 등용하여 정권을 잡게 하였다. 이어 임인년 3월에, 목호룡(睦虎龍)이 "노론이 세자 시절의 경종을 시해하려 했다."라고 고변하자, 소론은 이를 기화로 옥사를 일으켜 유배된 노론 사대신을 사사(賜死)하게 하고 대다수의 노론을 축출하였는바, 무옥(誣獄)의 죄안(罪案)은 바로 이 내용을 가리킨 것이다.

31 문헌통고(文獻通考) : 《청조문헌통고》를 이른다. 원래 이름은 《황조문헌통고(皇朝文獻通考)》이다. 청 고종(淸高宗) 건륭(乾隆) 32년(1767)에 혜황(嵇璜) 등이 칙명을 받고 《속문헌통고(續文獻通考)》 중 청조(淸朝) 부분만 분리하여 편을 만든 뒤에 기윤(紀昀) 등이 교정하여 건륭 52년(1787)에 완성되었다. 청나라 개국(1616)부터 건륭 50년(1785)까지의 제도 등을 기록하였다. 《趙國璋 等 文獻學大辭典 揚州, 廣陵書社 2005 939쪽 淸朝文獻通考》

실었는데, 그 내용이 매우 패악(悖惡)스러웠다.

시랑(侍郎) 윤공(尹公)이 글을 올려 변론할 것을 청하며 말하기를 "신임 연간의 화를 어찌 차마 말로 다할 수 있겠습니까. 만일 건저(建儲)의 큰 계책을 서로 도와 이룬 사대신(四大臣)의 순결한 충성과 큰 절개가 아니었다면, 삼종(三宗)의 혈맥(血脈)[32]이 장차 의지하고 의탁할 곳을 알지 못할 뻔하였습니다.

당시에 흉도들이 반드시 사대신을 죽여 분풀이를 하고자 했던 것[33]은 그 뜻이 실로 건저를 방해하는 데에 있었습니다. 사대신의 죽음은 건저하자는 주청에서 연유하였고, 영묘(英廟 영조)의 즉위는 사대신의 죽음에서 연유하였는데, 지금 건저하자고 주청한 사람들을 역적이라고 한다면 끝내 흉악한 모함이 어느 곳에까지 이르겠습니까?

밖에서는 도륙(屠戮)이 멋대로 행해지고 궁중에서는 무함(誣陷)이 행해져서 충성스럽고 어진 신하들이 모두 죽고 세제(世弟)의 지

32 삼종(三宗)의 혈맥(血脈) : 삼종은 효종(孝宗)·현종(顯宗)·숙종(肅宗)으로, 소현세자(昭顯世子)의 계통이 아닌 효종 계통의 왕통을 말한다. 경종 원년(1721)에 연잉군(延礽君)을 왕세제로 책봉하는 과정에서 당시 왕대비로 있던 인원왕후(仁元王后) 김씨가 내린 언문 교지에 "효종대왕의 혈맥과 선대왕의 골육은 주상과 연잉군 뿐이니, 어찌 딴 뜻이 있겠소."라고 하였다.《景宗實錄 元年 8月 20日》

33 사대신을……것 : '사대신'은 신임사화 때 희생된 노론 계열의 영의정 김창집(金昌集), 좌의정 이건명(李健命), 영중추부사 이이명(李頤命), 판중추부사 조태채(趙泰采)를 이른다. 원문의 '감심(甘心)'은 상대를 죽여 분풀이를 하여 자신의 마음을 후련하게 만드는 것이다.《춘추좌씨전(春秋左氏傳)》장공(莊公) 9년에 "관중(管仲)과 소홀(召忽)은 원수이니, 받아들여서 분풀이를 하고 싶다.〔管召讎也, 請受而甘心焉.〕" 하였는데, 두예(杜預)의 주에 "감심은 마음이 후련하도록 살육함을 말한다.〔甘心, 言快意戮殺之.〕"라고 하였다.

위가 거의 경복(傾覆)될 지경에 이르렀으며, 옥사(獄事)를 단련(鍛鍊)하고 죄를 꾸며내서 무옥의 죄안이 이루어졌습니다. 역적 김일경(金一鏡)이 논의를 주관하고 역적 유봉휘(柳鳳輝)가 상주문(上奏文)을 지어서, 반드시 이것을 온 천하에 전파하고 후세를 속이고자 했습니다.

그러나 흉도들이 멋대로 날뛴 것은, 실로 경묘(景廟 경종)께서 병환 때문에 제대로 살펴보시지 못함에 연유한 것입니다. 경묘의 성(聖)스러운 자질로 만일 애당초 병환이 없었더라면 작금의 일이 어찌 이 지경에 이르렀겠습니까. 영묘께서 즉위하신 뒤에 의리(義理)가 비로소 밝아져 깊은 원한이 신원되고 밝게 드러나니, 흉도들이 무함하여 청나라에 상주(上奏)한 것에 대해 변정(辨正 시비를 따져 바로잡음)하자는 의논이 조정에서 급히 나왔으나, 우리 성조(聖祖 영조)께서는 참고 견디는 것을 덕으로 여기셨기 때문에, 이를 막고 허락하지 않으시어 그대로 두고 변정하지 못하게 하셨습니다. 당일에 성상께서 저 《문헌통고》에 이 죄안이 실릴 것에 대해 생각이 미치셨다면, 또한 어찌 변정하는 일을 허락하지 않으셨겠습니까.

경묘과 영묘 두 조정이 왕의 지위를 주고받은 광명(光明)이 이 한 책의 오류로 인하여 천하와 후세에 애매(曖昧)해졌으니, 마음이 아프고 뼈가 녹아나는 일이 어찌 다만 사대신이 무함을 받은 것에 그칠 뿐이겠습니까. 엎드려 바라건대 특별히 한 사신을 보내시어 신임 연간의 사정을 다 진언하게 하고, 《문헌통고》를 개간하도록 청하소서."

라고 하였다.

성상께서 급히 공의 말씀을 따라 사신을 보냈는데, 사신이 일을 잘 마치고 돌아오자 태묘(太廟)에 고유하고 사대신에게 제사를 내렸다. 공의 한마디 말씀에 힘입어 백 년 동안 무함된 글이 깨끗이 신설(伸雪)되었으니, 아! 훌륭하다.

공은 휘가 명렬(命烈), 자가 언국(彦國), 호가 석유(石囿)이며 본관이 해평(海平)이다. 시조는 휘가 군정(君正)인데 고려 때 우복야(右僕射)를 지냈고, 조선조에 들어와서 문정공(文靖公) 휘 두수(斗壽)와 문익공(文翼公) 휘 방(昉)이 대를 이어 원보(元輔 영의정)가 되었다.

문정공은 나라를 중흥시킨 원훈(元勳)이 되어 해원부원군(海原府院君)에 봉해졌다. 문익공은 두 아드님을 두었으니, 판돈녕부사(判敦寧府事)인 정효공(靖孝公) 휘 이지(履之)와 해숭위(海嵩尉) 문목공(文穆公) 휘 신지(新之)이다. 이조 정랑으로 직제학에 추증된 문목공의 아들 휘 구(坵)가 정효공의 손자인 휘 세휴(世休)를 데려다가 후사로 삼았는데, 실로 공의 고조로 감찰을 지내고 이조 참의에 추증되었다. 증조 휘 상명(商明)은 현감으로 이조 참판에 추증되었고, 조고 휘 득일(得一)은 이조 참의에 추증되었고, 선고 휘 면동(冕東)은 호가 오헌(娛軒)이며 동몽교관(童蒙敎官)으로 이조 참판에 추증되었는데 도를 품고 은거하여 사림(士林)의 모범이 되었다. 선비인 남양 홍씨(南陽洪氏)는 학생 치협(致協)의 따님이다.

사복시 정에 추증된 휘 부(溥)와 군수로 이조 참의에 추증된 휘 득중(得重)과 이조 참판에 추증된 휘 기동(紀東)은 바로 공의 본생가 3대이다. 생부 참판공에게 두 배위가 있었으니, 청주 한씨(淸州韓氏)는 통덕랑인 백증(百增)의 따님이고, 광주 이씨(廣州李氏)는 첨중추(僉中樞)인 정하(靖夏)의 따님이다. 이씨 부인이 영조 38년 임오년(1762) 4월 8일 공을 낳았는데, 교관공(敎官公)이 데려다가 후사로 삼았다.

공은 일찍부터 가정의 가르침을 받아 시(詩)와 예(禮)로 자신을 수양하였다. 기유년(1789, 정조10)에 삼일제(三日製)에서 장원하자, 성상께서 직부전시(直赴殿試)하도록 명하시고 어전(御前)으로 불러 글귀의 뜻을 외워 아뢰게 하였는데, 상신(相臣) 채제공(蔡濟恭)이 제술(製述)에 익숙하지 못하다고 하여 공을 심하게 공박하였다. 진퇴표(進退表)를 빨리 지어 올리지 못하였기 때문에[34] 삭과(削科)를 청함에 이르렀는데, 명관(命官)[35] 이성원(李性源) 또한 방목(榜目)에서 삭제시킬 것을 청하였다. 성상께서 난감해 하셨으나 대신의 말을 무겁게 여겨 삭과하도록 허락하셨는데, 늘 경연의 신하들에게 말씀하기를 "윤모(尹某)의 일은 거의 악착(齷齪 도량이 매우 좁음)에 가깝다."라고 하시고는 오랫동안 한탄하셨다.

다음 해 특명(特命)으로 제술(製述)에 응하게 하였으니 성상의 뜻은 실로 공에게 있었는데, 공은 거상(居喪) 중임을 이유로 과거에 응시하지 않았다. 성상께서 또다시 하교하시기를 "윤모의 아버지는 책을 읽은 단정하고 깨끗한 선비인데, 그 아들이 문장을 못한다는 비난을 받으니,

34 진퇴표(進退表)를……때문에 : '진퇴표'는 한 번 나아갔다 물러나는 짧은 시간 동안 1연(聯)씩 짓는 표를 이른다. 정조는 문과 급제자를 인견(引見)할 때 그들의 재능을 직접 시험해보기 위해 진퇴시를 짓게 하곤 하였다. '윤명렬이 진퇴표를 짓지 못한 일'은 《일성록(日省錄)》 정조 13년 2월 28일 기사에 "표(表)와 부(賦)에서 입격한 거수(居首) 이하는 차례대로 앞으로 나오라고 명하였다. 각각 성명을 묻고, 이어 표에서 거수한 윤명렬(尹命烈)은 진퇴표(進退表)를 지어 올리고, 부에서 거수한 임업(任爗)은 진퇴부(進退賦)를 지어 올리라고 명하였다. 윤명렬은 지어 올리지 못하고 임업은 다섯 구절을 써서 들였다."라고 보인다.

35 명관(命官) : 임금이 친림(親臨)하는 시험을 대신 주재하도록 임명된 시관(試官)을 말한다.

이상한 일이다."라고 하셨다.

을묘년(1795)에 제술에 응하여 선발되자, 성상께서 말씀하시기를 "내가 지난번에 다시 시험해 보고자 하였으나, 윤모가 상(喪)을 당했기 때문에 결행하지 못했다." 하시고는, 특별히 명하여 직부전시(直赴殿試)된 사람들과 함께 오게 해서 대면하고는, 자리를 내어 주고 직접 시험하셨다. 공이 명령을 받고 글을 지어 올리자, 성상께서 시권(試券)에 "대면하여 시험한 글이 눈을 비비고 볼 만하다."라고 쓰시고는, 공의 과거(科擧)를 회복시켜서 병과(丙科) 제10명에 두도록 명하였다. 섭당후관(攝堂后官)[36]이 되어 괴원(槐院 승문원)에 소속되었다.

성상께서 청임(廳任)[37]을 그대로 보라고 자주 명하셨으니, 남다른 예우였다. 천거로 주서(注書)에 제수되었으나 나아가지 않았다. 기유년에 있었던 과거(科擧)의 일을 혐의하여 문관의 벼슬을 원하지 않았는데, 성상께서 사은숙배할 것을 명하시고 이르시기를 "사양하는 것은 지나치다." 하였다.

숙배단자(肅拜單子 임금께 사은숙배할 때 올리는 단자)에 사과(司果)라고 특별히 썼고 이어서 사헌부 감찰에 제수되었다. 영선(瀛選)[38]에 뽑혀 여러 번 교리(校理)와 수찬(修撰), 사헌부 헌납(獻納)과 지평(持平)에 제수되었으나 모두 왕명에 사은숙배하지 않았다. 병조 정랑을 지내고

36 섭당후관(攝堂后官) : 승정원의 가주서(假注書)의 별칭으로, 주서에 결원이 생기거나 또는 필요에 따라 임명되었다.

37 청임(廳任) : 임시로 맡겨진 관청의 직임(職任)으로 보이나, 분명하지 않다.

38 영선(瀛選) : 홍문관의 관직에 선발됨을 이른다. 조선의 홍문관과 같은 기관인 중국의 한림원(翰林院)을 영주(瀛洲)라고 부르는 데서 온 말이다.

영접도감 낭청(迎接都監郎廳)에 차임되었으며, 부름을 받아서 국자감의 직강(直講)과 어영청(御營廳)의 종사관이 되고 동학 교수(東學教授)를 겸하였으며 문신(文臣) 겸 선전관(宣傳官)이 되었다.

어버이가 연로하기 때문에 북평사(北評事)를 사양하였는데, 찬집낭청(纂輯郎廳)에 차임되어 정조의 행록(行錄)을 편수하고 훈국(訓局)의 종사관에 제수되었다가 외직으로 나가 경기 도사(京畿都事)가 되었는데, 임기가 찼으나 훈련대장이 주청하여 유임되었다. 신유년(1801, 순조1)에 안변 부사(安邊府使)에 제수되자 어버이를 판여(板輿)에 모시고 갔었는데,[39] 며칠이 못되어 모부인의 상(喪)을 당하니, 어머니께 영화로운 봉양을 다하지 못했다고 하여 종신토록 애통해 하였다. 상(喪)을 마치고 누차 삼사(三司 사헌부·사간원·홍문관)의 관직을 지내서 동벽(東壁)의 아장(亞長)[40]과 사성(司成), 통례(通禮), 종부시 정(宗簿寺正)과 사복시 정(司僕寺正)을 지냈다.

을축년(1805)에 부응교(副應教)로 정순왕후(貞純王后) 국장도감 도청(國葬都監都廳)에 차임되고, 이 공로로 통정대부의 품계에 올라서 여러 번 은대(銀臺 승정원)에 들어가 좌승지에 이르렀다.

39 판여(板輿)에 모시고 갔었는데 : '판여'는 부들방석을 깔아 푹신하게 만든 노인용 가마로, 효자가 늙은 어버이를 모시고 임지로 감을 이른다. 진(晉)나라 반악(潘岳)의 〈한거부(閑居賦)〉에 "태부인을 판여에 모시고 가벼운 수레에 오르시게 한 뒤 멀리 궁성을 유람하고 가까이 집안 뜨락을 소요하게 해 드린다.〔太夫人乃御板輿, 升輕軒 遠覽王畿, 近周家園.〕"라고 보인다.

40 동벽(東壁)의 아장(亞長) : 사헌부 집의를 가리킨다. 본래 동벽은 홍문관(弘文館)의 4품 이상인 직제학(直提學)·전한(典翰)·응교(應教)·부응교(副應教)를 이르는 말이고, 아장은 장관에 버금가는 지위라는 뜻인데, 보통은 사헌부의 집의와 사간원의 사간을 이른다.

이때 왜역(倭譯 일본어 통역 역관) 최형(崔珦) 등이 왜인들과 통하고 함께 도장을 위조하여 재물을 훔칠 것을 은밀히 모의한 일이 발각되자, 조정에서는 특별히 공을 안핵사(按覈使)로 차임하였다. 공은 왕명을 받들고 동래(東萊)에 이르러 실정을 조사하여 밝히고, 최형 등 4명을 처형하였다. 공은 조정에 돌아와 복명(復命)할 때에 최형 등이 왜인들과 서로 통하여 나라를 팔아먹은 죄를 낱낱이 아뢰기를

"비록 이미 국법으로 죄인들이 처형되었으나, 그 정황을 다 파악해 보면 왜인인 원창명(源暢明) 또한 죄가 있는데, 의정부에서 죄인들과 대질시키지 못하게 하고 오히려 비호하였습니다. 당당한 천승(千乘)의 나라가 저 왜인들에게 약한 모습을 보여서는 안 됩니다. 그러므로 장계한 글에서 바로 피차의 진장(眞贓)[41]을 자세히 조사하여야 한다고 아뢰었던 것입니다. 여러 역관들은 우리의 법률로 다스리고 저 왜인들은 저들의 죄를 받게 하는 것이, 국가의 체통을 높이고 후일의 폐단을 막는 일입니다. 그런데 의정부에서 계청하여 신이 아뢴 것을 보류시키고 곧바로 죄인들을 중형(重刑)으로 처형하고 유독 원창명은 터럭 하나도 손상되지 않게 하였으니, 이것이 옳은 일인지 모르겠습니다."

라고 하였다. 공은 또 통신사가 바다를 건너갈 때에 오로지 역관들에게만 일을 맡기지 말아서 은밀히 왜인들과 통하는 길을 끊을 것을 청하였는데, 조정의 의논이 훌륭하게 여기지 않음이 없었다.

병조 참지를 지내고 얼마 후 광주 목사(光州牧使)로 나갔다가 무진

41 진장(眞贓) : 도둑질한 물건인 줄 알면서도 이를 감추어 주거나 사고팔아 준 사실이 확실한 흔적이란 뜻인데, 때로는 죄인이나 범죄 사실을 가리키기도 한다.

년(1808)에 파직되었다. 이때 우도어사(右道御史) 서유망(徐有望)은 공이 청렴결백하고 백성을 사랑하는 수령이라고 칭찬하였는데, 좌도어사(左道御史) 이면승(李勉昇)이 사주를 받고 독기(毒氣)를 내뿜으며 모함하였다. 성상께서 말씀하기를 "우도(右道)에서는 잘 다스렸다고 말하고 좌도에서는 잘 다스리지 못했다고 말하니, 어찌하여 논하는 바가 이렇게 다르단 말인가?" 하시고는, 도신(道臣 감사)에게 명하여 조사하게 하셨는데, 끝내 이면승이 말한 그런 사실이 없었다. 이에 유용(流用)된 공금을 제대로 징수하지 못한 일로 죄를 물어 고신첩(告身帖)을 환수하였다.

공은 이 일로 인하여 당세(當世)에서 벼슬할 생각이 없어져 이목구비(耳目口鼻)를 막고 조용히 수양하여 서적(書籍)을 가지고 스스로 즐거움으로 삼았다. 다시 병조와 형조의 참의에 등용되었으나, 사정을 아뢰고 취임하지 않았다. 여러 차례 승지에 제수되었는데, 공은 억지로 한 번 사은숙배하였으나 또한 벼슬에 오래 있고 싶지 않아서 패초(牌招)에 응하지 않으니, 이에 파직되었다. 계유년(1813)에 형조 참의에 제수되었는데, 왕명을 받들고 억울한 옥사를 심리하여 평반(平反)[42]한 것이 많았다.

공은 조정에 있는 것을 불편하다고 여겨 힘써 외직으로 나가기를 청하였고 또 글을 올려 어머니 봉양을 위해서 수령의 벼슬을 청하니, 갑술년(1814)에 양주 목사(楊州牧使)에 제수되었다가 부임하기 전에 강릉 부사(江陵府使)로 바뀌었다.

강릉부에 있는 경포대(鏡浦臺)는 영동 지방에서 가장 경관(景觀)이

42 평반(平反) : 사건을 다시 조사하여 공평하게 판결함을 이른다.

뛰어난 곳인데, 불에 탄 지가 오래되었었다. 이때 큰 기근을 만나자 공은 범희문(范希文)의 고사(故事)[43]를 따라 자신의 녹봉을 털어 경포대를 다시 보수하여 굶주린 백성들이 여기 와서 일하며 밥을 먹도록 도와주었다. 공사가 끝나자 호산(湖山)[44]에서 시와 술로 이은(吏隱)[45]의 풍취(風趣)를 이루었다.

을해년(1815)에 모친상을 당하자 여막(廬幕)에 지내면서 상제(喪制)를 다하였다. 상이 끝나자 세 번 승지에 제수되어 역마(驛馬)로 부름을 받기까지 하였으나, 나아가지 않았다. 가을에 영광 군수(靈光郡守)가 되었는데, 이곳은 여러 번 고을 수령이 체직되어 유용(流用)된 공금이 누만(累萬)에 이르렀다. 공은 위엄과 은혜를 함께 행하고 상과 벌을 마땅하게 시행해서 수개월이 못되어 누적된 포흠(逋欠)이 완전히 채워져 해마다 나라에 바치는 공물에 부족함이 없게 되었다.

공은 생각하기를 "아전들이 관물을 유용하는 것은 사치를 숭상함에 근원하니, 이의 개혁을 도모하고자 한다면 군수가 몸소 검소함으로

43 범희문(范希文)의 고사(故事) : 범희문은 북송(北宋)의 명재상인 범중엄(范仲淹, 989~1052)으로, 희문은 그의 자이고, 시호는 문정(文正)이다. 소주(蘇州) 오현(吳縣) 사람으로 학문과 경륜이 뛰어났으며 시문도 능통하였다. 범중엄이 항주(杭州)를 맡아 다스릴 때 큰 흉년이 들자 부자의 곡식을 풀어 가난한 자를 먹이기 위하여 날마다 호상(湖上)에서 잔치를 벌여 놀게 하였고, 또 절과 창고 등을 새로 수리하고 짓게 하여 하루에 1천 명의 인부가 일하여 먹을 수 있게 하여 이 덕분에 절강성(浙江省) 일대에 유민이 없었다는 고사가 전한다. 《宋史 卷314 范仲淹列傳》

44 호산(湖山) : 경포대가 경포호(鏡浦湖) 가에 자리한 언덕에 있으므로 이렇게 말한 것으로 보인다.

45 이은(吏隱) : 훌륭한 재주를 가지고 있으나 이를 숨긴 채 낮은 관직에서 숨어 은자처럼 지냄을 이르는 말인데, 흔히 고을의 수령을 가리키는 말로도 쓰인다.

솔선하는 것이 가장 좋다."라고 하고는 이를 실행하자, 몇 년 만에 관리와 백성들이 교화되었다. 경진년(1820)에 대사간으로 소환되고 좌승지와 예조 참의로 옮겼다.

신사년(1821)에 효의왕후(孝懿王后 정조의 비)의 주량(舟梁) 60년[46]을 경축하는 예를 베풀었는데, 공은 예방승지(禮房承旨)로 있으면서 세운 공으로 가선대부(嘉善大夫)의 품계로 올라 도총부 부총관(都摠府副摠管)에 제수되자, 상소하여 신임(辛壬) 연간의 일을 아뢰었다. 예조 참판에 제수되고 특진관(特進官 경연(經筵)에 참여하여 왕의 고문에 응하던 관직)에 차임되었으며 얼마 후에 호조 참판에 제수되었다.

부사(副使)가 되어 연경에 갔는데, 공은 몸가짐을 근엄하게 하고 유람(遊覽)을 일삼지 않았으며 공사(公事)가 아니면 옥화관(玉華館 연경에 있는 외국 사신 숙소)에서 한 걸음도 나가지 않으니, 사신 간 일행들이 정숙(整肅)해져서 감히 비리(非理)를 요구하지 못하였고, 청나라 사람들 또한 공을 존중하였다.

임오년(1822)에 병조 참판과 동지경연사(同知經筵事)와 제거 승문원(提擧承文院)에 제수되고 동지돈녕부사(同知敦寧府事), 동지춘추관

46 주량(舟梁) 60년 : 혼인(婚姻)한 지 60주년이 됨을 이른다. 효의왕후(孝懿王后)는 1762년(영조38) 임오년에 세손빈(世孫嬪)으로 책봉되어 정조와 가례를 올렸으므로, 이해가 60주년이 된다. '주량'은 배를 모아 연결해서 교량을 만들어 사람이 통행할 수 있도록 만든 시설인데, 주(周)나라 문왕(文王)이 태사(太姒)를 친영(親迎)할 때에 이를 사용했던 데에서 유래하여 제왕이 후비를 친영하는 일을 뜻하기도 한다. 《시경(詩經)》 〈대아(大雅) 대명(大明)〉에 "예(禮)로 그 길함을 정하시고 위수(渭水)에서 친영하사 배를 만들어 다리를 놓으시니, 그 빛이 드러나지 않겠는가.〔文定厥祥, 親迎于渭, 造舟爲梁, 不顯其光?〕"라고 보인다.

사(同知春秋館事), 동지의금부사(同知義禁府事)를 지냈다.

계미년(1823)에 관동 지방의 관찰사가 되었는데, 교화를 펴고 백성들을 괴롭히는 병폐를 개혁하는 일을 힘써서 군미(軍米)를 감면하고 결역(結役 조선 후기에 토지에 부과되었던 부가세의 일종)을 감해주었으며, 이중(二重)의 부역과 보삼전(補蔘錢)[47]을 혁파하고 동해묘(東海廟)를 중수하였다. 어진 덕과 선정(善政)이 성대하게 산과 바다 사이에 베풀어지니, 백성들이 비석을 세워 덕을 칭송하였다.

임기가 끝나자 조정으로 들어와 동지중추부사(同知中樞府事)에 제수되었다가 다시 은대(銀臺 승정원)로 들어갔다. 병술년(1826)에 호서(湖西)의 역적 김치규(金致奎) 등이 흉서(凶書)를 내걸었는데, 그 내용이 지극히 무지하고 패려(悖戾)하였다.[48] 그 역당(逆黨) 들이 체포되

47 보삼전(補蔘錢) : 인삼 농사를 보조하기 위해 지급하는 돈이란 의미인데, 높은 이자를 받아 백성들의 원성이 높았다. 《일성록》 정조 11년 4월 4일 기사에 "간성(杆城)의 양인(良人) 이막수(李莫守)의 원정에, '본읍의 가을과 겨울 양등(兩等)의 공삼(貢蔘) 26냥(兩)과 기타 군수(軍需)에 들어가는 각종 삼가(蔘價)가 5000여 냥이나 됩니다. 지난 경인년(1770, 영조46)에 도신과 수령이 방편(方便)의 방도를 상의하여 양민을 교생(校生)에 입적시켜 전(錢) 70냥을 거두고, 교생을 승향(陞鄕)하여 전 200냥을 거두어 거의 6000여 냥을 취하고서, 보삼전(補蔘錢)이라는 명목을 붙여 5푼의 변리(邊利)로 민간에 나누어 주고 해마다 이자 3000냥을 거두어 삼상(蔘商)에게 보태 주는데, 이 돈을 매번 곤궁한 여름에 독촉하여 거둡니다.' 하였다"라고 보인다.

48 병술년에……패려(悖戾)하였다 : 이 내용은 《조선왕조실록》 순조 26년 5월 3일 기사에 "괘서(掛書)한 죄인 김치규(金致奎)를 추국하였다. 본래 관서(關西) 중화(中和) 사람으로서 호서(湖西)의 청안(淸安)에 우거하였는데, 성품이 본래 흉악하고 패려한데다가 쌓아온 습관이 광혹(誑惑)하며, 전해오는 요참(妖讖)을 답습하고, 허황된 명호(名號)를 날조하여 혹은 성인(聖人)이니 도사(道士)니 하고, 혹은 장군(將軍)이니 원수(元帥)니 하였으며, 혹은 강화도(江華島) 안에 있다고 하고, 혹은 태백산(太白

어 서울에 있는 감옥에 구금되었는데, 또한 나라를 원망하는 말을 하였다. 공이 상소하여 지난 번 국문한 일이 허술해서 유언비어가 그치지 않음을 아뢰니, 논자(論者)들이 옳다고 여겼다.

신묘년(1831)에 셋째 아드님이 시종(侍從)이 됨에 따라 추은(推恩)[49]되어 가의대부(嘉義大夫)의 품계에 올랐다. 공은 평소 말씀하시기를 "나는 국가의 두터운 은혜를 입었으나, 보답할 수 있는 것은 나의 근력으로 분주히 달려감에 불과한데, 이제 치사(致仕)해야 할 나이가 되어 힘든 일에 종사할 수가 없다." 하고, 이후로는 대부분 휴가를 내고 집에 있었다. 이조와 호조의 참판, 한성부 좌윤에 제수되었으나 모두 사퇴하였다.

임인년(1842, 헌종8) 4월에 고종명하니 향년이 71세였다. 6월 무인일(戊寅日)에 장단(長湍) 금계(金溪) 해좌(亥坐)의 언덕에 장례하니, 선영에 모신 것이다.

부인 경주 김씨(慶州金氏)는 정랑(正郎) 원주(元柱)의 따님인데, 규문의 규범이 돈독하게 갖춰져서 공의 덕에 능히 짝이 되었다. 공보다 1년 뒤에 태어나고 5개월 먼저 별세하였는데, 처음 금계(金溪)에 장례하였다가 옮겨 공의 묘 왼쪽에 부장(祔葬)하였다. 손자인 의선(宜善)

山) 아래에 산다고 하며, 혹은 홍경래(洪景來)의 여러 열적들이 죽지 않았다고 하고, 혹은 제주(濟州)에서 모이기로 기약했다고 하면서, 황당스러운 말을 전파하여 소란스럽게 선동 유혹하였으며, 두 장의 흉서(凶書)를 스스로 짓고 스스로 써서, 청주 북문(北門)에 걸어 놓았는데 천일(天日)을 지척(指斥)하고 국가를 무훼(誣毁)하여 오만한 말과 혼란한 이야기가 이르지 않는 바가 없었다."라고 보인다.

49 추은(推恩) : 시종(侍從)이나 병사(兵使)·수사(水使) 등의 벼슬에 있는 자의 아버지가 나이가 70이 넘게 되면 가자(加資)하던 일을 말한다.

이 귀한 신분(부마)에 올라 공이 좌찬성에 추증되니, 부인도 따라서 정경부인(貞敬夫人)에 추증되었다.

4남을 두었으니 치승(致承)은 판관으로 영의정에 추증되었고, 치응(致膺)은 통정대부로 목사이며, 치희(致羲)는 양자를 갔는데 이조 참판이고, 치영(致英)은 승지이다. 의정(議政) 치승의 아들 종선(宗善)은 교관(教官)이고, 의선은 남영위(南寧尉)이니 덕온공주(德溫公主)에게 장가들었고, 사위는 이익영(李益永), 이매(李邁), 김재홍(金在鴻), 이인봉(李寅鳳), 이용진(李容進)이다. 목사의 계자는 홍선(弘善)이고, 사위는 이수악(李秀岳), 주서(注書)인 이철재(李徹宰)이다. 참판의 아들 정선(定善)은 검열(檢閱)이고 용선(容善)은 생원이다.

공은 기량(器量)이 관대하고 돈후한데다가 더하여 총명하였으며, 이치를 따르고 진솔하여 사람들과 경계(經界)를 만들지 않았으며, 사물을 통괄하고 경영할 적에 자질구레하게 따지는 것을 좋아하지 않았다. 효도와 공경이 천성에서 나와서 10세에 생부(生父)의 상을 당했는데 상례(喪禮)를 성인(成人)처럼 지켰다. 어머니를 섬김에 깊은 애정이 있어서 물질적인 봉양뿐이 아니라 그 뜻도 봉양하여 지극히 모시지 않음이 없었으며, 부모가 모두 별세하시자 풍수지탄(風樹之嘆)[50]을 가지고 조상을 추모하여 제사에 정성을 다하였다. 집에 있을 때에는 마치 바로 부친의 말씀을 받드는 듯이 하였고, 일을 처리할 때에는 마치

50 풍수지탄(風樹之嘆) : 효도를 다하지 못한 자식의 슬픔을 비유하는 말이다. 공자(孔子)께서 길을 가는데 고어(皐魚)란 사람이 슬피 울고 있기에 까닭을 물었더니, "나무는 고요하고자 하여도 바람이 그치지 않고, 자식은 부모를 봉양하고자 하여도 어버이가 기다려 주지 않는다.〔夫樹欲靜而風不止, 子欲養而親不待.〕"라고 대답한 데서 유래하였다. 《韓詩外傳》

부친의 뜻이 있어 자기 마음대로 못하는 것처럼 하였다.

친족들과 매우 화목하게 지내고 먼 친족과도 돈독히 지냈으며 가난한 친구들과 곤궁한 친척들 모두에게 환심(歡心)을 얻었는데, 이는 다 효성을 미룬 것이었다. 여러 아들들을 가르칠 적에 엄격하고 법도가 있었으며 집안의 규중(閨中)이 마치 조정의 법도처럼 엄숙하였다. 일상생활의 행실을 의리로써 재단하여 '하나의 옳음〔一箇是〕'을 찾아내었다. 종복들을 엄하게 다스렸으나 세월이 오래된 종들의 노비문서는 다 불태웠다.

평소 성품이 담백하여 벼슬에 오른 지 40년 동안에 중외의 관직을 역임하였으나 가산(家産)이 조금도 불어나지 않았다. 근검절약을 스스로 지켜서 어떠한 상황을 만나도 편안하게 여겨 끝내 푸성귀와 죽순을 먹는 기미(氣味)를 바꾸지 않았으며, 권세와 이익과 분잡하고 화려한 일들을 담담하게 보았다.

순수한 정성으로 나랏일을 깊이 유념하여, 임금을 속이지 않고 섬기는 것을 법도로 삼아 조심하고 두려워하여 사심(私心) 없이 공사(公事)를 받들어 행하고 법을 지켰다. 그러므로 현달한 지위에 올랐으나 자취는 외로웠고, 명예는 지극했으나 훼방(毁謗)이 뒤따랐다. 일을 만나면 지위를 벗어나서 말하는 것을 꺼리지 않았으나 자신의 지조를 잡아 지킴은 더욱 확고하였고, 처세(處世)에 교격(矯激)한 짓을 일삼지 않았으며 명철하여 스스로 몸을 보존하였다.

벼슬길이 침체되었던 반생(半生) 동안에는 의(義)로써 천명(天命)에 대처하였고, 말년에 도(道)를 맡아 감사가 되었을 때에는 명성과 공적이 크게 드러났으나 또한 이를 스스로 자랑하지 않았다. 매번 말씀하기를 "사람은 참으로 만족할 줄을 모르니, 반드시 여유를 남겨두어야 한다." 하고, 좌우명을 '공경(恭敬)과 검약(儉約)은 복을 실어오는 수레이고, 언행을 조심하고 삼감은 몸을 편안히 해주는 근본이다.〔恭儉載福之車, 審愼安身之本.〕'라고 지어 스스로 경계하니, 세상 사람들이 모두 공을 충후(忠厚)하고 덕망 높은 장자(長者)로 추앙하였다. 문장을 지을 적에 공교하게 꾸밈을 힘쓰지 않아, 제련하지 않은 쇠와 옥의 원석과 같아 저절로 예스러운 뜻이 있었는데, 많지 않은 원고가 집에 소장되어 있다.

아! 선고이신 오헌(娛軒) 선생이 묵묵히 이룬 것이 덕행(德行)에 있었으나 종신토록 은둔하여 조금도 세상에 드러나지 않았는데, 공이 선대의 아름다움을 잘 이어 받아 장수(長壽)와 현달한 지위를 크게 누렸으며, 자손들이 번창하여 가문이 높이 드러났다. 세가(世家)를 하나하나 뽑아보건대 공의 집안과 다툴 만한 가문이 없으니, 이것이 어찌 선(善)을 행한 보답이 아니겠는가. 무릇 자신이 선행을 하였으나 생전에 복을 누리지 못한 자는 후손에서 남은 복을 취한다. 마치 사람과 하늘이 손을 마주잡고 공평함을 요구하는 것과 같으니, 아름답다.

공은 나의 선친과 친분이 매우 돈독하였는데, 공의 여러 아드님들이 막 비석을 세우려 하면서 나에게 글을 지어 줄 것을 요청하였다. 나는 공이 나를 알아주고 사랑해 준 것에 감격하고 그리워하니, 감히 늙었다고 사양할 수가 없어서 병을 무릅쓰고 명문을 짓는다. 명은 다음과 같다.

공자 문하의 네 가지 가르침 중에 孔門四教
충과 신이 근본이 되네[51] 忠信爲本
오직 공이 이것을 썼으니 惟公以之

내면에 쌓아 말미암아 나아갔네　緜積內進

효제로 집안에서 정사(政事)를 하여[52]　孝悌爲政

한 집안이 인으로 흥기하였네　興一家仁

명철한 성상(聖上)께 지우를 입어　知遇聖明

조정에 발탁되어 큰 띠를 드리웠네　揚廷垂紳

부월을 잡고 간악한 자들을 제거하니　持斧鋤奸

오랑캐 우두머리가 두려워하였네　蜓酋悸慄

복심(腹心)을 열어 대궐에 호소하니　披腹叫閤

나라가 입은 무함이 이에 설욕되었네　邦誣乃雪

사신(使臣)[53]으로 가서는　爰及專對

51 공자……되네 : '네 가지 가르침'은 문(文)·행(行)·충(忠)·신(信)을 이른다. 《논어》〈술이(述而)〉에 "공자께서는 네 가지로써 가르치셨으니, 즉 문·행·충·신이었다.〔子以四敎, 文、行、忠、信.〕"라고 보이는데, 주자의 《집주(集註)》에 "사람을 가르치되 글을 배우고 행실을 닦으며 충신을 마음에 보존하게 한 것이니, 이 중에 충신이 근본이다.〔敎人以學文修行而存忠信也, 忠信本也.〕"라고 한 정이천(程伊川)의 말을 인용하였으므로 이렇게 말한 것이다.

52 효제로……하여 : 벼슬하지 않고 다만 집안에서 효도하고 우애하면서 집안을 잘 다스리는 것을 말한다. 《논어》〈위정(爲政)〉에 혹자가 공자에게 왜 정사를 하지 않느냐고 묻자, 공자가, "《서경(書經)》에 말하지 않았는가. '효도하도다. 효도하고 형제간에 우애하여 정사에 베푼다.'라고 하였으니, 이 또한 정사를 하는 것이다. 어찌 꼭 벼슬을 해야만 정사를 하는 것이 되겠는가.〔書云: 孝乎! 惟孝, 友于兄弟, 施於有政. 是亦爲政, 奚其爲爲政?〕"라고 대답한 글을 원용한 것이다.

53 사신(使臣) : 원문의 '전대(專對)'는 사신을 뜻하는 말이다. 외국에 나간 사신이 문제가 생기면 자신의 전권으로 대응한 데서 온 말인데, 《논어》〈자로(子路)〉의 "《시경》 3백 편을 외우더라도 정치를 맡겨줌에 제대로 해내지 못하고, 사방에 사신 감에 혼자서 처결하지 못한다면, 비록 많이 외운들 어디에 쓰겠는가.〔誦詩三百, 授之以政,

청렴함과 신중함으로 스스로 지켰네 淸愼自律
영탕[54]이 움직이지 않으니 英簜不動
중화와 오랑캐들이 우러러 바라보았네 華夷聳瞻
집안일처럼 나라를 근심하니 憂國如家
백발에도 단심을 품었네 皓首丹心
도(道)와 고을을 두루 맡음에 歷典藩州
백성을 진작시켜 덕을 길렀네 振民育德
계속된 폐단을 변역하니 承弊易變
어진 교화가 널리 퍼졌네 仁化溥博
그 능력을 다 펼쳤다면 苟究厥施
어찌 뛰어나지 않았겠는가 何用不臧
사람들이 풀이 바람을 따르듯 달려갔는데 衆趨靡靡
공은 명리(名利)의 굴레를 거두었네 斂却名韁
근본이 있으니 本之則存
의로운 방법으로 가르침을 받들었네 奉敎義方
마땅히 그 보답을 누려 宜其食報
덕이 후하여 광채가 흘렀네 德厚流光
자손이 번창하여 子孫振振
끝없는 복을 드리우네 垂裕無疆

不達, 使於四方, 不能專對, 雖多, 亦奚以爲?〕"라는 구절에서 유래하였다.

54 영탕(英簜) : 영탕(英蕩)으로도 표기한다. 한(漢)나라 때의 죽사부(竹使符)와 같은 것으로, 흔히 중앙 정부에서 지방으로 보내는 사신이나 지방 수령에게 주어지는 부절(符節)을 말하는데, 여기서는 사신의 부절이라는 뜻으로 쓰였다.

금계의 기슭에	金溪之麓
고요한 무덤이 있네	有侐幽堂
여사로서 공을 따르게 하니	從以女士
덕이 합하고 아름다움이 똑같았네	合德齊芳
밤낮으로 경계하여	夙夜儆戒
죽으나 사나 함께하였네	死穀偕藏
내가 묘비명을 지어	我用作銘
비석에 밝게 게시하니	昭揭石章
오는 천억 년에	有來千億
영원히 상하게 하지 말라	其永勿傷

천안 군수 김공 묘갈명 병서

天安郡守金公墓碣銘 幷序

송호 처사(松湖處士) 김공에게 훌륭한 아드님이 있는데, 이름이 극선(克善)으로 선대의 아름다움을 잘 계승해서 장차 가문의 명성을 떨칠 만하였으나 짧은 수명에 가로막혀 그 뜻과 사업을 다하지 못했으니, 애석하다.

공은 자가 원세(元世)이고 선계(先系)는 신라로부터 나와서 청풍(清風)을 관향으로 하였다. 먼 조상인 휘 대유(大猷)가 고려 때 시중(侍中)을 지냈고, 조선조에 들어와서 문의공(文毅公) 휘 식(湜)과 문정공(文貞公) 휘 육(堉)이 도덕과 공적(功績)으로 명성이 높았으며, 충익공(忠翼公) 휘 우명(佑明)과 정희공(貞僖公) 휘 석연(錫衍)이 충성과 청렴과 근검함으로 이름났으니, 굳이 자세히 쓸 필요가 없다.

고조 휘 도협(道浹)은 정희공의 아드님으로 계부인 판관 휘 석달(錫達)의 양자가 되었고, 증조 휘 성재(聖梓)는 청주 목사(清州牧使)로 이조 참의에 추증되었으며, 조고 휘 안묵(安默)은 서흥 현감(瑞興縣監)으로 이조 참판에 추증되었는데, 인자하고 후덕함으로 대대로 집안을 이어왔다. 선고 휘 기홍(基弘)은 학문을 돈독히 익히고 행실을 닦았으며 은거하여 뜻을 구하였는데, 연안 이씨(延安李氏) 명상(命祥)의 따님에게 장가들어서 서흥(瑞興) 관아에서 공을 낳았다. 조부모께서는 아직 손자를 두지 못하셨다가 공을 얻고는 몹시 사랑하였다.

공은 체질이 허약하여 병치레가 잦았으나 성품이 총명하고 슬기로워 의약(醫藥)으로 병을 치료할 적에 어른들의 말씀을 잘 따랐으며,

놀며 장난을 칠 때에도 일정한 법도가 있었다. 차츰 성장하여 글을 배우게 되자 잠심(潛心)하여 다 연구하였고, 과거공부를 할 적에도 속되지 않고 전아(典雅)하여 겉만 화려한 언사가 없었다. 여러 번 초시에 합격하였으나 남성시(南省試)[55]에서 떨어졌는데, 성균관에 출입하여 명성을 높이고 진취를 힘쓰는 것을 또한 좋아하지 않으니, 공을 아는 자들은 공의 운수가 매우 좋지 않은 것을 안타깝게 여겼다.

을유년(1825, 순조25)에 처음 벼슬하여 선공감 감역(繕工監監役)이 되었는데 선공감 제거(提擧)가 친족이었기 때문에 혐의(嫌疑)를 피하기 위해 건원릉 참봉(健元陵參奉)으로 바뀌었다. 이해가 태조께서 한양으로 천도한 구갑(舊甲 60년마다 돌아오는 같은 갑자의 해)이 되기 때문에, 성상께서 친히 건원릉에 제사하셨는데, 특명으로 6품에 승진되어 사과(司果)에 제수되었다.

정해년(1827)에 전설사 별제(典設司別提)에 제수되고 무자년(戊子 1828)에 남부 영(南部令)으로 승진하였으며, 기축년(1829)에 진안 현감(鎭安縣監)으로 나갔고, 계사년(1833)에 승진하여 천안 군수(天安郡守)가 되었다. 헌종(憲宗) 1년 을미년(1835) 5월 21일에 관아에서 별세하니, 그 출생한 계묘년(1783, 정조7)과 햇수를 따져보면 53세가 된다. 윤6월에 양주(楊州) 금촌(金村)에 장례하였다가 병신년(1836) 3월 초하루에 여주(驪州) 근남면(近南面) 조촌(朝村) 자좌(子坐)의 언

55 남성시(南省試) : 조선 시대 예조(禮曹)가 주관해서 치르는 회시(會試)로 남성은 예조의 별칭이다. 회시는 초시에 합격한 사람에게 다시 보이는 과거 시험으로 복시(覆試)라고도 한다. 소과인 생원·진사시의 경우 회시에 합격하여야 생원·진사가 되었고, 문·무과의 경우 회시에 합격하면 급제가 되어 등수를 정하는 최종 시험인 전시에 나아갔다.

덕으로 이장하였다.

배위인 덕수 이씨(德水李氏)는 선고가 노점(魯點)이니, 외재(畏齋) 문충공(文忠公) 단하(端夏)가 그 선조이시다. 공의 왼쪽에 부장하였는데, 따로 지문(誌文)이 있다. 아들 익장(益章)과 익량(益亮)을 두었는데 익장은 요절하였고, 두 딸을 두었는데 장녀는 진사 홍대종(洪大鍾)에게 출가하였고 차녀와 익량의 아들은 모두 어리다.

공은 성품이 차분하고 욕심이 적었으며 정신이 내면으로 온축되어 있었고 천성이 효성스러워서 어버이를 섬길 적에 어버이의 뜻을 받들어 봉양하는 것을 우선으로 여겼다. 추운 겨울이 되면 자친의 병환이 번번이 심해졌는데, 공은 밤에도 허리띠를 풀지 않고 자신이 직접 부축하여 간호하였으며, 미음과 죽과 약과 음식물을 모두 손수 조리하여 올리고 혹시라도 남을 시키지 않았다. 병환이 위독하자 손가락을 베어 피를 올렸으며, 전후(前後)의 상(喪)에 상례를 매우 엄격하게 집행해서 몸이 훼손되어 거의 생명을 온전히 하지 못할 지경이었다. 상이 끝나자 새벽마다 가묘(家廟)에 배알하였으며, 말년에 군읍(郡邑)을 맡을 때마다 매번 부모를 생전에 미처 잘 봉양하지 못한 것을 슬퍼하였다.

또한 선대의 훈계를 따라 시절(時節)에 올리는 제사를 풍요롭게 하지 않았다. 이 때문에 스스로의 보양에 아주 검소하였으니, 이는 평소의 성품이 검약하기 때문에 그런 것만이 아니었다. 백부(伯父)와 중부(仲父)를 지극한 정성과 깊은 애정으로 섬겼으며, 이러한 마음이 종형제(從兄弟)들에게 미쳐서 돈독한 정의가 동기(同氣) 간과 차이가 없었다. 중부께서 별세하시자, 고아로 남겨진 세 종형제가 모두 어리니, 처사공께서 직접 기르며 가르쳤는데, 1년이 되지 못하여 처사공께서 별세하셨다. 공은 선친의 뜻을 잘 체득하여 이 고아들을 가엾게 여기고 지극한 사랑으로 돌보았다.

중부의 가산을 잘 절제하여 관리하고 남고 부족한 것을 장부에 적어 두었다가, 이들이 장성하여 장가들게 되자 이것을 모두 다 들어서 주었다. 이러한 마음을 미루어 종당(宗黨)과 인척에게까지 이르러 은혜로운 뜻이 두루 넉넉히 베풀어졌다. 남는 녹봉을 나누어 위급함을 구제하였는데, 항상 넉넉하지 못할까 염려하였다.

관직에 있을 적에 그 직무를 다하였으며 송사를 처리할 적에 곡직(曲直)을 곧바로 판별하니, 아전들의 농간이 용납될 곳이 없었다. 진안읍(鎭安邑)은 전라 감영(全羅監營)의 이웃에 있었는데 풍속이 더욱 경박하고 속이기를 좋아하였으나, 공은 정성과 신의로써 이들을 대하였다. 큰 흉년을 만났으나, 자신의 녹봉을 덜어 이들을 구제하여 굶어죽은 백성이 없었다.

백성들의 과실로 불이 나서 한 마을이 불이 번져 타버렸는데, 공이 직접 가서 위무하고 자신의 녹봉을 내어서 이엉을 이어 주었다. 또 이웃마을에 권하여 재물을 모으고 힘을 빌려주게 하여 하루가 못되어 모두 안도하게 하였으며, 가을에 납부해야 하는 곡식을 내년에 내도록 허락하니, 백성들이 크게 기뻐하였다.

혹자가 이러한 진휼을 요행으로 여겨 자신의 신역(身役)까지 함께 면제해주기를 청하자, 공이 타이르기를 "실정은 진실로 애처로우나, 이것은 관청에서 마음대로 정하기가 어려운 일이다. 또 네가 얻은 것이 이미 많은데 스스로 만족할 줄 모르고 다시 바라는 바가 있단 말인가? 내가 또 곡물(穀物)을 내어 너희들을 도왔으며 각자의 능력에 따라 양식을 납부하도록 조처해서 너희들로 하여금 시기를 놓치지 않게 하였으니, 네가 만일 이대로 하지 않는다면 용서하지 않고 처벌하겠다."

라고 하였다. 백성들이 모두 감읍(感泣)하여 시기가 되자 곡식을 바치니, 백성들을 성의(誠意)로써 감동시킨 바가 이와 같았다.

아전과 관노들에게 잘못이 있으면 통렬히 다스리고 조금도 용서하지 않았으나, 또한 스스로 잘못을 뉘우치고 새로워지는지를 살펴서, 오래되면 반드시 다시 거두어 저들로 하여금 생업을 잃지 않게 하였다.

천안은 경기도와 충청도 사이에 있어서 공사 간의 일로 여행하는 자들이 모두 이 길을 경유하였는데, 이들에게 법규에 맞게 숙식(宿食)을 제공하였다. 전결(田結)에 대한 조세로 바치는 쌀과 콩을 호수(戶首)를 대신하여 관청에서 돈을 거두어 사서 바치니, 바로 '관결(官結)'이라는 것이다. 관결에 있어 전임 수령들은 백성들에게 정량보다 더 많이 거두었는데, 공은 서둘러 그 숫자를 줄이고 자신의 녹봉의 일부로 보상하여 폐단이 있는 잘못된 규정을 고치니, 고을이 다시 살아나게 되었다.

가을에 크게 흉년이 들었는데, 곡물을 미리 준비하여 제때에 백성들을 구휼하니, 백성들이 그 재해를 잊었다. 중죄수(重罪囚)로 귀양을 가던 자가 고을을 지나다가 도망가니, 법에 마땅히 담당 관원에게 혐의 사실을 조사받아야 하며 이에 대한 처벌이 파직(罷職)에 해당되었는데, 아전과 관노들이 힘을 다하여 근포(跟捕 죄인을 추적하여 체포함)하여 일이 중지되었으니, 자신들의 수령을 경애하고 옹호해서 행여 잃을까 두려워하였음을 검증할 수 있다.

정사를 시행할 적에 편안하고 간략하게 하여 뽐내거나 득의(得意)하지 않았고 가혹하게 살피는 것을 명철함으로 여기지 않았으며, 엄격함으로 위엄을 세웠으나 관리와 백성들이 감복하여 칭송하고 사모하였다. 상관(上官)이 처음에는 공이 백성들을 멋대로 하도록 내버려 두고 정사(政事)을 폐한다고 의심하였는데, 그가 시행한 정사를 살펴보면 마음을 미루어 진심으로 대하지 않은 적이 없었고 오직 공의 말을 따랐으니, 이는 모두 공의 정성과 한결같음의 소치였다.

공은 신장이 보통 사람보다 크지 않았고 말은 입에서 제대로 나오지 못하는 것처럼 어눌하였으나, 지조(志操)를 지켜 확고하여 변하지 않았다. 음과 양, 선과 악을 밝게 분변하였으나 또한 자신의 주장을 세워 드러내려고 하지 않았다. 평소 의관을 정제(整齊)하고 두문불출한 채 홀로 우뚝하게 앉아 손에 책 한 권을 들고 보았다. 행동거지가 모두 일정한 법도가 있어서 득실(得失)과 영욕(榮辱)에 마음이 동하지 않을 뿐 아니라 또한 입에 올려 말한 적이 없었다.

남과 함께 상종(相從)하는 것을 좋아하지 않아서 서울의 번화한 곳에서 성장하였으나 발자취가 동네를 벗어나는 일이 드물었다. 이 때문에 공의 이름과 얼굴을 아는 자가 드물었는데, 이는 가정의 가르침이 몸에 배어서 그러한 것이기도 하나, 바로 천성이 그러한 것이었다.

불초는 공과 집안 간에 대대로 친하게 지내온 정의(情誼)가 있어서, 공이 당세에 수양하는 선비인 것을 알고 일찍부터 존경하였는데, 공의 외형(外兄 이종형)인 금계(襟溪) 이봉수(李鳳秀) 공이 매번 공의 내면의 아름다움을 지극히 칭찬하였다. 그러다가 공을 호서(湖西)의 집에서 조문하게 되었는데, 그가 갓난아이처럼 눈물을 흘리고 곡하는 것을 보고는 감동하고 기뻐하는 마음을 이기지 못하였다.

공의 아드님인 익량(益亮)이 그의 종숙부(從叔父)인 판서공(判書公)이 지은 행장을 가지고 와서 매우 간절하게 묘지명을 청하였다. 그 행장을 읽어보니 천륜의 지극한 정으로 공의 평생의 뜻과 절개를 표상(表象)하였는데, 그 경지가 진실되고 말이 지극하여 후세에 충분히 불후할 만하다. 다시 불초의 글이 무슨 필요가 있겠는가.

익량이 말하기를 "묘에는 지문이 없을 수 없으니, 지어 주시기를 원합니다." 하므로, 차마 사양할 수가 없어서 마침내 병을 무릅쓰고 명문을 짓는다. 명은 다음과 같다.

훌륭한 한 선비가 있으니	有美一士
아름다운 옥을 품고 간직하였네	懷瑾握瑜
궤에 감춰 스스로 소중히 여기고	韞櫝自珍
좋은 값으로 팔리기를 구하지 않았네	非求善沽
말년에 녹은[56]을 이루니	晩成祿隱
과격하지도 않고 구차하지도 않았네	不激不渝
소 잡는 칼을 잠시 시험함에[57]	薄試牛刀
백 리 작은 고을이 서로 믿었네	百里交孚
마치 천리마처럼 자신의 재능을 펼 수 있었고	如驥能展
마치 단비처럼 은택을 베풀 수 있었네	如雨能施
대강 순리(循吏)의 자취이니	粗跡循良

56 녹은(祿隱) : 출세에 관심을 두지 않고 녹봉을 받아 생계를 꾸리거나 부모를 봉양하려고 벼슬하는 것을 이른다.

57 소……시험함에 : 작은 고을의 수령에 제수됨을 이른다. 공자의 제자 자유(子游)가 무성(武城)의 읍재가 되어 백성들에게 예악(禮樂)을 가르쳤는데, 공자께서 이를 보시고 빙그레 웃으시며 "닭을 잡는 데에 어찌 소를 잡는 칼을 쓰느냐.〔割鷄, 焉用牛刀?〕"라고 하신 말씀에 보인다. 공자의 이 말씀은 바로 '예악은 천하를 다스리는 요체인데 이 작은 고을을 다스리는데 어찌 이것을 사용할 필요가 있느냐.'라고 농담하신 것이다. 《論語 陽貨》

공수(龔遂)와 황패(黃霸)[58]를 뒤따를 수 있네	龔黃可追
만약 그 뜻과 사업을 다할 수 있었더라면	苟充志業
어디에 쓴들 마땅하지 않았겠는가	何用不宜
먼 길에 수명이 짧으니	脩程短筭
시대와 명운이 모두 함께하였네	時命俱隨
누가 조화(造化)의 자루를 잡아	疇秉化欛
여기에서 그치게 하였는가	俾止於斯
자기 몸에 복을 누리지 않고	不羸于躬
후손에게 남겨 주었네	貽厥後昆
큰 과일이 먹히지 않았으니[59]	碩果不食
징조가 자손에게 남아있네	徵在子孫
황려[60]의 산기슭에	黃驪之麓

58 공수(龔遂)와 황패(黃霸) : 모두 전한(前漢) 선제(宣帝) 때의 순리(循吏)들로 백성들에게 선정을 베풀어 지방관의 전범으로 꼽힌다. 공수는 발해 태수(渤海太守)로 있을 적에 흉년을 만나자 바로 창고를 열어 백성을 구제하였고, 백성들에게 농사와 누에치기를 적극 권장하고 무기를 모두 팔아 소를 사게 함으로써, 그 지방에 민란이 일어나지 않게 하였다. 황패는 양주 자사(揚州刺史), 영천 태수(潁川太守) 등을 지내면서 선정을 베풀었는데, 특히 영천 태수로 있을 적에 농상(農桑)을 장려하고 먼저 교화를 베푼 뒤에 죄를 다스려 호구가 날로 불어나게 해 치적(治績)이 천하에서 제일이라고 칭해졌다.

59 큰……않았으니 : 큰 덕을 베풀고 바로 보답을 받지 않은 것을 비유하는 말로, 《주역》 〈박괘(剝卦) 상구(上九)〉의 효사(爻辭)에 "상구는 큰 과일이 먹히지 않음이니, 군자는 수레를 얻고 소인은 집을 허물 것이다.〔上九, 碩果不食, 君子得輿, 小人剝廬.〕" 라고 보인다.

60 황려(黃驪) : 경기도 여주의 옛 이름이다

소나무와 측백나무 꼿꼿이 서있네	松栢丸丸
묘지 터에 관을 만드니	兆基井椁
매우 견고하고 또 편안하네	孔固且安
못과 언덕이 비록 바뀌더라도	淵邱雖易
유택은 길이 온전하리라	幽宅永完
내가 명문을 엮어	我綴銘辭
현관[61]에 밝게 게시하노라	昭揭玄關

61 현관(玄關) : 여러 가지 뜻이 있으나 여기서는 무덤을 가리킨 것으로 보인다.

지산 조공 묘갈명 병서

芝山趙公墓碣銘 幷序

김 문경공(文敬公)이 미호(渼湖) 가에서 도학(道學)을 강론할 적에,[62] 나산(蘿山) 조유선(趙有善) 공과 아우 휘 유헌(有憲) 공이 함께 맨 먼저 선생을 섬겨서 성(性)과 도(道)의 요점을 들었는데, 세상 사람들이 이들을 미호 문하의 쌍벽(雙璧)이라고 칭하였으니, 아! 훌륭하다.

유헌 공은 자가 계식(季式)이니, 배우는 자들이 지산(芝山) 선생이라고 칭하였다. 비조(鼻祖)는 백제 때 공신인 직산백(稷山伯) 휘 성(成)이고, 고려 말에 휘 원경(元慶)이 병부 낭중(兵部郎中)을 지냈다. 고조 휘 필형(必亨)은 생원이고 증조는 휘가 익주(翼周)이니, 두 대가 모두 경학(經學)과 품행(品行)이 뛰어났다. 조고 휘 창유(昌愈)는 첨지중추부사(僉知中樞府事)이고 선고는 휘가 성제(聖躋)인데, 두 분 모두 장덕(長德 나이가 있고 덕행이 뛰어난 사람)이라고 칭해졌다. 선비(先妣)는 경주 전씨(慶州全氏)이니 상두(尙斗)의 따님이다. 원릉(元陵 영조) 12년 병진년(1736) 11월 21일에 서경(西京 평양)의 나산(蘿山)에 있는

62 김 문경공(文敬公)이……적에 : 문경(文敬)은 김원행(金元行, 1702~1772)의 시호이다. 자는 백춘(伯春), 본관은 안동(安東)으로 농암(農巖) 김창협(金昌協)의 손자이고 도암(陶庵) 이재(李縡)의 문인이다. 1719년(숙종45) 진사가 되었으나, 신임사화로 집안이 몰락하자 벼슬할 뜻을 버리고 학문에 전념하여 조정에서 여러 벼슬을 제수하며 계속 불렀으나 모두 사양하였다. 미호(渼湖)는 지금의 경기도 남양주시 수석동(水石洞) 일대 앞을 흐르는 한강을 이르는데, 여기에 선원(仙源) 김상용(金尙容)과 청음(淸陰) 김상헌(金尙憲)을 모신 석실서원(石室書院)이 있다.

집에서 공을 낳았다.

공은 천성(天性)이 총명하고 지혜로웠다. 차츰 장성하자 힘을 다하여 부지런히 책을 읽어 말 밖의 뜻에 묵묵히 부합하여 선배들의 특별한 칭찬을 받았다. 14세에 문암(文菴) 이의철(李宜哲) 공에게 글을 올려서 어버이를 섬기는 방법을 물었고, 약관이 되기 전에 경사(經史)에 두루 통달하였다.

마침내 분연(奮然)히 도를 구하려는 뜻을 품고서 갑술년(1754, 영조 30)에 미호로 가서 속수(束脩)의 예를 행하고 문하에 들었다. 의(義)와 이(理)의 상도(常道)와 변도(變道)에 대해 빠짐없이 강구하고 질정하였으며, 그 귀취(歸趣)를 끝까지 연구해서 그냥 구차하게 받아들이려 하지 않았다. 이에 미호 선생이 심중(深重)하게 기대하여, 항상 "조모(趙某)의 독실함은 사랑할 만하다."라고 칭찬하였다.

공은 스승을 오랫동안 종유하면서 얻은 것이 적지 않았다. 물러나서 나산공(蘿山公)과 함께 형제가 서로 화목하게 지내며 학문을 연마하였는데, 주자의 편지를 읽다가 "어버이 연세는 날로 높아지고 생활은 더욱 쇠락해진다.〔親年日高, 生事益寥落.〕"[63]라는 구절에 이르러, 오열하고 크게 탄식하더니, 무자년(1768)에 서쪽 교외에 정착하여 몸소 농사를 지으면서 힘을 다하여 맛있는 음식을 장만하여 어버이를 모셨다. 미호 선생께서 이 말을 듣고 경계하는 말씀을 손수 부채에 쓰고, 시를 지어 거듭 말씀하기를 "밭에서 호미질을 할 때에도 부디 이 말을 잊지 말라.〔田間揮鋤時, 幸勿忘此言.〕"라고 하였는데, 공은 항상 이것을 바

63 어버이……쇠락해진다 : 이 구절은 《주자대전(朱子大全)》 권39 〈답가국재(答柯國材)〉에 보이는데, 원전에는 '親年日老, 生事益聊落'으로 되어 있다.

라보고 가슴 속에 간직하였다.

중봉(重峯 조헌(趙憲)) 선생이 밭두둑에서 책을 읽은 일을 따라서, 매번 봄에 농사를 짓기 위해 밭두둑에 나갈 적에 나무를 가로대어 시렁을 만들어 성리학의 책들을 그 위에 올려놓고는 의관을 정제하고 단정히 앉아서 송독(誦讀)하였는데, 10년을 하루같이 이렇게 하였다.

정유년(1777, 정조1)에 자친(慈親)의 병환이 위독해지자 손가락을 깨물어 피를 내어 올렸다. 이해 겨울에 거듭 부친상을 당하였는데, 슬픔으로 몸을 훼손시키기를 예(禮)보다 더하였다. 묘소 곁에 여막을 짓고 밤낮으로 가슴을 두드리며 슬피 곡하였으며, 여가(餘暇)에 힘써 예서(禮書)를 읽었다. 묘역 뒤에 오솔길이 있었는데, 매일 새벽에 나가 행인을 기다렸다가 도리에 근거해서 이 길을 다니지 말도록 슬피 간청하니, 사람들이 모두 서로 경계하여 다시는 그 길로 다니지 않았다.

상기(喪期)가 끝났으나 차마 곧바로 돌아오지 못하고 무덤가의 여막을 수리하여 '지산초당(芝山草堂)'이라는 편액을 걸고 또다시 3년을 거듭 머물면서 이 집에서 문도(門徒)들에게 강학하였는데, 지금까지도 길을 가는 사람들이 강학했던 장소를 손가락으로 가리키면서 그 골짝을 '조초당(趙草堂)'이라고 이름하였다.

병진년(1796)에 수신(守臣 감사)이 공의 훌륭한 행실을 들어 조정에 천거하였는데, 신유년(1801, 순조1)에 현릉 참봉(顯陵參奉)에 제수되었으나 나아가지 않았다. 인릉(仁陵 순조) 15년 을해년(1815) 8월 7일에 정침(正寢)에서 향년 80세로 고종명(考終命)하였는데, 문인 중에 가마(加麻)한 자가 수십 명에 이르렀다.

공은 온화하고 순수하고 영특하고 준수한 자질을 타고 났으며 바른 도(道)로 시작하였는데, 진유(眞儒 참된 선비)를 스승으로 모셔 그 서여

(緖餘)[64]를 다 듣고는 마침내 거경(居敬)과 궁리(窮理)와 역행(力行) 세 가지를 학문하는 장정(章程)으로 삼았다.

《소학》과 《근사록(近思錄)》에 가장 공력을 들여 연구하여 부화(浮華)함을 버리고 실질(實質)을 추구하였으며, 순서를 따라 차근차근 위로 올라갔다. 일찍이 말씀하기를 "사람이 되어 성인(聖人)의 경지에 이르지 못하면, 이는 소위 낳아주신 분을 욕되게 하는 것이고, 학문을 하면서 겸선(兼善 자신만이 아니라 다른 사람도 감화하여 착하게 함)에 뜻을 두지 않으면, 이는 참다운 학문이 아니다."라고 하였으며, 또 말씀하기를 "알지 못하면 행할 수가 없고, 알고도 행하지 않는다면 이는 또 참다운 앎이 아니다."라고 하였다.

참되게 쌓아 가며 오래도록 노력하여 학문을 익혀 마음과 입이 서로 부응하고 발과 눈이 모두 지극하였으며, 숨고 드러남과 겉과 속이 한결같이 순수한 바름〔正〕에서 나와서, 남에게 말하지 못할 일이 없었다. 어버이를 섬길 적에 날마다 반드시 관을 쓰고 허리띠를 매고 예법(禮法)대로 혼정신성(昏定晨省)하였으며, 살아생전에 잘 섬기고 돌아가신 뒤에 장례를 치르고 제사를 올림에 인정(人情)과 예문(禮文)[65]에 빠짐이 없었다.

스승인 미호께서 별세하시자 기년복(朞年服)을 입었고, 기일(忌日)이면 반드시 찾아가서 제사에 참여하였는데, 장맛물이 불어나 시내가

64 서여(緖餘) : 실을 뽑아낸 누에고치에 남은 실오리를 이르는 말로, 주로 근본이 되는 사상이나 학설 이외의 여론(餘論)의 뜻으로 쓰인다. 그러나 여기서는 선인이 전한 학통(學統) 또는 도통(道統)의 뜻으로 쓰였다.

65 인정(人情)과 예문(禮文) : 원문은 '정문(情文)'이다. 예컨대 제사에 있어서 조상을 사모하는 정성은 인정이고 제사를 올리는 의식은 예문이다.

넘쳐 길이 끊어져도 그만두지 않았다. 나산공을 아버지처럼 섬겨 사랑과 공경을 모두 지극히 하였고, 형제간에 절차탁마하여 서로 도와 완성시켜서 지기(知己)가 되었다.

학도들이 모여 들자 이들에게 부지런히 학문을 강론하고 전수하였으며, 한가로울 때는 눈을 감고 단정히 앉아서 미발(未發) 때의 기상(氣象)[66]을 징험하였고 때로는 혹 물이 좋고 돌이 좋은 경승지를 찾아 정신을 활짝 펼치곤 하였다. 절의(節義)에 대해서는 더욱 연연(戀戀)하게 여겼으니, 포은(圃隱) 정몽주(鄭夢周) 선생의 녹사(錄事)인 김경조(金慶祚)의 순의비(殉義碑)가 성인비(成仁碑)[67] 옆에 세워진 것과, 숭절사(崇節祠)의 《삼충록(三忠錄)》[68]이 편집되어 완성된 편(編)을

66 미발(未發) 때의 기상(氣象) : 성리학의 주요 개념 중의 하나인데 희(喜)·노(怒)·애(哀)·락(樂) 등의 정(情)이 아직 발하지 않은 고요한 마음의 상태로, 성(性)이 완전히 보존된 상태이다. 《중용장구》 제1장에 "희·노·애·락이 아직 발하지 않은 것을 중(中)이라 하고, 발하여 모두 절도에 맞는 것을 화(和)라 한다.〔喜怒哀樂之未發, 謂之中, 發而皆中節, 謂之和.〕"라고 보이는데, 주자(朱子)는 "희·노·애·락은 정(情)이니, 이것이 아직 발하지 않았으면 성(性)이다. 중(中)은 성(性)의 덕이고 화(和)는 정(情)의 덕이다."라고 풀이하였다.

67 성인비(成仁碑) : 개성의 선죽교(善竹橋) 동쪽에 세워진 비로, 개성 유수(開城留守) 김육(金堉)이 1649년(인조27) 3월에 세운 것이다. '고려 시중 정 선생 성인비(高麗侍中鄭先生成仁碑)'라는 글자와 그 아래에 '일대충의 만고강상(一代忠義萬古綱常)'의 여덟 글자가 새겨져 있다. 《大東地誌 卷2 開城府 橋梁 善竹橋》

68 숭절사(崇節祠)의 삼충록(三忠錄) : '숭절사'는 송도의 포은 정몽주 사당의 남쪽에 위치한 사당으로, 임진왜란 때 순절한 세 충신인 송상현(宋象賢)과 김연광(金鍊光), 유극량(劉克良)을 모셨다. '삼충록'은 1798년(정조22)에 개성 유수(開城留守) 조진관(趙鎭寬)과 유생 김종오(金鍾五) 등이 숭절사에 배향된 세 충신의 유문(遺文)과 제가(諸家)의 비기(秘記), 전설 등을 편집하여 간행한 책으로, 책머리에 조진관의 서문(序

이루어 판각에 맡겨진 것은 모두 공이 창도한 것이다.

처음 공이 책 바구니를 짊어지고 미호로 갔을 때에 동문의 제현들이 모두 공의 원대한 미래를 기대하였으며, 공의 학문이 고명(高明)한 경지에 이르자 몸을 굽혀 낮추지 않는 자가 없었다. 공에 대하여 중주(中洲) 이직보(李直輔) 공은 "순수하고 뜻이 돈독하여 탁연히 스스로 빼어났다."고 칭찬하였고, 부사(府使) 김이중(金履中) 공은 "전인(前人)들이 밝히지 못한 것을 밝혔으며 영재를 기르기를 좋아한다."고 칭찬하였다.

박연폭포(朴淵瀑布)에 놀러 간 자가 돌아와 송원(松園) 김이도(金履度) 공을 뵈었는데, 김공께서 "그대는 조모(趙某)를 만나 보았는가?"라고 물었다. 만나보지 못하였다고 대답하자, 김공은 말하기를 "그렇다면 장유(壯遊)[69]가 되기에 부족하다."라고 하였다.

가정(柯汀) 조진관(趙鎭寬) 공이 개성 유수(開城留守)[70]가 되자, 월정(月汀) 윤근수(尹根壽) 공이 화담(花潭) 서경덕(徐敬德) 공을 맞이한 고사를 따라서 여러 선비들을 모았다. 이때 공을 예우하여 맞이하고는, 순제(旬題 관아에서 열흘마다 보이는 시문(詩文) 시험)를 시행하면서 그 시제(試題)를 '매화에게 절하다.〔拜梅花〕'라고 하였다. 문경공 미호 선생이 평소 매화를 좋아하였는데, 하루는 공이 선생을 뵈러 미호로 갔으나, 선생은 외출하여 계시지 않고 화분 속의 매화가 활짝 피어 있었다.

文)과 책 끝에 조유헌(趙有憲)의 발문(跋文)이 있다.

69 장유(壯遊) : 웅대한 뜻을 가슴에 품고 멀리까지 다녀오는 유람이라는 의미이다.

70 개성 유수(開城留守) : 저본에는 서경 유수(西京留守)로 되어 있으나, 사료에 의거하여 바로 잡았다.

공은 미호 선생이 사랑하는 것이라고 하여 매화에게 절하니, 당시 사람들에게 미담으로 전해져 왔다. 그러므로 이와 같은 시제를 낸 것이었다.

국구(國舅)인 영안(永安) 김조순(金祖淳) 공이 공의 가난을 민망하게 여겨 전장(田莊)을 떼어 주었는데, 공이 받으려고 하지 않았다. 이에 김공이 편지를 보내 해명하기를 "제가 비록 못났으나 의(義)를 높이고 선(善)을 좋아함에 있어서는 고인에게 뒤지지 않습니다. 비록 그대가 지푸라기 하나도 남에게서 취하려고 하지 않으나, 소요부(邵堯夫)가 노공(潞公)의 대우를 편안히 여긴 것[71] 또한 본받을 수 없단 말입니까?"라고 하였다.

공은 말세의 학문이 문사(文辭)에 빠진 것을 병통으로 여겨서, 일찍이 "후세에 들어 서적이 매우 많아졌는데, 서적이 많아질수록 이치는 더욱 어두워졌다."라고 말하였다. 그러므로 저술을 일삼지 않아서, 임금께서 신하들의 직언을 구할 때에 올린 상소문과 책문(策問) 등이 실린 문집 약간 권이 남아 있을 뿐이다. 이 상소문에서 군주가 마음을 바로잡는 것〔正心〕을 재앙을 그치게 하는 근본으로 삼았고, 묵은 밭을 개간하고 백성의 고통을 살피는 것을 시무(時務)의 요점으로 삼았으며, 책문에서는 교화를 밝히고 풍속을 바로잡는 것을 근본으로 삼았으니, 여기에서 공이 시무를 아는 학문을 하였음을 알 수 있다.

71 소요부(邵堯夫)가……것 : 소요부는 송나라 학자 소옹(邵雍, 1011~1077)으로, 요부는 그의 자이고 시호는 강절(康節)이며 저서로 《관물편(觀物編)》, 《선천도(先天圖)》등이 있다. 노공(潞公)은 송나라의 명신인 문언박(文彦博, 1006~1097)으로 노국공(潞國公)에 봉해졌기 때문에 이렇게 칭한 것이다. 소옹은 낙양에 살면서 문언박, 사마광(司馬光) 등과 친하게 지내며 이들의 대우를 편안하게 받았기 때문에 이렇게 말한 것이다.

공이 산림에 은둔하여 이것을 세상에 다 펴지 못한 것이 애석하나, 산림에서 강학하여 드러나지 않게 여러 생도들을 인도해서 이 도(道)의 한 맥을 보존한 공(功) 또한 위대하니, 한 시대에 미친 이익과 혜택으로 말하면 어느 것이 더 훌륭한지 알 수 없다.

기묘년(1819)에 개성부(開城府)의 선비들이 글을 올려 표창할 것을 청하니, 특별히 호조 참의(戶曹參議)를 추증하고 기유년(1849, 철종 즉위년)에 나산사(蘿山祠)에 배향하니, 아! 선을 행하는 자들이 게으름을 부릴 수가 없게 되었다.

배위인 밀양 박씨(密陽朴氏)는 창종(昌宗)의 따님인데, 공보다 4년 먼저 출생하고 공보다 20년 먼저 별세하였다. 한 묘소에 모셨으니, 묘소는 지산(芝山)의 선영 왼쪽 기슭 유좌(酉坐)의 언덕에 있다. 아들 주온(胄溫)은 지극한 효행이 있었고, 손자는 덕휴(德休), 지휴(志休), 겸휴(謙休)인데, 덕휴는 재종제(再從弟)인 교관의 넷째 아들 희록(熙祿)을 데려다가 양자로 삼았다.

불초는 외람되게 나산공의 묘지명을 지었으나, 늙어 송장처럼 누운 채 해그늘을 보며 흐르는 세월만 안타까워하고 있으니, 필력과 마음이 모두 다 노쇠해서 아름다운 덕을 천양(闡揚)할 수가 없다. 그러나 공은 학문을 함에 오로지 내면에 마음을 썼으므로 작은 것을 한 치 한 치 쌓아 덕이 성대해지고 행실이 높아져서 미호 문하의 고제(高弟)가 됨에 부끄러움이 없었다.

나산공의 손자인 정휴(鼎休)가, 불초가 평소 공을 사모하고 좋아한다고 하여 비석의 글을 부탁한 지가 이미 여러 해가 되었다. 의리상 끝내 사양할 수가 없어서 마침내 병을 무릅쓰고 명을 짓는다. 명은 다음과 같다.

높고 높은 송악산이　崧高松嶽

정기를 모았으니　鍾毓精神

하남씨[72]가　維河南氏

대대로 돈독하게 유림(儒林)의 보배가 되었네　世篤儒珍

지산옹이 걸출하여　芝翁揭揭

보통 사람들보다 크게 뛰어났네　絶類離羣

음악을 함께 연주하기를　宮商齊唱

지와 훈으로 하였네[73]　以篪以塤

고반[74]이 미호(渼湖) 가에 있으니　考槃在渼

대종사가 살고 계셨네　有大宗師

봄바람 속에 앉고 눈 속에 섰으며[75]　坐春立雪

72 하남씨(河南氏) : 망자의 본관인 직산 조씨를 이른다. 《신증동국여지승람》 제16권 〈충청도(忠清道) 직산현(稷山縣)〉 편에 "온조가 부아악(負兒岳)에 올라가서 살 만한 곳을 살피다가 하남(河南) 위례성(慰禮城)에 도읍했으니, 이곳을 세상에서 직산이라 한다."라는 내용으로 알 수 있다.

73 음악을……하였네 : 형제 사이에 화목하게 지냄을 비유하는 표현으로 망자인 조유헌과 그 형인 조유선이 서로 화목하게 지낸 것을 말한 것이다. 《시경》 〈소아(小雅) 하인사(何人斯)〉의 "맏형은 훈을 불고 둘째형은 지를 분다.〔伯氏吹壎, 仲氏吹篪.〕"라고 한 데에서 온 말인데, 훈은 질나팔이고 지는 젓대이다.

74 고반(考槃) : 현자가 은거하는 집을 이른다. 《시경》 〈위풍(衛風) 고반(考槃)〉에 석인의 은거를 찬미하여 "고반이 시냇가에 있으니, 현자의 마음이 넉넉하도다.〔考槃在澗, 碩人之寬.〕"라고 보이는데, 주자는 《집주》에서 "고(考)는 이룸이고 반(槃)은 반환(盤桓)의 뜻이니, 은거하는 집을 이룸을 말한 것이다.〔考成也, 槃盤桓之意, 言成其隱處之室也.〕"라고 주하였다.

75 봄바람……섰으며 : 문하에 들어가 제자가 되었다는 말이다. 북송(北宋)의 대학자인 명도(明道) 정호(程顥)와 이천(伊川) 정이(程頤)는 형제간으로 명도는 온화하고

강한과 갱장의 사모하는 정[76]을 폈네 江漢羹墻

가르침 따라 학업에 정진하여[77] 叩鍾鼓篋

거의 당에 오른 경지 이루니[78] 庶幾升堂

이천은 엄격했는데, 주광정(朱光庭)이 명도를 여주(汝州)에서 뵙고 돌아와 "내가 춘풍 속에서 한 달 동안 앉아 있었다."라고 말한 고사와, 양시(楊時)와 유작(游酢)이 이천을 찾아갔을 때 이천이 오래도록 명상을 하고 있었으므로 물러간다는 말을 못하고 시립하여 기다렸는데 그 사이 문밖에 눈이 한 자나 쌓였다는 고사에서 유래한 말이다. 《近思錄 卷14》

76 강한(江漢)과……정 : 돌아가신 스승을 우러러 사모하는 마음을 뜻한다. '강한'은, 공자가 죽은 뒤에 증자(曾子)가 공자를 추모하여, "공자께서는 강한으로 씻는 것과 같으며, 가을볕으로 쪼이는 것과 같아서 깨끗하여 더할 수 없다."라고 한 데서 온 말이다. 《孟子 滕文公上》 '갱장(羹墻)'은 옛날 요(堯) 임금이 붕어한 뒤에 순(舜) 임금이 3년 동안 요 임금을 사모한 나머지, 앉아 있으면 요 임금의 얼굴이 담장〔牆〕에서 보이고, 밥을 먹을 때면 요 임금의 얼굴이 국〔羹〕에 떠올랐다고 한 데서 온 말이다. 《後漢書 卷63 李固列傳》

77 가르침……정진하여 : 원문의 '고종(叩鍾)'은 스승이 제자의 자질에 따라 가르친다는 뜻으로, 《예기(禮記)》 〈학기(學記)〉에, "질문에 잘 대응하는 자는 마치 종을 치는 것과 같아서, 작은 것으로 치면 작은 소리로 울리고, 큰 것으로 치면 큰 소리로 울린다.〔善待問者, 如撞鐘, 叩之以小者則小鳴, 叩之以大者則大鳴.〕"라고 한 데서 나온 말이다. 원문의 '고협(鼓篋)'은 《예기》 〈학기(學記)〉에 "학교에 들어가 북을 쳐서 울리고 책을 꺼내는 것은 학업을 공손히 받기 위함이다.〔入學鼓篋, 孫其業也.〕"라고 한 데서 나온 말로 고대 입학 의식의 일종인데, 책을 들고 와 배우기를 구한다는 뜻으로 쓰인다.

78 거의……이루니 : 학문이 정대(正大)하고 고명(高明)한 경지에 이르렀으되, 다만 도(道)의 심오한 경지까지는 들어가지 못했음을 이른다. 《논어》 〈선진(先進)〉에 공자가 자로(子路)의 학문을 평하여 "자로는 당에는 올랐고 아직 실에는 들어가지 못하였다.〔由也升堂矣, 未入室也.〕"라고 하였는데, 주자가 《집주(集註)》에서 "당에 오르고 실에 들어간다는 것은 도(道)에 들어가는 차례를 비유한 것이다. 자로의 학문이 이미 정대하고 고명한 경지에 이르렀으나 다만 정미(精微)하여 심오한 곳에 깊이 들어가지 못했을 뿐이다."라고 주하였다.

충신과 효제요　　忠信孝悌
궁리(窮理)와 거경이었네[79]　　硏理居敬
우리 당류들을 좋아하여　　好我黨類
상제의 명을 듣게 하였네　　以聽帝命
아가위 꽃이여　　棠棣有華
찬란하지 않은가　　曷不韡韡
이것을 쌍벽이라고 하니　　是曰雙璧
난형난제였네　　難兄及弟
벼슬을 추증하고 사당에 제사하니　　以贈以祠
제기(祭器)가 매우 아름답네　　孔嘉俎豆
이는 공을 위해서가 아니고　　匪公之以
오직 후인들을 권면하려 해서였네　　惟以勸後
울창한 지산에　　鬱鬱芝岡
조용하고 엄숙한 무덤이 있네　　侐侐玄隧
비석에 글을 새겨　　載詞石章
천 년에 고하노라　　用詔千禩

79 충신과……거경이었네 : 이 두 구는 조유헌의 학문이 거경(居敬), 궁리(窮理), 역행(力行) 세 가지를 학문하는 장정(章程)으로 삼았음을 말한 것으로, 충신과 효제는 역행에 해당하고, 원문의 '연리(硏理)는 궁리와 같은 말이다.

학생 정공 묘갈명 병서

學生鄭公墓碣銘 幷序

흥덕현(興德縣) 치소(治所)에서 서쪽으로 10리쯤 되는 용두촌(龍頭村)에 계좌(癸坐)의 언덕이 있는데, 여기가 바로 연일 정공(延日鄭公) 휘 수국(壽國)의 묘소가 있는 곳이다. 공의 손자인 영달(瑩達)이 유사(遺事)를 가지고 와서 나에게 명문을 지어 주기를 청하였다.

내가 말하기를 "공의 훌륭한 행실은 저절로 세상에 영원토록 남을 것인데, 어찌 나의 노쇠한 붓을 빌릴 것이 있겠는가. 또 사람이 선행(善行)을 함은 바로 천리(天理)에 당연한 것인데, 어찌 굳이 숨겨진 덕과 드러나지 않은 광채를 발하게 하여, 공이 의도한 바가 없이 한 행위[80]를 도리어 손상시킨단 말인가?" 하였다. 영달이 말하기를 "꼭 그런 것만은 아닙니다. 실제(實際)는 문장에 붙어 있으니 문장이 없으면 어떻게 실제를 기록할 수 있겠습니까. 명문을 지어 주시기를 원합니다."라고 하니, 그 정성에 감동하여 다음과 같이 쓴다.

공은 자가 사안(士安)이니, 정씨는 신라 때 간의 대부(諫議大夫) 휘 종은(宗殷)을 시조로 삼는데, 신라와 고려를 지나고 조선조에 들어오기까지 명성과 덕망이 높은 분들이 배출되었다. 공간공(恭簡公) 휘

80 의도한……행위 : 이 내용은 남송의 학자 장식(張栻, 1133~1180)의 말로, 《근사록(近思錄)》 권7 〈출처(出處)11〉에 "어떤 의도를 갖지 않고 하는 것은 의(義)이고, 어떤 의도를 가지고 하는 것은 이(利)이다.〔無所爲而爲者義也, 有所爲而爲者利也.〕"라고 보인다. 주자는 이 구절이야말로 이와 의의 구분을 가장 잘 표현한 말이라고 칭찬하고 자주 인용하였다.

홍(洪)과 정숙공(貞肅公) 휘 연(淵)에 이르러 부자가 대를 이어 현달하였으며, 여러 대를 지나 좌승지에 추증된 휘 여온(汝溫)과 참판에 추증된 휘 유(濰)와 첨추(僉樞)인 휘 시현(始顯)에 이르니, 실로 공의 고조, 증조, 조고 3대이시다. 선고는 휘가 관빈(寬賓)이고, 선비 강릉 김씨(江陵金氏)는 능(稜)이 그 아버지이시다.

공은 어려서 장난을 칠 때부터 식자(識者)들에게 인정을 받았는데, 장성하자 용모가 단정하고 기상이 후덕하였으며 일 처리가 사람의 의표(意表)를 찌르곤 하였다. 천성이 효성스러워서 일찍 아버지를 여의자 제대로 거상(居喪)하여 몸이 수척해졌으며, 항상 아버지 봉양을 다하지 못한 것을 한으로 여기면서 달고 맛있는 음식으로 편모(偏母)를 봉양하였고, 음식이 남으면 번번이 병든 형에게 나누어 주어서 어머니 마음을 편안하게 하였다.

항상 어린아이의 장난을 하여 어머니를 기쁘게 해드리고 어머니의 뜻을 받들었으나, 마땅히 간(諫)해야 할 일이 있게 되면 또한 구차히 순종하지 않았다. 생신 아침과 속절(俗節)[81]에 술자리를 베풀고 축수(祝壽)하여 온 집안이 화기애애하였다.

상을 당하자 형제들과 힘을 나누지 않고 홀로 담당하여 상을 치렀는데, 정성과 예문(禮文)을 모두 갖추었고 슬픔으로 몸을 훼손해서 거의 생명을 잃을 뻔하였으며, 어린아이처럼 종신토록 어버이를 그리워하였다. 사당의 제사를 한결같이 《주문공가례(朱文公家禮)》를 따라 행

81 속절(俗節) : 설, 대보름, 한식, 단오, 추석, 중양(重陽), 동지, 납일(臘日)과 같이 세속에서 제삿날 이외에 철이 바뀔 때마다 사당이나 조상의 묘에 제철 음식을 올리는 날을 이른다.

하였으며 정성을 다하여 먼 선조에게 제사를 올리고 선영에 비갈(碑碣)을 세웠다. 또 제전(祭田)과 제기(祭器)를 장만하였는데, 이것을 외조(外祖)와 외구(外舅 장인)에까지 베풀었다.

가세가 빈한하여 다섯 형과 한 아우가 모두 스스로 생활하기가 어려웠으며 또 맏형이 고질병을 앓고 있어서 가사를 살피지 못하여 공을 의지하고 높여 일체의 가사를 다 꾸리게 하였다. 공은 가산(家産)을 힘써 관리하고 형제들과 재산을 공유하였으며, 여러 조카들을 잘 돌보고 길러서 혼인할 때 배우자를 택함에 자신의 소생과 차이를 두지 않았다. 전지(田地)를 균등하게 나누어 주었는데, 조카들에게 집과 가까이에 있는 전지를 주면서 말하기를 "몸소 농사짓는 자의 전지는 멀어서는 안 된다."라고 하였다. 아들과 조카들을 의로운 방법으로 가르쳤으며, 사는 곳에 상인(商人)들이 몰려들어 매우 분화(紛華)하다고 알려졌으나, 아들과 조카들로 하여금 상인들과 사귀지 못하게 하였다.

집안에 서당을 만들어 가르침을 베풀었는데, 재주가 빼어나나 가난하여 공부에 힘을 쓸 수 없는 자제(子弟)가 마을에 있으면 아들과 조카들과 함께 학업하게 하였으며 의식(衣食)을 대어 주고 과거 비용을 도와주어 입신할 수 있게 하였다. 매번 재해가 들어 궁핍한 해를 당하면 곡식을 내어 향당(鄕黨)을 구휼했는데, 갑인년(1794, 정조18)과 기사년(1809, 순조9), 갑술년(1814) 세 해에 흉년이 들어 굶어 죽은 시신이 길에 가득하였으나, 오직 공이 살던 4리(里)의 마을은 공이 날마다 죽을 쑤어 먹이고 달마다 구휼함에 힘입어 안정된 삶을 살 수 있었다. 큰 길거리에 방문을 써 붙인 자가 있었는데, 여기에 "고을 이름이 흥덕(興德)이니, 사람도 덕을 일으키는 자가 있다."라고 하였다.

고을이 바닷가에 있어서, 포구(浦口)의 백성들에게 나라에 바치는 공물(貢物)을 모두 책임을 지웠는데, 큰 흉년을 겪게 되자 백성들이 버틸 형편이 못 되었다. 공이 이들을 위하여 보민계(補民契)를 창설하니, 백성들이 가렴(苛斂)을 당하지 않아서 오래되어도 더욱 더 편안하게 여겼다. 향교의 명륜당(明倫堂)이 낡아서 무너질 지경이었는데, 재력이 부족한데다가 시굴거영(時詘擧贏)[82]의 우려가 있어 여러 사람들이 주저하고 어려워하자, 공이 탄식하기를 "공부자(孔夫子)께서 만세(萬世)를 위하여 태평(太平)을 열어 주셨으니, 여기에 힘을 쓰지 않으면 다시 무슨 일을 한단 말인가." 하고는, 마침내 명륜당을 수리하는 일을 주관하면서 조금도 백성들에게 수고를 끼치지 않았으니, 공이 시행하는 모든 일이 이와 같았다.

순묘(純廟 순조) 21년 신사년(1821) 9월 22일에 별세하니, 출생한 갑술년(1754, 영조30)과의 햇수를 따져보면 68년이 된다. 원근(遠近)과 친소(親疎)를 불문하고 모든 사람들이 서글퍼하였다. 장지(葬地)가 마을과 가까웠는데, 마을의 부로(父老)들이 묵은 은혜를 갚고자 하여 마치 친척들처럼 부역에 달려왔으며, 여러 군의 사람들이 다 와서 장송(葬送)하며 말하기를 "어진 사람의 은혜는 그 이로움이 크다."라고 하였다.

배위인 고령 신씨(高靈申氏)는 선고가 경회(景澮)이시고 귀래정(歸

82 시굴거영(時詘擧贏) : 상황이 어려운데 시급하지 않은 큰일을 행한다는 말이다. 《사기》 권45 〈한세가(韓世家)〉에 "지난해에 진(秦)나라에게 의양을 빼앗기고 금년에는 가뭄이 들었는데, 소후가 이러한 시기에 백성을 구휼하는 것을 급하게 여기지 않고 도리어 더욱 사치하니, 이것이 시출거영이다.〔往年秦拔宜陽, 今年旱, 昭侯不以此時卹民之急, 而顧益奢, 此謂時絀擧贏.〕"라고 보이는데, 《자치통감(資治通鑑)》 주 현왕(周顯王) 35년 조에서는 '시굴거영(時詘擧贏)'으로 인용되었다.

來亭) 말주(末舟)가 그 선조이시다. 화목함을 법도로 삼아 시어머니를 효성으로 섬기고 남편을 공경(恭敬)으로 받들었으며 친척과 하인들에게도 모두 환심을 얻었다. 장자(長子)의 상을 당하였으나 사리를 잘 헤아려 마음을 편하게 가졌으며, 둘째아들이 대신 봉양할 것을 원하였으나 의리상 불가하다고 하여 장손의 집에서 끝내 노년을 보냈다.

여러 손자들을 경계하기를 "가도(家道)는 돈후(敦厚)함으로 높아지며 가산을 지키는 일은 부지런하고 검소함에 달려있으니, 이것을 교훈으로 삼아서 선조를 욕되게 하지 말라."라고 하였으며, 세제(歲製 수의(壽衣)를 만드는 일) 또한 사치하지 못하게 하니, 사람들이 모두 공의 덕에 짝할 만하다고 칭송하였다. 공보다 25년 뒤인 을사년(1845, 헌종11)에 별세하니, 향년이 87세였다. 묘소는 흥덕현 이동(二東) 교암(轎巖) 을좌(乙坐)의 언덕에 있다.

3남 2녀를 두었는데, 첫째 아들 익량(翼良)은 문장과 덕행이 있었으나 요절하였고, 둘째는 동량(棟良)이고, 셋째 헌량(憲良)은 백부의 양자가 되었으며, 딸은 이광선(李匡善), 김성현(金聖鉉)에게 출가하였다. 익량의 아들은 윤달(允達)이고 사위는 신철구(申澈求), 소휘민(蘇輝民), 이기환(李基煥)이다. 동량의 아들은 형달(馨達)이고 사위는 이봉섭(李鳳燮), 김찬휴(金贊休)이다. 헌량의 아들은 언달(彦達)인데 또한 문장과 덕행이 있었으나 일찍 요절하였고 그 아내인 이씨는 죽은 남편을 따라 자결하였으며, 둘째는 영달(瑩達)이고, 딸은 기홍연(奇弘衍), 김요협(金堯莢), 황재학(黃在學)에게 출가하였다. 해용(海瑢), 해석(海碩)과 박원형(朴源衡)의 아내는 윤달(允達)의 소생이다. 이광선(李匡善)의 아들은 강(壃), 육(堉), 채(埰), 규(奎)이며, 사위는 황인원(黃仁源), 류인흥(柳仁興)이다. 김성현의 아들은 석관(錫觀)이다. 증손과 현손은 다 기록하지 않는다.

효도하고〔孝〕 우애하며〔友〕 동성 간에 화목하고〔睦〕 이성 간에 화목하며〔婣〕 이웃 간에 신실하고〔任〕 서로 구휼하는 것〔恤〕을 육행(六行)이라 이르니, 이는 마음에서 얻은 이(理)가 날마다 쓰고 늘 행하는 일에 나타나는 것인데, 공은 육행에 있어서 거의 부끄러움이 없었으며 남의 어려움을 급히 여기기를 자신의 일보다도 더 심하게 하였으니, 이는 자신이 초년에 가난했던 것을 펼쳐서 남의 마음을 체인(體認)한 것이다.

마을의 인사들이 공의 훌륭한 행실을 감영(監營)과 고을에 천거하려 하였는데 공이 강력히 만류하여 그만두었으니, 여기에서 공이 내면을 살펴봄에 하자가 없음을 알 수 있다. 자손들이 번창하여 당(堂)에 가득하니, 천도(天道)가 선인(善人)에게 보답함이 여기에 있을 것이다. 다음과 같이 명한다.

살아서는 사람들로 하여금 그리워하게 하고 生使人懷
죽어서는 사람들로 하여금 사모하게 하니 歾使人思
무엇으로 여기에 이르렀는가 何以致此
독실히 행하고 베풀기를 좋아해서였네 篤行好施
공효(功效)가 드러나고 말이 믿어지니 功見言信
의도한 바가 없이 하였네 無所爲爲
깊은 근원을 누가 열었는가 玄源孰啓
그 할아버지와 증조를 보라 視厥祖曾
누가 은택을 이었는가 遺澤孰承
후손들로 검증할 수 있네 後昆是徵

혁혁한 그 선조에게서 赫赫其先
많고 많은 후손들이 전해졌네 詵詵其傳
무릇 선행을 하는 자들은 凡厥爲善
이 묘소를 보라 眡此幽阡

효자 윤군 묘갈명 병서

孝子尹君墓碣銘 幷序

안주(安州) 치소(治所)에서 남쪽으로 45리쯤 되는 지점에 등룡산(登龍山)이 있는데, 산 아래 자좌(子坐)의 언덕은 바로 효자 윤군(尹君)이 묻힌 곳이다. 중자(仲子)인 치유(穉維)가 행장을 가지고 와서 나에게 명문을 지어 줄 것을 부탁하였다. 치유는 여러 해 동안 나를 종유하였는데, 자신의 아버지라고 하여 사사로운 정으로 함부로 찬미할 자가 아니다. 남의 선행을 말하기를 좋아하여 후세 사람들에게 고하는 것은 진실로 군자의 마음이고, 더구나 치유의 말이 믿을 만하니, 내 또 어찌 사양하겠는가.

군은 휘가 문위(文瑋), 자가 사홍(士弘)으로 처음의 휘는 문약(文約)이었다. 본관은 파평(坡平)으로 고려 때 개국공신인 휘 신달(莘達)이 초조(初祖)가 되고 문숙공(文肅公) 휘 관(瓘)에 이르렀다. 조선조에 들어와서 휘 암(巖)이 좌익공신(佐翊功臣)이 되어 파평군(坡平君)에 봉해지고 숙경 옹주(淑慶翁主)에게 장가들었다. 또 여러 대를 전하여 휘 봉의(鳳儀), 휘 태은(泰殷), 휘 덕해(德諧), 휘 성저(聖著)에 이르니, 실로 군의 고조, 증조, 조고, 선친이시다. 선비(先妣) 최씨는 자식을 낳지 못하였고, 중하(重夏)의 따님인 계비 경주 김씨(慶州金氏)가 군(君)을 낳았다.

군은 타고난 자품이 아주 깨끗하고 화락하였으며 유희(遊戲)를 좋아하지 않았다. 천성적으로 효성이 지극하여 약관(弱冠)이 되기 전에 부친상을 당했는데 슬픔으로 몸을 훼손시켜서 생명을 온전히 하지 못할 지경이었으며, 매 기일마다 초상 때처럼 곡하면서 슬퍼하고 그리워하였다.

어머니의 뜻을 받들어 잘 봉양하여, 집의 사방에 벽만 덩그렇게 서 있었는데도 어머니의 몸을 편안하게 하는 물품은 다 넉넉하게 갖추었으며, 혹 맛있는 음식이 떨어질까 염려해서 두 개의 강을 건너 성시(城市)에 들어가서 옷을 전당(典當) 잡히고 음식을 사가지고 오곤 하였다. 출입할 때에 반드시 어머니께 고하였으며 외지에 나갔을 적에는 약속한 날짜에 돌아와 어머니를 뵈었다. 매일 닭이 울면 일어나서 어머니 방에 들어가서 기거(起居)를 살피고, 날이 밝으면 어머니에게 맛있는 음식을 올려서 조금도 빠뜨리는 일이 없으니, 온 지방 사람들이 모두 '윤 효자(尹孝子)'라고 칭하였다.

어려서부터 학문을 좋아하였는데, 성인(聖人)의 책이 아니면 읽지 않았고 격언(格言)과 지론(至論)을 써서 게시하여 종신토록 가슴에 새겼다. 족형(族兄) 지범(之範)과 교분이 돈독해서 매번 날짜를 약속하여 서로 만나 강론해서 경전의 뜻을 토론하고 평설하고는 하였는데, 지범은 군이 마음을 가라앉혀 깊이 몰입해서 저절로 이치를 깨우친다고 인정하였다.

군은 항상 자질(子姪)들에게 인(仁)을 구하고 자신을 위하여 학문하는 도(道)로 경계하였으며, 의복을 검소하게 입는 것으로 한 집안의 법도로 삼았다. 평소 성품이 굳세고 결백해서 터럭 하나도 구차히 취하지 않았다. 한번은 말을 타고 외출하다가 말이 달아나서 백성들의 곡식을 먹어 치우자 돌아와서 밭주인에게 계산하여 곡식을 주었는데, 밭주인은 말이 곡식을 먹은 것을 알지도 못하였다.

신미년(辛未年)에 토적(土賊)이 창궐하자,[83] 어머니를 모시고 박천

(博川)의 덕안촌(德安村)으로 피난하였는데, 고성 첨사(古城僉使)가 상경한 틈을 타서 토호(土豪)인 김달성(金達成)이 스스로 진장(鎭將)이 되어 소를 잡아 군사들에게 먹였다. 군은 진(鎭)과 고개 하나를 사이에 두고 거주하고 있었는데, 적(賊)이 소고기를 가져다주면서 이를 미끼로 군을 유인하고 협박해 마지않았으나, 군은 엄격히 물리쳤다. 김달성이 형벌을 받고 죽임을 당하자, 안주 목사(安州牧使) 조종영(趙鍾永)이 군을 의사(義士)라고 칭찬하며 고기 10근을 하사하였다.

순조 21년 신사년(1821) 8월 22일에 별세하니, 출생한 신축년(1781, 정조5)과 햇수를 따져 보면 41년이 된다. 배위인 평산 신씨(平山申氏)는 영철(永哲)의 따님인데, 3남 1녀를 두었다. 큰아들 능유(稜維)는 요절하였고, 둘째아들은 치유(穉維)이고, 셋째아들은 서유(瑞維)이며, 딸은 최진홍(崔鎭泓)에게 출가하였다. 신씨는 안주 남쪽 5리쯤에 있는 권벽산(權擘山) 손좌(巽坐)의 언덕에 따로 장례하였는데, 별도로 비갈(碑碣)이 있다.

아! 군은 지극한 효행을 타고났다. 부모로부터 받은 머리털과 피부를 소중하게 여기고, 종신(終身)토록 깊은 못에 임한 듯 얇은 얼음을 밟는 듯 조심하고 신중히 처신하였으니, 돈후한 천성에서 얻음이 있는 자가 아니라면 어찌 여기에 참여할 수 있었겠는가. 또 도적의 난리를 당하여 역수(逆竪)들의 협박을 물리쳐 수립한 바가 우뚝하니, 군과 같은 자는 참으로 한 지방의 선한 선비가 아니겠는가. 불행히도 일찍 죽어서 그 뜻과 공업을 제대로 채우지 못하였으니, 애석하다. 치유가

83 신미년(辛未年)에 토적(土賊)이 창궐하자 : 홍경래(洪景來)의 난이 발발한 것을 이른다. 신미년은 1811년(순조11)이다.

선행(善行)을 즐기고 학문을 좋아해서 향후의 발전을 측량할 수가 없으니, 군의 불식지보(不食之報 부조(父祖)의 음덕으로 자손이 잘 되는 보응(報應))가 아마도 여기에 있는가 보다. 다음과 같이 명한다.

청천강 가에	薩水之上
윤 효자가 있었으니	有尹孝子
백행의 근원인 효도로	居百行源
한 지방의 기강(紀綱)이 되었네	爲一方紀
돈독한 효도로 미루어감에	惇孝攸推
저절로 여러 아름다움 갖추어졌고	自具衆美
순명과 반역을 밝게 분별해서	洞辨逆順
역적들을 낙심시켰네	賊竪心死
근본한 것이 있었으니	本之則存
부지런히 독서하고 이치를 연구한 결과였네	劬書硏理
만일 수명을 빌려 주었다면	苟假年壽
아무리 원대한 것이라도 다 이루었으리라	靡遠不致
내가 이 아름다움을 명문으로 적어서	我銘斯懿
백세에 밝게 게시하노라	昭揭百禩

묘표墓表

공조 판서 김공 묘표 기해년[84]

工曹判書金公墓表 己亥

순묘(純廟) 30년 경인년(1830) 11월 아무 날에 청풍(淸風) 김택선(金宅善)이 황고(皇考 선친)인 공조 판서 휘 기후(基厚)와 황비(皇妣 선비)인 정부인 은진 송씨(恩津宋氏)를 양주(楊州) 문곡리(文谷里) 선영의 임좌(壬坐)의 언덕에 합장(合葬)하였는데, 나에게 그 세계(世系)를 적고 그 덕행과 이력(履歷)을 드러내어 이를 장지(葬地)에 기록해 달라고 부탁하였다.

세계(世系)로 말하면, 문의공(文毅公) 휘 식(湜)은 도학(道學)으로 이름났고, 문정공(文貞公) 휘 육(堉)은 공적(功績)으로 이름났으며, 충익공(忠翼公) 휘 우명(佑明)과 정희공(貞僖公) 휘 석연(錫衍)과 효정공(孝靖公) 휘 성응(聖應)과 판돈녕부사(判敦寧府事) 휘 지묵(持默)은 충성으로 이름났는데, 공은 판돈녕 공의 큰 아드님이다.

덕행으로 말하면, 공은 지극한 효행이 있어서 어버이가 살아계실 적에 섬기고 돌아가셔서 장례할 적에 효도와 공경이 모두 지극하였으

84 기해년(己亥年) : 1836년(헌종5)으로, 매산의 나이 71세 되던 해이다.

며, 정성껏 제수를 올려서 종신토록 매우 돈독하게 하였고, 병든 아우를 간호하고 전택(田宅)을 나누어 주었으며 양자를 세워서 능히 집안의 법도를 이루게 하였다.

자녀들을 의로운 방법으로 가르치고 종질(宗姪 종손인 조카)을 자신의 자식보다 더욱 잘 대우하였으며, 종질이 별세하자 몸소 장례를 치러서 유감이 없게 하였다. 말이 종질에게 미치면 번번이 눈물을 흘렸으며 종질의 고아를 잘 돌보아 길러 그로 하여금 몸을 세울 수 있게 하였다. 집안을 다스리기를 조정을 다스리는 것과 같이하니, 사람들이 감히 의롭지 못한 것으로 간여하지 못하였다.

왕실과 인척이 되어 대대로 현달하니, 항상 깊은 못에 임한 듯 얇은 얼음을 밟는 듯 조심하는 마음을 품어서 문을 걸어 닫고 자신의 몸을 지켰다. 사람들과 상종(相從)하려는 마음을 끊고 한 번도 남을 비평하는 말을 내지 않았으며, 궁중에 출입한 60년 동안 집안사람들에게 궁중의 일에 대해 언급하지 않았다. 정조께서 공의 근신하는 태도를 아셨기 때문에 매우 소중하게 여기시어 총애하고 우대하였다.

선친이 내영(內營 도성에 설치된 장용영(壯勇營))을 관장하게 되었는데, 이때 군영의 제도를 새로 만들었기 때문에 군무(軍務)가 매우 많았다. 정조께서 공에게 편지를 내려 노친(老親)을 위하여 수고를 대신하라고 권면하셨고, 또 말씀하시기를 "다만 그대의 노친(老親)을 위하여 그 힘을 덜어주려는 뜻일 뿐만이 아니니, 이는 마치 예(禮)를 익히는 것과 같아서 선대(先代)의 가업을 계승함에 있어 요령(要領)을 터득하는 것과 같은 것이다." 하였으니, 공이 융원(戎垣 군대의 대장의 직위)에 제수되었던 것은 바로 정조대왕의 유지(遺志)가 있었던 것이다.

공은 집안 3대가 군대를 거느린다고 하여[85] 항상 두려워하였으며 또 탁룡(濯龍)의 경계[86]를 말씀하곤 하였다. 평소에 "태평성세의 장신(將臣 도성을 지키는 각 영문(營門)의 장수)은 새롭게 도모해야 할 바가 없으니, 오직 전해지는 것을 그대로 맡아 지키고 관리하는 것을 급선무로 삼아야 한다."라고 하면서 추호도 함부로 물건을 허비하지 않아서 부임했던 두 군영의 창고가 가득 찼으며, 한결같은 마음으로 직분을 다하여 권세나 이익 때문에 두려워하거나 근심하지 않았다.

주(州)와 군(郡)에서 정사(政事)를 펼 적에, 시종일관 법도가 한결같아서 나라에 보답하고 집안을 계승하는 일을 의체(義諦)로 삼았다. 정해년(1827, 순조27)에 서만수(徐萬修)에게 모함과 참소를 당하여, 공의 이름이 백간(白簡 관원을 탄핵하기 위하여 올리던 상소문)에 오르니, 공은 황량한 교외에 은거하여 원한을 품고 통분을 참으며 지내면서 살고 싶은 마음이 없는 듯하였다.

일찍이 효의성모(孝懿聖母)[87]께서 훈계한 말씀을 외웠는데, 여기에 이르기를 "정순왕후(貞純王后)의 본친(本親)의 화(禍)는 수렴(垂簾)에서 조짐을 보였으니,[88] 수렴을 지극히 경계하지 않으면 안 된다."라

85 집안……하여 : 김기후의 부친인 김지묵(金持默)이 군의 최고 수뇌직인 어영대장(御營大將), 총융사(摠戎使) 등을 지냈고, 조부인 김성응(金聖應)이 훈련대장(訓鍊大將), 병조 판서 등을 지냈으므로 이렇게 말한 것이다.

86 탁룡(濯龍)의 경계 : 왕실의 외척이 발호하는 것에 대한 경계를 말한다. '탁룡'은 후한(後漢) 명제(明帝)의 부인인 마황후(馬皇后)가 직접 누에치고 비단을 짜면서 검소한 생활을 하며 살았던 탁룡원(濯龍苑)을 가리킨다. 마황후는 자신의 친족이 외척이 되어 발호하는 것을 엄히 경계하였다. 《後漢書 卷10上 馬皇后紀》

87 효의성모(孝懿聖母) : 효의왕후(孝懿王后, 1753~1821)로 정조(正祖)의 비(妃)이다. 천성이 온후하고 청렴하여 일생을 검소하게 보냈으며, 생전에 여러 차례 존호(尊號)를 올렸으나 모두 사양하였다.

고 하였고, 이어서 명성왕후(明聖王后)께서 항상 외친(外親)을 경계해서 과거에 응시하지 못하게 한 것을 거론하고는 하였으니, 공이 일찍 과거공부를 그만 둔 것은 바로 전수(傳受)받은 바가 있었던 것이다. 이렇게 하였는데도 말년에 망측한 모함을 당하니, 자성(慈聖 효의왕후)의 덕에 누를 끼친 것을 지극한 통한(痛恨)으로 삼아서 스스로 "지하로 돌아가 성모(聖母)를 배알할 면목이 없다."라고 하였다. 을미년(1835, 헌종1) 5월에 명경대비(明敬大妃)[89]께서 순조의 유지를 따라 특명으로 정계(停啓)[90]하게 하고 은혜로운 말씀을 공표하여 실상을 남김없이 밝혀주니, 공이 구천(九泉)으로 가는 길에 품었던 원통함이 이에 펴지게 되었다.

공은 자가 사중(士重)으로 영조 23년 정묘년(1747) 11월 19일에 출생하였다. 갑오년(1774) 생원시에 합격하여 영릉 참봉(寧陵參奉)과 익위사 세마와 예빈시(禮賓寺)와 평시서(平市署)의 주부, 호조와 공조의 좌랑과 정랑, 의금부 도사, 사복시 판관(司僕寺判官), 중부 령(中部

88 정순왕후(貞純王后)의……보였으니 : 본친(本親)은 친정아버지인 김한구(金漢耈 1723~1769)로, 딸이 영조의 계비가 되자 오흥부원군(鰲興府院君)에 봉해지고 어영대장 등의 벼슬을 지냈다. 1764년(영조40) 아들 김구주(金龜柱)가 척신(戚臣)으로 붕당을 지어 영조의 탕평책을 어겼다고 하여 유배되고 자신은 파직되었는데, 김구주가 뒤에 정조(正祖)를 해치려 한 사실이 드러나 흑산도와 나주에 유배되었다가 죽었기 때문에 이렇게 말한 것이다. 수렴은 왕비가 되어 정치에 간섭함을 이른 것으로 보인다.

89 명경대비(明敬大妃) : 순조의 비인 순원왕후(純元王后, 1789~1857)로 1827년(순조27)에 명경(明敬)이란 존호가 올려졌기 때문에 이렇게 칭한 것이다. 순조 붕어 후 어린 손자인 헌종을 대신해서 수렴청정을 하였다.

90 정계(停啓) : 임금에게 보고하는 죄인 문건인 전계(傳啓)에서 죄인의 이름을 삭제하여 더 이상 거론하지 않음을 말한다.

令), 광흥창 수(廣興倉守), 선공감 부정(繕工監副正), 혜국(惠局 선혜청)의 낭관(郎官)을 역임하였다.

정묘년(1747)에 특지로 동부승지에 제수되고 순서에 따라 승진하여 좌부승지에 이르렀는데, 그 사이에 공조 참의를 지냈다. 신미년(1751)에 또 특지로 총융사(摠戎使)에 제수되었고, 그 사이에 호조·공조·형조의 참판과 오위도총부(五衛都摠府)의 부총관(副摠管), 한성부 좌윤과 우윤, 동돈녕(同敦寧)에 제수되었다. 기묘년(1759)에 금위대장(禁衛大將)에 제수되었으며, 신사년(1761) 효의왕후께서 승하했을 때에 명정 서사관(銘旌書寫官)으로 공을 세워 가의대부(嘉義大夫)로 승진하였다.

임오년(1762)에 다시 총융사에 제수되고, 효희전(孝禧殿)의 제관(祭官)이 되어 세운 공로로 자헌대부(資憲大夫)로 승진하여 공조 판서와 지돈녕부사(知敦寧府事), 도총관(都摠管), 한성부 판윤에 제수되었다. 병술년(1766)에 팔질(八耋 80세)의 나이가 되어 정헌대부(正憲大夫)의 품계로 승진하였다. 또한 일찍이 함열(咸悅), 재령(載寧), 서흥(瑞興), 곡산(谷山), 황주(黃州), 광주(光州), 평양(平壤), 풍천(豐川), 여주(驪州) 등 아홉 고을을 맡았으니, 이것이 공이 지낸 내외(內外)의 경력이다.

선비이신 증 정경부인(贈貞敬夫人) 한산 이씨(韓山李氏)는 현령(縣令) 규환(奎煥)이 그 선고이시다. 배위인 송씨는 숙흠(肅欽)의 따님이고, 문정공(文正公) 동춘당(同春堂) 송준길(宋浚吉)의 5세손인데, 한 따님을 낳았다. 계자(繼子) 택선(宅善)은 전 목사(牧使)이고, 딸은 부사(府使) 심응규(沈應奎)에게 출가하였다. 목사의 계자는 익상(益相)이며, 부사의 계자는 정식(正植)이고 사위는 현감 김재진(金在晉)이다.

공은 말년에 안암동(安巖洞)에 별장을 짓고 매양 흥이 나면 홀로 가서 뽕나무와 삼을 기르고 꽃과 대나무를 가꾸며 무심히 지내면서 돌아갈 것을 잊곤 하였다. 황량한 교외로 몸을 피하게 되자 5년 동안 이목구비(耳目口鼻)를 막고 은거하여 일없이 지내다가[91] 별세하니, 바로 경인년 9월 8일이다.

공은 용모가 훤칠하고 체격이 컸으며 기도(氣度)가 장중하였다. 또 충성과 효성을 천성으로 타고나서 이를 수칙(修飭)할 필요가 없었다. 또 유학자들을 애모(愛慕)하여 미호(渼湖)와 늑천(櫟泉) 등의 제현(諸賢)을 찾아 뵈웠고, 또한 일찍이 나를 매우 소중하게 대하였다. 안부를 묻기 위해 공이 거처하는 임하(林下)에 찾아뵙고 대질(大耋 80세)의 연세에 시간을 어찌 보내는지를 여쭈었는데, 여전히 하루 종일 무릎 꿇고 앉아 있었으니, 스스로 편안히 지내는 것이 아니었다.

공이 말하기를 "내가 어려서 처사(處士) 이구상(李龜祥)께 배웠는

91 이목구비(耳目口鼻)를……지내다가 : 원문의 '색태(塞兌)는 《노자(老子)》에 보이는 말로, 욕심이 나오는 이목구비를 막는 것이다. 《도덕경(道德經)》 52장에 "이목구비를 막고 문을 닫으면 종신토록 수고롭지 않게 된다.〔塞其兌, 閉其門, 終身不勤.〕"라고 보인다. '식영(息影)'은 한가로이 은거한다는 뜻으로, 《장자》 〈어부(漁父)〉의 "어떤 사람이 자신의 그림자를 두려워하고 자신의 발자국을 싫어하여 이것을 떨쳐내려고 달음질을 쳤는데, 발을 들어 올리는 횟수가 많아질수록 발자국도 더욱 많아졌고 달리는 것이 빠를수록 그림자가 몸에서 떨어지지 않았다. 자신의 달리기가 아직 더디다고 생각해서, 쉬지 않고 질주하여 마침내는 힘이 다하여 죽고 말았다. 이 사람은 그늘에 처하면 그림자가 사라지고 고요히 쉬면 발자국도 멈춰진다는 것을 몰랐으니, 어리석음이 또한 심한 것이다.〔人有畏影惡迹而去之走者, 擧足愈數而迹愈多, 走愈疾而影不離身. 自以爲尙遲, 疾走不休, 絶力而死. 不知處陰以休影, 處靜以息迹, 愚亦甚矣.〕"라는 구절에서 유래하였다.

데, 처사는 늑천의 고제(高弟)이다. 내가 마음을 정립하고 처신함에 있어 이분에게서 얻은 것이 많다."라고 하였다. 공은 평생 동안 삼가고 두려워하며 조심하기를 가득 찬 그릇을 받들고 귀한 옥을 잡는 것처럼 하였으니, 어찌 연유한 바가 없이 그러했겠는가.

공의 집안은 왕족과 두 번 인연을 맺었고 대대로 돈독히 충성과 절개를 바쳤다. 공에게 이르러 참혹한 횡역(橫逆)을 당하여 모함하는 말이 끝이 없었으나, 끝내 하늘의 해가 다시 빛나서 유명(幽明 이승과 저승)에 유감이 없게 되어 영원히 후세에 칭송할 말이 있게 되었으니, 여기에서 천도(天道)가 정해지면[92] 매우 견고함을 검증할 수 있다. 내가 붓을 들어 이것을 써서 구천에 계신 공의 영혼에게 고하고 또 큰 아드님의 효심을 위로하는 바이다.

92 천도(天道)가 정해지면 : 춘추 시대 신포서(申包胥)가 "사람(무력)이 많을 경우에는 하늘(천도)을 이기지만 천도가 정해지면 또한 사람을 이긴다.〔人衆者勝天, 天定亦能勝人.〕"라고 한 말을 원용한 것이다. 신포서는 춘추 시대 초(楚)나라의 대부로, 초나라를 섬기던 친구 오원(伍員)이 억울하게 화를 당하고 오(吳)나라로 망명하여 전쟁을 일으켜 초나라의 도성을 함락하고 죽은 초왕의 시신을 꺼내어 매질하자, 오원에게 타이른 말이다.《史記 卷66 伍子胥列傳》

판돈녕 박공 묘표 임자년[93]

判敦寧朴公墓表 壬子

판돈녕부사(判敦寧府事)로 영의정(領議政)에 추증된 금석(錦石) 충헌공(忠獻公) 박준원(朴準源)은 바른 덕과 깊은 학문으로 왕실에 큰 공을 세웠다. 장자(長子) 휘 종보(宗輔)는 호조 판서로 시호가 충익공(忠翼公)이고, 차자(次子) 휘 종경(宗慶)은 이조 판서로 문숙공(文肅公)이다. 판돈녕부사 휘 기수(岐壽)는 충익공의 아드님으로 문숙공의 후사가 되었다.

공은 자가 봉래(鳳來)이고 본관이 반남(潘南)이니, 반남 박씨는 대대로 현달하여 그 내용을 굳이 여기에 기록할 필요가 없다. 충익공의 배위인 대구 서씨(大丘徐氏)는 군수 광수(廣修)의 따님이고, 문숙공의 배위인 덕수 이씨(德水李氏)는 군수 술모(述模)의 따님이다. 공은 정조 16년 임자년(1792) 8월 16일에 출생하였는데, 어려서부터 뛰어난 자질이 있어서 의젓하고 관후(寬厚)하여 마치 거인(巨人)처럼 우뚝하니, 충헌공(忠獻公)이 재상이 될 그릇이라고 지목하였다.

경오년(1810, 순조10)에 사마시의 양장(兩場 진사시와 생원시)에 합격하였다. 갑술년(1814)에 이 부인(李夫人)이 병이 들자, 공은 옷을 벗지 않고 밤마다 하늘에 기도하였는데 백여 일 동안 게을리하지 않았다. 상을 당하자 물과 장(漿)을 입에 넣지 않았고 옆 사람을 감동시킬 정도로 슬퍼하였으며 아침과 저녁의 여가에는 마음을 집중하여 예(禮)를

93 임자년(壬子年) : 1852년(철종3)으로, 매산의 나이 77세 되던 해이다.

연구하였다. 큰 할아버지인 근재 선생(近齋先生 박윤원(朴胤源))에 대해 갱장(羹墻)의 사모함[94]이 있어서 유고(遺稿)를 가져다가 《근재예설(近齋禮說)》을 엮었는데, 사대부들이 날마다 쓰는 상례(常禮)가 되었다.

병자년(1816)에 상을 마치고, 감제(柑製)에서 장원하여 직부전시(直赴殿試)되었고,[95] 여러 번 섭당후관(攝堂后官)[96]을 지냈다. 정축년(1817) 문숙공의 상을 당하였고, 상을 마치자 시강원 설서로 있다가 사간원 정언, 사헌부 지평과 장령으로 승진하였으며, 특지로 홍문관 부교리에 제수되고 응교로 승진하였다. 동부승지와 보덕(輔德), 예조·형조·이조의 참의, 성균관 대사성에 제수되고, 가선대부(嘉善大夫)로 승진하여 형조·이조 참판과 동지경연 의금 춘추관사(同知經義禁筵春秋館事)가 되었으며 자헌대부(資憲大夫)로 승진해서 공조·예조·병조·이조의 판서, 지경연(知經筵), 도총관(都摠管), 판의금(判義禁), 좌참찬(左參贊)이 되고, 여러 번 승진하여 보국(輔國)의 품계에 이르러서 판돈녕부사와 한성부 판윤을 겸하였다. 외직으로는 성천 부사(成川府使), 경상도·함경도·경기도 관찰사, 광주 유수(廣州留守)

94 갱장(羹墻)의 사모함 : 사후(死後)에 간절히 흠모하는 마음을 말한다. 자세한 내용은 357쪽 주76 참조.

95 감제(柑製)에서 장원하여 직부전시(直赴殿試)되었고 : '감제'는 매년 제주(濟州)에서 바치는 감귤이 올라오면 성균관과 사학(四學)의 유생들에게 이를 하사하면서 치루던 시험으로, 장원을 차지하면 문과(文科)에 직부전시하였다. '직부전시'는 해당 인물을 바로 급제시켜 임금이 친히 임하여 치르는 최종 시험인 전시에 나아가게 하는 제도인데, 식년 문과의 경우 33명의 급제자를 복시(覆試)에서 결정하고 전시에서는 그 석차(席次)만을 결정하였다. 《銀臺條例 禮典 春秋到記》

96 섭당후관(攝堂后官) : 승정원의 가주서(假注書)의 별칭으로, 주서에 결원이 생기거나 또는 필요에 따라 임명되었다.

를 지냈으니, 이것이 공의 이력(履歷)이다.

공은 정성을 다하여 부지런히 공무를 수행하였는데, 충성과 사랑이 천성에서 나왔다. 익종(翼宗)[97]이 대리청정하던 초년에 진찬도감 당상(進饌都監堂上)에 차임되었는데, 시의(時宜)를 참작(參酌)하고 형식과 내용을 중도에 맞게 하여, 진찬(進饌 진연(進宴)보다 규모가 작고 의식이 간단한 궁중의 잔치)이 조금이라도 풍성하면 조용히 여쭈어 절제하게 하여 익종의 칭찬을 많이 받았다.

경인년(1830)에 익종께서 승하하였는데, 공은 익종에게 특별히 깊은 지우를 입었다고 하여 마음속에 지극한 애통함을 간직하여 마치 살고 싶은 생각이 없는 듯하였다. 가을에 빈궁(殯宮)[98]에 화재가 나서 불길이 거세게 일어나자 상하의 군사들과 백성들이 둘러서서 바라보고 발만 구르며 있었는데, 공이 분연히 곧장 불길 속으로 들어가며 말하기를 "신자(臣子)로서 오늘의 변고를 당하여 여전히 자기 일신의 일만을 도모할 수 있단 말인가."라고 하고는, 눈물을 흘리면서 달려가 자신의 몸이 불에 타는 것을 돌아보지 않고 끝내 장막을 철거하고 관을 들고 나오니, 위사(衛士)들이 모두 "참으로 끓는 물과 불속으로 달려가는

97 익종(翼宗) : 순조의 장자였던 효명세자(孝明世子, 1809~1830)를 이른다. 1812년(순조12)에 왕세자에 책봉되고, 1827년부터 대리청정하여 형옥(刑獄)을 삼가고 정사에 힘썼으나 4년 만에 승하하였다. 아들 헌종이 즉위하자 왕으로 추존되고 시호를 돈문현무인의효명(敦文顯武仁懿孝明), 능호를 수릉(綏陵)이라 하였다.

98 빈궁(殯宮) : 상여가 나갈 때까지 왕세자나 왕세자비의 관(棺)을 모셔두던 곳으로 왕이나 왕비는 빈전(殯殿), 그 외 일반인은 빈소(殯所)라 한다. 순조 30년(1830)에 효명세자가 별세하자, 창경궁(昌慶宮) 환경전(歡慶殿)을 빈궁으로 사용하였는데 화재로 소실되었다. 《국역 순조실록 30년 8월 1일》

것을 공에게서 직접 보았다."고 칭찬하였다고 한다.

두 전조(銓曹)[99]의 판서가 되었을 적에 오랫동안 승진하지 못한 자들을 선발하니, 공론이 진실로 흡족하게 여겼다. 정사(政事)를 펼 적에 자상하고 신실하며 청렴하고 일처리를 잘하였는데, 임금의 은혜를 베풀고 백성의 고통을 살피는 것을 요체로 삼았다. 성천(成川)에 있을 때는 관리의 일을 한결같이 정성스럽게 처리하고 농사와 잠업(蠶業)을 권장하고 독려하였으며, 간교하고 교활한 아전들을 단속하여 위엄과 은혜가 함께 행해졌다.

경상도 관찰사로 있을 때에 도내에 여러 해 묵은 옥안(獄案)을 가져다가 몸소 심리하여 대부분 생의(生議)[100]로 판결을 내었으며, 자신의 녹봉을 자신을 이롭게 하는 데에 조금도 쓰지 않고 오직 폐단을 제거하고 백성들을 소생시키는 데에 사용하였다. 별도로 돈과 곡식을 마련하여 비상시에 대비하여 쌓아 둔 것이 천(千)과 만(萬)으로 헤아려지니, 여러 고을에서 비석을 세워 칭송하였다.

경기도 관찰사로 있을 때에 매년 큰 흉년이 들어서 감영의 비축이 거의 다 떨어져 아침저녁의 끼니도 이어갈 수 없는 두려운 지경에 이르렀는데, 공이 황정(荒政 흉년에 백성을 구하는 정책)을 강구해서 양서(兩西 황해도와 충청도) 지방의 좁쌀 몇 천 석을 옮겨 올 것을 청하여, 뱃길로 조운하여 여러 고을의 실정을 잘 헤아려 나누어 주어서 굶주린 백성들

99 두 전조(銓曹) : 이조와 병조를 이른다. 전조는 인사권을 행하는 관아라는 의미로 문관의 인사를 맡은 이조와 무관의 인사를 맡은 병조가 모두 전조가 된다.

100 생의(生議) : 미결수 중에 사형에 해당하나 의심할 만한 단서가 있을 경우 형을 경감하여 사형 이하의 형으로 논죄함을 이른다.

을 구제하였다. 도성 안에 유리걸식(遊離乞食)하는 자들이 길에 가득하였는데, 공은 또다시 천연정(天然亭)[101] 옆에 천막을 치고 하루에 세 번 죽을 끓여 먹이니, 항상 수백 명이 이곳을 찾았다.

감영의 순(巡)과 고(雇) 두 창고에 지방(支放)[102]하는 쌀을 보관하였는데, 백성들로 하여금 본색(本色)[103]으로 바치도록 하여 경기도 백성들의 고질적인 병폐가 되었다. 공은 특별히 돈으로 바치는 것을 허락해서 선혜청(宣惠廳)에 비축되어 있는 쌀을 가지고 환급하였다. 또 외읍(外邑)의 백성들에게 빚을 놓은 것이 있었으나 햇수가 오래되어 체납이 쌓여 한갓 빈 장부만 남아 있었는데, 상환하라는 독촉이 그치지 않아서 원망과 비방이 함께 일어났다. 공은 빚 문서를 모두 불태워서 빚을 탕감해 주었다.

함경도 관찰사로 있을 때에 전임 관찰사가 임소(任所)에서 별세하면서 거의 만 냥에 가까운 부채를 남겼는데, 공은 녹봉을 털어 채워 갚으면서 조금도 어려워하는 기색이 없었다. 이해에 남관(南關)[104] 지방에 큰 흉년이 들어서 백성들이 모두 거의 죽게 되었는데, 공이 여러 번 비변사(備邊司)에 청해서 북관(北關)의 곡식 수 만석을 옮겨 분배하여

101 천연정(天然亭) : 당시 경기 감영 주변에 있던 정자로, 지금의 독립문 근처이다. 경기 감영은 돈의문(敦義門 서대문) 바로 밖에 있었다.《阮堂全集 卷6 天然亭重修記》

102 지방(支放) : 관아의 일꾼이나 병영(兵營)의 군사에게 늠료(廩料)를 지급하는 일, 또는 그 늠료를 말한다.

103 본색(本色) : 조세(租稅)를 징수할 적에 미곡(米穀)으로 징수하는 것을 본색이라고 하고, 은전(銀錢)으로 환산(換算)한 것을 절색(折色)이라고 한다.

104 남관(南關) : 당시 함경도에서 마천령 남쪽 지방을 이르는 말로 지금의 함경남도를 이른다.

위급함을 구제하여 남관 지방에 굶주려 죽거나 유리하는 근심이 없었으니, 북송의 명상 부필(富弼)이 수재(水災)를 당한 청주(青州)의 백성들을 살린 일에 비교하여 손색이 없다.

식년(式年)[105]마다 감시(監試 사마시(司馬試))를 열어 선비들에게 시험을 보였는데, 북쪽 지방은 원래 외지고 멀어서 풍속이 완악하고 사나우니, 장보관(章甫冠)을 쓴 선비들이 매번 감영의 아전들과 한 패거리를 이루어 연줄을 만들어 사사로운 청탁을 하는 등 못하는 짓이 없었다. 공이 이를 엄하게 단속하고 분명하게 살피자 상하가 숙연해져서 과거가 공명(公明)해지니, 합격하지 못한 자가 스스로 억울해 함이 없었다. 공이 엄하게 바로잡으려 들지도 않고 남에게 부화(附和)하지도 않으면서 마음을 다하여 직무를 수행함이 대체로 이와 같았다.

병오년(1846, 헌종12) 겨울에 판의금부사(判義禁府事)가 되었는데, 간관(諫官)인 김필(金鏺)의 죄를 논할 적에 배소(配所)를 가벼운 것을 따라야 한다고 주장했다가 파직되자, 양주의 시골집으로 물러나 거처하였다. 공은 늙어서도 벼슬에 연연해하는 것을, '인경(人定)의 종이 울리고 물시계가 다했는데도 그치지 않고 밤길을 가는 것과 같다.'라고 경계한 고인의 말[106]을 유념하여 돈암(敦巖)의 옛 별장으로 돌아와 산

105 식년(式年) : 간지에 자(子)·묘(卯)·오(午)·유(酉)가 드는 해로, 조선 시대에는 이때 과거를 치루고 호적을 작성하였다.

106 늙어서도……말 : '고인'은 삼국 시대 위(魏)나라의 장수인 전예(田豫)를 이른다. 전예의 말은 《삼국지》 권26 〈위서(魏書) 전예전〉에 "나이 칠십이 넘었는데도 여전히 벼슬자리를 차지하고 있는 것을 비유하자면, 인경의 종이 울리고 물시계가 다했는데도 그치지 않고 밤길을 가는 것과 같으니, 이는 죄인이다. [年過七十而以居位, 譬猶鍾鳴漏盡而夜行不休, 是罪人也.]"라고 보인다.

수를 소요하면서 여생을 마치고자 하였다.

얼마 후에 성은(聖恩)을 입어 서용(敍用)되어 정미년(1847)에 병조판서에 제수되니, 주상께서 공이 충성스럽고 부지런하여 큰일을 맡길 만하다는 것을 아시고 더욱 융숭한 은총을 베푸신 것이었다. 공은 황감(惶感)하여 감히 자신의 사사로운 사정을 말하지 못하고 힘을 다하여 달려가 명령에 응했다가, 몇 달이 못 되어 병이 나서 이해 9월에 정침(正寢)에서 고종명하니, 향년이 56세였다. 충주(忠州) 운교리(雲橋里) 좌자(坐子)의 언덕에 장례하였다.

배위 정경부인 임천 조씨(林川趙氏)는 생원(生員) 학빈(學彬)이 그 아버지이다. 아들 제원(齊元)이 일찍 죽어 후사가 없어서 당형(堂兄) 제헌(齊憲)의 아들 이양(頤陽)을 데려다가 후사를 삼았으며, 장녀는 진사 서상필(徐相弼)에게, 차녀는 홍순응(洪淳膺)에게 출가하였다.

공은 타고난 자품이 너그럽고 도량이 크고 효도와 공경이 천성에서 나왔다. 계비 신 부인(申夫人)을 섬길 적에 정성을 다하고 거상(居喪)에 예(禮)를 다하였으며, 일찍 부친을 여의어 미처 봉양을 다하지 못한 것을 종신의 애통으로 삼아서, 상을 치르고 선조의 제사를 지냄에 지극한 정성을 다하지 않음이 없었다.

충익공(忠翼公)과 문숙공(文肅公) 두 분의 언행을 기술하여 두 분이 함께 조정에서 시호(諡號)를 받게 되자, 공은 감읍하여 말하기를 "불초가 외람되이 선조의 비호(庇護)에 힘입어 현달한 지위에 이르렀는데, 항상 선조의 아름다움을 천양하지 못할까 염려했었다. 그런데 이제 나의 소원이 다 이루어졌으니, 죽어도 유감이 없다." 하였는데, 겨우 두 해만에 서거하였으니, 그 말이 언참(言讖 미래의 사실을 예언하는 말)이 된 것이다.

항상 부친의 산소 옆에 부장하기를 원하여, 같은 구역에 있는 두 혈(穴)을 찾아서 문숙공의 유택을 옮기고 이어서 자신이 죽은 뒤에 장지로 삼는 계획을 세웠다. 지관(地官)들이 모두 매우 불편한 일이라고 하자, 공은 말하기를 "혈(穴)은 다만 안온(安穩)하기만 하면 되고, 장례는 마땅히 뼈를 모아야 하니, 화복(禍福)은 군이 말할 것이 없다." 라고 하였다. 산을 살펴 혈을 찾아 서둘러 이장(移葬)할 채비를 마련하였으나 미처 이루지 못하고 공이 별세하였는데, 이제 후손들이 공의 유지를 이루려 한다고 한다.

공은 백씨(伯氏)를 아버지처럼 섬겼는데, 백씨가 전염병과 유사한 병을 앓았다. 이때 공은 경기도 관찰사로서 백성을 구휼하는 일로 한참 바빴으나, 새벽에 들어오고 저녁에 나가면서 백씨 곁을 지키면서 보살피고 간호하였다. 백씨가 공에게 물러나서 쉬라고 권하였으나 시종일관 변하지 않았다.

매씨(妹氏)가 동협(東峽)[107]으로 시집을 가자 공은 식구를 다 데리고 가까운 이웃에서 살면서 굶주림과 배부름을 함께하였다. 매씨에게 일찍부터 고질병이 있어 공이 몸소 인삼과 백출(白朮)을 달여 주었는데, 수염을 태우면서도 그치지 않는 애정[108]이 있었다. 계부(季父) 참

107 동협(東峽) : 경기도 동쪽 지방과 강원도 지방을 아울러 이르는 말인데, 여기서는 어디를 가리키는지 미상이다.

108 수염을……애정 : 당(唐)나라 때의 명상(名相) 이적(李勣)이 자기 누님이 병이 들면 반드시 누님을 위하여 손수 죽을 끓였는데, 한번은 수염을 태우자 누님이 말하기를 "종과 첩이 많은데 어찌하여 스스로 고생하기를 이와 같이 하는가?" 하니, 이적이 "어찌 사람이 없어서이겠습니까. 지금 누님이 연로하고 저도 또한 늙었으니, 비록 자주 누님을 위하여 죽을 끓이고자 한들, 다시 이를 할 수 있겠습니까."라고 했다는 고사에서

판공은 늙고 병들었는데 자식이 없고 성질이 또 아주 급하였다. 공은 참판공의 뜻을 잘 받들고 그 후사를 세웠으며, 세제(歲制 수의(壽衣))를 미리 마련하였는데, 이러한 보살핌이 종숙모(從叔母)에게까지 함께 미쳤다.

6대조(六代祖)의 신주(神主)를 장차 바닷가에 있는 향리로 체천(遞遷)하게 되었는데, 공은 장방(長房)[109]이 가난한 것을 염려해서 녹봉을 덜어 별도의 사당을 세워서 제사하게 하였다. 조카 제인(齊寅)을 자신의 소생과 차별 없이 사랑하여 집을 이웃하여 거주하며 의로운 방도로 가르쳤으며 옷과 음식을 마련해 주었다.

친척들과 정이 두텁고 화목하여 혼인과 초상에 서로 도왔다. 먼 친척 중에 영남에서 죽어 초빈(草殯)하고 반장(返葬)하지 못한 자가 있었는데, 공이 수백 금을 마련하여 고향으로 이장하게 하였으니, 이는 모두 효도를 미루어 간 것이다. 공은 자식과 조카들에게 몸가짐을 삼가 조심하고 졸렬(拙劣)함을 지켜서 함부로 영화와 이익을 구하지 않도록 경계시켰으며, 인척(姻戚)과 친우들을 천거하고 선발한 것이 매우 많았다.

노복(奴僕)들을 관리할 적에 은혜와 위엄이 함께 지극하였다. 옛 하인 중에 가난하여 먹고 살 것이 없는 자가 있었는데, 공은 문숙공이 창고에 남긴 쌀 천 포(包)를 주었으니, 범순인(范純仁)의 맥주(麥舟)의 고사[110]보다 더 훌륭하다. 이때 공의 나이가 겨우 약관이었는데도

온 말이다. 《小學 善行》

109 장방(長房) : 4대 이내의 자손 중에 항렬과 나이가 가장 높은 사람으로, 봉사손(奉祀孫)에게 대수(代數)가 다한 신주를 체천하여 제사를 받들 의무가 있다.

남에게 은혜를 베푸는 것이 이처럼 넓고 후하였다.

자신을 단정하고 엄하게 다스려 종일토록 흐트러진 모습을 보이지 않았고, 예(禮)를 좋아하여 상례(常禮)와 변례(變禮)에 대해 묻고 답함에 법도에 맞지 않음이 없었으며, 무당과 점쟁이와 도참설을 믿지 않았다. 오랑캐의 배가 출몰하자 소동(騷動)이 일어나고 유언비어가 퍼지니, 공에게 동협에 전장(田莊)을 마련할 것을 권하는 자가 있었다. 공은 말하기를 "우리 집안은 국가와 휴척(休戚 기쁨과 근심)을 함께하였으니, 설사 사변(事變)이 일어나더라도 어찌 내가 구차히 면할 수 있겠는가. 만일 앞장서서 이를 말한다면 재상(宰相)을 어디에 쓰겠는가."라고 하니, 말한 자가 부끄러워하면서 공의 충성에 탄복하였다.

공은 어린 나이에 명성을 떨쳤으니, 외직으로 나가서는 관찰사로 백성들에게 임금의 은혜를 두루 베풀었고, 조정에 들어와서는 참찬(參贊)이 되어 심려(心膂)가 되라는 임금의 부탁[111]에 부응하였다. 집안

110 범순인(范純仁)의 맥주(麥舟)의 고사 : 범순인(1027~1101)은 북송(北宋) 중기의 명신으로 자는 요부(堯夫), 시호는 충선(忠宣)이며 명재상 범중엄(范仲淹)의 아들이다. 범중엄이 범순인을 고소(姑蘇)에 보내어 보리 5백 섬을 운반해 오게 하였다. 범순인이 보리를 싣고 오다가 단양(丹陽)에 이르렀을 때, 부친의 친구인 석만경(石曼卿)이 빈곤하여 두 달 동안이나 부친의 상(喪)을 치르지 못하고 있다는 말을 듣자 보리 5백 섬을 배 채로 내주고 돌아와 아버지에게 복명하였는데, 아버지에게 칭찬을 받았다. 《冷齋夜話 卷10》

111 심려(心膂)가……부탁 : 심려는 심장과 척추로 나라의 중요한 역할을 뜻하는바, 주(周)나라 목왕(穆王)이 군아(君牙)를 대사도(大司徒)에 임명하면서 "그대는 나를 도와 나의 다리와 팔과 심장과 척추가 되어, 옛날에 하던 일을 이어 그대의 조고를 욕되게 하지 말라.〔予翼, 作股肱心膂, 纘乃舊服, 無忝祖考!〕"라고 한 말을 원용한 것이다. 《書經 周書 君牙》

대대로 전해오는 충효를 이었고 장중하며 관대하여 당시의 명신(名臣)이 되었으니, 참으로 훌륭하다. 맹자가 말씀하시기를 "이른바 고국(故國)이라는 것은 교목(喬木)이 있음을 말하는 것이 아니요, 세신(世臣)이 있음을 말하는 것이다."라고 하였으니, 공의 3대가 국가를 위해 부지런히 일하면서 사욕을 버리고 공익만을 생각한 것을 보건대, 국가에 세신이 없어서는 안 됨이 이와 같음을 더욱 믿을 수 있다.

불초는 공과 여러 대에 걸친 집안 간의 우호(友好)가 있어서, 공이 지닌 가학(家學)이 순수하고 집안에서의 바른 행실을 두루 갖추었음을 일찍부터 알았으니, 이는 보통사람들이 미치기가 쉽지 않은 교분이다. 궁벽한 강가에 병으로 누워 있느라 속세의 소식과 멀리 떨어져 있었는데, 지금 공의 가전(家傳)을 읽어보건대 조정에서의 행실과 치적이 또 조리가 정연하여 볼 만한 것이 있으니, 참으로 근본이 있는 자는 이와 같은 것이다.

아! 이것은 금석(金石)에 써서 후대에 전하여 불후로 삼을 만하다. 이양(頤陽)은 나이가 어리지만 능히 선대의 교의(交誼)를 계승해서 비석에 새길 글을 부탁하니, 그 정성이 참되고 돈독하기에 차마 늙고 병들었다고 사양하지 못하고 마침내 병을 무릅쓰고 이것을 써서 비석 뒷면에 새기게 하노라.

묘지명墓誌銘

고은 이공 묘지명 병서○계미년[112]

孤隱李公墓誌銘 幷序○癸未

우리 조선조의 장릉(莊陵 단종)과 광릉(光陵 세조)의 세대에는 절의(節義)를 지킨 선비가 많아서, 죽은 자는 온 집안이 족멸되어도 후회하지 않았고 산 자는 세상에 은둔하면서도 고민하지 않았으니, 비록 당한 처지가 똑같지 않았으나 인(仁)을 이룬 것은 동일하다.

당시의 일이 국가에서 밝히기를 크게 꺼리는 일이었기에, 선비 중에 그 뜻과 행실이 고결하여 시류(時流)를 따르지 않고 자정(自靖)[113]한 분들은 대부분 스스로 자취를 숨겨서 오랜 뒤에야 비로소 이름이 드러났으니, 세상에서 말하는 '생육신(生六臣)'이 바로 이러한 분들이다. 또 고은(孤隱) 이지활(李智活) 공이 동시대에 나와서 의리를 다하여 선왕에게 충성을 바쳐서 생육신과 귀결이 같았으나, 자취가 더욱 감추

112 계미년(癸未年) : 1823년(순조23)으로, 매산의 나이 48세 되던 해이다.

113 자정(自靖) : 스스로 의리와 지조를 지키며 편안히 처신하는 것으로, 《서경》〈미자(微子)〉에 "스스로 의리에 편안하여 사람마다 스스로 선왕(先王)에게 뜻을 바칠 것이니, 나는 떠나가 은둔함을 돌아보지 않겠다.〔自靖, 人自獻于先王, 我不顧行遯.〕"라고 보인다.

어져서 공을 칭송하는 사람들이 드무니, 군자들이 이를 슬퍼한다.

공은 자가 망기(忘紀)이니, 선덕(宣德)[114] 9년 갑인년(1434, 세종 16)에 출생하였다. 타고난 자품이 빼어나서 스승의 가르침을 기다리지 않고 스스로 학문에 뜻을 두었다. 정유년 사마시에 합격하여 명성이 자자하였다. 천거로 운봉현(雲峯縣) 감무(監務 현감(縣監))에 제수되었는데, 얼마 후 단종이 손위(遜位)했다는 말을 듣고는 당일로 인수(印綬)를 풀고 떠나가니, 이때 공의 나이가 22세였다. 마침내 거창(居昌)의 박유산(朴儒山)에 은둔하였는데, 신라사람 박유가 나라가 멸망하자 이 산에 들어가 자취를 감추었기 때문에 산 이름을 박유산이라고 하였다.

공은 제문을 지어 박유에게 제사지냈는데, 제문에 "아림(娥林 거창군의 옛 이름)의 동쪽에 아스라이 높은 산이 있는데, 고로(故老)들 사이에 '산 주인 박유의 높은 풍도는 은(殷)나라 서산(西山 수양산)의 백이(伯夷), 숙제(叔齊)와 진(晉)나라 시상(柴桑)의 도연명(陶淵明)과 같다.' 고 전해오네. 아득히 높은 풍모가 높은 멧부리에 남아있으니 붉은 벼랑과 푸른 절벽은 남긴 자취와 방불하네. 아! 이분이 아니면 내가 누구와 이웃하겠는가."라고 하였으니, 바로 자신의 뜻을 말한 것이다.

이어서 산 옆에다가 정자를 짓고 망월정(望月亭)이라고 현판을 달았는데, 월(月)과 월(越)은 음이 같으니 미인을 그리워하는 마음을 붙인 것이었다.[115] 아침저녁으로 이 정자에 올라 북쪽을 바라보고 절하였으

114 선덕(宣德) : 저본에는 영락(永樂)으로 되어 있으나 사실(史實)에 따라 수정하였다.

115 월(月)과……것이었다 : '월(越)'은 영월(寧越)을 이르고, '미인'은 당시 영월에

며 울적하고 편치 않은 마음의 소리를 시가(詩歌)에 드러내니, 그 소리가 아주 애절하여《초사(楚辭)》〈이소경(離騷經)〉의 유풍이 있었다.

단묘(端廟 단종)가 영월에서 승하하자, 공은 더욱 실의에 빠져 살고 싶은 생각이 없어서 매일 산마루에 술을 가지고 가서 종일토록 통곡하였다. 남은 생애를 이처럼 살다가 정자에서 별세하니, 이 산에 장례하였는데, 계좌 정향(癸坐丁向)의 언덕에 무덤을 썼다. 3백여 년 뒤에 경향(京鄕)의 선비들이 이 일을 조정에 보고하여 당저(當宁 당대의 임금, 순조) 12년 임신년(1812)에 정려문(旌閭門)을 세우고 '충신지문(忠臣之門)'이라 하였고, 정축년(1817)에 또다시 이조 참의를 추증하였으니, 이것이 공이 드러나고 은둔함에 있어 처음부터 끝까지의 개략적인 내용이다.

공은 본관이 성주(星州)이니, 신라가 멸망하자 비조(鼻祖) 휘 순유(純由)가 의리상 두 성(姓)을 섬길 수 없다 하여 벼슬을 버리고 경산(京山 성주의 옛 이름)으로 옮겨와서 관향으로 삼았다. 5세조 휘 장경(長庚)이 고려조에서 벼슬하여 농서군공(隴西郡公)에 봉해졌고 휘 만년(萬年)을 낳았는데 벼슬이 중군기후(中軍祇候)로 도첨의정승 성산부원군(都僉議政丞星山府院君)에 추증되었다. 이분이 휘 태정(台鼎)을 낳으니 성산군(星山君)이고, 이분이 득방(得芳)을 낳으니 조선조에 들어와 예조 판서를 지냈고, 이분이 휘 비(棐)를 낳으니 이조 판서로 대제학을 지냈는데, 바로 공의 4세조이다. 선비는 김씨로 그 부친은 판서(判書) 충수(忠秀)이다.

공의 부인은 유씨(柳氏)로 부원군(府院君) 원검(元儉)의 따님인데,

유배된 단종을 이른다.

공의 묘소에 부장되었다. 4남 2녀를 낳았으니, 문현(文賢)은 현감이고, 문수(文粹)는 군수이고, 문미(文美)와 문통(文通)은 모두 정랑(正郞)이며, 현감 유담(劉潭)과 이종로(李從魯)는 두 사위이다. 손자가 13명이니, 지배(之培)와 군수 지번(之蕃)과 진사 지무(之茂)는 큰 집의 소생이고, 생원 명산(命山)과 명수(命壽), 명숭(命崇)과 명륜(命崙)은 둘째 집 소생이고, 한림(翰林)인 양근(養根)과 주부(主簿)인 배근(培根)과 참판에 추증된 계근(繼根)과 생원 식근(植根)은 셋째 집 소생이며, 맹건(孟健), 맹강(孟强), 맹장(孟張)은 넷째 집 소생이다. 증손과 현손 이하는 기재하지 않는다.

아! 을해년과 정축년의 일[116]을 당하여, 임금의 지우(知遇)를 입고 고명(顧命)의 부탁을 받은 자들이 대부분 국가를 팔아 영화를 도모하고 군주를 팔아 이익을 취하면서 스스로 좋은 계책을 얻었다고 여겼다. 그런데 공과 같은 분은 젊은 나이에 영특한 재주로 의당 가는 곳마다 예우를 받았을 것이고, 또 관직이 한 현리(縣吏)에 불과하였으니 참으로 이른바 임금의 모습이 어떠한지 모르면서도, 마침내 하루가 가기를 기다리지 않고 떠나가서 궁벽한 산, 험준한 바위 속에서 나무와 돌, 사슴과 멧돼지 무리와 함께 살다가 일생을 마치면서 자취를 남기지 않았다. 이에 공이 죽기를 맹세하고 자신의 직분을 다한 자취는, 오직 한 조각의 쇠와 반쪽의 깃털 같은 짧은 문장 안에서만 검증할 수가 있다. 그러나 백 년의 의논이 정해진 뒤에 은혜로운 정려문과 영화로운 추증이 끝내 있었으니, 하늘의 보시(報施)를 여기에서 볼 수 있다.

116 을해년과 정축년의 일 : 을해년은 1455년으로 단종이 세조에게 왕위를 양위한 해이고, 정축년은 1457년으로 서인의 신분이 된 단종이 살해된 해이다.

아! 운명에 맡기고 준양시회(遵養時晦)[117]하여 상전(桑田)이 벽해(碧海)가 되었는데도 중도에 태도를 바꾸지 않았으며 뜻을 훼손시켜 시속을 따르지 않았으니, 의기가 북받쳐서 순국한 분들과 공이 스스로 이룬 자취를 견주어 보면, 공의 일이 더욱 더 어려운 것이었다. 이 때문에 내가 일찍이 공의 지극히 높은 마음과 공정하고 의로운 도의에 탄복하여 육신(六臣)의 반열에 견주었던 것이다.

공의 먼 후손인 광열(光烈)이 천리 먼 길을 걸어 경사(京師)에 들어와서 공의 묘지문(墓誌文)를 청하였는데, 숨겨진 공덕을 떨쳐 드러내고 언덕이 골짝으로 바뀌는 변화를 글로 엮어 불후를 도모하는 것을 내가 어찌 감히 할 수 있겠는가. 또 공의 행실과 같은 것은 요컨대 군신의 윤리를 다하여 마음의 덕을 온전히 한 것일 뿐으로, 응당 자신을 알아주지 않는다고 하여 후회하지 않을 것이니, 어찌 사후의 명성에 신경을 쓰겠는가.

율곡 선생께서 일찍이 매월당(梅月堂) 김시습(金時習) 공을 평하여 이르기를 "후세 사람들로 하여금 다시 김시습이 있는 줄을 알지 못하게 하였으니, 무슨 근심이 있었겠는가."라고 하였으니, 이 뜻을 미룬다면 공의 자취가 마멸되어 기록이 남아 있지 않은 것을 어찌 슬퍼할 것이 있겠는가. 그러나 광렬이 신신당부를 마지않으니, 속으로 그 고심(苦心)에 감동하여 삼가 명문을 짓는다. 명은 다음과 같다.

117 준양시회(遵養時晦) : 《시경》 〈주송(周頌) 작(酌)〉에 "아 성대한 왕사로, 도리를 따라 힘을 길러 때로 감추고 있다가, 크게 밝아진 뒤에야 큰 갑옷을 쓰셨다.〔於鑠王師, 遵養時晦, 時純熙矣, 是用大介.〕"라고 보인다.

진실되다 육신이여　允矣六臣
우리 동방의 백이로다　大東伯夷
한 번 죽고 한 번 삶에　一生一死
의리가 시대에 마땅하구나　義與時宜
사람들이 그 풍모를 듣고 흥기하니　聞風而興
또한 백세의 스승이네　亦百世師
이로써 공을 명하니　以是銘公
거의 부끄러운 말이 없다　庶無愧辭
힘쓸지어다 후인들이여　勖哉後人
싫어함이 없도다　其無射思

부정 증 병조 참판 제공 묘지명 병서○임진년[118]

副正贈兵曹參判諸公墓誌銘 幷序○壬辰

만력(萬曆) 연간 용사(龍蛇)의 전쟁[119]에 부정(副正) 제홍록(諸弘祿) 공이 숙부인 충장공(忠壯公) 말(沫)을 따라 의병을 일으켜 왜적들과 싸워 승리하였다. 두 분이 전후(前後)로 순국하였는데, 왜란이 평정된 뒤에 공은 선무공신에 녹훈되었다. 정조(正祖) 16년 임자년(1792)에 충장공을 표창하고 아울러 공을 병조 참판에 추증하였다. 이어서 정조(正祖)께서 "김덕령(金德齡) 형제가 생장한 고을에는 이미 명을 내려 비석으로 정려문(旌閭門)을 대신하였는데, 유독 제말과 그 생질 선무공신 제홍록에 대해서 똑같이 보지 않아서야 되겠는가. 저들이 나라를 위해 살신성인(殺身成仁)한 곳에, 특별히 '증 병조 판서 충장공 제말, 선무공신 증 병조 참판 제홍록, 숙질 쌍충지지(雙忠之址)'라고 새긴 비석을 세우라."라고 하교하고, 사신(詞臣 문사(文詞)를 담당한 신하)에게 명하여 사실을 기록하게 하였다. 이에 이를 새긴 두 개의 비석을 성주 관아의 빈관(儐館) 앞과 진주(晉州) 촉석루(矗石樓) 옆에 세웠다.

처음 공이 의병을 일으킬 적에 보첩(譜牒 족보)을 넣은 전대(纏帶)를 차고 나라에 보답하기 위해 한 번 죽을 것을 맹세하고 종제인 홍정(弘

118 임진년(壬辰年) : 1832년(순조32)으로, 매산의 나이 57세 되던 해이다.

119 만력(萬曆)……전쟁 : '만력'은 명나라 신종(神宗)의 연호이고 '용사(龍蛇)의 전쟁'은 임진왜란을 말한다. 용사란 간지(干支)로 용을 의미하는 진(辰)과 뱀을 의미하는 사(巳)가 든 해를 이른 것으로, 여기서는 임진년과 이듬해인 계사년을 합칭한 것이다.

禎)에게 말하기를 "충과 효 두 가지를 모두 온전하게 할 수가 없으니, 너는 나의 어머니를 대둔산(大芚山)으로 모시고 가서 보호하라. 나는 마땅히 전심전력하여 왜적을 토벌하겠다."라고 하였다.

이때 충장공이 웅천(熊川), 김해(金海), 정암(鼎巖) 등에서 여러 차례에 걸쳐 왜적을 격파하고 또 무계(茂溪)에서 대승을 거두어 고령(高靈)과 성주(星州) 등의 여러 읍을 회복하여 군대의 기세를 크게 떨쳤다. 공은 모든 싸움에서 반드시 앞장서서 용맹스럽게 적과 싸웠는데, 적은 병력을 이끌고 많은 왜적과 싸웠기 때문에 왜적들이 더욱 두려워하였다.

충장공이 전사하자, 공은 울부짖으며 홀로 살고 싶어하지 않았으나, 충장공을 반장(返葬)하고는 다시 창의(倡義)를 도모하였다. 통제사(統制使) 이순신(李舜臣) 장군이 공의 뛰어난 지모와 용맹에 대해 익히 듣고서 편지를 보내 만나기를 원하였다. 공이 이르자, 이순신 장군이 크게 기뻐하고 공을 막중(幕中)에 두고 계책을 세우는 일에 참여하여 돕게 하였다.

정유년(1597, 선조30)에 왜적들이 다시 침략하였는데, 원균(元均)이 이순신 장군을 대신해서 통제사가 되니, 공은 진주(晉州)에 나아가 힘을 합하여 성을 지켰다. 하루는 대둔산에 계신 어머니를 뵙고 돌아오는데 진주성 아래에 이르러 갑자기 왜적들과 조우하였다. 육박전을 벌여 적장을 죽이고 다시 단신으로 적을 공격하여 수많은 적을 살상(殺傷)하였으나 끝내 유탄을 맞고 별세하니, 정유년 6월 13일이었다.

홍정이 공의 시신을 싸움터에서 찾았는데, 이때 날씨가 매우 더워서 쌓인 시신들이 모두 썩고 문드러졌는데도 유독 공의 얼굴은 살아있는 듯하였다. 시체를 염습하여 고성(固城)의 척곡(尺谷) 자좌(子坐)의 언덕에 장례하였다. 이것이 공이 살아온 처음부터 끝까지의 대략적인 내력이다.

공의 자는 경행(景行)이고 본관은 칠원(漆原)이다. 고려 때 평장사(平章事)를 지낸 구산군(龜山君) 문유(文儒)가 시조이신데, 그 선계(先系)는 충무후(忠武侯) 제갈량(諸葛亮)에서 나왔다고 한다. 봉사(奉事) 휘 철손(哲孫)과 첨지중추부사(僉知中樞府事) 휘 조겸(祖謙)과 증참판 휘 호(灝)가 바로 공의 3대이시다.

참판공이 진양 정씨(晉陽鄭氏) 참봉 천령(千齡)의 따님에게 장가들어 가정(嘉靖 명나라 세종의 연호) 무오년(1558, 명종13)에 공을 낳았는데, 공은 천성이 강직하고 집안에서의 행실을 지극히 구비하였다. 어려서 아버지를 여의고 힘을 다해 어머니를 모셨는데 잠시도 어머니 곁을 떠나지 않았다. 신사년(1581, 선조14)에 무과에 급제하였으나, 어머니께서 나이가 많다는 이유로 벼슬에 진취하기를 구하지 않으니, 고을 사람들이 모두 효자라고 칭하였다.

배위 삭녕 최씨(朔寧崔氏)와의 사이에 자식을 두지 못해서 홍정의 아들 군자감 정(軍資監正) 여량(汝亮)을 후사로 삼았다. 여량이 명규(命圭)와 명서(命瑞)을 낳았으며, 명규가 하삼(夏森)을 낳았고 명서가 하보(夏輔), 하영(夏英), 하일(夏一)을 낳았다. 그 나머지는 다 기록하지 않는다.

아! 군신간의 대의는 천성(天性)에서 나오는 것이니, 목숨을 바쳐 뜻을 이루는 것은 의도하는 바가 있어서 하는 것이 아니다. 그러나 세상에는 구차하게 삶을 구하여 군주를 잊고 나라를 저버리는 자가 잇따라 나오는데, 오직 공은 군주의 얼굴을 알지 못하고 관리의 직책을 맡은 적이 없으면서도 오직 충의(忠義)에 격발되어서 나라의 위기를 보고 마치 아주 즐거운 곳으로 나아가는 듯이 목숨을 바쳤으니, 공은 하늘이 내려 준 본성(本性)을 저버리지 않았다고 이를 만하다. 또 숙질간에 서로 이어 충절을 위해 목숨을 바쳐 사람의 기강을 붙들어 세우고 성조(聖朝)의 광세지감(曠世之感)을 이루어[120] 만세의 신하들을 권면하였으니, 아! 훌륭하다.

충장공의 후손인 안국(安國)이 공의 묘지명을 청하였는데, 사양할수록 더욱 간절히 요청하였다. 그러나 이와 같은 것이 어찌 공을 불후하게 할 수 있겠는가. 명은 다음과 같다.

서슬 푸른 칼날도 밟을 수 있고	白刃可蹈
금혁을 깔고 죽어도 싫어하지 않았네	金革不厭
비록 강자의 일이나[121]	雖强者事
누가 이렇게 과감할 수 있는가	人孰能敢
아아! 제공이여	嗟嗟諸公
남쪽에서 의병을 창도하였네	倡義南服
의기가 서로 감응하니	意氣相感
조카와 숙부로다	是姪是叔

120 성조(聖朝)의 광세지감(曠世之感)을 이루어 : 정조가 제말과 제홍록의 충절을 비석으로 새기게 한 일을 이른다. '광세지감'은 동시대에 태어나지 못해 서로 만나지 못한 것에 대한 감회를 이르는 말이다.

121 금혁을……일이나 : '금혁'은 쇠로 만든 무기와 가죽으로 만든 갑옷을 이른다. 《중용장구》 제10장에 "병기와 갑옷을 깔고 자면서 죽어도 싫어하지 않는 것은 북방의 강함이니, 강한 자가 이에 처한다.〔衽金革, 死而不厭, 北方之强也, 而强者居之.〕"라는 공자의 말씀이 있으므로 이렇게 말한 것이다.

의분(義憤)과 증오로 흉적들을 제거하고자 함은 敵愾除兇
평소에 품은 마음이었네 素所蓄積
분발하고 떨쳐 적을 토벌함에 奮挺討賊
이기지 못함이 없었으나 蔑有不克
한 사람으로 천 명을 당해내니 以一當千
중과부적이었네 衆寡不敵
웅장(熊掌)을 취하고 어물(魚物)을 버림은[122] 熊魚取舍
오직 스스로 바란 것이네 惟我所欲
천추의 진주(晉州)여 千秋晉陽
사적(事跡)이 운수처럼 이어져 밝게 빛나리라[123] 事雲水白
살아서는 용사였고 生爲勇士
죽어서는 귀웅[124]이 되었네 死作鬼雄
남강은 쉬지 않고 흐르고 江流不絶

122 웅장(熊掌)을……버림은 : '웅장'은 팔진미 중의 하나인 가장 맛있는 요리로 의(義)를 상징하고 '어물'은 생선 요리로 삶을 의미한다. 두 가지를 다 취할 수 없는 경우에는 생명을 버리고 의리를 취함을 비유하는 말로 《맹자》 〈고자 상(告子上)〉에 보인다.

123 천추의……빛나리라 : 이 내용은 두보가, 태원 윤(太原尹)으로 있다가 순절한 왕사례(王思禮)를 애도하여 지은 시 〈증사공왕공사례(贈司空王公思禮)〉의 "천추만세토록 분진의 사이에서, 일이 운수와 함께 희리로다.〔千秋汾晉間, 事與雲水白.〕"라는 구절을 원용한 것이다. 분진(汾晉)은 중국 분수(汾水) 유역을 가리키는 말로, 특히 산서성(山西省) 태원(太原) 지역을 가리키는데, 우리나라의 진주를 분진으로 칭하기도 하므로 이렇게 말한 것이다.

124 귀웅(鬼雄) : 귀신 중에 힘이 있는 우두머리 귀신이란 뜻으로, 《초사(楚辭)》 〈구가(九歌) 국상(國殤)〉에, "몸은 이미 죽었으나 정신은 신령하니, 혼백이 굳세어 귀웅이 되리로다.〔身旣死兮神以靈, 魂魄毅兮爲鬼雄.〕"라고 보인다.

촉석루는 하늘에 닿아 있는데	矗石磨穹
열열한 그 기운이여	烈烈其氣
서리서리 맺혀 무지개가 되었구나	蟠結爲虹
한때에 함께 순국하니	幷時殉國
한 집안의 두 충신이로다	一門雙忠
성조에서 표창하여	聖朝褒嘉
사후에 보답하여 공을 편안히 이루었네	酬死綏功
숨겨지고 가려진 일을 드러내 밝히니	發潛闡幽
비석이 높도다	桓楹載崇
내가 이 일을 기술하여	我述斯事
봉분에 명문을 넣었네	納銘斧封
애오라지 충성을 권면하여	聊以勸忠
무궁한 후세에 길이 고하노라	永詔無窮

창촌 처사 김공 묘지명 병서○계사년[125]

滄村處士金公墓誌銘 幷序○癸巳

김생 낙귀(金生洛龜)가 시랑(侍郎 참판) 민창혁(閔昌爀)이 지은 행장을 가지고 나를 찾아 와서 증조인 창촌공(滄村公)의 묘지명을 지어줄 것을 요청하였다. 나는 비록 공과 단 하루의 교분도 없지만, 낙귀가 나를 종유하였고 또 자신의 소원을 이루지 못하고 별세하였다. 나는 어질고 문재가 있는 분들에게 진실로 부끄럽지만 차마 낙귀의 뜻을 저버릴 수가 없어서 삼가 행장에서 뽑아 명문을 짓는다.

공은 휘가 인후(仁垕)이고 자가 자후(子厚)로 창촌(滄村)은 그의 호이며 선계는 언양(彥陽)에서 나왔는데, 고려 때에 시중을 지낸 위열공(威烈公) 휘 취려(就礪)가 시조이시다. 우리 조선조에 들어와서 좌찬성을 지낸 휘 관(瓘)이 적개공신(敵愾功臣)에 녹훈되고 언양군(彥陽郡)에 봉해졌는데 시호는 공양(恭襄)이다. 증조인 진사 휘 승적(承績)과 그 아우 참봉 휘 승서(承緒)가 효성으로 고을에 제향되었으며, 조고는 휘가 응삼(應三)이다. 선고 휘 흡(洽)이 공주 이씨(公州李氏) 아무개의 따님에게 장가들어 금구현(金溝縣)의 거야(巨野)에서 공을 낳았다.

공은 성품이 순수하고 몸가짐이 정중하였으며 어려서부터 훌륭한 인물이 될 단서(端緒)를 보였다. 아홉 살에 부친상을 당했는데, 마치 성인(成人)처럼 상례(喪禮)를 집행하였으며 슬픔으로 건강을 해쳐 거

125 계사년(癸巳年) : 1833년(순조33)으로, 매산의 나이 58세 되던 해이다.

의 목숨을 잃을 뻔하였다.

정성을 다해 어머니를 모셨는데, 한번은 밤중에 강도들이 쳐들어왔는데 이들이 손을 쓰는 것이 매우 악독하였다. 공이 어머니를 해치지 말아 달라고 목 놓아 울자, 강도들이 공의 말에 감동하여 서로 돌아보며 말하기를 "이 아이는 참으로 효자로다."라고 하고, 무리들을 지휘하여 풀어주었다.

공의 나이가 열 살이 되자, 어머니가 울면서 "네가 나이를 먹고서도 배우지 못하니, 선조들을 잇지 못할까 두렵다. 어찌 집 밖에 나가 스승에게 배우지 않느냐?" 하니, 공은 명을 받들어 족부(族父 동족(同族)의 백숙부 항렬)인 유암 처사(杻巖處士) 천서(天瑞)에게 학업을 청하였다. 학업에 나아간 뒤에 탄식하며 말하기를 "무릇 과거 공부를 하여 벼슬길에서 진취를 꾀하는 것은, 어버이를 영화롭게 하려는 것이 아니면 이름을 드러내려는 것이다. 나는 어려서 아버지를 여의었고 지금 홀어머니께서는 또 늙으셨으니, 어찌 입신양명을 도모하겠는가."라고 하였다.

마침내 과거 공부를 그만두고 어머니가 거처하는 곳을 떠나지 않고 40년 동안 물질적인 것뿐만 아니라 그 뜻도 극진하게 봉양하였다. 어머니가 별세하자, 상이 끝날 때까지 여막을 지켰으며 이어서 죽을 때까지 선영(先塋)을 떠나지 않았다.

문을 닫고 정원의 길도 쓸지 않고서 책상을 마주하고 단정하게 공수(拱手)한 채로 오직 전념하여 성리(性理)에 관한 책을 읽었다. 자제들과 향리 사람들에게 반드시 효제(孝悌)와 충신(忠信)을 가르쳤으며, 남을 사랑하는 데에 마음을 두어 사람들의 급난(急難)에 달려갔는데, 후하게 베풀고 보답을 거의 바라지 않았다.

한 번은 조문을 갔는데, 상주(喪主)가 집에 없었다. 날이 어두워졌으므로 사랑채에서 유숙하였는데, 뒤에 상주가 편지를 보내 사랑채 벽 안에 보관되어 있던 돈이 없어진 일에 대해 묻기에, 공은 곧바로 그가 말한 액수인 3천 전(錢)을 빌려 보내주었다. 그 사람이 돈을 받고 자기 부인에게 말하니, 부인이 크게 놀라 방안을 가리키며 말하기를 "그 돈은 여기에 있는데, 김공께서는 이를 따지지 않았으니 참으로 어진 선비입니다." 하였다. 그 사람이 돈을 가지고 와서 사죄하였으나, 공은 끝내 그 돈을 받지 않고 말하기를 "이 돈은 부의(賻儀)입니다."라고 하니, 이 말을 들은 자들이 흠복(欽服)하여 이르기를 "그 아름다움을 직불의(直不疑)에 견줄 수 있다."[126]라고 하였다.

공은 영조 51년 을미년(1775)에 별세하니, 태어난 임진년(1712, 숙종38) 10월 20일과의 햇수를 따져보면 64년이 된다. 화리동(禾利洞) 모좌(某坐)의 언덕에 묘소를 썼다. 장사를 지내려고 할 적에, 묘소가 여염(閭閻)에 너무 가까운 것을 염려하자, 마을 사람들이 와서 말하기를 "덕에 훈도(薰陶)됨은 유명(幽明) 간에 차이가 없습니다."라고 하므로 마을 사람들의 소원에 따라 이곳에 장례하였으니, 사람들이 심복(心服)하고 고맙게 여김이 이와 같았다.

공의 원배(元配) 전주 이씨(全州李氏)는 진석(震奭)의 따님인데, 아

126 그……있다 : 직불의(直不疑)는 전한(前漢) 경제(景帝) 때에 어사대부(御史大夫)를 지낸 인물로 사람됨이 매우 순후(醇厚)하였다. 문제(文帝) 때에 낭관(郎官)으로 있었는데, 같은 방에 기숙하던 동료 낭관이 고향으로 가는 길에 다른 낭관의 금을 자기 것으로 착각하고 가지고 갔다. 이에 금을 잃어버린 낭관이 직불의를 의심하자 아무 변명도 하지 않고 금을 사서 보상해 주었는데, 나중에 고향에서 돌아온 낭관이 금을 돌려주니, 의심했던 낭관이 크게 부끄러워한 고사가 있으므로 이렇게 말한 것이다. 《漢書 卷46 直不疑傳》

들 치묵(致默)을 낳았다. 계배(繼配) 장연 변씨(長淵邊氏)는 약(錀)의 따님인데, 아들은 치택(致澤)이고 딸은 이형일(李亨一)에게 시집갔다.

공은 성품이 베풀기를 좋아하여 항상 미치지 못할 듯이 하였다. 흉년에 사비로 백성들을 구휼하였고 은혜는 반드시 두루 베풀었으며 또한 재물을 늘리는 일을 부끄럽게 여기니, 온 동리 사람들이 모두 순종하며 따랐다. 공은 더욱 힘써 선(善)을 행하였는데, 자신이 거주하는 지방이 인(仁)을 생각하고 효를 흥기시키는 지역이 되기를 항상 바랐었다. 읍의 수령인 윤심위(尹心緯) 사또는 병계(屛溪) 윤봉구(尹鳳九) 선생의 아들이었는데, 공의 집에 와서 공이 간직한 뜻을 묻고는 감탄하며 말하기를 "군자다운 사람이다."라고 하고, 이어 《소학》 한 질을 증정하였다.

어사(御使) 홍윤오(洪允五) 또한 공의 집을 방문하였다가 공의 행의(行義)를 보고 말하기를 "남쪽 지방으로 와서 한 명의 선비를 얻었으니, 마땅히 조정에 보고하여야 한다."라고 하였는데, 도중에 별세하여 일이 실행되지 않았다고 한다.

만일 공이 참된 마음으로 인을 좋아한 것이 아니었다면 또 어찌 이러한 일이 있을 수 있었겠는가. 옛날 명언(名言)에 이르기를 "명성으로는 이인(異人)을 얻을 수 없고 상사(常士)를 얻을 수 있습니다. 상사는 가르침을 경외(敬畏)하고 선(善)을 높이니, 그런 연후에 명성을 얻습니다."[127]라고 하였다. 이 때문에 명칭에 따라 그 실상을 책임지우는

127 명성으로는……얻습니다 : 이 내용은 위(魏)나라 명제(明帝) 때에 이부 상서(吏部尙書)를 지낸 노육(盧毓, 183~257)이 명제에게 올린 말이다. 명제가 명성만 높은 인물들을 싫어하여 명성이란 마치 그림의 떡과 같아 먹을 수 없으니 명성으로 사람을

것이다. 공과 같은 분은 행실이 명성보다 더한 분이라고 할 수 있으니, 바로 의도한 바 없이 행하신 분일 것이다. 마침내 명을 지으니, 명은 다음과 같다.

김씨는 위열공에서 시작되었는데　金肇威烈
공양공이 크게 드러났네　丕顯恭襄
찬란하게 자취를 이루어　煌煌成蹟
공로가 기상에 실려 있네[128]　載勳旂常
또 문열공이　亦粤文烈
몸으로 하늘의 강상(綱常)을 부지하였네[129]　身扶天綱
쌍효를 사우(祠宇)에 제사하니[130]　雙孝祭社

뽑지 말라는 조서를 내리자, 노육이 이렇게 대답하였다.《三國志 魏志 卷22 盧毓列傳》

128 공로가……있네 : 기(旂)는 왕후(王侯)를 상징하는 기로 교룡(交龍)을 그린 것이고 상(常)은 일월(日月)을 그린 것인데, 옛날 공신(功臣)의 공로를 여기에 기록하였다고 한다.《周禮 春官宗伯 司常》

129 문열공이……부지하였네 : 문열공은 조선 중기의 문신이자 의병장인 김천일(金千鎰, 1537~1593)로 자는 사중(士重), 호는 건재(健齋)이다. 1573년(선조6) 학행(學行)으로 천거되어 출사하고 수원 부사 등의 벼슬을 지냈다. 임진왜란이 일어나자 고경명(高敬命) 등과 함께 의병을 일으켜 행주산성 전투 등 여러 싸움에서 공을 세웠다. 1593년 4월 의병을 이끌고 진주성으로 들어가 관군과 의병의 주장인 도절제(都節制)가 되어 10만에 가까운 왜군과 싸웠는데, 성이 함락되자 아들 상건(象乾)과 함께 남강(南江)에 투신하여 순국하였다.

130 쌍효(雙孝)를 사우(祠宇)에 제사하니 : '쌍효'는 선조(宣祖) 때 진사인 김승적(金承績)과 참봉 벼슬을 지낸 김승서(金承緖) 형제를 이른다. 이들은 과거에는 뜻을 두지 않고 학문과 지극한 효성으로 양친을 봉양하였고 부모가 세상을 떠나자 함께 시묘(侍墓)하였는데, 자신들의 향리인 전라북도 김제시 금산면 삼봉리의 육송사(六松祠)에

능히 그 아름다움을 잘 이었네 克嗣其芳
아름답고 훌륭한 손자가 있으니 有美肖孫
선조의 영광을 품고 태어났네 肧胎前光
초야에 몸을 숨겨 晦身林坰
세상을 멀리하고 스스로 선하게 하였네 遠世自臧
그 근본이 있으니 本之則存
어둠 속에서도 드러났네 有闇其章
거의 보고 감동하여 庶幾觀感
온 고을이 덕화(德化)를 입었네 熏德一鄉
높고 높은 화산에 禾山岧嶢
훌륭한 선비가 잠들어 있네 良士攸藏
불후함이 보존되어 其存不朽
그 후손은 더욱 장구하리라 其后彌長
내가 명을 지어서 我庸作銘
묘소에 밝히노라 用昭幽堂

배향되어 있으므로 이렇게 말한 것이다.

기원 어 선생 묘지명 병서○갑오년

杞園魚先生墓誌銘 幷序○甲午

농암(農巖) 김 선생이 백운산(白雲山)에서 도(道)를 강학하였는데, 이때 새롭게 큰 화를 겪으니, 선생의 문하에 사람들의 걸음이 끊어졌다. 그러나 기원(杞園) 어 선생이 홀로 책 상자를 지고 와서 김 선생을 따라 명리(名理)를 물어 성(性)과 도(道)의 심오한 내용에 대해 모두 가르침을 받으니, 김 선생이 "순서(舜瑞)는 순수한 사람이다"라고 칭찬하고 마침내 사생(師生)간의 지기(知己)로 인정하였다.

처음 우암(尤菴) 송 선생이 《주자대전》 전부를 주석하고 김 선생에게 정정하여 책을 만들라고 부탁하였다. 김 선생이 또 문목(問目)의 초본을 모두 어 선생에게 부탁하니, 어 선생이 지극히 정밀하게 교정하고 그 체계(體系)를 총괄 정리하여 이로써 사문(師門)의 유지(遺志)를 모두 받들었다. 이에 우암 선생과 농암 선생 두 분의 뜻깊은 말씀과 큰 의리가 바로 선생의 가슴 속에 가득한 혈성(血誠)에 힘입어 밝게 드러났으니, 주자에게 충성을 바친 것은 두 분 선생과 앞뒤로 똑같았다. 아아! 아름답다.

선생은 휘가 유봉(有鳳)이고 자가 순서(舜瑞)로, 배우는 자들이 기원 선생(杞園先生)이라고 칭하였는데, 선계(先系)는 함종(咸從)에서 나왔다. 비조는 휘 화인(化仁)이고 집현전 제학(集賢殿提學) 휘 변갑(變甲), 문효공(文孝公) 휘 효첨(孝瞻), 양숙공(襄肅公) 휘 세공(世恭), 좌참찬 휘 계선(季瑄)에 이르러 4대가 우리 조선조에서 크게 현달하였다. 고조 휘 몽린(夢麟)은 동몽교관(童蒙教官)으로 좌승지에 추증되었고, 증조 휘 한명(漢明)은 수운 판관(水運判官)으로 좌참찬에 추증된 충경공(忠景公)이고, 조고 휘 진익(震翼)은 강원도 관찰사로 좌찬성에 추증되었고, 선고 휘 사형(史衡)은 한성부 우윤으로 영의정에 추증되었다. 선비 전주 유씨(全州柳氏)는 좌승지 휘 거(椐)의 따님이다.

선생은 한양(漢陽) 백곡리(柏谷里)의 집에서 태어났다. 겨우 10세를 넘자 우암 송시열 선생을 배알하였는데, 송 선생이 공의 기국과 도량을 훌륭하게 여겨 "반드시 대유(大儒)가 될 것이다. 어씨 집안의 복이 다하지 않았구나." 하였다. 송 선생께서 후명(後命 죄인에게 사약을 내려 사사(賜死)하는 명령)을 받게 되자, 선생은 과거 공부를 포기하였다.

기묘년(1699, 숙종25)에 장릉(莊陵 단종)께서 복위되시자, 비로소 어버이의 명령을 따라 과거에 응시하여 사마시에 장원으로 합격하였으며, 또 문과 복시(覆試)의 대책(對策)에서 장원을 차지하였는데, 선생의 봉미(封彌)[131]가 몰래 바뀌어서 탁명(坼名 과거에 합격된 자의 봉미를 뜯는 것)해 보니, 바로 다른 사람이었다. 선생은 남들에게 말하지 않았으나, 이 일을 안 자가 발설하여 마침내 옥사(獄事)가 이루어져서 선생 또한 대질(對質)을 당하게 되니, 선생은 이후로 다시는 과장에 나아가지 않겠다고 맹세하였다.

김 선생이, 부친이 살아 계시니 감히 스스로 전단(專斷)하여서는 안 된다고 여겨서 선생에게 이르기를 "그 뜻은 좋지만, 갑자기 남에게 말하지는 말라." 하였는데, 선생은 끝내 마음에 맹세한 것을 바꾸지 않으니, 사람들이 모두 조정을 위해 안타까워하였다.

131 봉미(封彌) : 과거(科擧)의 답안지 오른편 끝에 응시자의 성명, 생년월일, 주소, 사조(四祖) 등을 쓰고 봉하여 붙이는 일, 또는 그 종이를 말한다.

내시 교관(內侍教官)에 제수되었으나 나아가지 않았는데, 다시 건원릉(健元陵) 참봉에 제수되자 비로소 명에 응하였으니, 이는 부친과 스승의 뜻을 따른 것이었다. 그러나 선생이 좋아하는 바는 여기에 있지 않았다. 익위사 부솔(翊衛司副率), 빙고 별제(冰庫別提), 의금부 도사, 익위사 익찬(翊衛司翊贊), 공조 정랑을 역임하고 금천 현감(衿川縣監)으로 나갔다가 3년 만에 체직되었고, 활인서 별제(活人署別提)를 거쳐 천안 군수(天安郡守)로 나갔으며, 또 이어 종부시 주부(宗簿寺主簿), 장악원 첨정(掌樂院僉正)을 거쳐 부평 부사(富平府使)로 나갔다. 무술년(1718)에 유선(儒選)에 뽑혀 사헌부 장령에 제수되자 글을 올려 사양하였는데, 다시 제수된 것이 세 번이었다.

기해년(1719)에 집의로 승진되었고, 경자년(1720)에 새로 즉위하신 경묘(景廟 경종)께서 특별히 유지(諭旨)를 내려 돈소(敦召 왕이 신하를 간곡한 말로 부르는 일)하였다. 신축년(1721)에 또 거듭 부름을 받았으며 그 사이에 양주 목사(楊州牧使)에 제수되었으나 모두 나아가지 않으니, 이때부터 벼슬을 제수하는 명령이 다시 내려오지 않았다.

이때 경묘(景廟)께서 병으로 누워 계시고 후사가 없으니, 충헌공(忠獻公) 김창집(金昌集)과 여러 대신들이 건저(建儲 세제의 책봉)를 청하였다. 영묘(英廟)께서 정식으로 이극(貳極 왕세제)의 자리에 오르자, 여러 흉적들이 기회를 틈타 한풀이를 하여 왕세제의 대리청정을 방해하고 또 큰 옥사(獄事)를 일으켜 사류(士類)들을 몰살시켰는데, 김 충헌공이 제일 먼저 화를 당하였다.

김홍석(金弘錫)이란 자가 농암 선생이 충헌공의 아우라고 하여 소를 올려 관직을 추탈(追奪)할 것을 청하였으며, 아울러 우암 선생에게도 더러운 욕이 끝없이 가해졌다. 선생이 동문의 제자(諸子)들을 창도(唱

導)하여 글을 올려 통렬하게 분변하여 말하기를 "우리 도를 부식(扶植)한 일로 말하면 송시열만 한 이가 없고, 우리 사문(斯文)을 보좌한 일로 말하자면 김창협만 한 이가 없습니다. 그러나 불행히도 세도(世道)가 무너져서[132] 편벽되고 지나친 말이 제멋대로 유행하고 있습니다. 이 무리들은 송시열을 마치 혈수(血讐 죽기를 결심하고 갚으려는 원수)처럼 보고 또 저의 스승이 송시열을 존모(尊慕)하였다고 하여 칼날을 옮겨 공격하였으니, 또한 교묘하고 참혹합니다." 하였다.

이때 흉악한 무리인 조지빈(趙趾彬)이 선생을 파직해야 한다는 계사(啓辭)를 올렸다. 농암 선생 부자(父子)가 서원의 제향에서 철거되자, 선생은 석실서원(石室書院)에 통곡하며 고유하였다. 이때 사화가 하늘까지 미쳐서 나라가 거의 망하게 되니, 선생은 근심과 슬픔으로 절절하게 한탄하면서 살고 싶은 마음이 없는 듯하였다.

선생은 항상 서울 가까이에 사는 것을 싫어하여 세상을 피해 편안히 은둔하고자 하여 가릉(嘉陵 경기도 가평)의 금당(金塘)에 집을 짓고 장차 온 가족을 데리고 산에 들어가려 하였다. 그러나 노년을 보내기에 어려움이 있어서 차마 완전히 떠나지를 못했는데, 평생 이 일을 한스럽게 여겼다.

계묘년(1723, 경종3)과 무신년(1728, 영조4)에 거듭 부모의 상을 당하였다. 정미년(1727)에 집의(執義)에 제수되고 경술년(1730)에 다시 제수되었다. 영조 초년에 제일 먼저 김 선생에게 시호를 내리고

132 세도(世道)가 무너져서 : 저본에는 괴열(乖裂)로 되어 있으나, 《기원집(杞園集)》 권10 〈변선사고판서김창협피무김홍석소(辨先師故判書金昌協被誣金弘錫疏)〉를 따라 괴열(壞裂)로 보고 번역하였다.

다시 사원에 제향하게 하였는데, 선생은 여전히 실정이 다 드러나지 못했다고 하여 글을 올려 벼슬을 내놓고 물러났다.

6월에 선의왕후(宣懿王后 경종의 계비(繼妃))가 승하하자 명을 받들고 궁에 들어와 곡하였으니, 선생이 선의왕후의 큰 아버지이기 때문이었다. 영조께서 특별히 인견하시고 겨울에 우레가 치는 변고에 대해 별유(別諭)를 내려 구언(求言)하였다. 이때 주상께서 붕비(朋比 붕당을 지어 자기편을 두둔함)를 융화(融和)시키고자 하여 충신과 역적들을 섞어 등용하고 이를 '건극(建極)'이라고 명하였는데, 선생이 글을 올려 아뢰기를 "이는 참으로 《서경》 〈홍범(洪範)〉에서 말한 건극에 근본하여야 하며, 건극의 도는 또 반드시 주자가 〈황극변(皇極辨)〉에서 말씀한 분명한 가르침을 깊이 체인(體認)하여야 재앙을 없애고 상서(祥瑞)를 이룰 수 있습니다." 하였다.

신해년(1731)에 주상께서 《성학집요(聖學輯要)》[133]를 강학하면서 특명으로 선생을 불렀는데, 선생이 소를 올려 아뢰기를 "전하께서 이 책의 내용을 진실로 깊이 체득하고 힘써 행하시어 이로써 마음을 바로잡고 다스림을 펴신다면, 쇠퇴해 가는 나라를 일으키고 어지러운 세상을 다시 평정하여 조정이 맑고 밝아지고 백성들이 생업을 즐거워할

133 성학집요(聖學輯要) : 1575년(선조8)에 율곡(栗谷) 이이(李珥)가 선조(宣祖)의 학문을 돕기 위하여 제왕학(帝王學)의 요체를 담아 지어 바친 책으로, 《대학》을 기본적 체제로 삼고 사서(四書)와 육경(六經)에서 적합한 구절을 발췌하여 전면에 배치하고 한 줄 내려서 주자 등의 주해(註解)를 싣고, 지은이 자신의 견해를 사이사이에 넣고, 자신의 글로 각 주제를 정리한 책이다. 〈통설(統說)〉·〈수기(修己)〉·〈정가(正家)〉·〈위정(爲政)〉·〈성현도통(聖賢道統)〉 등 모두 5편으로 되어 있는데, 간명하게 실학(實學)의 체재를 갖춘 명저로 높이 평가되고 있다.

것이니, 그렇다면 당일에 다 펴지지 못했던 선정(先正)의 도가 거의 금일에 다 펴질 수 있을 것입니다. 만일 이러한 뜻이 있지 않다면 비록 훈석(訓釋)을 상세하게 하고 송설(誦說 읽어서 풀어 설명함)을 정밀하게 하더라도 다만 한바탕의 좋은 이야기가 될 뿐일 것이니, 어찌 정치에 도움이 되겠습니까." 하고, 겸하여 집의 벼슬도 사퇴하였다.

임자년(1732)에 사복시 정(司僕寺正)에 제수되고 계축년(1733)에 다시 집의에 제수되었다가 얼마 뒤에 동부승지에 발탁되었다. 갑인년(1734)에 호조 참의에 제수되고, 을묘년(1735)에 승지에 제수되고 또 원자(元子)의 유선(諭善)에 제수되었는데, 거듭 사양하였다. 정사년(1737)에 주상께서 《주역》을 강론할 적에 경연관으로 부르자, 선생은 이를 사양하면서 주자가 편정한 고역(古易)을 올렸다.[134]

무오년(1738)에 세자의 찬선(贊善)에 제수되었는데, 기미년(1739)에 소를 올려 사직하면서, 문정공(文靖公) 이식(李植)이 편집한 《초학자훈(初學字訓)》과 《이아(爾雅)》 중에 명백하고 절근(切近)한 것들을 취하여 주연(胄筵)의 강습(講習)에 대비할 것을 청하였다. 또 농부들이 전지(田地)에서 파종하고 김매며 참을 먹는 모습을 그려 조석으로 보게 하여서 왕도(王道)의 근본을 알게 할 것을 청하였다.

신유년(1741)에 가선대부(嘉善大夫)로 품계가 올랐으며 한성부 우

134 주자가……올렸다 : '고역(古易)'은 처음 지어진 체제의 《주역》으로, 경문(經文)인 괘사·효사와 전(傳)에 해당하는 십익(十翼)이 따로 엮여 있다. 정현(鄭玄)과 왕필(王弼) 등이 각각의 괘사와 효사 아래에 단전(彖傳)과 상전(象傳)을 나누어 붙여 원래의 체제를 흩뜨렸는데, 송나라의 여조겸(呂祖謙)이 이것을 따로 엮어 옛날의 체제를 회복하고 이것을 고역이라고 불렀다. 주희가 이 체제에 따라 《주역본의(周易本義)》를 저술하였으므로 이렇게 말한 것이다.

윤에 제수되었다. 임술년(1742)에 세자가 태학에 입학하게 되자, 주상께서 거듭 사관(史官)을 보내 간곡히 부르며 이르시기를 "경(卿)이 비록 초야에 있으나 교목(喬木)의 신하[135]이다. 지금 그대는 나의 원량(元良 세자)을 보고 싶지 않은 것인가?" 하였다. 선생이 거듭 소를 올려 벼슬을 면직해 줄 것을 청하였으나 허락하지 않았으며, 선생이 도성문 밖에 이르러 글을 올려 견책(譴責)을 청하였으나 또한 허락하지 않았다.

마침내 동궁의 입학례(入學禮)에 참석하였으며 또 희정당(熙政堂)에서 사대(賜對 임금이 신하를 불러서 묻는 말에 대답하게 하는 것)하였다. 선생이 나아가 아뢰기를 "요(堯)·순(舜)과 삼왕(三王)이 성인(聖人)이 된 것은 자신의 의견을 버리고 남에게서 취하며 간언(諫言)을 따르고 거슬리지 않았기 때문입니다. 주왕(紂王)의 악(惡)이 어디인들 없겠습니까마는, 그 큰 것을 말하자면 간(諫)하는 말을 거절하고 잘못을 꾸며 변명한 것입니다. 지금 전하께서 간관(諫官)을 대함에 있어 비단 저들의 말을 따르지 않으실 뿐 아니라 저들의 말을 꺾고 욕하고 꾸짖으시며 심한 경우에는 위엄과 재화(災禍)로 핍박하십니다. 자만하는 음성과 얼굴빛도 오히려 사람을 천 리 밖에서 막는데,[136] 하물며 비단 자만할

135 교목(喬木)의 신하 : 국가와 휴척(休戚)을 같이하는 유서 깊은 명문 세가(名門世家)의 신하를 이르는 말이다. 《맹자》 〈양혜왕 하(梁惠王下)〉에 "이른바 고국(故國)이란 것은 교목이 있음을 말함이 아니요 세신(世臣)이 있음을 말한 것입니다.〔所謂故國者, 非謂有喬木之謂也, 有世臣之謂也.〕"라는 구절에서 나왔다.

136 자만하는……막는데 : 원문의 '이이(訑訑)'는 자신의 지혜를 자만하는 모습이다. 이 내용은 《맹자》 〈고자 하(告子下)〉의 "자신의 지혜를 자만하는 음성과 안색이 천 리 밖에서 사람을 막는다. 선비가 천 리 밖에서 발걸음을 멈추면 참소하고 아첨하며

뿐만이 아닌 자에 있어서이겠습니까. 남의 윗사람이 되어 남들이 자신을 어기지 못하는 것을 즐거워하는 것이 바로 나라를 망하게 하는 도입니다."[137]라고 하였다. 주상께서 묻기를 "이는 나에게 놓은 정문일침(頂門一針)[138]이다. 근래에 사사로운 마음이 멋대로 흘러 넘쳐서 사람들이 모두 자신은 정직하고 남들은 부정하다고 말하는데, 만일 정직한 사람을 들어 쓰고 부정한 사람을 버리려면 그 방도가 어떠해야 되는가?" 하였다.

선생이 대답하기를 "이는 오직 학문을 강론하고 이치를 밝힘에 달려 있습니다. 성학(聖學)의 공부는 칠정(七情)[139]이 모두 절도에 맞음에 달려 있는데, 칠정 중에 발하기 쉽고 제어하기 어렵기로는 노여움이 가장 심합니다. 지금 전하께서는 진노하심이 너무 지나치시어 한 가지 일에 노여움이 격해지시면 번번이 진첩(震疊 존귀(尊貴)한 사람이 몹시 성을

비위나 맞추는 사람들이 올 것이니, 참소하고 아첨하고 면전에서 비위 맞추는 사람들과 더불어 거처한다면 나라가 다스려지기를 바란들 될 수 있겠는가.〔訑訑之聲音顔色, 距人於千里之外, 士止於千里之外, 則讒諂面諛之人, 至矣, 與讒諂面諛之人居, 國欲治, 可得乎?〕"라는 구절을 원용하였다.

137 남의……도입니다 : 정공(定公)이 한마디 말로 나라를 망하게 할 수 있는 것에 대해 묻자, 공자가 "만일 군주의 말이 선한데 어기는 자가 없다면 이 또한 좋지 않겠습니까. 만일 군주의 말이 선하지 못한데도 어기는 자가 없다면 한마디 말로 나라를 망하게 하는 데 가깝지 않겠습니까.〔如其善而莫之違也, 不亦善乎? 如不善而莫之違也, 不幾乎一言而喪邦乎?〕"라고 대답하였는바, 이를 원용한 것이다. 《論語 子路》

138 정문일침(頂門一針) : 정수리에 놓은 침이라는 뜻으로, 남의 잘못을 곧바로 지적한 매서운 비판을 이른다.

139 칠정(七情) : 인간이 가지고 있는 일곱 가지 일반적인 정서(情緖)로, 희(喜 기쁨)·노(怒 노여움)·애(哀 슬픔)·구(懼 두려움)·애(愛 사랑)·오(惡 미움)·욕(欲 욕심)을 이른다. 《禮記 禮運》

내어 그치지 아니함)에 이릅니다. 대간(臺諫)의 말이 주상의 마음에 들지 않으면 그 사람을 꾸짖고 물리치실 뿐만 아니라, 복역(覆逆)[140]하고 자신의 의견을 고집하는 자들을 모두 죄 주시니, 이것이 어찌 '노여움을 옮기지 않는다'[141]는 뜻이겠습니까. 전하의 보령(寶齡)이 비록 높으시나 위(衛)나라 무공(武公)이 아름다운 경계를 내린 나이[142]에 비하면 연부역강(年富力强)할 뿐만이 아닙니다. 신료들을 인접(引接)하지 않고 경연(經筵)을 열지 않으시니 어찌 안타깝지 않겠습니까마는, 그러나 금일로 말한다면 강학(講學)은 오히려 제2의 사안입니다." 하였다.

주상께서 "비격(否隔 막혀서 통하지 않음)에 답답하여 그런 것 같다."라고 하시니, 선생이 대답하기를 "천승(千乘)의 나라를 맡은 존귀함과 만 가지 정무의 번거로움 때문에, 주상께서는 신하들의 인접을 허락하지 않으시고, 아래의 신하들은 명령을 받을 데가 없어서 하루 이틀 국사(國事)를 도외시하게 되니, 이 어찌 나라가 위망(危亡)할 때가 아니겠습니까. 무릇 인정(人情)은 불편해 하는 마음이 있더라도 홀연

140 복역(覆逆) : 왕이 내린 비답이나 전교 등에 대해 부당하여 왕명을 받들 수 없다고 반려하는 것, 또는 이러한 뜻으로 아뢴 것을 말한다.

141 노여움을 옮기지 않는다 : 원문의 '불천노(不遷怒)'는 공자가 안회(顔回)를 칭찬한 말씀 중에 하나로 《논어》 〈옹야(雍也)〉에 보이는데, 주자는 《집주(集註)》에서 "이는 갑에게 노여워한 것을 을에게 옮기지 않는 것이다."라고 풀이하였다.

142 위(衛)나라……나이 : 위나라 무공은 춘추 시대(春秋時代) 군주로 이름은 화(和)인데 55년간 재위하고 95세에 별세하였다. 그는 선정을 베풀었으며, 95세가 되어서도 여전히 "경(卿) 이하로부터 사장(師長)과 사(士)에 이르기까지 조정에 있는 자들은 내가 늙었다고 하여 나를 버리지 말고, 반드시 조정에서 삼가고 공손히 하여 서로 나를 경계하라."라고 하였는데, 《시경》 〈대아(大雅) 억(抑)〉과 〈소아(小雅) 빈지초연(賓之初筵)〉 등이 모두 그의 작품이라 한다. 《國語 楚語 上》

히 크게 기쁜 경사를 보게 되면, 반드시 이 때문에 마음이 깨끗이 풀리고 화락하게 됩니다. 지금 세자께서 취학하시어 만백성이 기뻐하고 있으니, 이는 의심하고 답답해하는 마음을 통렬히 풀 수 있는 좋은 기회입니다."라고 하였다.

이때 주상께서 여러 신하들이 탕평(蕩平)의 뜻을 따르지 않는다고 하여 번번이 비상한 조치를 취하시고 또 조회를 보지 않으셨으니, 이 때문에 선생이 이를 언급한 것이다.

주상께서 "경의 말을 들으니 내가 마음에 느껴 깨닫는 바가 있다."라고 하시고, 이어 태학에 직접 납시어 삼로 오경(三老五更)의 예(禮)[143]를 시행하시고자 하였다. 선생이 이를 극력 사양하니, 세자에게 명하여 상견할 때에 사부(師傅)의 예(禮)를 쓰게 하였다.

입대(入對)하게 되자, 선생은 우러러 '여력(餘力)에 글을 배운다'는 《논어》〈학이(學而)〉 편의 구절을 가지고 권면의 말씀을 올리고, 거듭 요・순의 효제(孝悌)의 도로 권면의 말씀을 올렸다. 이때 주상께서 오래도록 경연에 거둥하지 않았는데, 마침내 하교하시기를 "유신(儒臣)이 경(經)을 인용하여 권면하니, 그의 말을 듣지 않는다면 이는 방에 들어가고자 하면서 문을 닫는 것이다." 하시고, 마침내 빈대(賓對)[144]와 법강(法講 경연)을 행하시면서 선생에게 입참(入參)할 것을

143 삼로 오경(三老五更)의 예(禮) : 주대(周代)에 천자가 나이가 많고 덕이 있는 원로를 부형(父兄)과 같이 예우함으로써 효제(孝悌)의 모범을 보였던 예이다. 삼로와 오경의 인원수에 대해서는 각각 1명이라는 설과 각각 3명이라는 설이 있다.

144 빈대(賓對) : 차대(次對)와 같은 말로, 매달 여섯 차례씩 의정대신(議政大臣)과 대간(臺諫), 옥당(玉堂)의 관리들이 임금 앞에 나아가 정무(政務)를 보고하던 일을 말한다.

명하였다.

선생은 서연(書筵)[145]의 제도가 소략한 것에 대해 극구 말씀하기를 "여항(閭巷)의 어린아이들도 한때 부형(父兄)이 곁에 있지 않게 되면 반드시 외물의 유혹에 교란됩니다. 바라건대, 전하께서 솔선하여 몸으로 가르치시어 고요하고 한가로운 가운데 세자 저하(邸下)로 하여금 곁에서 시중들게 하시면서 항상 좋은 말씀과 훌륭한 행실을 세자 저하의 이목(耳目)에 훈도하시면, 송독하고 응대하는 외에 회귤(懷橘)과 선침(扇枕)[146] 등의 일을 수시로 말해 주실 수 있을 것입니다." 하였다.

주상께서 "내가 산림(山林)의 숙덕(宿德)과 함께 태학의 강석(講席)에 임하기를 바라노니, 지금 장차 경을 따라 종유(從遊)하려고 하는 것 또한 몸으로 세자를 가르치고자 해서이다." 하였다.

선생이 대답하기를 "이는 무익한 문식(文飾)일 뿐이며 또 선정(先正) 중에 이러한 예를 받은 경우가 없으니, 신은 감히 명령을 따르지 못하겠습니다. 신이 한 번 물러나면 다시 등대(登對)할 기약이 없으니, 오직 바라건대 전하께서는 신독(愼獨)을 천덕(天德)과 왕도(王道)의

145 서연(書筵) : 세자에게 경사(經史)를 강의하고 교육하는 자리를 이른다. 임금의 경연(經筵)과 구별하기 위해 서연이라고 칭하는데, 이연(离筵) 또는 주연(胄筵)이라고 칭하기도 하였다.

146 회귤(懷橘)과 선침(扇枕) : 어버이를 극진하게 봉양하는 지극한 효성을 말한다. '회귤'은 귤을 가슴에 품는다는 뜻으로, 삼국 시대 오(吳)나라 육적(陸績)이 여섯 살 때 원술(袁術)을 찾아가 뵈었는데, 원술이 귤을 주자 이를 품에 넣어 가지고 가서 어머니께 드리려고 했던 고사에서 나왔다. 《三國志 吳志 陸績傳》 '선침'은 후한(後漢)의 황향(黃香)이 무더운 여름철에는 어버이를 위해 침상에서 부채를 부쳐 시원하게 해 드리고〔扇床枕〕, 추운 겨울철에는 자신의 체온으로 이부자리를 따뜻하게 해 드렸던〔身溫席〕 고사에서 나왔다. 《東觀漢記 黃香》

요체로 삼으소서. 신독할 줄 모르면 '인욕을 버리고 천리를 보존한다'고 말하더라도, 인욕을 버림에 미진함이 있게 되고 천리를 보존함에 순수하지 못함이 있게 됩니다. 군주의 한 마음에 혹 쇠약하고 권태롭고 태만한 마음이 싹트게 되면, 조정의 정사와 세상의 도가 날로 문란해질 것입니다."라고 하였다.

또 아뢰기를 "하늘에 음양이 있어서 그 덕이 선하기도 하고 악하기도 하며, 그 종류에 흑백이 있어서 옳고 그름의 큰 나뉨이 이미 판별되어 있습니다. 그러므로 성인(聖人)이 천명을 행함에 반드시 양을 부축하고 음을 억제하며, 바름을 취하고 사특함을 버리며, 군자를 진출시키고 소인을 물러나게 하며, 옳고 그름을 분명하게 분변하여 통렬하게 살펴 반드시 중도(中道)로써 행합니다. 이른바 '중도'란 것은 바로 옳고 그름을 밝게 분별하여 천리자연(天理自然)의 중(中 적절함)을 취하는 것인데, 비루한 선비들은 모두 모호하고 불분명한 것을 중도로 여기고 있습니다. 이 때문에 득실(得失)과 현부(賢否 현명함과 그렇지 못함)가 전도되고 교란되어서 나라가 반드시 위망(危亡)에 처해진 뒤에 그치게 되는 것입니다."라고 하였다. 이어서 이재(李縡), 박필주(朴弼周) 등을 간곡히 부를 것을 청하였다.

주상께서 "내가 세자와 함께 태학을 시찰하고자 하는데, 마땅히 경을 위해 지나친 문식을 줄일 것이니, 경은 나를 위해 머물라."라고 하셨는데, 선생이 고사(固辭)하자, 주상께서 선생의 손을 잡고 멀리 떠나려는 마음을 애써 돌리려고 하였다. 선생이 대답하기를 "성인(聖人)은 남의 뜻을 빼앗지 않는데, 어찌 군이 이처럼 핍박하십니까?"라고 하고 물러나온 뒤에 소를 남겨 견책을 청하고, 이어서 동궁께 여섯 가지 경계를 진언하였다.

동지(冬至)에 사직하는 소를 올리면서 진계(進戒)하기를 "여러 음의 아래에 양의 덕(德)이 밝게 빛나니, 이는 이른바 '복에서 천지의 마음을 볼 수 있다.〔復其見天地之心〕'는 것입니다.[147] 지금 전염병의 재앙이 일어나 그 기세가 마치 요원(燎原)의 불길과 같아서 전하의 적자(赤子 백성)들이 맹렬한 화염 속에 떨어져 죽은 자가 몇 천만인지 알지 못합니다. 지금 양(陽)이 자라는 기회를 맞이하여 천지의 마음을 체인(體認)하시어 편안하고 고요함으로 기르고 확충시켜 키워 한결같은 덕이 믿음으로 통하게 하고 화기(和氣)가 사방에 두루 미치게 하소서." 라고 하고 또 세자의 교육에 대해 언급하니, 주상께서 좋은 말의 비답을 내려 가납(嘉納)하였다.

계해년(1743)에 세자의 관례(冠禮)를 행하려고 하면서 주상께서 직접 글을 써서 특별히 선생을 불렀는데, 소를 올려 소명(召命)을 어기는 죄를 처벌해 줄 것을 청하고, 인하여 일찍 가르치는 일에 대해 언급하기를 "스스로 나이가 어리다고 생각하지 말고 큰 뜻을 떨치시어 탁연하게 요·순과 삼왕(三王)을 법으로 삼으소서." 하였다. 이때 주상께서 정중히 출사를 재촉하였는데, 선생이 사양하는 소를 네 번 올리자, 비로소 소명(召命)을 거두었다.

갑자년(1744) 정월에 세자의 가례(嘉禮)가 이루어졌는데 상주문(上奏文)을 올려 거듭 축하를 올리고, 이어 진계(陳戒)하기를 "성상께서

147 여러……것입니다 : '여러 음의 아래에 양의 덕이 밝게 빛난다'는 것은 《주역》의 64괘(卦) 중에 복괘(復卦 ䷗)를 이른다. 복괘의 초구(初九) 위에 다섯 효가 모두 음효(陰爻)이기 때문에 이렇게 말한 것인데, 이 복괘는 《주역》의 십이벽괘(十二辟卦)에 있어 11월 즉 동짓달을 가리킨다. 〈복괘 단(彖)〉에 "복괘에서 천지의 마음을 볼 수 있다.〔復其見天地之心乎.〕" 하였다.

격노하여 합문(閤門)을 닫고 조회를 보시지 않은 것이 여러 날이 됩니다. 전하의 이러한 거조가 무릇 여러 번이었으니, 이는 자주 돌아와서 위태로우며[148] 상하가 사귀지 않아 천하에 나라가 없는 것에 가깝지 않겠습니까.[149]

전하께서는 '마음을 화평하게 하고 기운을 온화하게 한다.〔平心和氣〕'는 네 글자를 학문을 하는 근본으로 삼으시고, 또 '확연히 크게 공정하게 한다.'와 '사물이 오면 순히 응한다.'[150]라는 두 구절을 심신을 안정시키는 법으로 삼소서. 그리하여 기쁨과 노여움을 드러냄에 그 사물이 갖고 있는 특성대로 응대하고[151] 스스로는 여기에 간여하지 않는다면, 마음이 허명(虛名 허령(虛靈)하고 깨끗함)하고 통철(洞徹)하여 곧바로 천지와 더불어 상하가 함께 흐를 것입니다. 또 전하의 일동일정(一動一靜)과 말하고 침묵하시는 모든 일이 세자께서 눈으로 보고 마음으로 느끼는 대상이 되니, 갈고 닦고 함축하고 발하여 더욱 학문에 힘쓰시고 정사를 부지런히 하신다면, 세자께서 전하의 덕을 닮아 성인(聖人)이 되는 근본이 실로 여기에 있을 것입니다." 하였다.

주상께서 《소학》의 구주(舊註)에 소략한 부분이 많다고 하여, 관각

148 자주 돌아와서 위태로우며 : 이 말은 《주역》 〈복괘(復卦) 육삼(六三)〉 효사에 "자주 회복하는 것이니, 위태로우나, 화(禍)는 없을 것이다."에서 인용한 것인데, 여기에서는 '자주 돌아와서 위태롭다.'는 의미만 취한 것으로 보인다.

149 상하가……않겠습니까 : 이 내용은 《주역》 〈비괘(否卦) 단(彖)〉에 그대로 보인다.

150 확연히……응한다 : 이 내용은 북송의 학자 명도(明道) 정호(程顥)가 횡거(橫渠) 장재(張載)에게 회답한 편지인 〈정성서(定性書)〉에 그대로 보인다.

151 그……응대하고 : 사물을 각기 자연에 맡겨 원칙대로 그 사물에 대처함을 이른다. 즉 나쁜 사람에게는 그대로 벌을 주고 좋은 사람에게는 그대로 상을 주는 것이다.

(館閣)[152]에 명하여 훈의(訓義)를 편집하게 하면서 옥당의 관원들을 보내 찾아가 질문하게 하였는데, 이때 선생의 설을 많이 수용하였다. 선생은 이에 소를 올려 사례하면서 인하여 음식물과 주급(周急)[153]을 사양하였다.

3월에 주상께서 사친(私親)의 사당[154]에 직접 제사를 지내고자 하여 사관을 보내 축식(祝式)에 대해 문의하자, 대답하기를 "제왕가는 승통(承統)을 중히 여기니, 축문에 어명(御名)을 쓰는 것을 가볍게 논의할 수가 없습니다. 사친 두 글자는 단지 사가에서 자신을 낳아준 은혜를 위주로 하여 으레 칭하는 데에서 나온 것이니, 축사에 이를 칭하는 것은 근엄한 체(體)가 아닙니다. 봉호만을 칭하는 것만 못할 듯합니다." 하였다.

5월에 주상의 체후가 편치 않으시다는 소식을 듣고 성 밖에 이르렀는데, 주상의 병이 나았다. 이에 소를 올려 아뢰기를 "전하의 춘추가 점점 많아지시어 옥체가 갈수록 노쇠해지시니, 성인(聖人)이 삼가는 것을 더욱 유념하지 않을 수 없습니다. 지(志)가 기(氣)를 통솔하게 하시어 조심하고 두려워하며 스스로를 지키셔서 소유(少愈)의 경계[155]

152 관각(館閣) : 조선 시대에 홍문관, 예문관, 규장각 등 학문과 문장을 담당하던 관청을 통틀어 이르는 말이다.

153 주급(周急) : 치사(致仕)한 대신에게 봄가을과 세시(歲時)에 곡식 및 땔감 등을 지급하는 것을 가리킨다.

154 사친(私親)의 사당 : '사친'은 숙종(肅宗)의 후궁이자 영조의 생모인 숙빈(淑嬪) 최씨(崔氏)를 가리킨다. 사당은 서울 종로구 궁정동에 있는 육상궁(毓祥宮)으로 1725년(영조1) 12월 23일에 완공하여 숙빈묘(淑嬪廟)라 명명하였는데, 이해 육상묘(毓祥廟)로 이름을 고쳤다가 1753년에 육상궁으로 승격시켰다.

를 소홀히 하지 마소서."라고 하고, 또 세자를 자주 서연(書筵)에 나오게 할 것을 청하였다. 주상께서 가납하시고 "백 번의 상소가 한번 등대(登對)하는 것만 못하니, 경은 상경하라."라고 하시자, 선생은 소를 올려 사양하면서, 거듭 심신을 안정시켜 조섭하고 존심 양성(存心養性 마음을 보존하여 본성을 기름)하는 방도를 말하고 이어서 심학(心學)의 요체를 진언하였다.

9월에 주상께서 기로사(耆老社)에 오르시면서 은혜를 미루어 가의대부(嘉義大夫)로 품계를 올려 주었다. 이해 12월 우연히 병이 들어 29일에 사촌(沙村)의 정침(正寢)에서 고종명하니, 태어나신 임자년(1672, 현종13) 12월 23일과의 햇수를 따져보면 73년이 된다. 부음이 전해지자 주상께서 놀라 애통해 하시고 예관(禮官)을 보내 조문하고 치제(致祭)하였으며 부의를 내리고 장례를 치르는 데에 일품(一品)의 예를 쓰게 하였다. 2월 정묘일에 옛 풍덕(豐德)의 망포(望浦)에 장례하니, 선영을 따른 것이다.

배위 남양 홍씨(南陽洪氏)는 학생 휘 문도(文度)의 따님이고 정정공(貞靖公) 휘 처량(處亮)의 증손이며, 곡운(谷雲) 김수증(金壽增) 공이 그 외조부이시다. 부인은 공의 아름다운 덕에 짝할 만하였고 부녀자의 도덕과 규범을 모두 갖추어 여사(女士)의 표준이 되었다.

아들 도응(道凝)을 낳았는데, 도응은 뛰어난 재질이 있었으나 겨우

155 소유(少愈)의 경계 : 병이 조금 나았다고 방심하다가 악화되는 것에 대한 경계를 이른다. 한(漢)나라 유향(劉向)이 편한 《설원(說苑)》 〈경신(敬愼)〉에 "벼슬하는 자는 지위가 높아지는 데에서 게을러지고, 병은 조금 낫는 데에서 악화되며, 재앙은 게으른 데에서 생기고, 효도는 처자식에게서 쇠한다.〔官怠於宦成, 病加於小愈, 禍生於懈惰, 孝衰於妻子.〕"라고 보인다.

약관의 나이에 요절하였다. 이에 아우의 아들 윤석(胤錫)을 데려다가 양자로 삼았는데, 대사헌을 지냈다. 두 딸은 판서 홍상한(洪象漢), 사인(士人) 이보천(李輔天)에게 시집갔다. 대사헌의 두 아들은 판관 용림(用霖)과 참봉 용빈(用賓)이고, 딸은 군수 한태유(韓泰裕)에게 시집갔다. 판관의 두 아들은 군수 재소(在沼)와 재운(在雲)이고 딸은 현감 박홍수(朴弘壽)에게 시집갔다. 참봉의 네 아들은 재상(在象), 참봉 재황(在璜), 재수(在修), 재관(在寬)이고, 두 딸은 부사(府使) 신동(申綜), 이정로(李鼎老)에게 시집갔다. 홍 판서의 네 아들은 영의정 낙성(樂性), 이조 판서 낙명(樂命)과 통덕랑 낙삼(樂三), 찬성에 추증된 낙최(樂最)이다. 이씨 사위의 아들은 참봉 재성(在誠)이고, 두 딸은 부사 박지원(朴趾源)과 군수 박종경(朴宗敬)에게 시집갔다.

선생은 효성이 지극하여 온화한 기색으로 공경하고 삼가서 물질적인 봉양뿐 아니라 그 뜻도 잘 봉양하였다. 양친(兩親)이 모두 대질(大耋)[156]에 올라 선생이 연세가 이미 많았으나, 좌우에서 어린아이의 낯빛을 하고 모셨다. 신종추원(愼終追遠)[157]에 슬픔과 공경을 다했으며 선조의 덕을 글로 써서 묘비를 세워 여러 대의 현각(顯刻 비명(碑銘)) 중에 빠진 것이 없었다.

156 대질(大耋) : 해가 거의 기울었다는 의미로 연로함을 지칭하는데, 흔히 80세를 이른다. 《주역》 〈이괘(離卦) 구삼(九三)〉에 "기우는 해가 서산에 걸려 있으니, 질장구를 두드려 노래하지 않으면 대질을 서글퍼함이어서 흉하리라.〔日昃之離, 不鼓缶而歌, 則大耋之嗟, 凶.〕"라고 한 말에서 유래하였다.

157 신종추원(愼終追遠) : 상례와 제례에 예법과 정성을 극진히 함을 이른다. 《논어》 〈학이(學而)〉에 "어버이 상을 당했을 때 신중히 행하고 먼 조상들을 정성껏 제사 지내면 백성들의 덕성이 한결 돈후해질 것이다.〔愼終追遠, 民德歸厚矣.〕"라고 보인다.

형제들과 사우(師友)처럼 지냈고 규문에서도 마치 학교에서와 같이 처신하였으며 자녀들을 몸소 자신의 행동으로 가르치니, 자녀들 모두 온순하고 공손하며 부지런하여 선비의 행실을 갖췄다. 친척들을 대할 적에 어질고 친한지의 여부를 따지지 않고 한결같이 독실한 정성으로 대하였으며, 친구들과의 우정이 도타워 생사(生死)로 마음을 바꾸지 않았다.

신임사화 때에 화를 당한 집안들을 정성과 힘을 다하여 위로하고 돌보았다. 종유하는 자들이 집에 있으면 반드시 강의(講義)하였고 떠나가면 반드시 노자를 주었으니, 세밀하거나 거친 자거나 심지가 깊거나 얕은 자거나 모두 얻는 바가 있었다.

말년에 영조 임금의 특별한 예우를 받아 조정의 부름이 이어졌으나 도(道)로써 거취를 정하여 터럭만큼도 구차한 행실이 없었다. 그러나 스스로 나라와 휴척(休戚)을 함께한다고 여겨, 말을 올릴 만하면 항상 정성을 다해 납약자유(納約自牖)[158]하여 온갖 변화의 근원인 임금의 마음에 더욱 자신의 뜻을 전하였으나, 끝내 실제로 쓰이지 못하여 공렬이 후세에 알려지지 못했으니, 안타깝다.

선생은 일찍 미호 김 선생 문하에 들어 그 진전(眞傳)을 다 얻고, 물러나 진덕수업(進德修業 도덕을 진전시키고 공업(功業)을 닦음)에 한결같이 그 법도를 따랐다. 그러므로 명(明)과 성(誠)이 모두 이루어지고

158 납약자유(納約自牖) : 신하가 임금을 깨우칠 때에 임금이 잘 알 수 있는 것부터 정성껏 인도하여 바른 길로 나아가게 함을 이른다. 《주역》 〈감괘(坎卦) 육사(六四)〉에 "맺음을 들이되 통한 곳으로부터 하면 끝내 허물이 없으리라.〔納約自牖, 終无咎.〕"라고 보인다.

동(動)과 정(靜)이 함께 길러져서 오로지 내면의 수양에 힘썼다. 말년에 도를 체행함이 순숙해져서 온화하고 너그럽고 태연해졌는데도, 전전긍긍하여 경계하고 두려워하는 뜻을 잠시도 잊지 않았다.

평소 거처할 때에 담박하게 스스로를 지켜 득실(得失)과 영욕(榮辱)을 마음에 두지 않았다. 다만 자신이 왕실과 인척(姻戚)[159]이라고 하여 의심과 비방이 쌓였으나, 대부분 실정 밖에서 나온 것들이라 신심(信心)에 잘못한 것이 없으므로 일체 분변하지 않았다.

이해력이 특출하고 심령(心靈)이 독창적이어서 사물의 깊고 오묘한 이치와 기미를 궁구함에[160] 논리가 엄밀하여 조금의 착오도 없었으며, 여러 경서를 마치 자신의 말처럼 외웠다. 오로지 6년간 《논어》만을 공부한 뒤에 비로소 다른 책을 공부하였는데, 《논어》에서 공을 거둔 것이 가장 뛰어났다. 말년에는 《주역》을 익혔는데 즐거워서 늙어가는 줄을 잊고 집안 깊숙이 들어 앉아 눈을 감고 있으니, 사람들이 선생의 한계를 헤아리지 못하면서도 글 읽는 소리를 들으면 왕왕 즐거워 마음이 끌리곤 하였다.

항상 말하고 침묵함에 대한 경계를 지켰는데, 일이 사문(斯文)의 시비에 관계되면 혹 편벽되고 방탕하고 터무니없는 말이 퍼지는 것을 근심하여 제생(諸生)들을 위해 말 해주고 글로 써서 분변하고는 하였다. 이때 막 박세당(朴世堂)이 경전의 내용을 훼손시키자, 숙묘(肅廟)

159 왕실과 인척 : 원문의 '폐부(肺腑)'는 인체(人體)의 내장(內臟)으로 왕실의 인척(외척)을 비유하는 말이다.

160 사물의……궁구함에 : 원문은 '극심연기(極深硏幾)'로 《주역》 〈계사전 상(繫辭傳上)〉에 보인다.

께서 옥당(玉堂)의 권상유(權尙游)에게 명하여 이른바 《사변록(思辨錄)》이란 것을 가져다가 분변하게 하였다. 권공이 농암에게 질정하자, 선생이 글을 대신 써서 《중용》의 여러 조목에 대해 반박하여 바로잡았는데, 문장의 논리가 명확하고 진실로 주자의 본뜻에 부합하였다.

선생의 문장은 온화하고 질박하며 거침이 없고 자유로웠으며 글이 이어지고 중첩되어 전개가 끝이 없었는데, 모두 육경(六經)[161]에 근본하고 주자의 글에 귀결되었다. 저서는 시문집(詩文集)과 《경설어록(經說語錄)》이 총 약간 권이고, 편서로는 《오자수언(五子粹言)》, 《논어상설(論語詳說)》, 《어류요략(語類要略)》, 《대월첩(對越帖)》《풍아규송(風雅閨誦)》 등이 있다. 《오자수언》과 《논어상설》은 스승의 명을 받들어 편찬한 것이다.

당시에 충청도의 여러 선비들이 심성동이(心性同異)에 대해 논란하여[162] 각자가 자신이 먼저 익힌 것을 주장하였는데, 선생이 분변하여

161 육경(六經) : 유가(儒家)의 기본 경전인 《시경》·《서경》·《역경》·《춘추》·《예경》·《악경(樂經)》을 가리키는데, 《악경》은 악보(樂譜)를 기록한 책으로 보이나 현재는 전하지 않으며 그 이름만이 《예기》 〈악기(樂記)〉에 기재되어 있다.

162 충청도의……논란하여 : '심성동이(心性同異)'는 사람과 물건의 성(性)이 같냐 다르냐를 말한다. 조선 후기에 심(心)과 성(性)에 대한 이해의 문제로 성리학자들이 호론(湖論)과 낙론(洛論)으로 대립하여 논쟁하였는데, 낙론은 마음의 본체인 미발은 순선(純善)하여 선악이 없고 사람과 물건(동물)의 성은 본연지성(本然之性)으로 이(理)이므로 같을 수밖에 없다고 주장하였고, 호론은 미발한 마음의 체에도 기질(氣質)의 선악이 있으며 현실에 드러나는 본연지성은 기질의 맥락 속에 있을 수밖에 없으므로 사람과 물건의 성은 다르다고 주장하였다. 이 논쟁에 있어 주로 서울·경기 지역에 거주한 농암 김창협, 삼연 김창흡, 외암(巍巖) 이간(李柬) 등이 한 파를 이루어 이를 낙론 또는 낙파라 하였으며, 충청 지역에 사는 남당(南塘) 한원진(韓元震) 등이 또 한 파를 이루어 이를 호론 또는 호파라 하였다. 기원 어유봉은 낙론을 주장하였다.

말하기를 "천명지성(天命之性)은 이(理)의 본체를 가지고 말한 것이니, 만물은 각각 하나의 태극(太極)으로 그 어느 것도 건순오상(健順五常)[163]의 이(理) 아님이 없다. 개와 닭과 사람의 세 가지 성(性)은 이(理)가 기(氣)에 올라 탄 것을 말한 것이니, 기(氣)가 물건과 사람에게 있어 편전(偏全 치우침과 완전함)과 통색(通塞 통함과 막힘)이 있기 때문에 이(理) 또한 기(氣)를 따라 사람과 물건의 성(性)이 되는데, 혹 오상(五常)을 완전히 갖춘 경우가 있고 혹 가까스로 하나의 길에 통하는 경우가 있고 혹 볼만한 한 가지도 전혀 갖추지 못한 경우도 있다.

그러나 본체(本體)의 완전함은 자약(自若)하지 않은 적이 없으니, 한갓 본연(本然)만을 알고 기(氣)를 타는 것에 차이가 있음을 살피지 못하면 분수(分殊)[164]가 혼미해지며, 다만 기(氣)를 타는 것만 말하고 본연(本然)이 같음에 근원하지 않으면 대본(大本)에 어두워진다."라고 하였다.

또 말씀하기를 "기질(氣質)은 일신의 형질과 찌꺼기를 통틀어 말한 것이고, 마음은 기(氣)의 정상(精爽)으로[165] 그 밝고 영험하며 지극히

163 건순오상(健順五常) : 건(健)은 양(陽)의 덕(德)이고 순(順)은 음(陰)의 덕(德)으로 건순은 음양(陰陽)을 가리키고, 오상은 바로 인(仁)·의(義)·예(禮)·지(智)·신(信)의 다섯 가지 떳떳한 성품을 가리킨다. 음양과 오행은 기(氣)이고 건순과 오상은 이(理)로《중용장구(中庸章句)》제1장의 주석에 보인다.

164 분수(分殊) : '이일(理一)'이 전제된 말로, 보통 '이일분수(理一分殊)'로 많이 쓰인다. '이일'이란 우주의 근원은 유일(唯一)의 이치 한 가지라는 뜻이고, '분수'란 이 유일의 이치가 나뉘면 천만 가지 현상으로 분리되어 각각 다른 형태와 성질을 갖게 된다는 뜻이다.《朱子語類 卷1 理氣上 太極天地上》

165 마음은 기(氣)의 정상(精爽)으로 : 이 내용은《주자어류》권5〈성리(性理)2 성정심의등 명의(性情心意等名義)〉에 보인다. 정상은 일종의 신명(神明)과 같은데, 마음

신묘(神妙)한 체(體)는 요·순으로부터 보통 사람에 이르기까지 똑같은 것이다. 미발(未發)의 때에는 기(氣)가 용사(用事)하지 않으니, 마음의 본체가 탁연히 드러나 거울처럼 텅 비고 저울처럼 공평한 묘함이 있다. 귀신도 그 경계를 엿보지 못하니, 성인(聖人)께서 성인이 되는 소이(所以) 또한 이것에 지나지 않는다. 이때 기질 중의 불선한 것은 변화하여 없어진 것이 아니고, 비록 있더라도 본래 이 마음의 본체와는 상관하지 않는 것이다."라고 하였다.

선생은 또 정암(正庵) 이현익(李顯益) 공과 함께 누천(累千)의 글자로 서로 분변하고 논란하였는데, 심오한 이치를 탐구하고 들춰내어 왕왕 전현(前賢)들이 발하지 못한 것을 많이 말하였으나, 오직 강학과 연구에만 힘쓴 것일 뿐, 논쟁에 이기는 것을 힘쓴 것이 아니었다. 이 때문에 이공과의 교분이 쇠하지 않았으니, 이것이 우리 유문(儒門)의 모범이 된 이유이다.

농암 선생은 큰 근원을 꿰뚫어 보고 도의 오묘함을 밖으로 드러내어 문장(文章)과 조리(條理), 상세(詳細)함과 명변(明辨)함에 있어 거의 주자 이후로 처음 있는 분인데, 선생이 스승의 설을 독실하게 믿어 침잠(沈潛)하고 천술하고 연역하여 당대와 후대에 우뚝 섰으니, 농암을 배우려는 자들이 선생으로부터 들어간다면 응당 나아갈 방향에 있어 혼미해지지 않을 것이다.

삼연(三淵 김창흡(金昌翕))과 포음(圃陰 김창즙(金昌緝)) 두 분이 또한 자신의 항렬을 낮추어 선생을 대하였는데, 삼연은 선생이 문(文)과 질(質)을 모두 갖추고 박문(博文)과 약례(約禮)[166]에 있어 모두 지극하

은 이 신명이 있어서 지각운용(知覺運用)의 묘(妙)를 발현하게 된다.

다고 인정하였고 또 극(克)·벌(伐)·원(怨)·욕(欲)[167]이 하나도 없다고 탄복하였으며, 심지어는 선생을 삼주(三洲)[168]로 들어가는 실마리라고 인정하고 임종할 때에는 또 유편(遺編)을 산술(刪述)해 줄 것을 부탁하였다.

여호(黎湖) 박필주(朴弼周) 공 또한 선생이 도(道)를 따라 시종일관하여 파랑(波浪)이 없는 오래 된 우물과 같고 좋은 옥과 거의 같다고 찬탄하니, 군자들이 지언(知言)이라고 여겼다고 한다.

선생이 별세한 지 70여 년이 지났는데, 외현손 홍석주(洪奭周) 공이 행장을 짓자, 선생의 증손인 참봉공이 불초에게 묘지명(墓誌銘)을 지어줄 것을 청하였다. 불초가 사양하고 감히 글을 쓰지 못하였는데, 얼마 뒤에 참봉공이 갑자기 별세하니, 맏아들 명능(命能)이 거듭 간청하여 마지않았다.

아! 선생의 문장과 도학의 아름다움은 우매한 이 몸이 엿보아 헤아릴 수 있는 바가 아니고, 또 훌륭한 말씀이나 글이 끊어진 지 오래되었고 유풍(流風)이 점점 멀어져서 훌륭한 아름다움을 상상함에 내 능력

166 박문(博文)과 약례(約禮) : '박문'은 널리 학문을 배움을 이르고, '약례'는 예로써 요약한다는 뜻으로, 《논어》 〈옹야(雍也)〉에 "군자가 문에 대하여 널리 배우고 예로써 요약한다면 또한 도에 크게 어긋나지 않을 것이다.〔君子博學於文, 約之以禮, 亦可以弗畔矣夫.〕"라고 보인다.

167 극(克)……욕(欲) : 극은 남을 이기려는 마음을, 벌(伐)은 자랑하는 마음을, 원(怨)은 남을 원망하는 마음을, 욕은 욕심내는 마음을 이른다. 이 풀이는 《논어집주(論語集註)》 〈헌문(憲問)〉에 보인다.

168 삼주(三洲) : 미음(渼陰)에 있는 석실서원(石室書院) 주변인데, 농암 김창협의 또 다른 호이기도 하다.

으로 더위잡아 올라도 그 끝에 닿지 못할 듯하다. 그러나 외람되이 누대에 걸친 우호가 있어서 선생의 언행을 익숙하게 외우고 익혔으며, 유집(遺集)을 읽고서는 조리가 매우 바르고 명사(命辭 문장을 지어 자신의 뜻을 나타냄)에 잘못이 없음에 탄복하였으니, 늦게 태어나서 미처 문하에서 청소하며 진전(眞詮)을 이어받지 못함을 한탄하였다. 이에 삼가 선생의 덕행과 사업의 대략을 서술하여 무궁한 후세의 학자들을 기다린다. 명은 다음과 같다.

성인의 가르침에	惟聖有訓
위기지학을 배우라 하셨는데	學以爲己
위기는 어떻게 해야 하는가	爲己伊何
오직 정성(精誠)으로 하는 것이네	惟誠之以
진실되다 선생이여	允矣先生
실천에 근본하였네	本乎實履
젊은 나이에 학문을 시작하여	妙齡發軔
성인(聖人)이 되기를 바랐네	作聖是希
탁월한 스승을 얻어	卓乎得師
일찍 스스로 의귀하였네	早自依歸
삼주에게 경전을 끼고 찾아가	三洲橫經
동음[169]에서 스승으로 삼았네	峒陰摳衣
빗장을 뽑고 자물쇠를 열어	抽關啓鍵
깊은 뜻을 찾아내고 오묘한 의미를 드러내었네	剔幽抉玄

169 동음(峒陰) : 지명인데 어디인지 미상이다.

이에 훤히 알게 되어	乃觀會通
스승의 진전을 이을 수 있었네	克紹眞傳
크나큰 법도를 공경히 받들었으니	敬奉弘規
주자의 책이었네	紫陽之篇
총괄하여 꿰뚫어 주석하여	總貫箋釋
오묘한 말씀을 널리 천명하였네	丕闡妙詮
이것을 손에 들고 가서	庶幾藉手
세 분 현자께 고할 수 있게 되었네	告功三賢
찬란한 명리여	煌煌名理
하늘과 사람의 도에 통달하였네	洞貫天人
사람과 물건의 오상에 있어	人物五常
품부받은 바는 서로 똑같네	厥賦惟均
기질이 감히 간여하랴	氣質敢干
마음의 체는 지극히 신령하네	心體至神
밝고 드넓은 경지에 홀로 나아가	獨造昭曠
진부함을 답습하지 않았네	靡襲腐陳
정신은 한가하고 기운은 평안하여	神閒氣平
그 말이 안정되었네	安定厥辭
천하의 이치를 아니	得天下理
이는 공적인 것이요 사사로운 일이 아니었네	是公非私
성현(聖賢)의 말씀[170]이 책에 실려 있어	微言在書

170 성현의 말씀 : 원문의 '미언(微言)'은 정심미묘(精深微妙)한 뜻이 담긴 말이란 의미로, 곧 성현의 말씀을 가리킨다.

백세를 기다려도 의심할 것이 없네	俟百無疑
먼저 근심하고 뒤에 즐거워하는 것[171]	先憂後樂
평소의 뜻이 이를 기약하였네	素志是期
세 고을에서 현가[172]로 선정(善政)을 베푸니	三邑絃歌
이 또한 도를 행한 것이네	是亦行道
말년에 운이 열리어	晩際昌運
주상의 은혜와 예우 전례 없이 크고 높았네	恩曠禮卲
대궐에서 말씀을 구하면서	廈旃乞言
삼로[173]처럼 대우하였네	如待三老
천덕과 왕도에 대해	天德王道
속마음을 다 펼쳐 고하였네	敷心以告

171 먼저……것 : 이 말은 북송(北宋) 인종(仁宗) 때의 명재상이자 문장가인 범중엄(范仲淹)이 지은 〈악양루기(岳陽樓記)〉의 "반드시 천하 사람들이 근심하기에 앞서 근심하고, 천하 사람들이 즐거워한 뒤에 즐거워해야 한다.〔先天下之憂而憂, 後天下之樂而樂.〕"라는 구절을 원용한 것이다. 범중엄(范仲淹, 989~1052)은 자가 희문(希文)으로, 1015년(진종8)에 진사로 출사하고 벼슬이 참지정사(參知政事)에 이르렀는데, 문장으로도 뛰어나 그의 시부(詩賦)와 산문은 모두 깊은 사회적 성찰을 담은 아름다운 문장으로 정평이 나 있다.

172 현가(絃歌) : 지역을 예악(禮樂)으로 다스리는 것을 뜻한다. 공자께서 제자 자유(子游)가 읍재(邑宰)로 있는 무성(武城)에 가시어 현악에 맞추어 부르는 노랫소리를 들으시고는 빙그레 웃으시며 "닭을 잡는 데 어찌 소 잡는 칼을 쓰느냐?"고 말씀하시니, 자유가 "예전에 제가 선생님께 듣자오니, '군자(벼슬아치)가 도(道)를 배우면 사람을 사랑하고 소인(백성)이 도를 배우면 부리기가 쉽다.' 하셨습니다."라고 대답하였다. 이에 공자가 말씀하셨다. "제자들아, 자유의 말이 옳다. 방금 내가 한 말은 농담이다."라고 하였다.《論語 雍也》

173 삼로(三老) : 국가의 원로로 대부분 치사(致仕)한 삼공(三公) 중에서 임명하였다.

정성을 펴서 여섯 번 경계의 말을 올려　六箴陳悃
세자의 교육을 서두르게 하였네　敎胄及早
몸을 거두어 수초[174]를 이루니　斂焉遂初
내면에 아름다움 머금고 정도를 걸었네　含章履貞
향리의 집에서 참됨을 길러　養眞邱園
몸과 도가 모두 형통하였네　身道俱亨
남들이 알아주지 않아도 노여워하지 않았으니　不知不慍
군자의 법도가 되었네　君子是程
귀신을 가득 실은 수레와 진흙을 진 돼지가[175]　鬼車豕塗
심령에 누가 되지 못하였네　不累心靈
돌아가신 스승에게 충성을 다함이여[176]　靖獻先師
이승과 저승 간에 정성이 서로 통하네　感通幽明
망포의 산에　望浦之山
도끼날 모양의 무덤이 있네　若斧其塋

174 수초(遂初) : 벼슬을 떠나 은거하겠다는 처음의 소원을 이루는 것을 이른다. 진(晉)나라 손작(孫綽)이 세속을 초탈하려는 뜻을 품고 10여 년 동안 산수 속에 자유롭게 살면서 〈수초부(遂初賦)〉를 지은 데서 유래하였다. 《世說新語 言語》

175 귀신을……돼지가 : 이 내용은 《주역》 〈규괘(睽卦) 상구(上九)〉 효사(爻辭)에 보이는데, '돼지가 진흙을 등에 진다'는 것은 지극히 더러운 것을 가리키고, '귀신을 수레에 가득 실었다'는 것은 몹시 괴이한 일을 가리키는바, 이는 망자에 대한 의심과 비방을 가리킨 것이다.

176 돌아가신……다함이여 : 원문의 '정헌(靖獻)'은 《서경》 〈미자(微子)〉에 "스스로 마음을 편안히 하여 사람마다 스스로 선왕에게 충성을 바쳐야 한다.〔自靖, 人自獻于先王.〕"에서 나온 말로, 신하가 임금에게 충성을 바치는 것을 말하는데, 여기서는 선사(先師)인 김창협에게 충성을 다하였음을 말한다.

광채가 찬란하니	郁郁晶光
엄숙하고 엄숙한 묘소로다	肅肅蕊丘
감히 명문으로 다 밝히지 못하나	靡敢銘昭
명성과 덕이 길이 보존되리라	名德永留

증 사헌부 지평 고공 묘지명 병서○신축년

贈司憲府持平高公墓誌銘 幷序○辛丑

광해군 초년에 간사한 무리들이 충성스럽고 어진 이들을 죽여 없앴는데, 이때 우계(牛溪 성혼)와 송강(松江 정철)이 도성(都城) 안에서 함정에 빠졌다.

태학생 고경리(高敬履) 공이 소(疏)를 올려 두 분 현자의 원통함에 대해 쟁론하기를

"최영경(崔永慶)[177]의 옥사가 한때 떠도는 소문에서 나왔는데, 두 번째 국문은 편지글이 서로 이어진 데에서 나왔습니다. 영경이 감옥에서 병사한 것은 정철(鄭澈)이 한 짓이 아닌데, 성혼(成渾)이 어찌 여기에 관여하였겠습니까. 임진년에 대가(大駕)가 강을 건널 적에 성혼은 이때 나이가 육십이었습니다. 병을 무릅쓰고 대가를 따라가서 전하께서 군대를 위무하던 곳에서 절을 올렸으며 또 달려가 문후하고 관직을 지켰으니, 이는 전하께서 분명하게 아시는 바입니다. 논자들의 말은 또한 너무 지나칩니다. 정철은 청렴하고 강직하고 진실되고 밝은 사람인데도 죄적(罪籍)에 이름이 올랐으며 가슴에

177 최영경(崔永慶) : 1529~1590. 자는 효원(孝元), 호는 수우당(守愚堂), 본관은 화순(和順)으로 남명(南冥) 조식(曺植)의 문인이다. 학행으로 1572년(선조5) 경주 참봉에 제수되고 연이어 여러 관직에 제수되었으나 모두 나아가지 않았으며, 1575년 선대의 전장(田庄)이 있는 진주의 도동(道洞)에 은거하였다. 1590년 정여립(鄭汝立)의 옥사(獄事)에 연루되어 옥사(獄死)하였는데, 당시 정철과의 사이가 특히 좋지 않아 그의 사주로 죽은 것이라는 의혹이 있었다.

품은 원통함을 드러내지 못하고 있으니, 아울러 가엾게 여겨 살펴주시어 특명으로 신설(伸雪)하시어 오랫동안 가라앉은 선비들의 기상을 진작시켜 주소서."

라고 하였다.

상소가 들어가자, 흉도들이 상소문 중에 전현(前賢)을 하나하나 거론하면서도 회재(晦齋)에 대해서는 언급하지 않은 것을 빌미로 이는 회재를 배척한 것이라고 주장하면서, 명나라 태종(太宗) 때에 주계우(朱季友)가 염계(濂溪)와 낙양(洛陽)의 여러 현인들(염계의 주돈이(周敦頤)와 낙양의 정호(程顥), 정이(程頤) 형제)을 비방하였다가 태형을 당하고 그의 책이 불태워진 예(例)에 견주어, 상소를 불태우고 종신토록 관직에 오르지 못하게 할 것을 청하였다.

이에 공이 다시 글을 올려 변론하기를 "신은 애당초 성혼을 신구(伸救)하고자 한 것입니다. 그런데 성혼이 나아가 가르침을 청한 이가 이황(李滉)이었으므로 말이 갑자기 이황에 미친 것입니다. 이황이 존숭(尊崇)한 이가 이언적(李彦迪)이었으니, 이언적을 배척했다고 말한 것은 신이 사마광(司馬光)의 이름을 안 아이들과 병졸보다 도리어 못하다고 여긴 것입니까?"라고 하였다. 공이 이 일에 대해 스스로 밝히고 온 도의 선비들도 한 목소리로 공을 구원하였는데도, 끝내 일을 해결하지 못하였다. 그러나 공은 의(義)로 운명에 대처하여 죽을 때까지 노여워하거나 근심하지 않았다.

만력(萬曆)[178] 37년 기유년(1609, 광해군1) 4월 1일 별세하니, 태어난 경신년(1560, 명종15)과 햇수를 따져보면 50년이 된다. 광주(光州)

178 만력(萬曆) : 저본에는 천계(天啓)로 되어 있으나 오류이므로 바로잡았다.

허공곡(虛孔谷) 해좌(亥坐)의 언덕에 묘소를 모셨다. 2백여 년이 지나 건릉(健陵 정조) 21년 정사년(1797)에 이르러 사론(士論)이 일제히 일어나 공을 광주(光州)의 운암사(雲巖祠)에 배향하였다. 익묘(翼廟 효명세자(孝明世子))께서 대리청정하실 때에 후손이 익묘의 행차 때에 나아가 호소하였는데, 특별히 정도(正道)를 붙들고 사설(邪說)을 배척한 공로로 표창하여 사헌부 지평에 추증하였다. 이로써 공의(公議)가 사람들에게 있어서 여러 해가 지난 뒤에도 반드시 정해짐을 검증할 수 있다.

공은 자가 이척(而惕)이고 선계(先系)는 탐라(耽羅)에서 나왔는데, 장택군(長澤君)에 이르러 본관을 장흥(長興)으로 옮겼다. 휘 신부(臣傅)는 고려조에서 병부 시랑을 지냈는데 나라가 망하자 망국의 신하로 편안히 은둔하였으니, 이분이 공의 6세조이다. 증조 휘 자검(自儉)은 훈도(訓導)로 호조 참의에 추증되었고, 조고 휘 운(雲)은 이조 좌랑으로 예조 참판에 추증되었는데 기묘사화가 일어나자 은둔한 채로 생을 마쳤으며, 선고 휘 계영(季英)은 진사인데 명분과 절개로 추앙을 받았다. 선비 제주 양씨(濟州梁氏)는 병절교위(秉節校尉) 응기(應箕)의 따님이고 교리(校理) 팽손(彭孫)이 그 조부이다.

배위 청주 박씨(忠州朴氏)는 감역(監役) 민고(敏古)의 따님이고 눌재(訥齋) 박상(朴祥)의 손녀인데, 묘가 남평(南平) 영천(靈泉) 해좌(亥坐)의 언덕에 있다. 세 아들은 윤후(允厚), 득후(得厚), 적후(積厚)인데 모두 선조의 아름다움을 이어받았다. 효도로 벼슬이 추증된 부간(傅諫), 부회(傅誨), 부협(傅協)과 유창익(柳昌翊)에게 시집간 딸은 큰 아들 윤후 소생이고, 부강(傅康), 부건(傅建), 부헌(傅憲)과 김익증(金益曾), 박내현(朴鼐鉉), 김진광(金震光), 송지형(宋之炯)에게 시집간 딸들은 차남 득후 소생이고, 적후는 소생이 없다. 증현손 이하는 다 기록하지 않는다. 부협(傅協)의 아들 두익(斗翼)은 진사이고 부강(傅康)의 아들 가성(可成)은 소를 올려 우암(尤菴) 송 문정공(宋文正公)을 신원(伸寃)하였다. 부헌(傅憲)의 5세손은 정상(廷相)이고 가성의 5세손 정진(貞鎭)은 바로 무자년(戊子年)에 공에게 추증을 내려줄 것을 청한 분이다.

공은 자질이 순수하고 뜻이 고결하여 몸가짐이 단정하고 확고하였다. 일찍 아버지를 잃고 6촌형인 제봉(霽峯) 고경명(高敬命)[179] 공에게 수학하였는데, 과거공부를 좋아하지 않았다. 경(經)과 사(史)에 널리 통하고 원대한 포부를 이룰 것을 스스로 기약하였는데 약관이 되기 전에 이미 선기옥형(璇璣玉衡)[180]과 태극(太極)의 오묘한 이치를 깨달았다.

신묘년(1591, 선조24)에 사마시에 합격하였는데, 곧이어 모친상을 당하여 슬픔으로 거의 생명을 잃을 뻔하였다. 상을 마치고 사계(沙溪) 김장생(金長生) 선생을 섬겼는데 전심으로 도(道)를 구하였고 세간의 영화와 이익에 대하여 관심을 두지 않았다. 평소에 산수를 좋아하여 창랑(滄浪) 가에 오두막을 짓고 살았는데, 이 때문에 호를 '창랑'이라고

179 제봉(霽峯) 고경명(高敬命) : 1533~1592. 제봉(霽峰)은 호이고 자는 이순(而順), 본관은 장흥(長興), 시호는 충렬(忠烈)이다. 1558년 식년 문과에 장원으로 급제하고 벼슬이 동래 부사에 이르렀는데, 파직되자 고향으로 돌아와 은거하였다. 임진왜란이 일어나자 전라 좌도에서 의병을 모아 혁혁한 공을 세웠으나, 금산(錦山) 싸움에서 왜적과 싸우다가 전사하였다.

180 선기옥형(璇璣玉衡) : 천체(天體)를 관측하는 기구로, 기옥(璣玉)으로 꾸몄기 때문에 붙여진 이름이다.

하였다.

아! 공은 절의를 지키는 세가(世家) 출신으로 학문을 겸하였는데 무신년(1608, 광해군 원년)에 올린 한 편의 소(疏)에 가슴 속의 열혈(熱血)을 모두 쏟아내어서 사문(斯文)과 세교(世敎)의 빛이 되었다. 제봉을 형으로 두고 사계를 스승으로 삼고 해광(海狂) 송재민(宋齊民), 석주(石洲) 권필(權韠), 우산(牛山) 안방준(安邦俊), 명고(鳴皐) 임전(任錪)을 벗으로 두었으니, 이는 이른바 '사우(師友)를 통해 도(道)와 의(義)를 갖춘 자'이다.

사람을 논함에 있어 반드시 부형(父兄)과 사우(師友)에 근본하여야 하니, 이는 후함이 지극한 것이다. 또 여러 현자들이 공의 사적(事跡)을 떨쳐 드러내고 추앙하여 거의 미진한 부분이 없으니, 바른 사람을 미워하는 무리들이 공을 유배 보낸 것이 도리어 공을 완성시켜 준 것이다. 이와 같이 하지 않았다면 또한 어떻게 공을 알 수 있겠는가?

주자가 일찍이 명철보신(明哲保身)의 뜻을 풀이하기를 "명철은 다만 이치를 따라 행하는 것이니, 이렇게 하면 자연히 재해(災害)가 몸에 이르지 않는다."라고 하였다. 공과 같은 분은 이치를 순히 따를 뿐이었으니, 재해를 근심하지 않아도 재해가 저절로 몸에 이르지 않아서, 몸은 곤경에 처했으나 도는 형통하였고 아름다운 명성이 장구한 세대에 전해지니, 어찌 아름답지 않은가.

공의 후손 제원(濟元)이 나를 종유하였는데, 묘지명을 써주기를 청하였다. 끝내 사양하지 못하여 붓을 당겨 명문을 짓는다. 명은 다음과 같다.

서석산에 瑞石之山

신령한 기운이 서려　靈氣輪囷
아름다운 한 선비가 있었으니　有美一士
그 참됨을 보존하였네　用葆厥眞
정도(正道)를 떠받치고 사설(邪說)을 물리쳐　扶正斥邪
상소(上疏)로 대궐에 하소연하니　尺疏叫閽
그 마음 판판하고 바르며　殖殖其心
그 글 엄숙하고 바르네　肅肅其筆
용납되지 못한들 무슨 상관이랴　不容何傷
훌륭한 명성 사방에 넘쳤네　令譽四溢
그 근본을 따져 보면　本之則存
효제와 경학이었네　孝悌經術
창랑은 맑고 맑으니　滄浪淸泠
그 풍채와 절개 상상할 수 있네　想像風節
아름다운 명성[181] 잃지 않아　不隕義問
능히 선열을 이었네　克紹先烈
몸은 시대와 서로 어긋났으나　身與時舛
뜻은 도와 함께 펴졌네　志共道伸
내가 이를 써서 명문을 지어　我庸述銘
무궁한 후대에 떨치리라　揚于無垠
밤낮으로 이를 계술(繼述)하기를　夙夜踐述
힘쓸지어다 후손들이여　勖哉後昆

181 아름다운 명성 : 원문은 '의문(義問)'으로, 《시경》 〈대아(大雅) 문왕(文王)〉에 보인다.

지은이 **홍직필(洪直弼)**

1776년(영조52) 6월 13일 신시(申時)에 한성의 주자동(鑄字洞)에서 태어나 1852년(철종3) 7월 17일 유시(酉時)에 노호(鷺湖)의 노의정사(蘆漪精舍)에서 향년 77세로 세상을 떠났다. 초명은 긍필(兢弼), 자는 백응(伯應)·백림(伯臨), 호는 매산(梅山), 본관은 남양(南陽)이며, 시호는 문경(文敬)이다. 평생 출사하지 않고 학문 강학에 힘써 근재(近齋) 박윤원(朴胤源) 문하에서 그 학맥을 계승하고 이를 후대에 전한 노론(老論) 낙론(洛論)의 핵심 사상가이자 문인 교육자이다. 학문은 박윤원 외에도 노주(老洲) 오희상(吳熙常)의 영향을 많이 받았으며, 문하의 제자로 전재(全齋) 임헌회(任憲晦), 중암(重菴) 김평묵(金平默) 등이 있다.

옮긴이 **김창효(金昌孝)**

1956년 전남 장흥에서 태어났다. 고려대학교 행정학과를 졸업하였다. 민족문화추진회 국역연수원 연수부 및 일반연구부를 졸업하였으며, 현재 해동경사연구소 선임연구원으로 재직하고 있다. 번역서로는 《도곡집》(공역)이 있다.

권역별거점연구소협동번역사업 연구진

연구책임자 **신영주**(성신여자대학교 한문교육과 교수)
공동연구원 **김여주**(성신여자대학교 한문교육과 교수)
김용재(성신여자대학교 한문교육과 교수)
류준경(성신여자대학교 한문교육과 교수)
이종덕(한국고전번역원 부설 고전번역교육원 강사)
책임연구원 **성백효**
연 구 원 **김창효 연석환**
사경화 신상후
이영준 이정은
김성은 박희정
윤 문 **윤은숙**

매산집 13

홍직필 지음 | 김창효 옮김
2020년 12월 31일 초판 1쇄 발행
편집 · 발행 학자원
등록 2011.4.6 제2011-14호
주소 (05355) 서울시 강동구 천호대로 1121
전화 02-6403-1000 | 팩스 02-6338-1001 | 이메일 hakjaone@daum.net

값 30,000원

ISBN 979-11-6247-197-5 94810
979-11-87806-00-4 (세트)